公路施工技术丛书

# 路面再生技术

唐 娴 李晓明 袁卓亚 编著

中国建筑工业出版社

**图书在版编目（CIP）数据**

路面再生技术/唐娴等编著. —北京：中国建筑工业出版社，2009
（公路施工技术丛书）
ISBN 978-7-112-11072-8

Ⅰ. 路… Ⅱ. 唐… Ⅲ. 再生资源－应用－沥青路面
Ⅳ. U416.27

中国版本图书馆 CIP 数据核字（2009）第102177号

公路施工技术丛书
**路面再生技术**
唐 娴 李晓明 袁卓亚 编著
*
中国建筑工业出版社出版、发行（北京西郊百万庄）
各地新华书店、建筑书店经销
北京华艺制版公司制版
北京市彩桥印刷有限责任公司印刷
*
开本：850×1168毫米 1/32 印张：15⅜ 字数：442千字
2009年9月第一版 2009年9月第一次印刷
定价：**35.00**元
ISBN 978-7-112-11072-8
（18315）

本书根据2007年和2008年中国行业标准颁布的最新规范、规程和标准，系统介绍了沥青路面和水泥混凝土路面再生的基本类型、旧路性能评价、再生结构层和混合料设计的基本原理、施工工艺、施工过程所需的机械设备、施工质量控制及最终的验收标准等内容。最后通过工程实例来说明沥青路面和水泥混凝土路面再生的适用条件及注意事项。

本书对沥青路面和水泥混凝土路面再生方法的理论进行了适当介绍，简洁易懂，概念清晰，利于理解，文字通俗易懂，便于自学理解。可适合于从事公路养护管理、设计、施工和监理的技术人员学习和参考，也可作为交通类高职高专院校公路养护管理专业的教学用书。

*　*　*

责任编辑：王　磊　王美玲
责任设计：张政纲
责任校对：王金珠　陈晶晶

# 公路施工技术丛书编委会

# 总　序

近年来，我国公路交通事业保持了持续快速健康发展的好势头，交通基础设施建设取得瞩目成就。截至 2008 年年底，我国公路网总里程已达 373 万公里（包括农村公路 172 万公里），其中高速公路通车里程为 6.03 万公里。目前公路施工等领域的相关从业人员，包括施工、监理以及项目管理人员，亟需一套公路施工方面的工具书，来指导自己的工作，以保证工程质量、提高工作效率。

公路施工技术丛书基本涵盖了当今公路施工领域所涉及的各个方面，它不仅包括道路、桥梁和隧道施工技术、施工监理，也包括道路、桥梁和隧道的检测、维护和运营管理等方面的内容。本套丛书的作者包括高等院校的老师、工程项目管理人员以及工程技术负责人，他们的共同特点就是拥有丰富的实践经验，具备扎实的理论功底，并且他们都十分了解行业的发展动态，从而保证了这套丛书的实用性和特色。

本套丛书可以作为公路工程的施工技术人员、监理人员以及项目管理人员的工具书，同时也可以作为大专院校相关专业学生的学习参考书。

# 前　　言

本书按照“高速公路养护与管理”专业人才培养目标对“沥青路面和水泥混凝土路面的再生技术”课程的基本教学要求，依据我国2007年和2008年的最新行业标准和规范编写而成。

本书的内容注重理论内容的精炼，突出实践内容的重要性，以“实用”为宗旨。在重要章节的内容编写过程中，附有工程实例设计，体现知识与能力的结合，力求反映职业教育的教材特点。

本书主要针对沥青路面和水泥混凝土路面两种再生路面结构，其中沥青路面再生分为热再生和冷再生，热再生又分为厂拌热再生和就地热再生；而冷再生又分为厂拌冷再生和就地冷再生。对于水泥混凝土路面来说，根据目前的工艺与技术条件，分为冲击破碎、碎石化技术两种再生利用技术途径。针对不同的再生类型，介绍了再生的基本类型、路用性能评价、再生结构层和混合料设计的基本原理、施工工艺、施工过程所需的机械设备、施工质量控制及最终的验收标准等相关内容。结合工程实例说明这些再生工艺的应用情况。

全书分为八章。第一、二、三、五、六章由陕西交通职业技术学院唐娴编写；第四章由陕西省交通厅科教处李晓明编写；第七、八章由西安公路研究所袁卓亚编写；全书由唐娴和李晓明修改定稿。

本书的编写过程中，得到陕西交通职业技术学院薛安顺、张鹏、张省侠、邹艳琴、殷青英、焦莉、丰培洁、郭红兵、翁光远等人的大力支持，他们为本书提出了许多宝贵的意见和建议，在此对他们表示感谢。

本书在编写的过程中，得到了西安公路管理局王斌斌、西安公路局三秦公司田军、陕西省高速机械化公司李海和周强等专家学者和技术人员的大力帮助，在此表示衷心感谢！同时，参考了大量的国内外文献，在书末的参考文献中均已列出，特此向作者表示感谢。

尽管在编写时作出很大努力，但由于全国各地区差异很大，很难全面收集各单位的新技术、新材料、新工艺、新设备以及相关实用技术，加之作者水平有限，经验不足，疏漏或错误之处在所难免，敬请读者批评指正并提供详细资料，以便修订完善。

由于时间仓促，编者水平有限，书中不妥之处在所难免，敬请读者批评指正。

作　者

2009 年 7 月

# 目　录

# 第一章 绪 论

## 第一节 路面再生应用问题的提出

2005 年 11 月，国际可再生能源大会在北京人民大会堂胜利召开，会议强调指出加强可再生能源开发利用，是应对日益严重的能源和环境问题的必由之路，也是人类社会实现可持续发展的必由之路。加强全球合作，妥善应对能源和环境挑战，实现社会、经济可持续发展。随着世界经济的不断发展，能源和环境问题日益突出，如果能源和环境问题得不到有效解决，不仅人类社会可持续发展的目标难以实现，而且人类的生存环境和生活质量也会受到严重影响。

2006 年 1 月 1 日，中国将正式实施《可再生能源法》，坚持以科学发展观统领经济社会发展全局，加快调整经济结构，转变经济增长方式，提高自主创新能力，发展循环经济，保护生态环境，进一步加大发展可再生能源的力度，促进经济发展与人口、资源、环境相协调，努力建设资源节约型、环境友好型社会。使可再生能源在人类经济社会发展中发挥更大作用，造福各国人民。

### 一、沥青路面再生

目前，我国的公路建设飞速发展，每年投资规模已经超过 2000 亿元。在 20 世纪 90 年代以后陆续建成的高速公路已进入大、中修期，大量的翻挖、铣刨沥青混合料被废弃，造成环境污染。而公路建设又极为缺乏优质的沥青材料和石料，大量的使用新石料、开采石矿会导致森林植被减少、水土流失等严重的生态环境破坏。

截止2004年我国公路总里程达185.6万km，按照沥青的设计寿命15~20年测算，从现在起，每年约有12%的沥青路面需要翻修。可再生的沥青混合料预计将达到每年1900万t，还将以每年15%的速度增长。10年以后，我国沥青路面的大、中修产生的旧沥青混合料预计将达到8000万t左右。若全部再生利用，每年可节约直接材料费120亿元。国家“十一五”规划的编制建议中提出，今后我国的资源利用效率要显著提高，单位国内生产总值能源消耗要比“十五”期末降低20%左右。因此研究沥青再生技术、推广和应用沥青再生技术，对降低建设成本、合理利用资源、保护生态环境以及促进我国公路建设都有着极其重大的意义。

我国公路建设发展迅速，到2005年全国高速公路里程已超过4万km，位居世界第二位。我国东部地区已初步形成高速公路网，一级、二级公路近20万km。其中绝大部分是沥青路面。如何管好、养好这些公路已是目前我国公路部门面临的重要课题。高速公路每公里约需耗用沥青350~400t，到2004年，我国道路沥青需求总量已突破1000万t。根据中国政府发布的国家高速公路规划，2050年中国的高速公路覆盖地区的人口将超过10亿人，覆盖地区的GDP将占全中国的85%，高速公路总里程将达到8.5万km。中国经济发展将面临越来越突出的资源代价和环境代价的问题，中国政府多次强调“发展循环经济”的政策是实现中国经济持续增长，也是给路面再生利用提供了良好的发展契机。

## 二、水泥混凝土再生

混凝土材料是人类文明建设中不可缺少的物质基础，随着人类文明的不断进步，混凝土材料的人均消费量越来越大，同时带来的环境问题也越来越严重。根据欧洲水泥协会统计资料，1900 年全世界水泥总产量约为1000 万 t，如果以每立方米混凝土平均水泥用量为 250kg 计算，则 1900 年全世界浇筑的混凝土仅为4000 万 $m^3$；到 1998 年，全世界混凝土的生产量发展到 64 亿 $m^3$，每人每年平均消费混凝土约为 1$m^3$ 多。中国混凝土产量约占世界总产量的 45%，约 13 亿～14 亿 $m^3$。据资料介绍，2000 年我国水泥混凝土的用量已达 20 亿 $m^3$，这需要耗费水泥多达 5 亿 t，砂石 30 多亿吨。而每生产 1t 水泥需要耗费 1.10t 石灰石，0.25t 黏土，115kg 煤和 108kW · h 电和其他辅助原料，最后产生 1t 二氧化碳。可见水泥混凝土工业不仅能源与资源消耗巨大，而且排出大量二氧化碳和一氧化氮污染环境。

长期以来，由于砂石集料来源广泛，价格低廉，被认为是取之不尽、用之不竭的原材料而不被重视，随意开采。结果造成山体滑坡、河床改道，严重破坏自然环境。随着世界人口的日益增多，公路建设及建筑业作为国民经济的支柱产业有了突飞猛进的发展，对砂石材料的需求量不断增长。由于长期开采造成的资源枯竭，使得建筑业可持续发展与集料短缺的矛盾日益突出。在一定意义上讲，天然砂石属于不可再生资源，它们的形成需要漫长的地质年代。如果不加限制地开采，就如当前的煤炭、石油、天然气一样，会出现集料短缺的局面。

再生混凝土就是将这些废弃混凝土块就地回收，经破碎、清洗、分级后作为集料再利用，生产再生混凝土并用到新建建筑物上，不仅能降低成本，节省天然集料资源，还能减轻环境污染。而且我国优质的天然集料（河砂、卵石）在有些地区已趋枯竭，许多地区合格的混凝土用砂也供应紧张。一些大城市已经越来越找不到高性能混凝土所需的级配良好的粗砂，从外地远距离运输费用又很高。将废弃混凝土块经破碎、清洗、分级和按一定比例配合后得到的“再生集料”作为部分或全部集料代替天然集料配制混凝土即为再生混凝土（也称再生集料混凝土，Recycled Aggregate Concrete，RAC）。将废弃混凝土破碎作为再生集料既能解决天然集料资源紧缺的问题，保护集料产地的生态环境，又能解决城市废弃物的堆放、占地和环境污染等问题，实现混凝土生产过程中的物质循环利用，保证建筑工业的可持续发展，这是未来的发展方向。

混凝土俗称为人工石，不仅在使用功能上可作为石头使用，从其组织结构上也类似于某些天然岩石。混凝土的凝结硬化是一个非常缓慢的过程，28d 的水泥水化程度只有 60% 左右。一些资料表明，混凝土经过 20 年的时间，其水泥的水化还未完全结束，还存在有利于混凝土硬化的活性成分。因此，如果把废弃混凝土破碎后，用作再生集料拌制成新的混凝土，不会对再生混凝土的强度发展产生较大的不良影响。普通混凝土的破坏是由于在荷载作用下微裂缝的发展而致，一般来说由于集料本身的强度较高，并不发生破坏。因此，废弃混凝土中的集料还有再利用的价值。同时针对再生集料的特点，可以通过充分破碎来改善粒形，减小再生集料中存在的薄弱因素，使界面结构得到加强，能解决日益增多的环境污染问题，充分利用再生资源，实施可持续发展战略，在满足当代发展的同时，造福子孙后代，为后代留下一个可持续利用的资源环境。

相对于再生混凝土，用来生产再生集料（Recycled Concrete Aggregate，RCA）的混凝土称原生混凝土或基体混凝土。原生混凝土经过破碎、分级，再按一定比例相互配合后，得到的集料称为再生集料。再生集料按照粒径大小分为再生粗集料（粒径大于 5mm）和再生细集料（粒径为 0.16 ~ 5mm）。

## 第二节 路面再生技术应用和研究现状

### 一、国外研究现状

#### （一）沥青路面再生

沥青混合料再生利用技术，是将需要翻修或废弃的沥青路面，经过翻挖、回收、破碎，用新集料、新沥青材料适当配比，重新拌合，经整平压实，形成满足路用性能的再生沥青混合料，用于铺筑路面面层或基层的整套技术。它基本适用于各种沥青路面修筑，可节省绝大部分集料及约50%的沥青，使用效果与新沥青混合料相当。沥青混合料的再生利用，减少了新材料的使用和费用，降低了筑路成本。据美国联邦公路局的调查，可节约材料费超过50%，路面造价降低约25%，沥青节约约50%。由于石油价格的猛涨，沥青路面的大量修建，沥青路面施工和养护费用激增，资源和环境问题日趋严峻，因此推行沥青路面再生技术刻不容缓。

1915年，美国就开始对沥青路面再生利用进行研究。1973年爆发石油危机后，美国对沥青路面再生利用技术才重新引起重视，在全国范围内进行广泛研究，于20世纪80年代末90年代初进入工业试验阶段，到90年代末美国再生沥青混合料的用量几乎为全部路用沥青混合料的50%，且在再生剂开发、再生混合料的设计、施工设备的研究等方面日趋成熟。近年来，各种沥青材料再生设备和路面重铺机组相继问世，技术性能日趋完善，完全能再生利用旧沥青材料。沥青路面的再生利用技术在美国非常成熟，材料的重复利用率高达80%。美国每年再生利用的沥青混合料约为5亿t，综合考虑计算可直接节约材料费15亿~20

亿美元。沥青路面再生相比全部使用新沥青材料的路面，节约成本 10% ~30%。原联邦德国是最早将再生料应用于高速公路路面养护的国家，1978 年就将全部废弃沥青路面材料加以回收利用。

美国得克萨斯州交通协会和得克萨斯农机大学化学系的研究人员对旧沥青抽提过程的问题进行了深入研究，着重考察回收过程中旧沥青的老化、溶剂的分离、各种溶剂回收沥青的能力以及再生剂组成等。通过试验发现旧沥青在回收过程中会存在不同程度的老化与硬化现象，硬化程度取决于溶剂类型、试验方法等因素。研究人员主要是从溶剂、试验方法、试验设备、试验时间等方面对传统方法进行改进。

20 世纪 90 年代后期，美国佐治亚州用再生沥青混合料与新沥青混合修建试验路段，并进行跟踪观测，与新沥青路段进行比较，发现两者无明显质量差别，孔隙率、针入度、黏度等各项指标比较接近。佐治亚州交通部对其再生混合料设计及质量控制比较满意，已在该州沥青路面规范中加入了相关内容。

日本从 1976 年到现在路面废料再生利用率已超过 70%，于 1984 年制订了《路面废料再生利用技术指南》，对路面再生利用材料的配合比设计、拌合厂、施工与质量检测等方面做出了一些指导性的建议与规定。日本 2000 年再生沥青混合料已达 50 万 t，占全年沥青混合料产量的 58%，日本每个拌合站都具备生产再生混合料的能力。

综观欧美等国沥青路面再生利用技术研究发展状况，这些国家特别重视再生实用技术的研究，已形成一套比较完整的再生技术，达到了规范化和标准化的程度。

**（二）水泥混凝土路面再生**

第二次世界大战后，日本、美国、欧洲等国家就开始了再生混凝土的研究和开发利用工作，到现在已召开数次有关废弃混凝土再利用专题的国际会议。早在 1977 年，日本政府就制定了

《再生集料和再生混凝土使用规范》，并相继在各地建立了处理混凝土废弃物的再生加工厂，生产再生水泥和再生集料，生产规模最大的每小时可加工生产100t。日本工业协会制定了再生细集料与再生粗集料的质量标准及管理方法，进行大规模再生混凝土的生产与应用。根据日本建设省的统计，1995年废弃混凝土的利用率为65%，产量约占全国商品混凝土产量的1/10，1000万$m^3$/年，要求到2000年废弃混凝土块资源再利用率达到90%。日本对废弃混凝土的处理方法是将其破碎成直径约为40mm的块体，采用300℃的高温加热，使粒料相互混合、摩擦，集料及集料外围粘附的水泥组分变成粉末完全分离，所产生的水泥组分用于地基的改进材料，分出的集料可与天然集料一样用于结构物，达到100%的回收利用。

1982年起，在ASTM C－33－82“混凝土集料标准”中将破碎的水硬性水泥混凝土包含进了粗集料中。美国军队工程师协会（SAME）在有关规范和指南中鼓励使用再生混凝土集料。据美国联邦公路局统计，美国已有超过20个州在公路建设中采用再生集料，将再生集料应用于基层和底基层，其中15个州制定了关于再生集料的规范。

堪萨斯州交通厅研究认为，将旧混凝土再生作为集料用于新建水泥路面面层或基层，与天然集料相比，再生集料也具有较为优良的性质，能满足大多数道路结构对混凝土集料的规范要求。在相同条件下，天然集料（卵石和石灰岩）的性能优于再生集料。尽管天然集料和再生集料之间存在差异，但可以通过修改设计方法来增强再生混凝土的性能，或通过结构设计来降低路面应力。

在20世纪80年代，荷兰就制定了有关利用再生混凝土集料制备素混凝土、钢筋混凝土和预应力钢筋混凝土的规范。该规范明确规定了利用再生集料生产混凝土的技术要求，如果再生集料在集料中的含量（重量计）不超过20%，混凝土的生产就完全按照普通天然集料混凝土的设计和制备方法进行。

俄罗斯着重研究了再生混凝土的配合比设计以及新拌混凝土的特性。研究表明，再生混凝土的密实度是小于普通混凝土的，新拌再生混凝土的工作性较低，这是由于再生混凝土的高吸水性引起新拌再生混凝土的工作性较低。随着再生集料含量在混合料中的增大，再生混凝土的抗压强度和弹性模量都会逐渐减小。

20 世纪 80 年代末，澳大利亚的墨尔本和悉尼等城市开始使用再生混凝土。据估计，目前悉尼每年约有 40 万 t 旧混凝土被再生利用，墨尔本则有 35 万 t。研究结果表明，旧混凝土的抗压强度、再生集料中软弱物质含量和片状指数对回弹模量有重要影响。

20 世纪 70 年代末，美国大范围水泥混凝土路面损害的出现，使得碎石化工艺逐渐发展起来，该技术已在国外广泛应用。截至 2001 年，美国已经有密歇根州、科罗拉多州、密苏里州等 35 个州大规模使用了碎石化技术，项目数量 300 多个，使用里程达到 900 多公里，改造面积 1300 余万平方米。在美国，碎石化后的水泥混凝土路面一般直接加铺沥青混凝土面层。根据交通量、老路承载力的不同情况，加铺厚度一般不小于 15cm。采用碎石化工艺的大多数工程应用是成功的，在配合采用较厚的沥青加铺层时，甚至预期可有长达 30 年（包括磨耗层铣刨与加铺）的使用寿命，是一种先进的旧水泥混凝土路面处治工艺。美国沥青协会以及很多州均将该技术列入规范，并作为水泥路面改造的推荐方法。

## 二、国内研究现状

### （一）沥青路面再生

1982 年，交通部将沥青混凝土路面再生利用作为重点研究项目，由同济大学负责该课题研究的协调，山西、湖北、河南、河北等省市参加，对沥青混凝土路面再生技术开展了比较系统的试验研究。山西省结合沥青路面的大中修工程共铺筑重点试验段80余公里，湖北省公路局发动全省各公路养护单位进行了再生利用试验研究。1983年建设部下达了“废旧沥青混合料再生利用”的研究项目，由上海市政工程研究所、武汉市市政工程设计研究院、天津市市政工程研究所等单位承担，重点研究了把旧渣油路面加入轻油使之软化，来代替常规沥青混合料，主要用于下面层，在苏州、武汉、天津、南京四个城市铺筑了3000$m^2$以上的试验路。经路用效果观测证明，再生路面的综合使用性能不低于常规热拌沥青混凝土路面。交通部于1991年6月发布了《热拌再生沥青混合料路面施工及验收规程》。

1983年，云南省在省干线公路上结合大修工程，开展沥青路面旧料再生利用技术的研究，分四个阶段先后在昆洛、昆畹、贵昆等几条主要国道干线上进行试验研究，包括对旧沥青混合料的评价，再生沥青抗高、低温性能试验，以及再生混合料矿料掺配试验等。试验表明，再生沥青路面与结构等厚度常规路面相比，可节省沥青40%～50%，节约矿料50%～60%，降低造价20%～40%。只要合理设计，认真施工，再生路面可以达到常规路面的使用效果。

1997年，江苏淮阴市公路处用乳化沥青冷再生方法铺筑路面，取得了一定效果。我国大陆第一条高速公路沈阳至大连高速公路进行了再生重铺，针对旧沥青的化学组分，结合沥青材料的路用性能，使用再生剂和低黏度沥青进行调配。调配采用质量比，加热后经人工搅拌均匀后进行针入度、延度和软化点的试验。根据再生剂和沥青掺入量对再生沥青的不同影响程度，确定再生剂用量和新沥青用量。试验结果表明再生沥青基本满足高速公路对沥青的技术要求，可用在沥青路面层的中下层。

2002年，京津塘高速公路开始采用就地热再生技术，沪宁高速上海段3万$m^2$路段进行就地热再生，显示了沥青路面再生技术的生命力。上海市市政工程管理局颁布了《热再生沥青路面施工及验收规程》和《上海市旧沥青混合料热再生利用管理规定》，显示了政府部门开始倡导资源再生利用，建设环保型道路的理念。

近年来，冷再生技术在我国取得了较快的发展。2004年5月辽宁省营大路采用乳化沥青就地冷再生技术进行大修，随后国内很多建设单位开始铺筑泡沫沥青冷再生试验路，其再生应用情况如表1-1所示。

**我国铺筑的泡沫沥青再生路面　　表1-1**

| 名称 | 道路类型 | 再生方式 | 结　构 | 泡沫沥青配合比 | 长度(km) | 时间 |
| --- | --- | --- | --- | --- | --- | --- |
| 无锡锡宅路 | 升级改造 | 就地 | 5cm沥青+15cm泡沫沥青 | 2.5%泡沫沥青；1.5%水泥；70%铣刨料；28.5%石屑 | 0.6 | 2004.07 |
| 河北廊坊三河 | 升级改造 | 就地 | 5cm沥青+20cm泡沫沥青 | 3.5%泡沫沥青；2.0%水泥 | 0.5 | 2004.11 |
| 陕西西宝高速公路 | 大修 | 厂拌 | 10cm（6+4）沥青+26cm泡沫沥青 | 2.5%泡沫沥青；2.0%水泥；28%石屑；70%铣刨料 | 2.0 | 2005.04 |
| 太旧高速公路 | 大修 | 厂拌 | （1）19cm（9+6+4）沥青+20cm泡沫沥青<br>（2）10cm（6+4）沥青+15cm泡沫沥青+14cm水稳 | 2.5%泡沫沥青；1.5%水泥；13.5%石屑；85%铣刨料 | 2.0 | 2005.05 |

续表

| 名称 | 道路类型 | 再生方式 | 结　构 | 泡沫沥青配合比 | 长度(km) | 时间 |
|---|---|---|---|---|---|---|
| 上海宝山区海江路 | 城市道路维修 | 厂拌 | 3cm 沥青 + 9cm 泡沫沥青 | 2.5% 泡沫沥青；1.5% 水泥；28.5% 石屑；70% 铣刨料 | 0.3 | 2005.06 |
| 湖北孝襄高速公路 | 新建路面 | 厂拌 | (1) 18cm (4 + 6 + 8) 沥青 + 20cm 泡沫沥青<br>(2) 10cm (4 + 6) 沥青 + 28cm 泡沫沥青 | 2.5% 泡沫沥青 + 1.5% 水泥；13.5% 石屑；85% 铣刨料 | 2.1 | 2005.07 |
| 广东佛山328国道 | 大修 | 就地 | 7cm (3 + 4) 沥青 + 12cm 泡沫沥青 | 2.5% 泡沫沥青；1.5% 水泥；70% 铣刨料；28.5% 石屑 | 0.6 | 2005.09 |
| 浙江省海宁市 | 大修 | 就地 | 10cm 沥青 (4 + 6) + 20cm 泡沫沥青 | 2.5% ~ 3.0% 泡沫沥青；1.5% 水泥；70% 铣刨料；28.5% 石屑 | 1.6 | 2005.12 |
| 浙江省平湖市 | 大修 | 厂拌 | 5cm 沥青 + 15cm 泡沫沥青 | 2.48% 泡沫沥青；1.5% 水泥；80% 铣刨料；18.5% 石屑 | 4.0 | 2006.07 |

在我国，旧沥青路面再生利用处于起步阶段，2006 年 1 月，深圳海川工程科技有限公司组织翻译出版了《美国沥青再生指南》，介绍国外沥青路面再生施工技术和成功的经验，相信会对我国沥青路面再生技术发展发挥借鉴和推动作用。2008 年 5 月，

《公路沥青路面再生技术规范》JTG F41—2008 出版并颁布执行，给沥青路面再生技术的发展提供了指南和依据。

**（二）水泥混凝土再生**

我国对再生集料混凝土的研究较晚，但已成为混凝土研究领域中的一个热点。有些高校、科研院所的研究工作得到了相关部门的资助，取得了一定的研究成果。再生集料表面由于包裹着部分硬化水泥砂浆（又称附着砂浆），许多性能与天然集料存在着差异，差异主要体现在表观密度、堆积密度、空隙率、吸水率、吸水速率和压碎指标等参数。国内一些专家学者在废弃混凝土利用方面进行了一些基础性的研究，1991 年建成通车的合宁（合肥—南京）高速公路，随着交通量和使用年限的增加，路面出现了不同类型的病害，每年路面维修工程量约为 9 万 ~10 万 $m^2$，再生混凝土用量约 3 万 ~4 万 $m^3$。

国内研究成果表明，再生混凝土与普通混凝土在原材料、配合比以及施工工艺等方面存在重要的差别，现行普通混凝土的标准、规范等不适用主再生混凝土；由于水泥、集料与国外使用的水泥、集料在成分和性能上差别较大，因而不能直接使用国外的有关标准；再生集料具有复杂性、变异性的特点，各个地区的再生集料具有各自的特性。

水泥混凝土路面的再生利用，主要是将其破碎，作为路面的基层或底基层加以利用，这工艺称为碎石化技术。2002 年，山东省公路养护工程有限公司首次从美国引进了 MHB 碎石化技术，为加快该技术的推广和发展，山东省交通厅公路局与东南大学、山东省公路养护工程有限公司就具体应用展开联合科研攻关，在紧密结合大量工程试验基础上，对强度机理、加铺层设计和施工关键技术等进行了系统研究，在罩面结构设计、使用条件等方面取得了一定的研究成果。相继在 205 国道临沂段、京沪高速泰化段、329 省道肥城城区段三种不同等级的道路上进行试验。截至2006年6月，国内已有近200km水泥混凝土路面应用碎石化技术进行再生利用。从目前看，所有改造路段均未出现反射裂缝。国内工程实践证明，碎石化技术解决反射裂缝的效果非常明显。

另一种是采用冲击破碎技术，冲击碾压技术于20世纪80年代在国外开始投入生产使用，首先应用于土石压实。我国于1995年由南非引进，南非蓝派公司1995年完成香港新机场的场道建设后，于1996年将冲击压路机引入内地，先后在云南、黑龙江、河北唐山等地进行冲击碾压试验，取得了一定的研究成果，为工程建设提供了一定的经验。

## 第三节 路面再生方法

### 一、沥青路面再生

#### （一）再生的途径

根据目前的工艺与技术条件，对于旧沥青路面的再生，目前主要有热再生和冷再生两种技术途径。

1. 热再生

热再生实际是沥青老化的逆过程，通过调整旧沥青的流变行为达到再生的目的，也就是调节旧沥青的黏度，使之降低至所需要的黏度范围，在此基础上，添加一定的集料、外加剂，形成新的沥青混合料。

2. 冷再生

冷再生指旧沥青混合料作为新的集料加以再生利用，加入粘结料后形成具有一定强度的材料。

对旧沥青材料，无论是采取热再生，还是采用冷再生方式进行再生使用，要根据具体的工程需要，道路的损坏情况，道路的结构承载力情况以及废旧沥青的老化情况等因素综合确定。

**（二）再生方法类型**

按照不同的再生工艺技术，我国习惯将沥青再生技术分为厂拌热再生和就地热再生，厂拌冷再生和就地冷再生四大类。

## 二、水泥混凝土路面再生

根据目前的工艺与技术条件，对于旧水泥混凝土路面的再生，主要有冲击破碎、碎石化技术和改建加铺技术三种技术途径。改建加铺技术不属于路面再生的范围，请参考其他书籍。本书主要介绍冲击破碎和碎石化技术两种再生方法。

1. 冲击破碎

冲击破碎技术是采用冲击压路机，以1.5～2.2次/s的低频率连续周期性的高振幅撞击力冲击破碎混凝土板面，使混凝土板面破碎，形成块状料嵌锁型基层结构，形成高强度的路面底基层，有效发挥旧板的残余承载能力，为后续路面加铺层提供一个均匀稳定的支承体系，使旧路改建质量有较大的提高。

2. 碎石化技术

碎石化技术是将水泥混凝土路面的面板，通过专用设备一次性破碎为碎块柔性结构，可作为基层或底基层，然后在上面铺设一层沥青面层或者水泥混凝土面层。

对旧水泥混凝土路面的再生方法，要依据道路的损坏情况和结构承载力情况等因素综合确定。

# 第二章　沥青路面就地冷再生

## 第一节　概　　述

沥青路面就地冷再生就是采用专用的就地冷再生设备，对沥青路面进行现场冷铣刨、破碎和筛分，掺入一定数量的新集料、再生结合料、活性填料（水泥、石灰等）、水，经过常温拌合、摊铺碾压等工序，一次性实现旧沥青路面再生的技术，它包括沥青层就地冷再生和全深式就地冷再生两种方式。仅对沥青材料层进行的就地冷再生称为沥青层就地冷再生；再生层既包括沥青材料层又包括非沥青材料层的，称为全深式就地冷再生。由于对旧材料进行重复利用，施工过程中路面的几何线形及厚度能得到很好的保持。与其他沥青路面修复技术相比，具有以下优点：① 降低施工成本；② 节约集料和沥青；③ 保持原路面的几何特性；④ 保护环境；⑤ 节约能源；⑥ 减少用户的延误。由于沥青路面冷再生节约了大量的建设和养护资金，减少了资源的浪费和环境的破坏，具有巨大的经济效益和社会效益。

我国对旧沥青混合料的再生利用研究，由于在技术、资金、政策等方面的诸多问题，没有进一步深入，也没有得到推广，直到 20 世纪 80 年代重新开始对旧沥青混合料的再生利用技术进行研究。到目前，沥青路面冷再生技术在我国吉林、辽宁、河北、湖北、河南、山东省等地的高速公路、国省干线的建设养护中已经得到大规模应用，累计铺筑再生路面 600km。在陕西，陕西高速机械化公司尝试了沥青路面厂拌冷再生，随后就地冷再生也相继开展。

随着我国国省道干线公路进入大、中修时期，在公路建设中提高资源利用效率，注重公路建设与环境保护以及使公路发展与自然资源相协调，倡导路面改造的绿色交通技术的新理念，如何应用新技术、新材料、新工艺，增加公路建设的投资效益，节能环保已成为公路建设发展新的课题。沥青路面冷再生技术为科学经济地进行旧路改造提供了一种新途径。采用沥青路面再生技术重复利用沥青路面废料，从根本上解决沥青路面废料产生的环境污染和缓解资源压力的问题，也是适应可持续发展的战略形势。沥青路面再生技术就是充分利用现有路面的旧材料，对需维修养护的旧路面进行破碎、翻松、并添加适量稳定剂如乳化沥青、泡沫沥青、水泥等，经拌合、摊铺、压实，恢复其使用功能。

## 一、技术特点

随着我国经济的快速发展，高速公路通车总里程已达23000km，其中沥青路面占90%以上。目前部分高速公路已经进入大、中维修改建期，全国每年约有10%的沥青路面需要翻修，由于进口再生专用设备价格昂贵，造成旧沥青混合料大部分废弃，不但对周边环境造成严重污染，也是一种资源的浪费。随着人们环保意识的提高，沥青资源的价格上涨以及砂石材料的日趋紧张，适合我国国情的旧沥青混合料再生利用技术的研究愈来愈显示出必要性和紧迫性。沥青路面就地冷再生技术主要有以下几个特点：

1. 较短的施工周期

工期短，施工工艺简便、对交通主干道大规模路面翻修速度快，且受雨季天气影响较小。尤其适合交通流量大、不封闭交通半幅施工的路段。

2. 结构完整性

旧路冷再生结构层具有均匀性、完整性好的优点，有效地提高了旧路路面的强度、平整度及道路通行能力。

3. 保持原路面的几何线型

沥青路面就地冷再生是将原路面进行破碎、拌合、添加稳定剂和加水后一次性成型的路面维修技术，能完整地保持原有路面的几何线型，如标高和宽度等，尤其是对高速公路及山区道路的安全和附属设施不造成破坏，能够充分利用原有的安全与附属设施进行路面的改造，是其他维修方法不可替代的。

4. 节能环保

采用该技术能充分利用原有路面材料，减少了废弃物的运输和堆放，节约了大量资源和能源。避免了旧油石废弃污染，有利于保护生态环境，符合当今世界环保与资源再生利用的发展趋势，尤其适合于城市及国省道干线公路的维修与改造。

5. 经济性能好

工程造价比传统的路面补强施工成本较低。

## 二、经济特点

传统方案将宽度为12m、厚度为20cm的路面结构全部挖除，废料远运处理后，再做20cm厚二灰碎石基层，每平方米成本价为33.66元。如果将全幅旧路结构进行利用，添加5%水泥经就地冷再生处理20cm作为基层，在正常施工条件下，每平方米成本价为20.74元。如果租赁再生设备，就地冷再生基层成本较传统二灰碎石路面基层成本降低达19.4%；若自购再生设备，成本较传统二灰碎石路面基层成本降低达38.4%。基本使用情况如表2-1所示。

传统工艺与租赁冷再生、购买冷再生设备成本对比　表 2-1

| 序号 | 项　目 | 20cm 厚基层 | | |
|---|---|---|---|---|
| | | 传统工艺 | 租赁设备 | 购买设备 |
| 1 | 挖除旧油皮 | 5 | | |
| 2 | 旧路路基整平、碾压 | 2 | | |
| 3 | 二灰碎石基层 | 24 | | |
| 4 | 租赁费 | | 10 | |
| 5 | 人工费 | | 1.8 | 1.8 |
| 6 | 其他机械使用费 | | 4.5 | 4.5 |
| 7 | 柴油 | | 2.1 | 2.1 |
| 8 | 水泥 | | 6.5 | 6.5 |
| 9 | 冷再生机折旧 | | | 3.2 |
| 10 | 易损件 | | | 1.0 |
| 11 | 间接费 | 1.55 | 1.25 | 0.96 |
| 12 | 税金 | 1.11 | 0.95 | 0.68 |
| 13 | 合计 | 33.66 | 27.1 | 20.74 |

## 三、适用范围

沥青路面就地冷再生，适用于一、二、三级公路沥青路面的就地再生利用，用于高速公路时应进行论证。沥青路面就地冷再生分为沥青层就地冷再生和全深式就地冷再生两种方式。对于一、二级公路，再生层可作为下面层、基层；对于三级公路，再生层可作为面层、基层，用作上面层时应采用稀浆封层、碎石封层、微表处等做上封层。沥青层就地冷再生应使用乳化沥青、泡沫沥青作为再生结合料；全深式就地冷再生既可使用乳化沥青、泡沫沥青等沥青类的再生结合料，也可使用水泥、石灰等无机结合料作为再生结合料。当使用水泥、石灰等作为再生结合料时，再生层可作为基层。

## 第二节　沥青路面就地冷再生机理

### 一、再生混合料强度形成机理

冷再生通过添加一定的外加剂和骨料形成混合料，这些材料的组成结构决定其性能，其强度主要来源于混合料颗粒的内摩阻力和结合料的粘结力。内摩阻力除与固体颗粒的几何尺寸，如形状、大小、表面状况等有关外，主要取决于固体颗粒的级配组成。按照最大密度填充理论，最佳级配组成的混合料将获得最大的内摩阻力；最佳级配的建筑垃圾混合料中颗粒接触的点、面相对多时，更有利于内部形成产生粘结力的无定型凝胶结构。

再生混合料与水拌合经机械碾压作用后，初期其混合料具有一定强度，相当于土壤颗粒固结一样，这种强度主要来自于密实混合料间的内摩擦力，还有颗粒间原始黏聚力以及颗粒与薄膜水间的吸附作用。随着时间的推移，混合料间发生复杂物理和化学作用，产生具有胶结作用的物质，混合料颗粒被逐渐粘结固化，形成具有一定强度的整体。

再生过程中，乳化沥青与石料（或回收料）拌合时，由于乳化沥青颗粒表面的电荷与石料表面的电荷发生了中和反应，沥青颗粒相互靠近粘结。经过压路机的碾压，在水分完全蒸发和沥青颗粒电荷完全中和后，沥青颗粒进一步结合，部分沥青已经完全连接成沥青膜。此时，冷再生混合料的强度已经达到开放交通的要求。经过一段时间的交通碾压和高温作用，沥青的颗粒会进一步结合，形成完全固态的坚实沥青膜，混合料强度达到最大值，混合料结构变得相对稳定。

## 二、就地冷再生机械原理

1. 就地冷再生机械原理

就地冷再生由一个专用再生机械实现，其核心是一个装有若干个硬质合金刀具的切削转子。转子旋转时向上切削现有旧路铺层材料，转子的切削深度可以通过电脑精确控制。在转子切削材料的同时，水罐车中的水通过软管输送给再生机，由机载系统喷洒进拌合腔内。在拌合腔内与切削下来的材料进行充分均匀地混合，达到压实所需的最佳用水量，如图 2-1 所示。

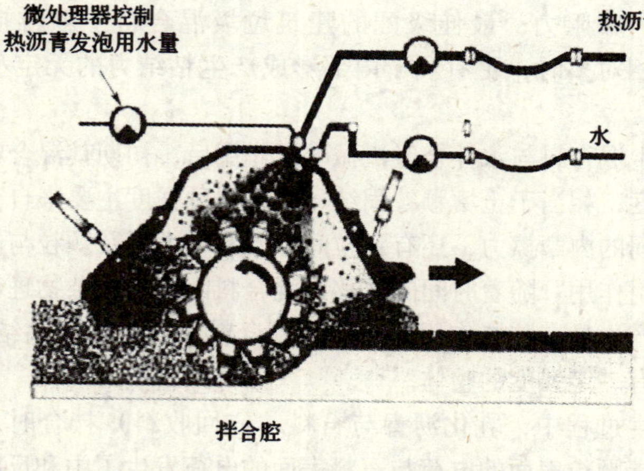


图 2-1　泡沫沥青就地冷再生原理

液体稳定剂，例如水泥稀浆、乳化沥青或两者结合，通过专门设计的喷洒嘴将泡沫沥青喷洒到拌合腔。热沥青、冷水和空气在一排相互独立的发泡腔里，使沥青发泡，通过喷嘴均匀地喷洒在整个工作宽度上。粉状稳定剂，例如消石灰，通常是事先撒布在再生机前的路面上。再生机将粉状稳定剂与再生料和水一次性拌合。微型计算机根据再生的宽度、工作深度、工作速度及材料的密度控制拌合水用量和沥青用量。

2. 就地冷再生施工机组

根据再生场合和稳定剂的不同类型，可采用不同的再生车组。通常情况下，再生机是自行的，它可以推动或拖动与其相连接的设备。再生车组的典型配置见图 2-2 和图 2-3。

图 2-2　典型的水泥浆再生车组

图 2-3　典型的水泥浆与沥青再生车组

图 2-2 给出了使用水泥浆再生的再生列车组合。在将水泥和水拌合成稀浆之前，它们的用量需要精确计量，然后通过软管泵送给再生机，在拌合腔中喷洒。

从再生机出来的再生料需要使用重型振动压路机进行初压，使全部再生材料达到均匀的密实度。再生料在使用振动和轮胎压路机完成终压前，应先使用平地机进行整平。

# 第三节　沥青路面就地冷再生旧路路况调查及评价

## 一、概述

为适应公路交通不断增长的需要，贯彻“建立资源节约型、环境友好型社会”的方针，提高旧路面材料利用率，尽量不增加旧路标高，使路面在设计年限内满足各级公路相应的承载能力、耐久性、舒适性、安全性的要求，确保工程质量，降低工程造价，将老路面经过技术处理，使之重新发挥作用。在路面再生利用的过程中，应对路面的基层进行综合论证研究，以确定是否可以利用。如果将旧路面采用再生技术，能大大地降低工程造价，减少环境污染。

就地冷再生基层技术包括原路面结构破碎调查及评价、旧路强度测试及评价、旧路路面结构调查、交通量调查、路面结构设计、再生料分析、配合比设计等；施工应包括再生设备、再生施工前的准备工作、再生施工和常规检测等。适用于各级沥青混凝土路面和碎石路面的改建。这种方法能最大程度地利用旧路面结构材料，避免新增建筑垃圾，减少新开采筑路材料，保护河道及生态环境，能最大程度地减少增加路面标高，利用沿线的道路附属设施，方便沿线居民出行。

## 二、路面结构调查及评价

1. 破损调查内容

在沥青路面再生的过程中，调查破损的主要内容有裂缝、表面松散、泛油、变形、车辙等。

2. 破损评价

（1）采用表2-2对路面破损情况进行统计。

路面破损统计表　　表2-2

| 病害类型＼里程桩号 | K0+000 | K0+020 | K0+040 | K0+060 |
|---|---|---|---|---|
| 裂缝（m） | | | | |
| 表面松散（$m^2$） | | | | |
| 泛油（$m^2$） | | | | |
| 变形（$m^2$） | | | | |

（2）采用公式$病害含量=\frac{病害折算面积之和}{计算段公路理论面积}$计算各种病害含量，详见表2-3。

路面破损评价表　　表2-3

| 病害类型＼里程桩号 | K0+000 | K0+020 | K0+040 | K0+060 |
|---|---|---|---|---|
| 裂缝（%） | | | | |
| 表面松散（%） | | | | |
| 泛油（%） | | | | |
| 变形（%） | | | | |

3. 路面弯沉测试及评价

按照我国现行标准对路面进行弯沉测试，增测裂缝或变形严重路段的弯沉，如表2-4。

路面弯沉统计表　　表2-4

| 里程桩号 | K0+000 | K0+020 | K0+040 | K0+060 |
|---|---|---|---|---|
| 弯沉（1/100mm） | | | | |
| 代表弯沉（1/100mm） | | | | |

4. 路面结构调查及评价

（1）通过弯沉确定每个均匀路段上至少应分布一个测试坑。测试坑的位置分别位于路面破损严重、损坏很小或没有损坏的地方，以便分析路面破坏的集料。

（2）每个测试坑按照宽 700mm，长 1200mm，深 1000mm，按表 2-5 的内容绘制断面结构情况，以便分析路面的结构及组成情况。

**路面结构层断面调查表** **表 2-5**

| 项目 / 土壤类型 | 深度（mm） | 密实度 | 湿度 | 结构状态 | 土壤类型 | 来源 |
|---|---|---|---|---|---|---|
| 上面层 | | | | | | |
| 下面层 | | | | | | |
| 基层 | | | | | | |
| 底基层 | | | | | | |
| 路床 | | | | | | |
| 其他 | | | | | | |

# 第四节　沥青路面就地冷再生设计

## 一、路面结构层设计

1. 冷再生典型路面结构类型

根据目前工程应用情况，一般将旧沥青面层与部分厚度的稳定碎石基层一起再生，作为路面基层，路面结构如图 2-4 所示。有时将旧沥青面层与全部厚度的稳定碎石基层一起再生，作为路面底基层，路面结构如图 2-5 所示。

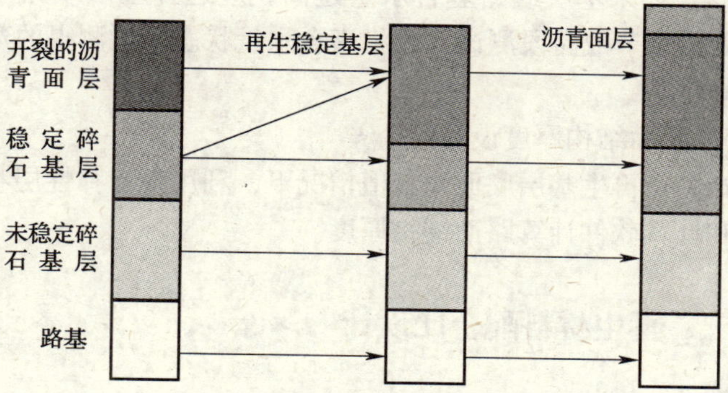


图 2-4 冷再生基层典型路面结构

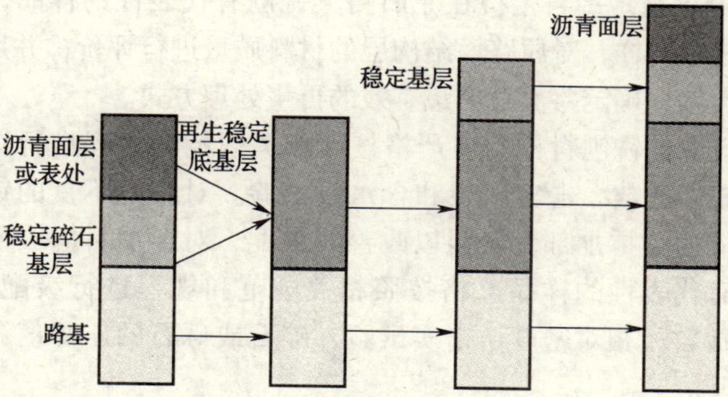


图 2-5 冷再生底基层典型路面结构

2. 再生层底面弯沉确定

（1）如果基层或路基含水量较小，基层和面层基本无开裂，则通过路面层状结构反算再生基层底面弯沉值；如果基层基本无开裂，但面层开裂严重，则通过路面层状结构反算再生基层底面弯沉值（不计面层刚度）；如果基层和面层的开裂严重，则再生层底面弯沉可近似采用沥青混凝土顶面弯沉值。

（2）如果基层或路基含水量过高，应选择基层或路基含水量较低的季节或路段测试，或将高含水量状态下所测得的弯沉值适当修正。

3．路面结构厚度设计

在确定再生基层底面弯沉值情况下，利用现有弹性层状体系理论和计算软件计算路面结构厚度。

## 二、再生材料配合比设计

1．原材料试验

在再生层施工前，需对原路面进行取样，可以利用WR2500S就地冷再生机在原旧路上铣刨有代表性的样品，用再生机进行取样，对原路面结构层的材料质量进行评价，并用于配合比设计，确定路面材料最有效的再生处理方式。

选取的铣刨料样品应严格按照相关规范和规程进行级配分析、塑性指数、击实试验和含水量试验。对级配不良的铣刨旧料，应通过掺加部分新料以改善其级配，对新加料应取所定料场中有代表性的样品严格按照相关规范和规程进行级配分析、塑性指数、相对密度、击实试验、碎石或砾石的压碎值和含水量试验。

2．材料要求

（1）沥青路面就地冷再生一般采用水泥稳定再生层，单个颗粒的最大粒径不应超过37.5mm，用于高速公路和一级公路基层时，再生混合料级配不宜超出表2-6所列1号级配范围；用于高速公路和一级公路底基层或者二级及二级以下公路时，再生混合料级配不宜超出表2-6所列2号级配范围的要求。待稳定材料的塑性指数不应超过10。塑性指数大于10的待稳定材料，宜采用石灰稳定，或用水泥和石灰综合稳定。

**水泥稳定再生基层与底基层混合料的级配范围　　表 2-6**

| 项目 \ 通过质量百分率(%) \ 编号 | | 1 | 2 |
|---|---|---|---|
| 筛孔尺寸（mm） | 37.5 | | 90～100 |
| | 31.5 | 100 | |
| | 26.5 | 90～100 | 66～100 |
| | 19 | 72～89 | 54～100 |
| | 9.5 | 47～67 | 39～100 |
| | 4.75 | 29～49 | 28～84 |
| | 2.36 | 17～35 | 20～70 |
| | 1.18 | | 14～57 |
| | 0.6 | 8～22 | 8～47 |
| | 0.075 | 0～7 | 0～30 |

（2）使用的粗细集料质量要求应满足《公路沥青路面施工技术规范》（JTG F40）的规定。单一粗细集料质量要求不能满足要求，但是集料混合料性能满足要求的，可以使用。

（3）水泥作为再生结合料时，可以采用普通硅酸盐水泥、矿渣硅酸盐水泥、火山灰硅酸盐水泥。水泥的初凝时间 3h 以上和终凝时间宜在 6h 以上，不应使用快硬水泥、早强水泥以及已受潮变质的水泥。水泥应疏松、干燥、无聚团、结块、受潮变质。水泥等级一般为 32.5 或 42.5。

（4）石灰作为再生结合料时，可以采用消石灰粉或者生石灰粉，石灰技术指标应符合《公路路面基层施工技术规范》的规定。石灰在野外堆放时间较长时应覆盖防潮。

（5）应采用洁净水用于水泥稳定再生施工。对水质有疑问时应进行检验。

3. 准备试样及配合比设计

（1）将代表试样（旧混合料）完全风干，测定旧混合料完全风干后的含水量。

（2）根据旧混合料和新加料的级配确定合成级配，级配范围如表2-6所示。绘制级配曲线，使设计合成级配在相应的级配范围内。设计的合成级配宜接近表中级配范围的中值。当反复调整不能满意时，应更换新加料设计。

（3）将旧混合料分成以下五个部分：

1）粒径大于37.5mm的材料；

2）粒径在19～37.5mm之间的材料；

3）粒径在13.2～19mm之间的材料；

4）粒径在4.75～13.2mm之间的材料；

5）粒径小于4.75mm的材料。

（4）将全部通过37.5mm的材料，再按照筛分结果重新组合成代表试样，并用19～37.5mm这档材料代替37.5mm以上的材料，如表2-7所示。

**代表试样重新组合** **表2-7**

| 筛分结果 | | 10kg旧混合料各档材料用量 | | | |
|---|---|---|---|---|---|
| 筛孔尺寸（mm） | 通过率（%） | <4.75mm | 4.75～13.2mm | 13.2～19mm | 19～37.5mm |
| 37.5 | 97.5 | 53.6×100=5360g | (72.3－53.6)×100=1870g | (85.5－72.3)×100=1320g | (100－85.5)×100=1450g |
| 19.0 | 85.5 | | | | |
| 13.2 | 72.3 | | | | |
| 4.75 | 53.6 | | | | |

4. 最大干密度和最佳含水量的确定

（1）分别按五种水泥剂量配制同一种土样、不同水泥剂量的混合料（4%，4.5%，5.0%，5.5%，6%），水泥剂量以水泥质量占全部待稳定材料干质量的百分率表示，即水泥剂量＝水泥质量/待稳定材料干质量。

（2）根据设计配合比按新旧料比例进行配料，如果有粒径大于37.5mm的材料，应采用19～37.5mm这档材料代替37.5mm以上的材料。

（3）试样的干质量

$$M_s = \frac{M_{ab}}{1 + W_{ad}} \tag{2-1}$$

式中 $M_s$——试样的干质量，g；

$M_{ab}$——试样的风干质量，g；

$W_{ad}$——风干试样的含水量,%。

（4）稳定剂的用量

$$M_c = C_{ad} M_s \tag{2-2}$$

式中 $M_c$——水泥或石灰用量，g；

$C_{ad}$——水泥或石灰的百分比,%；

$M_s$——试样的干质量，g。

（5）按照《公路工程无机结合料稳定材料试验规程》（JTJ 057—94）T0804—94方法确定混合料的最大干密度和最佳含水量。确定各种混合料的最佳含水量和最大干（压实）密度，至少应做三个不同水泥剂量混合料的击实试验，即最小剂量、中间剂量和最大剂量。

5. 稳定材料的准备

（1）按上面的式子计算试样干质量和稳定剂用量。

（2）确定加水百分比和需要加水的质量

$$W_{ad} = W_{om} - W_{ad} \tag{2-3}$$

$$M_w = W_a (M_s + M_c) \tag{2-4}$$

式中符号的意义同上。

6. 成型试件（静压成型）

（1）按规定压实度分别计算不同水泥剂量的试件干密度。

（2）根据最佳含水量和计算的干密度制备试件。进行强度试验时，作为平行试验的最少试件数量应不小于表 2-8 的规定。如试验结果的偏差系数大于表中规定的值，则应重做试验，分析原因加以解决。如不能降低偏差系数，则应增加试件数量。

**最少试件数量** **表 2-8**

| 材料情况 \ 偏差系数 / 试件数量 | <10% | 10% ~15% | 15% ~20% |
| --- | --- | --- | --- |
| 公称粒径 2.36mm | 6 | 9 | |
| 公称粒径 19.0mm | 6 | 9 | 13 |
| 公称粒径 31.5mm | | 9 | 13 |

（3）试件在温度 20±2℃、湿度 >95% 的养护室内养生 6d，浸水 24h 后，按《公路工程无机结合料稳定材料试验规程》（JTJ 057）进行无侧限抗压强度试验。各级公路用水泥稳定再生混合料的 7d 浸水抗压强度应符合表 2-9 的规定。

（4）水泥稳定再生混合料的组成设计应根据表 2-9 的强度标准，通过试验确定必需的水泥剂量和混合料的最佳含水量，在需要改善混合料的物理力学性质或（和）级配时，还应确定掺加新料的比例。

**水泥稳定再生混合料的抗压强度标准** **表 2-9**

| 层位 \ 公路等级 | 二级和二级以下公路 | 高速公路和一级公路 |
| --- | --- | --- |
| 基层（MPa） | 2.5 ~3 | 3 ~5 |
| 底基层（MPa） | 1.5 ~2.0 | 1.5 ~2.5 |

7. 确定稳定剂的最佳用量

（1）计算无侧限抗压强度试验结果的平均值和偏差系数。

（2）根据要求的强度标准，选定合适的水泥剂量，试件室内试验结果的平均抗压强度应符合公式（2-5）的要求：

$$\bar{R} \geqslant R_d/(1 - Z_a C_v) \quad (2\text{-}5)$$

式中 $R_d$——设计抗压强度；

$C_v$——试验结果的偏差系数（以小数计）；

$Z_a$——标准正态分布表中随保证率（或置信度 $a$）而变的系数，高速公路和一级公路应取保证率95%，即 $Z_a = 1.645$；其他公路应取保证率90%，即 $Z_a = 1.282$。

（3）工地实际采用的水泥剂量应比室内试验确定的剂量多0.5%。

（4）水泥稳定再生混合料用做基层时，水泥剂量不宜超过6%。

## 第五节 沥青路面就地冷再生施工工艺

### 一、施工机械

维特根冷再生技术是由一系列机械组合而成的机组来完成的，机组中最重要的就是再生机械的选择。沥青路面就地冷再生技术可以采用维特根系列产品的机械进行再生，决定采用哪种机械主要受工程规模和类型的影响。冷再生机械及配套设备的最低要求是有足够的生产能力并且处于良好的工作状态。

1. 就地再生机

就地再生机的一般工作宽度为2438~3048mm，工作深度为500mm，发动机功率为500kW，工作重量为32t。

2. 罐车

罐车是再生机的配套设备，用来供水或者液体稳定剂。罐车的容量要与工程规模和道路的几何形状匹配。在水泥就地冷再生施工过程中，要求至少有1台水罐车给再生机提供施工用水。

3. 压实设备

重型压路机对新再生层底部达到要求的压实度有重要作用，因而其选择非常关键。在应用WR2500S就地冷再生机施工过程中需要单钢轮压路机进行压实，数量1~2台。水泥稳定再生结构层应采用16t以上的单钢轮振动压路机结合胶轮压路机碾压，单钢轮振动压路机可以进行强弱振选择。使用的单钢轮振动压路机静重取决于再生层的厚度，可参照表2-10选择。

**单钢轮振动压路机静重选择** **表2-10**

| 压实层厚度 | 压路机静重（t） |
|---|---|
| <150mm | 16 |
| 150~200mm | 20 |
| 200~250mm | 22 |
| >250mm | 25 |

4. 平地机

WR2500S是轮胎式就地再生机，在施工过程中为了达到控制平整度和标高的要求，需要配备1台平地机。

5. 洒水车

水泥就地冷再生施工完成后，需要对再生基层进行7d的养护，需要根据天气的变化进行洒水，需要配备洒水车1台。

6. 准备工作

在就地冷再生施工前应做以下准备工作：

（1）对再生施工中所需要的所有机械设备进行全面检查；

（2）检查各罐车、再生机内所装水和/或稳定剂是否能满足再生路段施工的需要；

（3）在第一个作业面，采用推杆将再生机组排成一线；

（4）连接所有与再生机相连的管路，排出系统中的所有空气并确保所有阀门均处于全开度位置；

（5）检查再生机操作人员是否将与稳定剂添加量有关的数据输入计算机。再生路段是否有明确的导向标志，所有开始程序是否均已清楚。

这些基础的准备工作快速而简单，应成为每次施工开始前的例行工作。除再生机外，建议对所有辅助设备机械及设备的操作人员进行检查，以确定是否已经掌握工艺流程及注意事项。

## 二、施工前的准备

1. 施工计划

在每天开工之前，应制订当天的工作详细计划，明确当天再生路面的长度和宽度，相互平行幅面的数量、宽度以及幅面间纵向搭接的尺寸；每幅进行再生的顺序和长度；估算每幅进行铣刨、压实以及完成该幅所需的时间，每幅再生施工所需的时间应当在施工图中注明；施工期间进行质量控制的检测试验位置。

2. 封闭交通

在准备原路面的前一周，应在再生路段各路口设置警示牌，提醒司机及行人封闭交通的时间。整个施工及养护过程中，对再生路段要完全封闭交通。未进行再生路段应设置警示牌，提醒司机及行人。

3. 水平基线

再生施工之前，应在道路的两侧放置一系列的标桩（杆）作为水平基线。这些标桩（杆）应与道路的中心线成直角，并与工作区保持恒定的距离。再生施工完成后就可以用来恢复道路的中心线。标桩（杆）的间距，曲线距离不应超过 20m，直线距离不应超过 40m。

4. 道路表面的准备工作

在再生施工之前，应清除道路表面、相邻的车行道和路肩的杂草、垃圾和积水；如果预先在铣刨路面上留出凸位，在原道路的表面上预先标出准确的纵向铣刨指引线。还应该记录下需要恢复的所有道路标志标线的位置。

5. 道路表面形状和标高的要求

设计图纸一般不标明再生后路面的最终标高要求，如果原路面的坡度和横断面形状没有被过分地破坏，承包商有责任采取一定的措施保证再生层的标高与再生前的路面标高一致；如果需要修正路面的缺陷或改变路面的坡度，就需要详细说明新路面标高的要求。在再生施工开始前，做预先铣刨处理，或者在原路面上准确地撒布一定数量的集料。

6. 加入新的材料

如果设计要求加入新的材料以修正原路面的形状，在再生施工之前，将规定的材料撒布到原有路面上。如果新加入材料的厚度超过规定的铣刨深度，就必须修改原路面形状方案，在道路任何一侧的低点重新确定坡度。如果设计要求加入新材料以改善再生材料的级配或力学性能，在再生施工前，将规定的新材料均匀地撒布到原有路面上。

7. 稳定剂的添加

在再生机工作前，按规定的数量使用撒布机或人工撒布的方式将干燥的稳定剂均匀地撒布到工作幅面上。若采用人工撒布方式，则应沿着每一个再生宽度等间距放好袋装的稳定剂。应使用机械式拌合机将干粉状的稳定剂和水制成稀浆，拌合机应配备过滤装置，过滤孔隙不得超过5mm，以确保拌合的稀浆均匀一致，含水量满足稳定施工的要求。

8. 再生材料含水量的控制

在再生施工过程中应加一定量的水，水的添加应当通过再生机上的微处理器控制系统控制加入的方式实现，特别注意防止加水过多。若含水量过高，则由承包商负责进行干燥处理，调整含水量，并且加入新的稳定剂重新处理。

压实含水量不应超过以最大干密度计算的天然材料饱和含水量的75%，规定饱和度下的含水量按下式确定：

$$W_v = S_r \times [(X_w/X_d) - (1000/G_s)] \tag{2-6}$$

式中 $W_v$——规定饱和度下材料的含水量，%；

$S_r$——规定饱和度，%；

$X_w$——水的密度，$kg/m^3$；

$X_d$——天然材料的最大干密度，$kg/m^3$；

$G_s$——材料的表观密度，$kg/m^3$。

## 三、再生基层施工试验段

在工程项目施工之前，准备就地冷再生施工所需的所有设备，在欲维修的路面上完成一段试验路，其目的是检验采用的再生设备和工艺是否满足再生施工规定的要求；并通过调整再生机械的机械参数满足对再生混合料的级配要求；从而确保良好的压实度。

试验路段的长度至少为200m，宽度为一个行车道或半幅路面。如果承包商要对施工方法、工艺、施工设备以及所使用的材料做任何的变动，或者是由于现场路面材料的变化或其他原因，承包商不能完全遵守规范的要求，在正式开工前，应做试验路，确定机械、工艺和质量控制要求的关系。

水泥稳定再生结构层施工期的日最低气温应在5℃以上。根据经验和所用再生机械的特点，制定3~5种不同的再生机行进速度和转子速度的组合方案，按设计的再生深度对旧路进行铣刨，取铣刨后具有代表性的材料送往试验室进行筛分，选择最接近理想级配的方案作为施工时再生机行进速度和转子速度的方案。

按照再生机行进速度和转子速度，根据再生深度对旧路铣刨，取铣刨后具有代表性的材料样品送往试验室进行室内配合比设计。根据室内试验结果，在旧路上摊铺新加料或填料，但不添加稳定剂，取铣刨后具有代表性的材料样品进行筛分，如果筛分后的级配与室内设计级配超过工地允许波动范围，应调整再生机行进速度和转子速度，使铣刨后的级配与室内设计级配相比波动在允许范围内。

根据稳定剂类型，采用1~3种压实方案进行施工，以确定最合理的碾压方案。取铣刨、拌合的混合料进行试验，对以水泥作为稳定剂的冷再生，测定再生混合料的含水量、水泥剂量，并按《公路工程无机结合料稳定材料试验规程》JTJ 57—94要求成型试件，测定7d无侧限抗压强度。

对试验段的弯沉、压实度、平整度、厚度、宽度等指标进行检测。根据试验段的结果确定再生混合料的级配、施工时采用的再生机行进速度、转子速度及再生结构压实工艺。

## 四、就地冷再生施工

就地冷再生的工艺流程如图2-6所示。

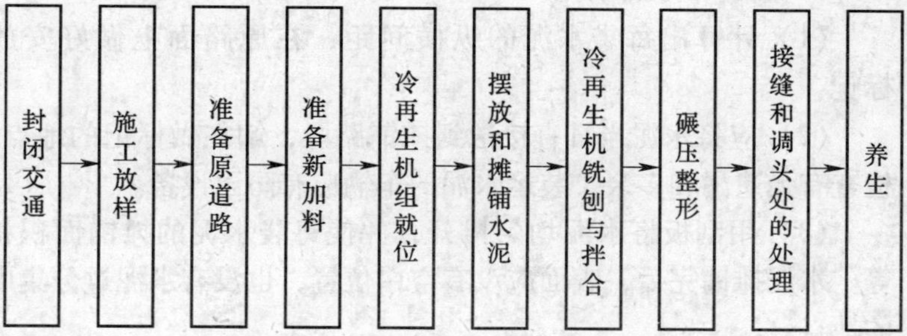


图 2-6　沥青路面就地冷再生施工工艺

1. 施工准备工作

在施工前，应先进行封闭交通、施工放样和原道路清扫等工作。

2. 准备新加料

（1）外加新料的厚度必须小于再生厚度。

（2）计算材料用量。

1）根据原道路再生深度内的平均密度，计算每平方米新料的添加量。

2）根据每车料的质量或体积，计算每车料的堆放距离。

3）人工摆放和摊铺水泥，应根据水泥剂量，计算每平方米水泥稳定层需要的水泥用量，确定水泥摆放的纵横间距。

（3）新加料装车时，应控制每车料的数量基本相等。

（4）在同一料场供料的路段内，按计算距离卸置材料于原路面中间。卸料距离应严格掌握，避免有的路段料不够或过多。

（5）将新加料均匀地摊铺在旧路面上，按每 1000$m^2$ 核查新加料质量是否均匀。

3. 冷再生机组就位

按照放样的位置，将冷再生机组安装就位。

4. 摆放和摊铺水泥

（1）计算出每袋水泥的纵横间距，在原路面上做好安放标记。

（2）应将水泥当日直接送到摊铺路段，卸在做标记的地点，检查有无遗漏和多余。装运水泥的车辆应有防雨设备。

（3）用刮板将水泥均匀摊开，并使每袋水泥的摊铺面积相等。水泥摊铺完后，表面应没有空白位置，也没有水泥过分集中的地点。

5. 冷再生机铣刨与拌合

（1）冷再生机推动稀浆车或水车在原路面上行进。

（2）冷再生机行进速度应根据路面损坏状况和再生深度进行调整，一般为 6 ~ 12m/min，使得铣刨后料的级配波动范围不大。网裂严重地段应采用较慢速度。

（3）应根据道路两侧设置的水平控制桩，定期核查再生深度是否正确，如再生深度超过设计深度 ±1cm，应查明原因后再继续施工。

（4）再生机后应有专人跟随，随时检查再生深度、水泥含量和含水量，并配合再生机操作员进行调整。

（5）施工中再生深度的检查以相邻已经再生或原路面为标准，用钢钎刺入混合料中，测量再生深度是否符合要求。应在再生机每次下刀的两侧进行检查，其他路段 30 ~ 50m 检查一次。

（6）应在作业面边缘固定导向线以帮助操作者。

（7）若进行多刀施工时，应时刻注意搭接宽度，保证搭接宽度。

（8）再生机后宜安排 4 ~ 5 人处理边线和清理混合料中的杂质以及每刀起始位置的余料，以防止影响纵向接缝、横向接缝、平整度和再生材料的密实性。

（9）在施工过程中，应对混合料的级配、再生深度、水的喷入量进行随时检查，如发现问题，应立即停止施工，等问题解决后再继续施工。

（10）每次再生长度以保证后续作业能正常进行为宜，再生长度尽可能长些，以减少横向接缝，一个工作面长度一般为150～250m。

6. 碾压整形

（1）根据路宽、压路机轮宽和轮距的不同，制订碾压方案，应使各部分碾压到的次数尽量相同，路面的两侧应多压2～3遍。

（2）对轮胎式再生机，在整形之前，首先压实轮迹间松散材料。

（3）在再生机后应紧跟一台轻型钢轮振动压路机进行初压，每次碾压从施工段起点开始，至再生段边缘止，碾压宽度应超过该幅再生宽度。静压后采用高幅低频进行压实，压实遍数应足以保证再生层底部2/3厚度范围内的压实度达到规定要求。压路机的工作速度不得超过3km/h。

（4）在完成一个作业段的再生和初压后，应立即用平地机整形。在直线段，平地机由两侧向路中心进行刮平；在平曲线段，平地机由内侧向外侧进行刮平。

（5）在整形过程中，严禁任何车辆通行，并保持无明显的粗细集料离析现象。

（6）整形后，当混合料的含水量为最佳含水量（+1%～+2%）时，应立即用单钢轮振动压路机以低幅振动模式进行压实。直线和不设超高的平曲线段，由路肩向路中心碾压时，应重叠1/2轮宽，压完路面全宽时即为一遍，一般需碾压4～6遍。压路机的碾压速度，前两遍以采用1.5～1.7km/h为宜，以后宜采用2.0～2.5km/h。

（7）严禁压路机在已完成的或正在碾压的路段上调头或急刹车，应保证再生层表面不受破坏。

(8) 碾压过程中，再生层的表面应始终保持湿润，如水分蒸发过快，应及时补洒少量的水，严禁大量洒水碾压。

(9) 碾压过程中，如有“弹簧”、松散、起皮等现象，应及时翻开，添加适量的水泥重新拌合或用其他方法处理达到质量要求。

(10) 经过拌合、整形的水泥稳定再生层，宜在水泥初凝前，延迟时间内完成碾压，达到要求的密实度，且没有明显的轮迹。

7. 接缝的处理

(1) 纵向接缝的处理

1) 道路宽度小于7m，纵向重叠较多时，不宜半幅施工，应考虑全幅施工，以减少重叠量，提高施工效率。

2) 一般最小重叠宽度为100mm。

3) 路面材料越厚，重叠量越大；材料粒度越粗，重叠量越大。

4) 相邻两次作业间隔12h以上时，重叠量应增加。

5) 在纵向接缝上，根据已建再生层的完成时间，改变水的喷入量。

6) 纵向接缝的位置应尽量避开慢行、重型车辆的轮迹位置。

(2) 横向接缝的处理

1) 只要再生机停止，不论停止的时间长短，均形成横向接缝，应对所形成的横向接缝认真处理。

2) 施工中应尽量减少停机现象。

3) 应严格检查机械，特别是水管排气，气体必须在液体到达喷洒杆前排除。

4) 注意检查水泥稀浆或水的喷入量。

5) 在停机处，再生机再次施工时，必须将整个再生机后退至先前再生段1.5m的距离。

6）再生机开始工作时，操作员应开足马力，快速达到正常的施工速度。

7）禁止再生机以 <2m/min 的行进速度进行施工。

8．施工质量管理

使用水泥、石灰等作为再生结合料的全深式再生，施工过程的质量控制项目、频率和质量标准如表 2-11 所示。

**水泥、石灰再生质量控制要求　　　　表 2-11**

| 检查项目 | 质量要求 | 检验频率 | 检验方法 |
|---|---|---|---|
| 压实度（%） | ≥88 | 每个再生幅每车道每千米 1 次 | 灌砂法，重型击实 T0921 |
| 抗压强度（MPa） | 符合表 2-4 要求 | 每个再生幅每车道每千米 6 个或 9 个试件 | T0716 |
| 级配 | 符合表 2-1 要求 | 每个再生幅每车道每千米 1 次 | T0302 |
| 水泥或石灰剂量 | 不小于设计值 1.0% | 每个再生幅每车道每千米 1 次 | T0809 |

9．养生及交通管制

（1）每一段碾压完成，经压实度检查合格后，应立即开始养生。

（2）宜采用湿砂、塑料薄膜、乳化沥青、经常洒水等方法进行养生。如采用铺砂法，砂层厚宜为 7～10cm。砂铺匀后，应立即洒水，在整个养生期间保持砂的潮湿状态。不得用湿黏性土覆盖。养生结束后，必须将覆盖物清除干净。

（3）对于基层，可采用乳化沥青进行养生。沥青乳液的用量按 0.8～1.0$kg/m^2$（指沥青用量）选用，宜分两次喷洒。第一次喷洒沥青含量约 35% 的慢裂沥青乳液，使其能稍透入基层表层。第二次喷洒浓度较大的沥青乳液。如不能避免施工车辆在养生层上通行，应在乳液分裂后撒铺 3～8mm 的小碎（砾）石，做成下封层。

(4) 采用洒水车洒水养生时，每天洒水的次数应视气候而定，整个养生期间应始终保持稳定层表面潮湿。

(5) 基层的养生期不宜少于 7d，如养生期少于 7d 即铺筑沥青面层，则应限制重型车辆通行。

(6) 在养生期间未采用覆盖措施的水泥稳定再生层上，除洒水车外，应封闭交通。在采用覆盖措施的水泥稳定再生层上，不能封闭交通时，应限制重车通行，其他车辆的车速不应超过 30km/h。

(7) 如果面层为沥青面层，养生期结束后，应先清扫基层，并立即喷洒透层或粘层沥青。在喷洒透层或粘层沥青后，宜在上均匀撒铺 5～10mm 的小碎（砾）石，用量约为全铺一层用量的 60%～70%；如面层是水泥混凝土面层，应尽快铺设，避免再生层暴晒开裂；在清扫干净的基层上，也可先做下封层，以防止基层干缩开裂，同时保护基层免遭施工车辆破坏。

## 第六节　沥青路面就地冷再生施工质量控制

### 一、质量检查与控制

1. 再生材料的级配

再生机的前进速度，铣刨鼓（转子）的转动速度和级配控制梁的位置都要进行设置，以保证现场的材料被破碎到合理的级配范围。承包商应采取一切必要的措施以确保再生材料的级配符合试验路段的要求。

2．水和流动性稳定剂的添加

合理设置添加水和流体稳定剂的微处理器控制系统的参数，保证压实含水量和稳定剂含量符合规定的要求。

3．铣削深度的控制

在铣削过的路面上至少每隔 100m，采用在道路标高测桩间拉线的方式，检测铣刨鼓（转子）两侧实际的铣削厚度。

4．纵向接缝的搭接

为了保证全幅路面的再生施工，相邻两个再生幅面的搭接宽度至少应为 150mm。应对预先标记在路面上的铣削指引线进行检查，保证只有第一个再生幅面的宽度才与铣刨鼓的宽度一致。所有后续的再生幅面的宽度至少应比铣刨鼓的宽度窄 150mm。操纵再生机准确地沿着预先标记的铣削指引线前行。若偏差超过 100mm，则应立即倒退至开始出现偏差的地方，然后沿着正确的铣削指引线重新施工。

在每次开始新的再生幅面施工之前，应首先确定搭接的宽度，然后进行一定的调整，根据搭接的宽度相应减少水和流体稳定剂的添加量。

5．稳定层的连续性（横向接缝的处理）

承包商应保证相邻再生幅面之间不存在未经再生处理过的间隙和楔状区域。应仔细地将每个再生幅面的终点做出标记，标记应是停止添加稳定剂时的铣刨鼓的中心位置。为了保证稳定层的连续性，下一再生幅面的开始位置应至少位于此标记的后面 0.5m 处。

6．工作速度

应至少每隔 200m 检测和记录再生机的工作速度，以确保再生机良好的生产效率和再生效果。工作速度取决于再生机和再生材料的类型，但不得小于 4m/min，也不得大于 12m/min。

7．路基的不稳定性

若在前期的调查阶段发现路基不稳定，应该进行以下处理：

(1) 将路基上层的各层材料铣刨或挖掘掉，用卡车运至临时料堆场；

(2) 挖除不稳定的路基材料至规定的深度，并移除；

(3) 按规定处理裸露出的路床；

(4) 用临时料堆场的材料和外加材料回填路基挖掘处。

每层回填的压实厚度不应超过 200mm，分层回填直至达到原有的标高，然后再继续进行再生施工。

8. 压实与整平

(1) 初压

再生层的初压作业应当使用重型振动压路机，使之达到规定的压实度。整个再生厚度范围内的平均密实度、再生层底部 2/3 处的密实度不应低于整个再生层的平均密实度的 1%。

(2) 终压、洒水、修饰和养生

整平后采用光轮振动压路机以弱振模式完成复压。压实后，应向路面上洒少量的水，然后用轮胎压路机完成终压以形成致密的表面构造。再生层的表面要经常洒少量的水以保持路面的湿润。

最终的再生路面应该避免部分粗集料和细集料的离析；直到再生层的含水量低于饱和含水量至少 2% 后，才可以喷洒透层油、粘层油或做封层处理。

(3) 开放交通

在开放交通之前，所有的临时路标、轮廓标和交通安全设施都应安放就位。

9. 施工误差

沥青路面的就地冷再生完工后应满足以下施工偏差：

(1) 表面标高

每次应至少随机测量 50 个标高值，若这批结果满足以下条件，则符合规定的要求：

1）$H_{90}$≤20mm（至少 90% 的表面标高测量值在设计标高的 ±20mm 以内）；

2）$H_{max}$≤25mm（单个测量值不应偏离设计标高的 25mm）。

（2）层厚

由于再生层的厚度是影响最终路用性能的最重要的因素之一，因而应对层厚提出相对较为严格的偏差标准，如下所示：

每次应该至少量测 20 个层厚值，若该批结果满足以下条件，则符合规定的要求：

1）$D_{90}$≤10mm（至少 90% 的厚度量测值等于或大于设计厚度值，但不超过 10mm）；

2）$D_{moan} \geq D_{spec} - D_{spec/20}$（每批的厚度平均值不应小于设计厚度与设计厚度 1/20 的差）；

3）$D_{max}$≤20mm（单个厚度测量值不应大于设计厚度值的 20mm）。

（3）宽度

任何地方再生层的宽度都不应小于设计宽度。

（4）表面平整度

将 3m 直尺与道路中心线成直角放置进行测量，直尺距路面的最大间隙不应超过 10mm。任意截面任何两点之间的标高差异不应偏离理论计算值的 15mm。

## 二、常规检测

除几何方面的检测外，在再生施工过程中还应加强稳定剂的使用量、再生材料的强度、再生层的压实度和再生材料含水量等重要参数的控制。

1. 稳定剂的使用量

若路表面已经做好标记，则采用人工撒布袋装水泥的方式就能相对直观地检查水泥的使用量。若使用粉料撒布机，则采用相似的试验来检查水泥的使用量。

若使用水泥稀浆，则可以通过水泥稀浆拌合车的电脑系统获得水泥（和水）的实际耗用量。另外，还可以利用水泥罐车的过秤证明结合电脑计算的日耗用量相互校核。

2. 再生材料的强度

通常在再生机的后面取试样（大约200kg），取样频率按照至少每2500$m^2$ 取一次。将试样放入密闭的容器里，并立即送到试验室进行含水量、重型击实试验，确定最大干密度和最佳含水量，有时可进行筛分试验和塑性指数试验。

如果怀疑强度没有达到规定的标准，可以从再生层钻芯取直径150mm 的试样进行试验检验，通常在施工完成4 ~6 周后进行。

3. 再生层的压实度

每一个施工现场所取的试样都要在试验室检测它的最大干密度和实际含水量。采用灌砂法检测现场压实度。

4. 再生材料含水量的控制

在再生施工过程中应加入一定量的水，水的添加应当通过再生机上的微处理器控制系统控制实现，以防加水过多。

## 三、冷再生基层验收

1. 再生基层按照现有半刚性基层验收标准执行。

2. 沥青混凝土路面竣工验收按照现行沥青路面竣工验收办法执行。

3. 使用水泥、石灰等作为再生结合料的全深式就地冷再生，施工过程的质量控制项目、频度等应满足表2-12 的要求。

水泥、石灰全深式就地冷再生质量控制的检验项目、频度和要求

表 2-12

| 检验项目 | 质量要求 | 检验频率 | 检验方法 |
| --- | --- | --- | --- |
| 压实度（%） | ≥95 | 每车道每公里1次 | 重型击实 T0924 或 T0921 |
| 抗压强度（MPa） | 符合本规范要求 | 每车道每公里6个或9个试件 | T0805 |
| 含水率 | 符合本规范要求 | 发现异常时随时试验 | T0801 |
| 级配 | 符合本规范要求 | 每车道每公里1次 | T0302 |
| 水泥或石灰剂量 | 不小于设计值 -1.0% | 每车道每公里1次 | T0809 |

## 第七节　水泥就地冷再生基层的设计应用

### 一、概述

养护工程 G108K1328 + 600 ~ K1347 + 100（西宝南线户县境）段，路线全长 18.5km。

1. 自然条件

(1) 地理位置及地形地貌

拟建项目位于户县境内，南部为秦岭，中部为黄土、台塬，北部为渭河阶地，地势南高北低，差别较大。路线所经位置处于黄土台塬以北，渭河阶地的南部，非常靠近黄土台塬，整个地形平坦，地面从南向北，从西向东微度倾斜，土层深厚。

(2) 气象条件

该路线经过西安地区户县北部，处于天然分水岭秦岭北部，属暖温带湿润大陆性季风气候区，具有四季冷暖分明，冬夏长而

春秋短以及雨热同季等特点。春季升温快，多风，天气多变；夏季气候炎热，多雷雨、阵雨天气，且常有连阴雨天气出现；秋季气温急剧降低，降水量显著减少；冬季天气干燥，气温最低，雨雪偏少。气候资源背景及分布状况为：光能资源比较丰富，热量利用条件较好，降雨适中，分布均匀。

1）气温条件

近 40 年平均气温为 13.1℃，平均地温为 15.6℃，平均冻土深度为 15.6mm，年平均降雨量为 720.4mm。

2）地质条件

路线所在地区的地质构造为渭河地堑，由大小不等的砾石、砂及亚砂土等组成，属第四纪全新统冲积沉积物。本地区地震基本烈度为 7 度，无重大不良地质现象，适宜建设。

大修工程所属地区地貌单元属关中盆地，水系较为发育，年平均降水量 627.6mm，全区内主要河流为新河、涝河、甘河。

2. 使用条件

现场交通量调查分析，2007 年平均日交通量 4783 辆/d，其中货车交通量：2.5～5t 交通量为 889 辆/d，5.0～10.0t 交通量为 863 辆/d，大于 10.0t 交通量为 784 辆/d；小型客车交通量为 1828 辆/d，大型客车交通量为 784 辆/d；拖挂车交通为 53 辆/d。

由于现有道路从 1998 年建成至今路面未进行过大修，随着经济的发展交通量迅速增长，现有路面存在沉陷、龟裂、壅包等病害，特别是路面左半幅大部分路段已重度龟裂和重度沉陷，大大降低了行车的舒适性，同时随着公路沿线与外界的经济往来和物资文化交流日益频繁，目前的路况已远远不能适应社会经济发展的需要。为了改善该道路的行车状况，提高干线公路的服务水平，西安公路管理局通过对大修方案进行论证，确定采用水泥冷再生基层方案，面层采用沥青混凝土路面。

## 二、旧路路况调查分析及结论

1. 公路养建史及路面结构调查

G108 西宝南线 K1328 + 600 ~ K1347 + 100（户县段）全长 18.5km，为平原区双向两车道二级公路，设计车速 80km/h，路面宽度 12m，路基宽度 12m，两侧各 30cm 现浇路缘石。

该段路最早为三级路，1998 年按旧路改建工程设计为二级路，原设计路面设计年限为 12 年，容许弯沉为 63（0.01mm），路面结构为 3cm 细粒式沥青混凝土 + 4cm 中粒式沥青混凝土 + 18cm 二灰碎石基层 + 20cm 石灰土底基层。2005 年对局部破损严重路段进行了挖补罩面维修。

2. 原有路面的检测和评估

路面大修的重点是旧路面使用性能的评估，确定路面大修的方案。路面调研数据的真实与否直接影响大修方案的确定，影响大修后的使用年限以及工程费用。路面性能调查包括交通调查、弯沉调查、路况调查、钻孔取芯调查，以期全面评估现有路面的性能，确定大修方案。

（1）交通量调查

通过交通量调查，从西宝南线沣河收费站处收集的交通量数据分析，交通量增长率为 2%，本次大修工程采用的基本交通量如表 2-13 所示。

**西宝南线现状交通量表**　　　　**表 2-13**

| 时间 | 小客 | 小货 | 中货 | 大客 | 大货 | 拖挂 | 绝对数 | 折算数 |
|---|---|---|---|---|---|---|---|---|
| 07 年 | 828 | 889 | 863 | 366 | 784 | 53 | 4783 | 6287 |
| 08 年 | 1865 | 907 | 880 | 373 | 800 | 54 | 4879 | 6413 |
| 09 年 | 1902 | 925 | 898 | 380 | 816 | 55 | 4976 | 6541 |

注：沥青路面设计交通量按计算交工后第一年双向日平均当量轴次 N1 起算。

（2）弯沉调查及旧路面强度评定

1）弯沉调查

路面实测弯沉值是路面结构承载能力的综合反映，是计算路面强度指数 SSI 的重要参数。弯沉检测采用贝克曼梁弯沉仪进行检测，每车道每 25m 为一检测断面，每断面 4 个测点，检测数据（仅部分数据）如下：

K1329 +000 ~ K1330 +000

改建路段原路面当量回弹模量计算

原路面实测弯沉值（0.01mm）

| | | | | | | | | | |
|---|---|---|---|---|---|---|---|---|---|
| 40 | 30 | 40 | 66 | 32 | 30 | 48 | 50 | 42 | 38 |
| 24 | 40 | 42 | 44 | 40 | 40 | 92 | 60 | 44 | 50 |
| 40 | 36 | 22 | 20 | 40 | 60 | 18 | 26 | 32 | 22 |
| 50 | 40 | 12 | 34 | 50 | 66 | 30 | 38 | 60 | 34 |

舍去的过大或过小弯沉值为：L（17） =92；原路面有效弯沉数：39；

原路面平均弯沉值：39（0.0lmm）；原路面弯沉值标准差：13（0.01mm）；

测定汽车轴载：100kN；改建公路等级：二级公路；与保证率有关的系数：1.5；

原路面沥青面层厚度：70（mm）；原路面基层类型：无机结合料稳定类基层；

测定时路表温度与测定前 5d 日平均气温的平均值之和为 27℃；

季节影响系数：1.3；湿度影响系数：1.1；温度修正系数：1.08；

原路面计算弯沉值：90（0.01mm）；原路面当量回弹模量：182.2（MPa）。

K1330 +000 ~ K1331 +000

改建路段原路面当量回弹模量计算

原路面实测弯沉值（0.01mm）

| | | | | | | | | | |
|---|---|---|---|---|---|---|---|---|---|
| 40 | 50 | 60 | 62 | 60 | 56 | 52 | 60 | 52 | 80 |
| 86 | 68 | 38 | 40 | 42 | 40 | 60 | 60 | 90 | 60 |
| 80 | 54 | 50 | 40 | 40 | 40 | 20 | 26 | 30 | 44 |
| 90 | 54 | 94 | 54 | 56 | 50 | 56 | 60 | 20 | 40 |

原路面有效弯沉数：40；原路面平均弯沉值：54（0.01mm）；

原路面弯沉值标准差：18（0.01mm）；测定汽车轴载：100kN；

改建公路等级：二级公路；与保证率有关的系数：1.5；

原路面沥青面层厚度：70（mm）；原路面基层类型：无机结合料稳定类基层；

测定时路表温度与测定前5d日平均气温的平均值之和为27℃；

季节影响系数：1.3；湿度影响系数：1.1；温度修正系数：1.08；

原路面计算弯沉值：125（0.01mm）；原路面当量回弹模量：131.2（MPa）。

K1333+000~K1334+000

改建路段原路面当量回弹模量计算

原路面实测弯沉值（0.01mm）

| | | | | | | | | | |
|---|---|---|---|---|---|---|---|---|---|
| 50 | 46 | 30 | 22 | 42 | 50 | 20 | 26 | 8 | 16 |
| 44 | 40 | 22 | 20 | 48 | 28 | 42 | 60 | 36 | 50 |
| 100 | 70 | 60 | 20 | 46 | 70 | 100 | 30 | 44 | 86 |
| 40 | 52 | 64 | 20 | 46 | 70 | 100 | 30 | 44 | 86 |

舍去的过大或过小弯沉值为：L（21）=100，L（27）=100，L（30）=86；

原路面有效弯沉数：37；原路面平均弯沉值：40（0.01mm）；

原路面弯沉值标准差：16（0.01mm）；

测定汽车轴载：100kN；改建公路等级：二级公路；与保证率有关的系数：1.5；

原路面沥青面层厚度：70（mm）；原路面基层类型：无机结合料稳定类基层；

测定时路表温度与测定前5d日平均气温的平均值之和为27℃；

季节影响系数：1.3；湿度影响系数：1.1；温度修正系数：1.08；

原路面计算弯沉值：99（0.01mm）；原路面当量回弹模量：165.7（MPa）。

K1334 +000 ~ K1335 +000

改建路段原路面当量回弹模量计算

原路面实测弯沉值（0.01mm）

| | | | | | | | | | |
|---|---|---|---|---|---|---|---|---|---|
| 36 | 32 | 22 | 34 | 54 | 62 | 60 | 56 | 82 | 100 |
| 70 | 98 | 60 | 74 | 50 | 90 | 18 | 72 | 50 | 66 |
| 58 | 56 | 62 | 74 | 26 | 30 | 36 | 630 | 20 | 68 |
| 36 | 32 | 72 | 34 | 28 | 26 | 42 | 32 | 24 | 56 |

原路面有效弯沉数：40；原路面平均弯沉值：51（0.01mm）；

原路面弯沉值标准差：22（0.01mm）；测定汽车轴载：100kN；

改建公路等级：二级公路；与保证率有关的系数：1.5；

原路面沥青面层厚度：70（mm）；原路面基层类型：无机结合料稳定类基层；

测定时路表温度与测定前5d日平均气温的平均值之和为27℃；

季节影响系数：1.3；湿度影响系数：1.1；温度修正系

数：1.08；

原路面计算弯沉值：130（0.01mm）；原路面当量回弹模量：126.2（MPa）。

K1334 +000 ~ K1335 +000

改建路段原路面当量回弹模量计算

原路面实测弯沉值（0.01mm）

| | | | | | | | | | |
|---|---|---|---|---|---|---|---|---|---|
| 54 | 48 | 126 | 48 | 20 | 30 | 80 | 54 | 30 | 34 |
| 24 | 50 | 26 | 12 | 92 | 84 | 42 | 64 | 54 | 54 |
| 34 | 24 | 72 | 54 | 64 | 54 | 20 | 32 | 52 | 40 |
| 16 | 18 | 34 | 24 | 44 | 30 | 98 | 94 | 56 | 48 |

舍去的过大或过小弯沉值为：L（15）=130，L（16）=104，L（33）=110，L（34）=102；

原路面有效弯沉数：36；原路面平均弯沉值：38（0.011mm）；

原路面弯沉值标准差：15（0.01mm）；测定汽车轴载：100kN；

改建公路等级：二级公路；与保证率有关的系数：1.5；

原路面沥青面层厚度：70（mm）；原路面基层类型：无机结合料稳定类基层；

测定时路表温度与测定前5d日平均气温的平均值之和为27℃；

季节影响系数：1.3；湿度影响系数：1.1；温度修正系数：1.08；

原路面计算弯沉值：122（0.01mm）；原路面当量回弹模量：134.4（MPa）。

每公里代表弯沉值如图2-7所示：

从图2-7看出右幅K1331 +000 ~ K1332 +000段代表弯沉较大，弯沉均方差较大，离散大，弯沉大的点主要集中在两个大交叉口处，K1335 +000 ~ K1343 +000段代表弯沉左幅明显大于右幅。

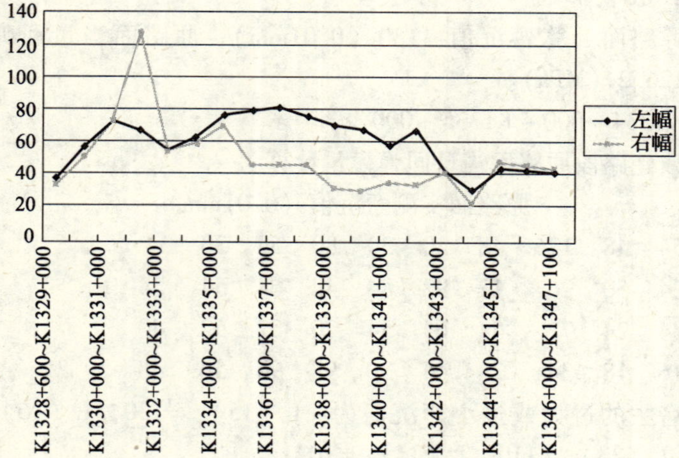


图 2-7　每公里代表弯沉曲线

2）路面强度评定

按每公里计算代表弯沉值、原路面当量回弹模量、路面强度指数（SSI）值、强度等级及提出方案。各分段数值见表 2-14、表 2-15 和表 2-16 所示。

**旧路面强度评定表（左幅逐公里）**　　表 2-14

| 分段桩号 | 平均弯沉 LP | 标准差 S | 代表弯沉 Lr | 计算弯沉 L | 回弹模量 E | 强度指数 SSI | 强度等级 |
|---|---|---|---|---|---|---|---|
| K1328 +600 ~ Kl329 +000 | 28 | 12 | 64. 6 | 71. 0 | 231. 0 | 0. 57 | 中 |
| K1329 +000 ~ K1330 +000 | 39 | 13 | 82. 1 | 90. 3 | 182. 2 | 0. 45 | 次 |
| K1330 +000 ~ K1331 +000 | 54 | 18 | 113. 7 | 125. 1 | 131. 2 | 0. 32 | 次 |
| K1331 +000 ~ K1332 +000 | 40 | 16 | 89. 9 | 98. 8 | 165. 9 | 0. 41 | 次 |
| K1332 +000 ~ K1333 +000 | 38 | 13 | 80. 7 | 88. 8 | 184. 3 | 0. 45 | 次 |

续表

| 分段桩号 | 平均弯沉 LP | 标准差 S | 代表弯沉 Lr | 计算弯沉 L | 回弹模量 E | 强度指数 SSI | 强度等级 |
|---|---|---|---|---|---|---|---|
| Kl333 +000 ~ K1334 +000 | 38 | 15 | 84.9 | 93.4 | 176.4 | 0.43 | 次 |
| K1334 +000 ~ K1335 +000 | 51 | 22 | 117.9 | 129.7 | 126.2 | 0.31 | 次 |
| K1335 +000 ~ K1336 +000 | 46 | 22 | 110.9 | 122.0 | 134.4 | 0.33 | 次 |
| K1336 +000 ~ K1337 +000 | 55 | 19 | 117.2 | 129.0 | 127.1 | 0.31 | 次 |
| K1337 +000 ~ K1338 +000 | 46 | 18 | 102.5 | 112.7 | 145.1 | 0.36 | 次 |
| K1338 +000 ~ K1339 +000 | 47 | 16 | 99.7 | 109.7 | 149.1 | 0.37 | 次 |
| Kl339 +000 ~ K1340 +000 | 36 | 20 | 92.7 | 101.9 | 160.8 | 0.39 | 次 |
| K1340 +000 ~ K1341 +000 | 36 | 20 | 92.7 | 101.9 | 160.8 | 0.39 | 次 |
| K1341 +000 ~ K1342 +000 | 41 | 18 | 95.5 | 105.0 | 156.2 | 0.38 | 次 |
| K1342 +000 ~ K1343 +000 | 29 | 9 | 59.7 | 65.6 | 248.5 | 0.61 | 中 |
| K1343 +000 ~ K1344 +000 | 19 | 9 | 45.6 | 50.2 | 328.0 | 0.80 | 良 |
| K1344 +000 ~ K1345 +000 | 29 | 11 | 63.9 | 70.3 | 234.3 | 0.57 | 中 |
| K1345 +000 ~ K1346 +000 | 29 | 13 | 68.1 | 74.9 | 218.7 | 0.54 | 中 |
| K1346 +000 ~ K1347 +100 | 29 | 8 | 57.6 | 63.3 | 260.3 | 0.64 | 中 |

**旧路面强度评定表（右幅逐公里）** **表 2-15**

| 分段桩号 | 平均弯沉 LP | 标准差 S | 代表弯沉 Lr | 计算弯沉 L | 回弹模量 E | 强度指数 SSI | 强度等级 |
|---|---|---|---|---|---|---|---|
| K1328 +600 ~ K1329 +000 | 21 | 9 | 41.7 | 45.9 | 356.5 | 0.88 | 优 |
| K1329 +000 ~ K1330 +000 | 32 | 13 | 62.3 | 68.5 | 241.2 | 0.59 | 中 |
| KK1330 +000 ~ Kl331 +000 | 48 | 17 | 88.9 | 97.7 | 167.4 | 0.41 | 次 |
| K1331 +000 ~ K1332 +000 | 45 | 55 | 154.11 | 169.6 | 157.7 | 0.24 | 差 |

续表

| 分段桩号 | 平均弯沉 LP | 标准差 S | 代表弯沉 Lr | 计算弯沉 L | 回弹模量 E | 强度指数 SSI | 强度等级 |
|---|---|---|---|---|---|---|---|
| K1332 +000 ~ K1333 +000 | 34 | 14 | 66.5 | 73.1 | 224.7 | 0.55 | 中 |
| K1333 +000 ~ K1334 +000 | 37 | 15 | 71.9 | 79.1 | 207.6 | 0.51 | 中 |
| K1334 +000 ~ K1335 +000 | 48 | 15 | 85.2 | 93.8 | 174.5 | 0.43 | 次 |
| K1335 +000 ~ K1336 +000 | 32 | 10 | 55.0 | 60.5 | 273.4 | 0.67 | 良 |
| K1336 +000 ~ K1337 +000 | 33 | 9 | 54.4 | 59.8 | 273.4 | 0.67 | 良 |
| K1337 +000 ~ K1338 +000 | 27 | 13 | 54.4 | 59.8 | 273.4 | 0.67 | 良 |
| K1338 +000 ~ K1339 +000 | 20 | 8 | 37.4 | 41.2 | 400.0 | 0.98 | 优 |
| K1339 +000 ~ K1340 +000 | 19 | 8 | 36.3 | 36.9 | 410.0 | 1.01 | 优 |
| K1340 +000 ~ K1341 +000 | 20 | 11 | 42.7 | 47.0 | 349.0 | 0.86 | 优 |
| K1341 +000 ~ K1342 +000 | 22 | 9 | 41.5 | 45.7 | 356.5 | 0.88 | 优 |
| K1342 +000 ~ K1343 +000 | 26 | 11 | 48.6 | 53.5 | 309.5 | 0.75 | 良 |
| K1343 +000 ~ K1344 +000 | 13 | 7 | 26.9 | 29.6 | 546.7 | 1.36 | 优 |
| K1344 +000 ~ K1345 +000 | 29 | 13 | 55.5 | 61.0 | 268.9 | 0.66 | 中 |
| K1345 +000 ~ K1346 +000 | 29 | 12 | 53.8 | 59.1 | 278.0 | 0.68 | 良 |
| K1346 +000 ~ K1347 +100 | 25 | 13 | 50.9 | 56.0 | 292.9 | 0.72 | 良 |

注：以上表中强度指数按现交通量按半刚性基层计算设计弯沉 36.6（0.01mm）计算求得。

**西宝南线左、右幅弯沉对照表（逐公里）　　表 2-16**

| 分段桩号 | 左幅 | | | | 右幅 | | | |
|---|---|---|---|---|---|---|---|---|
| | 平均弯沉 Lp | 标准差 S | 代表弯沉 Lr | 强度等级 | 平均弯沉 Lp | 标准差 S | 代表弯沉 Lr | 强度等级 |
| K1328 +600 ~ K1329 +000 | 28 | 12 | 64.6 | 中 | 21 | 9 | 41.7 | 优 |
| K1329 +000 ~ K1330 +000 | 39 | 13 | 82.1 | 次 | 32 | 13 | 62.3 | 中 |

续表

| 分段桩号 | 左幅 | | | | 右幅 | | | |
|---|---|---|---|---|---|---|---|---|
| | 平均弯沉 Lp | 标准差 S | 代表弯沉 Lr | 强度等级 | 平均弯沉 Lp | 标准差 S | 代表弯沉 Lr | 强度等级 |
| K1330 +000 ~ K1331 +000 | 54 | 18 | 113.7 | 次 | 48 | 17 | 88.9 | 次 |
| K1331 +000 ~ K1332 +000 | 40 | 16 | 89.9 | 次 | 45 | 55 | 154.1 | 差 |
| K1332 +000 ~ K1333 +000 | 38 | 13 | 80.7 | 次 | 34 | 14 | 66.5 | 中 |
| K1333 +000 ~ K1334 +000 | 38 | 15 | 84.9 | 次 | 37 | 15 | 71.9 | 中 |
| K1334 +000 ~ K1335 +000 | 51 | 22 | 117.9 | 次 | 48 | 15 | 85.2 | 次 |
| K1335 +000 ~ K1336 +000 | 46 | 22 | 110.9 | 次 | 32 | 10 | 55.0 | 良 |
| K1336 +000 ~ K1337 +000 | 55 | 19 | 117.2 | 次 | 33 | 9 | 54.4 | 良 |
| K1337 +000 ~ K1338 +000 | 46 | 18 | 102.5 | 次 | 27 | 13 | 54.4 | 良 |
| K1338 +000 ~ K1339 +000 | 47 | 16 | 99.7 | 次 | 20 | 8 | 37.4 | 优 |
| K1339 +000 ~ K1340 +000 | 36 | 20 | 92.7 | 次 | 19 | 8 | 36.3 | 优 |
| K1340 +000 ~ K1341 +000 | 36 | 20 | 92.7 | 次 | 20 | 11 | 42.7 | 优 |
| K1341 +000 ~ K1342 +000 | 41 | 18 | 95.5 | 次 | 22 | 9 | 41.5 | 优 |
| K1342 +000 ~ K1343 +000 | 29 | 9 | 59.7 | 中 | 26 | 11 | 48.6 | 良 |
| K1343 +000 ~ K1344 +000 | 19 | 9 | 45.6 | 良 | 13 | 7 | 26.9 | 优 |
| K1344 +000 ~ K1345 +000 | 29 | 11 | 63.9 | 中 | 29 | 13 | 55.5 | 中 |
| K1345 +000 ~ K1346 +000 | 29 | 13 | 68.1 | 中 | 29 | 12 | 53.8 | 良 |
| K1346 +000 ~ K1347 +100 | 29 | 8 | 57.6 | 中 | 25 | 13 | 50.9 | 良 |

根据检测结果及各测点的弯沉划分处治段落，计算各路段代表弯沉、原路面当量回弹模量、路面强度指数（SSI）及强度等级。各分段数值见表2-17。

西宝南线左、右幅弯沉对照表（按处治段落）　表 2-17

| 分段桩号 | 左幅 | | | | 右幅 | | | |
|---|---|---|---|---|---|---|---|---|
| | 平均弯沉 Lp | 标准差 S | 代表弯沉 Lr | 强度等级 Lr | 平均弯沉 Lp | 标准差 S | 代表弯沉 Lr | 强度等级 |
| K1328 +600 ~ K1329 +400 | 33 | 11 | 69.50 | 中 | 28 | 13 | 66.69 | 中 |
| K1329 +400 ~ K1330 +350 | 47 | 19 | 106.00 | 次 | 44 | 19 | 101.79 | 次 |
| K1330 +350 ~ K1331 +450 | 45 | 20 | 105.30 | 次 | 38 | 13 | 80.73 | 次 |
| K1331 +450 ~ K1332 +200 | 55 | 24 | 127.76 | 差 | 53 | 30 | 137.59 | 差 |
| K1332 +200 ~ K1339 +400 | 47 | 21 | 110.21 | 次 | 33 | 15 | 77.92 | 次 |
| K1339 +400 ~ K1340 +080 | 34 | 20 | 89.86 | 次 | 19 | 11 | 49.84 | 良 |
| K1340 +080 ~ K1342 +500 | 39 | 18 | 92.66 | 次 | 24 | 11 | 56.86 | 中 |
| K1342 +500 ~ K1347 +100 | 27 | 11 | 61.07 | 中 | 24 | 13 | 61.07 | 中 |

3. 路况调研

(1) 外业阶段

对原有路面的典型损坏类型，如横（纵）缝、龟裂、网裂、坑槽、沉陷、壅包损坏等进行调查，详细如实地记录病害情况，进一步评估路段的损坏类型，确定处治方案和处治方案的工程数量。

(2) 路面使用质量评价

1) 路面病害状况

该路调查时重点关注弯沉值较大的段落。调查结果表明，路面的主要损坏形式是路面沉陷、龟裂、横缝、壅包。且龟裂体随沉陷在间隔一定距离出现；对于沉陷主要发生在左幅距路中 3m 处，且长路段的出现。通过调查分析，该处是原旧路加宽接缝处。

① K1328 +600 ~ K1329 +400 段路面主要病害为：路面行车道外轮迹处的轻度沉陷，个别点面有横缝、纵缝、不规则裂缝，路面破损状况相对较好。

② K1329 +400 ~ K1330 +350 段为七号路口村镇段，路面主要病害为：全幅局部路段出现中重型沉陷、中重型龟裂、重度壅包，壅包主要集中在大的交叉出入口；该段破损状况较严重。

③ K1330 +350 ~ K1340 +080 段路面主要病害为：全幅局部路段出现重型沉陷、重型龟裂、沉陷类病害，左幅较右幅严重。

④ K1340 +080 ~ K1342 +500 段路面主要病害为：全幅局部路段出现重型沉陷、中、重型龟裂，龟裂占比例较大，左幅较右幅严重。

⑤ K1342 +500 ~ K1347 +100 段路面主要病害为：K1342 +500 ~ K1347 +200 段路面左幅以轻度沉陷、重度龟裂为主，右幅以麻面为主；K1342 +500 ~ K1347 +200 段路面以壅包、波浪为主，同时有少量中轻度龟裂；该段路面破损状况相对较轻。

2）路面破损状况评定

根据《公路技术状况评定标准》（JTG H20—2007）对路面破损进行检测分类统计。从调查统计结果可知，该路段病害主要表现为路基沉陷和基层强度不足引起的局部下沉，路面破损状况等级评定见表 2-18 和表 2-19。

**路面破损状况评定表（逐公里）**　　表 2-18

| 分段桩号 | 左幅 | | | 右幅 | | |
|---|---|---|---|---|---|---|
| | 综合破损率（DR） | 路面状况指数（PCI） | 破损评价等级 | 综合破损率（DR） | 路面状况指数（PCI） | 破损评价等级 |
| K1328 +600 ~ K1329 +000 | 12.03 | 58.21 | 中 | 3.68 | 74.33 | 良 |
| K1329 +000 ~ K1330 +000 | 42.29 | 29.84 | 差 | 4.85 | 71.24 | 良 |
| K1330 +000 ~ K1331 +000 | 29.01 | 39.93 | 差 | 8.50 | 63.77 | 中 |
| K1331 +000 ~ k1332 +000 | 42.25 | 29.86 | 差 | 25.85 | 42.72 | 次 |
| K1332 +000 ~ k1333 +000 | 23.21 | 45.21 | 次 | 3.57 | 74.65 | 良 |

续表

| 分段桩号 | 左幅 | | | 右幅 | | |
|---|---|---|---|---|---|---|
| | 综合破损率（DR） | 路面状况指数（PCI） | 破损评价等级 | 综合破损率（DR） | 路面状况指数（PCI） | 破损评价等级 |
| K1333 +000 ~ k1334 +000 | 21.97 | 46.43 | 次 | 6.36 | 67.85 | 中 |
| K1334 +000 ~ k1335 +000 | 36.36 | 34.07 | 差 | 9.82 | 61.56 | 中 |
| K1335 +000 ~ k1336 +000 | 18.80 | 49.76 | 次 | 5.00 | 70.90 | 良 |
| K1336 +000 ~ k1337 +000 | 23.81 | 44.63 | 次 | 2.15 | 79.44 | 良 |
| K1337 +000 ~ k1338 +000 | 25.56 | 42.98 | 差 | 9.38 | 62.27 | 中 |
| K1338 +000 ~ k1339 +000 | 33.33 | 36.39 | 差 | 3.81 | 73.97 | 良 |
| K1339 +000 ~ k1340 +000 | 29.13 | 39.82 | 差 | 6.80 | 66.95 | 中 |
| K1340 +000 ~ k1341 +000 | 29.90 | 39.18 | 差 | 5.96 | 68.70 | 中 |
| K1341 +000 ~ k1342 +000 | 17.62 | 51.09 | 次 | 8.57 | 63.65 | 中 |
| K1342 +000 ~ k1343 +000 | 15.79 | 53.25 | 次 | 4.20 | 72.90 | 良 |
| K1343 +000 ~ k1344 +000 | 12.05 | 58.18 | 中 | 4.63 | 71.80 | 良 |
| K1344 +000 ~ k1345 +000 | 11.74 | 58.62 | 中 | 5.44 | 69.87 | 中 |
| K1345 +000 ~ k1346 +000 | 12.85 | 57.05 | 中 | 8.93 | 63.03 | 中 |
| K1346 +000 ~ k1347 +100 | 17.29 | 51.47 | 次 | 6.52 | 67.52 | 中 |

**路面破损状况评定表（按处治段落）** **表 2-19**

| 分段桩号 | 综合破损率（DR） | 路面状况指数（PCI） | 破损评价等级 | 综合破损率（DR） | 路面状况指数（PCI） | 破损评价等级 |
|---|---|---|---|---|---|---|
| K1328 +600 ~ k1329 +400 | 23.08 | 45.33 | 次 | 2.90 | 76.74 | 良 |
| K1329 +400 ~ k1330 +350 | 41.31 | 30.52 | 差 | 9.68 | 61.79 | 中 |
| K1330 +350 ~ k1331 +450 | 23.02 | 45.39 | 次 | 5.16 | 70.52 | 良 |

续表

| 分段桩号 | 综合破损率（DR） | 路面状况指数（PCI） | 破损评价等级 | 综合破损率（DR） | 路面状况指数（PCI） | 破损评价等级 |
|---|---|---|---|---|---|---|
| K1331 +450 ~ k1332 +200 | 53.64 | 22.62 | 差 | 32.22 | 37.28 | 差 |
| K1332 +200 ~ k1339 +400 | 11.61 | 58.81 | 中 | 5.95 | 68.73 | 中 |
| K1339 +400 ~ k1340 +080 | 28.65 | 40.24 | 次 | 6.16 | 68.28 | 中 |
| K1340 +080 ~ k1342 +500 | 28.18 | 40.64 | 次 | 7.20 | 66.17 | 中 |
| K1342 +500 ~ k1347 +100 | 10.65 | 60.25 | 中 | 5.44 | 69.87 | 中 |

4. 钻孔取芯调查

对弯沉值较大以及路面调查损坏较为严重的路段进行钻孔取芯检测，确定损坏程度和损坏原因，明确病害范围与深度，分析病害成因。钻孔取芯调查需明确以下几点：

（1）判断上、下层面的损坏程度，以确定挖补的厚度；

（2）判断基层的损坏程度，确定是否维修基层；

（3）横缝的性质，是属于温缩裂缝还是半刚性基层的反射裂缝；

（4）局部网裂的形成原因，是否属于面层疲劳损坏；

（5）沉陷的形成原因。

具体钻孔芯样情况如表 2-20 所示。

**旧路路面结构类型及结构层厚度调查　　　　表 2-20**

| 分段桩号 | 旧路路面结构类型及结构层厚度 | 备注 |
|---|---|---|
| K1328 +950 | 该处病害为横缝，探坑位置距左侧路肩 2m，路面结构为 6cm 沥青混凝土 + 18cm 二灰碎石基层，下为 20cm 灰土；该处病害为横缝，未全幅贯通，芯样显示，沥青面层密实，缝贯通整个面层，上宽下窄，基层无横向裂缝，基层从下往上分三块，上部松散，中下部较密实 | |

续表

| 分段桩号 | 旧路路面结构类型及结构层厚度 | 备注 |
| --- | --- | --- |
| K1329+680 | 该处病害为中、轻度沉陷，轻度龟裂，探坑位置距左侧路肩5m，路面结构为6cm沥青混凝土+18cm二灰碎石基层，下为20cm灰土；面层横缝贯通上下，基层松散，取不出完整芯样 | |
| K1330+400 | 该处病害为中、轻度壅包，探坑位置距左侧路肩3m，路面结构为9cm沥青混凝土+16cm二灰碎石基层，下为灰土；面层密实，基层松散，取不出完整芯样 | |
| K1331+570 | 该处病害为中、轻度沉陷，重龟裂，探坑位置距左侧路肩3m，路面结构为6cm沥青混凝土+20cm二灰碎石基层，下为灰土；二灰碎石基层灰量大，碎石含量低；面层、基层均较松散，取不出完整芯样 | |
| K1331+890 | 该处病害为重龟裂，探坑位置距左侧路肩5m，路面结构为6cm沥青混凝土+18cm二灰碎石基层，下为灰土；面层密实，可取出完整芯样，基层松散，取出芯样后全部散成粉状 | |
| K1332+960 | 该处病害为中、轻度沉陷，中度龟裂，探坑位置距左侧路肩3m，路面结构为7cm沥青混凝土+19cm二灰碎石基层，下为灰土；面层密实，面层与基层粘结良好，基层较密实，可按两层取出完整芯样 | |
| K1334+530 | 该处病害为重度沉陷，重龟裂，探坑位置距左侧路肩3m，路面结构为7cm沥青混凝土+18cm二灰碎石基层，下为灰土；面层取出完整芯样已破损为几块，基层松散，取不出完整芯样 | |
| K1336+500 | 该处病害为重度沉陷，重龟裂，探坑位置距左侧路肩2m，路面结构为3cm沥青混凝土+4cm沥青混凝土+18cm二灰碎石基层，下为灰土；面层密实，基层松散，取不出完整芯样 | |

续表

| 分段桩号 | 旧路路面结构类型及结构层厚度 | 备注 |
| --- | --- | --- |
| K1338 +180 | 该处病害为重龟裂，探坑位置距左侧路肩3m，路面结构为7cm沥青混凝土 +20cm二灰碎石基层，下为灰土；面层可按两层取出完整芯样，基层松散，取不出完整芯样 | |
| K1345 +500 | 该处病害为路面局部轻度沉陷，探坑位置距左侧路肩3m，路面结构为6cm沥青混凝土 +23cm二灰碎石基层，下为灰土；面层较密实，基层可取出部分芯样 | |

5. 路面损坏状况评估和原因分析

通过对交通、弯沉、路面破损和钻孔取芯的调查，综合评估原有路面的损坏程度，分析损坏原因。由各项调查得出如下结论：

（1）该路的损坏主要发生在基层。交通荷载较大，有超载现象，累计轴次较大；路面代表弯沉值较大，路面强度系数低；钻孔取芯可以看出，基层较松散。

（2）局部网裂严重路面均伴随着沉陷出现，主要原因是路面的整体强度不足而引起，特别是半刚性基层疲劳损坏引起路面沉陷和开裂。

（3）横向裂缝主要为温度收缩裂缝及疲劳裂缝。钻孔取芯表明，裂缝上宽下窄，从上至下发展；裂缝大多贯穿整个半幅，甚至左右半幅的横向裂缝相互贯通。

（4）壅包主要出现在交叉路口处，分析认为是路表材料稳定度低，面层较薄，车辆反复起动与制动、车辆在离心力作用下产生推挤，形成壅包。

（5）局部沉陷主要是由于原路为旧路加宽，个别处路基处理不彻底，再加上路基含水量大引起路基变形。

通过上述分析，可确定现有路面的损坏主要是由重载交通、气候、环境、材料性能，特别是二灰碎石基层的疲劳老化造成的，大修方案的设计主要集中在处理基层和路面补强，对路基沉陷的位置进行处理。

6. 行驶质量评价及路面抗滑性能评价

旧路面经过多年养护维修，路左幅大路段沉陷，部分路段轻中型壅包，波浪严重，鉴于此原因，外业调查时未对行驶质量、路面抗滑性能做详细调查，因此对这两项指标不做评价。

7. 评价结论

依据《公路沥青路面养护技术规范》（JTJ 073.2—2001）、《公路沥青路面设计规范》（JTG D50—2006）、《陕西省国省干线公路养护大维修工程施工图设计指导意见》，调查分析旧路现状及病害发生原因，结合目前国省干线公路的大修现状，以路面强度指数（SSI）和路面状况指数（PCI）两项主要指标结合路面平整度、路面抗滑性能确定处理方案。通过对路面综合评定，评定结果如表2-21所示。

**路面综合评定表** **表2-21**

| 桩号 | 破损等级评价 | | 强度评价 | | 方案与对策 | 备注 |
|---|---|---|---|---|---|---|
| | 左幅 | 右幅 | 左幅 | 右幅 | | |
| K1328+600~K1329+400 | 次 | 良 | 中 | 中 | 4cm罩面 | |
| K1329+400~K1330+350 | 差 | 中 | 次 | 次 | 5cm面层+22cm冷再生基层 | |
| K1330+350~K1331+450 | 次 | 良 | 次 | 次 | 5cm面层+22cm冷再生基层 | |
| K1331+450~K1332+200 | 差 | 差 | 差 | 差 | 5cm面层+25cm冷再生基层 | |
| K1332+200~K1339+400 | 中 | 中 | 次 | 次 | 5cm面层+22cm冷再生基层 | |
| K1339+400~K1340+080 | 次 | 中 | 次 | 良 | 5cm面层+20cm冷再生基层 | |
| K1340+080~K1342+500 | 次 | 中 | 次 | 中 | 5cm面层+20cm冷再生基层 | |
| K1342+500~K1347+100 | 中 | 中 | 中 | 中 | 4cm罩面 | |

通过分析，该路总体路面状况指数左、右幅差异较大，路面结构强度指数左、右幅差异不大，其中路面状况指数左幅以次、差为主，右幅以中等为主，两端较中间好；结构强度指数以次、差为主。

依据计算数据可知，左、右幅路面结构强度指数不等路段，由于整幅路面左、右幅标高应相等，采用冷再生基层方案时基层厚度相同，按最不利结果确定方案。K328 + 600 ~ K1329 + 400、K1342 + 500 ~ K1347 + 100 段结构强度指数左、右幅均为中，根据规范采用中修罩面处理；K1329 + 400 ~ K1342 + 500 段结构强度指数最不利，路面评定结果为次、差，故采用水泥就地冷再生基层方案。

## 三、大修措施

1. 旧路面病害处理

根据评定结果，按照《公路沥青路面养护技术规范》(JTJ 073. 2—2001) 第4. 6. 3 条规定，对局部病害路段，根据不同种类及养护方案采取相应处治措施进行挖补修复，对病害深度范围内做彻底处理。

(1) 加铺面层路段

1) 旧路面层横缝、纵缝、不规则裂缝，主要为沥青面层早期破坏，按裂缝宽度分类予以处治，缝宽在 5mm 以内，清除缝内杂物后，灌入稠度较低的热沥青，灌入深度为缝深的 2/3，填入干净石屑或粗砂，并捣实；缝宽在 5mm 以上，应除去松动的裂缝边缘，用热拌沥青混合料嵌缝、捣实。

2) 旧路面中、轻度龟裂、网裂、轻度壅包等面层损坏，铣刨旧路面 4cm 面层，撒布粘层油后，重铺 4cmAC－16F 沥青混凝土补至旧路面顶面。

3）旧路路面重度龟裂、轻度沉陷等基层破坏路段，施工时挖除原旧路破损面层和基层，直接用同原结构层同厚度的二灰碎石填至旧路面标高；对于重度沉陷基底加深换填23cm水泥稳定砂砾。

（2）水泥冷再生基层路段

1）旧路面层横缝、纵缝、不规则裂缝等沥青面层早期破坏，旧路面中、轻度龟裂、网裂、轻度壅包等面层损坏及旧路路面重度龟裂、轻度沉陷等基层破坏等冷再生基层厚度范围内的病害可不予以处理。

2）对于重度沉陷，施工时挖除原旧路破损面层和基层，新做所在处理路段冷再生基层等厚度的二灰碎石 +23cm 水泥稳定砂砾补至旧路面标高。

2. 路面结构设计

（1）基本设计参数

路面设计采用标准轴载为 BZZ-100，沥青混凝土路面大修设计使用年限为8年。根据预测的交通量和交通组成，该路段沥青混凝土路面设计年限内一个车道的累计轴次为1901286次，按半刚性基层计算设计弯沉为36.6（0.01mm），按柔性基层计算设计弯沉为58.6（0.01mm），设计采用就地水泥冷再生基层，且基层材料中有旧沥青料，现沥青路面设计规范中缺少计算理论，根据已建项目的经验，建议竣工验收弯沉为43（0.01mm），并根据试验路试验情况确定最终竣工验收弯沉。

（2）路面结构

全线路面宽度维持原有路面宽度。

G108K1328+600~K1347+100（西宝南线户县境）段按交通量及实测旧路的弯沉，计算冷再生结构层厚度，经计算按以下方案实施：

① K1328+600~K1329+400 和 K1342+500~K1347+100

段共长5.4km，加铺4cmAC－16F型中粒式沥青混凝土面层；K1342＋700～K1345＋100段旧路面龟裂严重路段，罩面前在行车道范围内铺筑8米宽土工格栅。

② K1329＋400～K1342＋500段长度13.1km，采用5cmAC－16F型中粒式沥青混凝土＋25（20或者22）cm水泥冷再生基层补强，其中20cm水泥冷再生基层长度为3.1km，22cm水泥冷再生基层长度为9.25km，25cm水泥冷再生基层长度为0.7km，以上水泥冷再生基层厚度为旧路面结构层铣刨厚度。

路面结构型式：

Ⅰ型：

面层：4cm中粒式沥青混凝土（AC－16F）

粘层：热沥青

Ⅱ型：

面层：5cm中粒式沥青混凝土（AC－16F）

封层：热沥青

基层：25（20或者22）cm水泥冷再生基层

（3）路肩设计

原旧路采用30cm宽C20现浇混凝土路缘石，现采用重铺面层和冷再生基层后路面顶面比旧路路缘石处高5cm，采用现浇混凝土路缘石无法实施，硬路肩全部采用沥青混凝土满铺，不再做水泥混凝土路缘石，施工时对旧路路缘石处沥青混凝土碾压密实。

（4）路拱设计

一般路段路拱横坡调整为2%，超高路段按二级公路相应技术标准执行。

3. 路面压实度

路面压实度按重型击实标准二级公路标准执行。沥青混凝土面层压实度以马歇尔试验为标准时不低于96%，当以理论密度为标准密度时应达到92%的压实度，二者综合控制，以合格率低的作为评定结果。

二灰碎石基层压实度≥97%，水泥稳定砂砾底基层压实度≥95%，水泥冷再生基层压实度参照水泥稳定土基层按≥97%要求。

## 四、水泥冷再生基层

1. 水泥冷再生基层施工前，首先对原路面坑槽、沉陷、壅包等病害进行彻底处理，病害修补至原路面顶面高度。水泥冷再生基层施工采用就地冷再生，它是利用维特森 WR2500S 型再生机将 7cm 沥青面层及 13 ~ 18cm 原路面基层一起铣刨，掺加 5% ~6% 水泥拌合，经过整平、碾压等施工操作程序，使之形成新的路面基层。

2. 路面施工前采用与再生机等功效的小型铣刨机按设计要求进行，取有代表性的样品进行配合比设计及强度试验。

3. 水泥选定 32.5 级矿渣硅酸盐水泥，水泥含量为 5% ~ 6%，最佳含水量为 7.5%，最大干密度 2.125g/$cm^3$，设计强度 3.4MPa。

4. 含水量宜控制在最佳含水量 2% 以内，再生期间确保不间断供水。

5. 冷再生机拌合平整过程中可能出现局部骨料堆积的离析现象，必须在整平过程加以人工配合，予以消除。

6. 从加水拌合至碾压终了，不得超过水泥终凝时间，按试验路段确定的合适作业段落与时间严格施工，尽量避免无故停机或采用调整水泥初凝时间来保证在水泥初凝前完成所有施工工序。施工过程中冷再生机行进平均速度为 3 ~5m/min。

7. 预布水泥要控制预布长度，以保证拌合机正常工作为宜，一般预布 80~150m，边拌合边撒布，以防止通行车辆的气流或轮胎带动造成污染及天气突然变化带来的消耗损失。

8. 施工需提前测定旧路面实际含水量，根据测定的数据，确定就地冷再生机拌合过程中外加用水量。同时质检组应随时检测拌合的均匀性、含水量、水泥剂量及厚度，保证拌合深度不小于设计厚度。每一作业段半幅路拌合碾压后，及时检测密实度，个别达不到要求的地段，及时补压。

9. 两工作段的衔接处应搭接拌合，前一段拌合后，留 5~8cm 不进行碾压，后一段进行施工时，前段留下未压部分，再加部分水泥重新拌合（随二次拌合），在水泥初凝时间 3.5h 前一并碾压。冷再生施工纵向接缝不应斜接密实，必要时采用搭接拌合，留 10~20cm 加部分水泥重新拌合，与后一段一并碾压成型。经过拌合整形的冷再生水泥稳定碎砾石，应在 4 小时内完成碾压。施工机械不宜在已压成的冷再生水泥稳定基层上调头，如须调头，应采取保护措施。

10. 路面施工前应将旧路面清扫干净，不得有尘土、杂草、树根及积水。碾压成型后及时进行草帘或棉垫覆盖养生，覆盖洒水养生 7d，要保证足够的温度和湿度，养生期间设置围档严禁车辆通行。

## 五、路面病害处理用基层、底基层材料要求

1. 石灰粉煤灰稳定碎石基层

（1）石灰：质量应符合Ⅲ级以上消石灰或生石灰的技术要求；

（2）粉煤灰：$SiO_2$、$Al_2O_3$、$Fe_2O_3$，总含量应大于 70%，烧失量不应超过 20%，比表面积应大于 2500$cm^2/g$，（或 90% 通过 0.3mm 筛孔，70% 通过 0.075mm 筛孔），湿粉煤灰含水量不宜超过 35%；

（3）石灰粉煤灰稳定碎石基层中，碎石压碎值≤35%，碎石采用1～3cm碎石统料；

（4）石灰粉煤灰稳定碎石7d浸水抗压强度不小于0.7MPa；

（5）石灰粉煤灰稳定碎石基层的设计配合比（重量比）为8:17:75。

2．水泥稳定砂砾底基层

（1）水泥稳定砂砾中，砾石压碎值≤35%，级配如表2-22所示。

水泥稳定砂砾级配范围　　表2-22

| 名称 | 通过下列筛孔（方孔筛mm）的质量百分率（%） | | | | | | | | | 液限指数 | 塑限指数 |
|---|---|---|---|---|---|---|---|---|---|---|---|
| | 37.5 | 26.5 | 19 | 9.5 | 4.75 | 2.36 | 1.18 | 0.6 | 0.075 | | |
| 砂砾 | 90～100 | 66～100 | 54～100 | 39～100 | 28～84 | 20～70 | 14～57 | 8～47 | 0～30 | <28% | <90% |

（2）水泥稳定砂砾在要求压实度下7d浸水无侧限抗压强度不小于2.5MPa；

（3）水泥稳定砂砾用水泥采用符合标准的普通硅酸盐水泥，标号宜采用32.5级，水泥含量通过实验确定；

（4）当粒料粒径较均匀时、且不含或含细粒料很少时，宜添加剂量为10%石灰进行综合稳定。

## 六、施工注意事项

1．路面施工中应严格控制原材料的质量，外购材料应注意存放时间，混合料摊铺应严格按照相关施工技术规范执行，严格控制施工温度和时间，确保工程质量。

2．施工前应对路面各结构层材料的质量、级配、配合比及强度等进行试验。

3．对各类病害维修前应有周密的计划，做好材料准备。对局部坑槽、沉陷、龟裂等，需将原路面面层挖除后，进行病害处理。

4．对于罩面路段，在罩面施工前，应先对旧路面进行拉毛处理，深度不小于5cm，以保证罩面质量。

5．修补面积应大于病害的实际面积，修补范围的轮廓应与路面中心平行或垂直，并在病害面积范围以外15cm。

6．修补面层时应采用刷粘层油等措施，保证修补部分与原路面联结紧密。

7．冷再生路段在施工前，原路面的所有病害均应处治。

## 七、交通保畅和安全

为了防止大中修路段发生严重堵车现象，保障过往车辆、行人的通行安全，必须在施工中针对不同路段采取不同的保畅措施，加强组织管理，保障大、中修工程的实施和交通畅通。具体施工保畅对策如下：

1．提前通过报纸等新闻媒介向社会各界告知施工信息，明确施工路段、范围和施工时间，提醒过往车辆提前绕道或改道通行，从源头上提前分流，缓解保畅工作压力。

2．施工期间，通过报刊、电视和网络等新闻媒介及时向社会发布施工路段路况信息，做好服务工作，在交通管制岗附近，设立两个服务台，为过往司乘人员提供路况信息和电话服务，以取得社会各界人员的理解和支持。

3．项目部在开工前应积极取得当地政府和交警部门的支持，然后召开保畅工作协调会，细化措施，明确责任。

4．在施工期间，按照《公路养护安全作业规程》设立交通标志，安排专职交通保畅人员。计划大、中修路段在白天施工时实行交通管制，在施工路段昼夜24小时轮流值班疏导交通。所有施工路段应安排路政人员对行车进行指挥疏导，单向放行。

5. 按规定对施工路段设置多级反光式导向标志和施工警示，夜间应有反光标志或施工警告灯，提醒过往车辆和行人前方进入施工段落。

6. 设置通车道养护组，加强日常养护工作，充实养护人力；加强养护巡查应变，及时发现病害及时处理病害，确保路面不出现大的坑槽和沉陷，提高车辆的通过能力。

7. 设置应急施救组。联系当地就近一家有维修力量的车辆维修队伍组成应急施救组，以便随时对故障抛锚车辆进行应急施救。

8. 设置“质量监理”和“安全保畅”两个督查组。对施工单位的施工组织计划、进度、质量、安全、保畅工作作为重中之重抓好督查和落实，督促施工单位严格按施工工期组织实施，尽量避免同一线路多点施工造成多处堵车。

9. 上下级单位都应制定保畅突发事件快速反应联动机制和应急预案，如有事件发生后，能快速按预案做出反应。

通过对施工路段进行统一合理安排，减少施工对行车的干扰，确保施工路段上的车辆顺利通行，降低施工对道路通行的影响，达到在非施路段车辆畅通无阻，避免发生长时间的交通堵塞。

## 第八节　冷再生基层的施工应用

### 一、冷再生基层的前期准备及试验

1. 旧路路况调查

国道 108 是西安通往陕南及西南地区的主要交通动脉，施工路段为沿溪线，路基的一侧为深沟，另一侧为高坡。路基宽度

7.5m，路面宽度7.2m，路面结构为1cm沥青表处+3cm沥青混凝土+15cm二灰碎石。经弯沉试验测试，原路面状况较好，局部轻度网裂。对旧路面进行调查，详细记录路面损坏情况、旧路面各结构层厚度、面层下的损坏深度、基层下粒料含水量等内容。对每车道每公里40～50个点的弯沉测试，数据如表2-23所示。

**原沥青路面弯沉检测表**　　　　**表2-23**

| 桩号 | 位置 | 测点 | | | | | | | | | | 平均值 | 标准差 | 代表值 | L±3S |
|---|---|---|---|---|---|---|---|---|---|---|---|---|---|---|---|
| K1442+000～K1443+000 | 左 | 20 | 16 | 30 | 16 | 28 | 28 | 14 | 20 | 50 | 40 | 24.23 | 14.26 | 47.68 | 67.00 |
| | 右 | 12 | 20 | 16 | 32 | 48 | 14 | 30 | 60 | 40 | 36 | | | | |
| | 左 | 60 | 20 | 24 | 40 | 16 | 16 | 6 | 14 | 32 | 28 | | | | |
| | 右 | 40 | 20 | 6 | 20 | 24 | 10 | 8 | 6 | 6 | 16 | | | | |
| | 左 | 20 | 16 | 30 | 16 | 28 | 28 | 14 | 20 | 50 | 40 | | | | |
| | 右 | 60 | 20 | 16 | 32 | 48 | 14 | 30 | 60 | 40 | 36 | | | | |
| | 左 | 20 | 40 | 20 | 16 | 6 | 14 | 10 | 12 | 16 | 6 | | | | |
| | 右 | 6 | 8 | 10 | 24 | 20 | 6 | 20 | 40 | 30 | 14 | | | | |
| K1449+000～K1450+000 | 左 | 22 | 24 | 36 | 22 | 30 | 26 | 30 | 46 | 36 | 10 | 28.53 | 15.20 | 53.53 | 74.13 |
| | 右 | 30 | 12 | 24 | 32 | 34 | 22 | 20 | 12 | 18 | 20 | | | | |
| | 左 | 24 | 38 | 12 | 22 | 24 | 16 | 36 | 30 | 24 | 18 | | | | |
| | 右 | 18 | 10 | 8 | 22 | 20 | 18 | 34 | 14 | 48 | 22 | | | | |
| | 左 | 36 | 28 | 40 | 40 | 42 | 48 | 28 | 34 | 54 | 38 | | | | |
| | 右 | 32 | 12 | 22 | 20 | 36 | 14 | 28 | 16 | 12 | 18 | | | | |
| | 左 | 38 | 34 | 12 | 46 | 32 | 32 | 56 | 60 | 116 | 24 | | | | |
| | 右 | 32 | 46 | 16 | 16 | 26 | 36 | 20 | 18 | 34 | 26 | | | | |

续表

| 桩号 | 位置 | 测点 | | | | | | | | | | 平均值 | 标准差 | 代表值 | L±3S |
|---|---|---|---|---|---|---|---|---|---|---|---|---|---|---|---|
| K1455+000~K1456+000 | 左 | 24 | 18 | 42 | 18 | 16 | 40 | 18 | 48 | 24 | 32 | 36.68 | 18.67 | 67.40 | 92.70 |
| | 右 | 40 | 38 | 86 | 42 | 48 | 48 | 30 | 52 | 34 | 36 | | | | |
| | 左 | 8 | 20 | 46 | 24 | 34 | 16 | 24 | 66 | 22 | 12 | | | | |
| | 右 | 8 | 34 | 46 | 56 | 40 | 0 | 52 | 56 | 20 | 12 | | | | |
| | 左 | 24 | 30 | 26 | 36 | 20 | 38 | 18 | 42 | 34 | 14 | | | | |
| | 右 | 40 | 40 | 42 | 66 | 64 | 52 | 36 | 50 | 30 | 120 | | | | |
| | 左 | 12 | 36 | 36 | 44 | 50 | 40 | 24 | 54 | 48 | 50 | | | | |
| | 右 | 38 | 38 | 38 | 58 | 36 | 4 | 32 | 64 | 52 | 28 | | | | |
| K1457+000~K1458+000 | 左 | 44 | 26 | 38 | 36 | 52 | 20 | 26 | 48 | 122 | 24 | 38.80 | 24.25 | 78.69 | 111.55 |
| | 右 | 44 | 20 | 40 | 22 | 34 | 16 | 30 | 14 | 10 | 48 | | | | |
| | 左 | 90 | 46 | 16 | 36 | 20 | 10 | 40 | 30 | 16 | 50 | | | | |
| | 右 | 66 | 16 | 16 | 26 | 44 | 40 | 60 | 48 | 38 | 52 | | | | |
| | 左 | 34 | 52 | 30 | 38 | 42 | 52 | 44 | 62 | 38 | 54 | | | | |
| | 右 | 10 | 18 | 46 | 4 | 36 | 32 | 38 | 16 | 20 | 24 | | | | |
| | 左 | 36 | 50 | 34 | 68 | 32 | 38 | 12 | 22 | 16 | 46 | | | | |
| | 右 | 48 | 16 | 22 | 46 | 44 | 42 | 60 | 44 | 106 | 158 | | | | |
| K1458+000~K1459+000 | 左 | 28 | 64 | 30 | 66 | 38 | 30 | 26 | 28 | 44 | 12 | 38.58 | 19.01 | 69.85 | 95.62 |
| | 右 | 56 | 14 | 52 | 22 | 20 | 34 | 60 | 30 | 30 | 32 | | | | |
| | 左 | 10 | 20 | 48 | 48 | 42 | 46 | 22 | 56 | 20 | 46 | | | | |
| | 右 | 16 | 32 | 40 | 24 | 42 | 48 | 8 | 28 | 28 | 22 | | | | |
| | 左 | 32 | 18 | 30 | 32 | 28 | 38 | 22 | 40 | 44 | 38 | | | | |
| | 右 | 102 | 74 | 56 | 24 | 36 | 60 | 64 | 40 | 26 | 76 | | | | |
| | 左 | 32 | 24 | 24 | 14 | 38 | 60 | 16 | 50 | 24 | 42 | | | | |
| | 右 | 98 | 42 | 50 | 76 | 66 | 54 | 26 | 34 | 56 | 18 | | | | |

2．旧路破碎取样

根据路面设计方案确定的再生深度进行取样，采用与再生机同等功效的小型铣刨机按再生深度进行原地拌合，选代表性的样品取样备用。确定旧路沥青层的厚度、基层材料及基层厚度等，掌握结构强度；在实验室做混合料筛分试验和配合比试验并确定不同配合比的最大干密度（重型击实）和最佳含水量，取点频率为每1000m 取3点。

3．材料要求

将旧路面沥青混凝土面层及基层经破碎后的混合料作为冷再生结构的骨料及填充料，大于5mm 的骨料含量应在40% ~75%之间，否则应采取增加骨料或填充料的措施。

水泥：采用强度等级32.5级的硅酸盐水泥，水泥物理力学性能如表2-24所示。

水：采用不含有害物质的水或饮用水

**水泥物理力学性能检测报告** **表2-24**

| 检验项目 | | 计量单位 | 标准要求 | 实测值 | 单项判定 | 检验方法 |
|---|---|---|---|---|---|---|
| 细度80μm方孔筛（负压筛析法） | | % | ≤10.0 | 5.2 | 合格 | GB 1345—2005 负压筛析法 |
| 标准稠度（标准法） | | % | 实测值 | 25.2 | | GB/T 1346—2001 试杆法 |
| 凝结时间（标准法） | 初凝时间 | min | ≥45 | 236 | 合格 | GB/T 1346—2001 中8 |
| | 终凝时间 | min | ≤600 | 275 | 合格 | |
| 安定性（标准法） | | mm | <5 | 1.0 | 合格 | GB/T 1346—2001 中9 雷氏法 |

续表

| 检验项目 | | | 计量单位 | 标准要求 | 实测值 | | | 单项判定 | 检验方法 |
|---|---|---|---|---|---|---|---|---|---|
| 强度等级 | 抗折 | 3d | MPa | ≥2.5 | 4.0 | 3.8 | 3.6 | 合格 | GB/T 17671—1999 ISO 法 |
| | | | | | $X_{平均}=3.8$ | | | | |
| | | 28d | MPa | ≥5.5 | 6.8 | 6.8 | 6.8 | 合格 | |
| | | | | | $X_{平均}=6.8$ | | | | |
| | 抗压 | 3d | MPa | ≥10.0 | 17.5 | 17.6 | 18.0 | 合格 | |
| | | | | | 17.9 | 16.6 | 16.2 | | |
| | | | | | $X_{平均}=17.3$ | | | | |
| | | 28d | MPa | ≥32.5 | 34.4 | 33.2 | 35.0 | 合格 | |
| | | | | | 34.2 | 37.9 | 37.4 | | |
| | | | | | $X_{平均}=35.35$ | | | | |
| 结论 | | | 该水泥以上各项指标均符合（GB 175—1999）国家标准 | | | | | | |

4. 旧料筛分试验及配合比设计

2006 年施工的 K1442 +000 ~ K1444 +000 试验段，委托长安大学公路工程检测中心进行配合比设计及强度试验。筛分结果表明旧路材料经破碎后基本满足规范要求的级配范围，不用另行添加骨料，试验结果如表 2-25 所示，水泥选定 32.5 级硅酸盐水泥。水泥掺量外掺 5%，最佳含水量 7.1%，最大干密度 2.125g/cm$^3$，设计强度 3.4MPa。

**旧路铣刨料筛分结果表　　表 2-25**

| 筛孔/mm | 通过各筛孔的质量百分率% | | | |
|---|---|---|---|---|
| | 平行试验 1 | 平行试验 2 | 平均值 | 规范级配范围 |
| 37.5 | 100.0 | 100.0 | 100.0 | 100 |
| 31.5 | 98.5 | 99.1 | 98.8 | 90 ~ 100 |

续表

| 筛孔/mm | 通过各筛孔的质量百分率% | | | |
|---|---|---|---|---|
| | 平行试验 1 | 平行试验 2 | 平均值 | 规范级配范围 |
| 26.5 | 93.5 | 97.2 | 95.3 | 67 ~90 |
| 19 | 86.9 | 88.0 | 87.4 | |
| 16 | 82.8 | 85.0 | 83.9 | |
| 13.2 | 75.1 | 79.3 | 77.2 | |
| 9.5 | 60.3 | 65.1 | 62.7 | 45 ~68 |
| 4.75 | 37.4 | 38.3 | 37.8 | 29 ~50 |
| 2.36 | 22.1 | 21.2 | 21.7 | 18 ~38 |
| 1.18 | 15.1 | 13.6 | 14.4 | |
| 0.6 | 9.5 | 8.1 | 8.8 | 8 ~22 |
| 0.3 | 5.7 | 4.9 | 5.3 | |
| 0.15 | 4.1 | 3.6 | 3.8 | |
| 0.075 | 2.7 | 2.5 | 2.6 | 0 ~7 |

2007 年施工的 K1448 +982 ~ K1451 +000，K1454 +762 ~ K1459 +800 大修路段委托长安大学公路工程检测中心进行配合比设计及强度试验。通过筛分结果表明旧路材料经破碎后基本满足规范要求的级配范围，不用另行添加骨料，水泥选定 32.5 级硅酸盐水泥。水泥掺量外掺 5.5%，最佳含水量 12.6%，最大干密度 1.93g/cm$^3$，设计强度 3.4MPa，试验结果如表 2-26 所示。

**5.5%水泥剂量下再生混合料 7d 无侧限抗压强度试验结果**

**表 2-26**

| 试件 | 最大荷载/kN | UCS/MPa | UCS 平均值/MPa | 偏差系数 |
|---|---|---|---|---|
| 1 | 45.0 | 2.6 | 3.2 | 12.9 |
| 2 | 52.0 | 3.0 | | |
| 3 | 62.0 | 3.5 | | |
| 4 | 59.5 | 3.4 | | |

续表

| 试件 | 最大荷载/kN | UCS/MPa | UCS 平均值/MPa | 偏差系数 |
|---|---|---|---|---|
| 5 | 66.5 | 3.8 | 3.2 | 12.9 |
| 6 | 60.5 | 3.4 | | |
| 7 | 62.5 | 3.6 | | |
| 8 | 50.5 | 2.9 | | |
| 9 | 50.0 | 2.9 | | |

5. 工地试验验证

工地试验室根据长安大学试验室试验结果，对所用水泥及旧路材料进行原材料试验，分别做含石率为65%、70%、75%的标准击实试验，击实试验数据如表2-27、表2-28和表2-29所示，标准击实曲线如图2-8～图2-10所示。

（1）混合料含石量65%

**混合料含石量65%时含水量与干密度试验结果　表2-27**

| 含石量 | | | | | | | |
|---|---|---|---|---|---|---|---|
| 含石量 | 含水量（%） | 11.8 | 12.7 | 13.7 | 14.6 | 16.3 | $W_{最佳}=13.7$ |
| 65% | 干密度（g/cm³） | 1.76 | 1.85 | 1.90 | 1.88 | 1.78 | $\rho_{最大}=1.9$ |

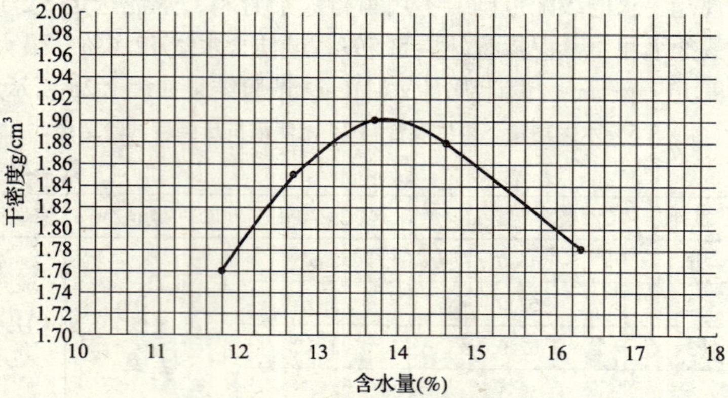


图2-8　混合料含石量65%标准击实曲线

（2）混合料含石量70%

**混合料含石量70%时含水量与干密度试验结果　表2-28**

| 含石量 | 含水量（%） | 8.1 | 9.7 | 10.6 | 12.0 | 12.5 | $W_{最佳}=10.6$ |
|---|---|---|---|---|---|---|---|
| 70% | 干密度（$g/cm^3$） | 1.79 | 1.89 | 1.95 | 1.90 | 1.87 | $\rho_{最大}=1.95$ |

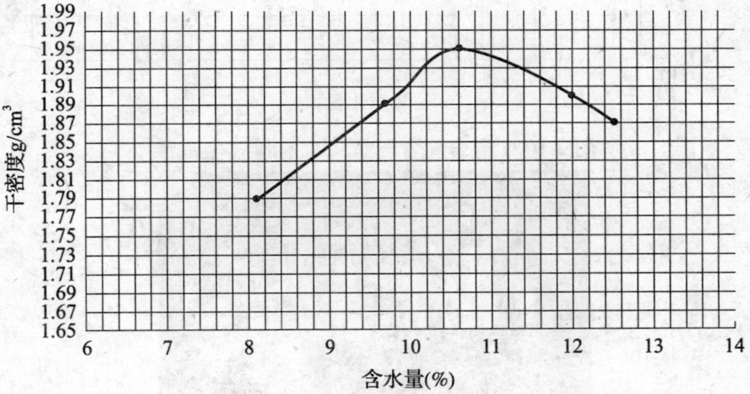


图2-9　混合料含石量70%标准击实曲线

（3）混合料含石量75%

**混合料含石量75%时含水量与干密度试验结果　表2-29**

| 含石量 | 含水量（%） | 11.2 | 12.4 | 12.9 | 13.3 | $W_{最佳}=12.4$ |
|---|---|---|---|---|---|---|
| 75% | 干密度（$g/cm^3$） | 1.92 | 1.99 | 1.97 | 1.93 | $\rho_{最大}=1.99$ |

6. 机械设备

旧路面就地再生使用机械为维特根公司WR2500S型冷再生机1台，如图2-11所示，8t洒水车4台，LSS220P自行式羊角碾1台，如图2-12所示，XG20振动压路机1台，CAT140H自行式平地机1台，YL20C26T胶轮压路机1台。

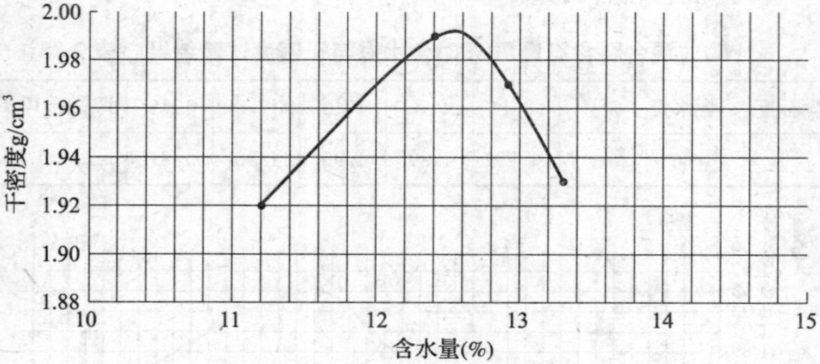


图 2-10　混合料含石量 75% 标准击实曲线

图 2-11　WR2500S 型冷再生机

图 2-12　LSS220P 自行式羊角碾

## 二、冷再生基层施工

1. 工艺流程图

冷再生基层施工工艺流程如图 2-13 所示。

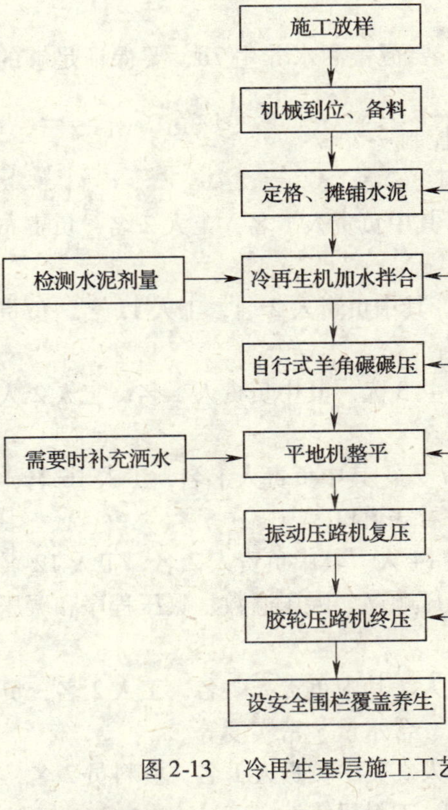


图 2-13　冷再生基层施工工艺流程图

2. 质量控制要点

（1）拌合均匀：含水量宜控制在最佳含水量的 +2% 为宜。

（2）时间控制：从加水拌合至碾压终了，不得超过水泥终凝时间，按试验路段确定的合适作业段落与时间严格施工。大规模施工时，尽量避免无故停机或采用调整水泥初凝时间来保证在水泥初凝前完成所有施工工序。

（3）碾压次序为：20T 自行式羊角碾初压 1 遍，强振 2 遍，复压强振 2 遍，弱振 2 遍，终压 26t 胶轮压路机碾压 5 ~ 8 遍，终压时，适当加水。

（4）碾压成型后，要覆盖洒水养生 7d，要保证足够的温度和湿度。

3. 施工过程质量控制

（1）人员配备分组

划线组：共 3 人。其中负责人 1 名，工人 2 名，负责布灰前划方格网，划分幅线。

布灰组：共 13 人。其中负责人 2 名，工人 11 名，负责装运水泥、布灰摊平。

冷再生机拌合组：共 3 人。其中负责人 1 名，工人 2 人，协调冷再生机、水车加水。

安全保畅组：共 17 人。其中负责人 1 名，工人 16 名，负责交通疏导、安全围挡、看守道口。

整平、碾压组：共 14 人。其中负责人 2 名，工人 12 名，负责整平、清理废料、碾压顺序、碾压遍数、碾压程序和碾压机手技术交底。

质量控制组：共 4 人。其中负责人 2 名，工人 2 名，负责现场控制拌合深度、宽度、含水量、密实度等。

资料统计组：共 3 人。其中负责人 1 名，资料员 2 名，负责各种技术资料编写收集、工料机统计。

（2）计算掺加材料用量

首先要计算出掺加水泥的数量，计算公式如下：

水泥用量（$kg/m^2$）= 压实厚度（m）× 最大干密度

（$kg/m^3$）×压实度（%）×水泥剂量（%）/［1+水泥剂量（%）］。

布灰量按5.5%控制，加水泥铣刨20cm，膨胀率为1.1，压实厚度为22cm，计算布灰量为22.47$kg/m^2$，采用方格网法布灰，并检查方格尺寸，如图2-14、图2-15所示。

图2-14　打布水泥方格

图2-15　检查方格尺寸

为便于现场施工操作，施工路段半幅宽度为3.6m，取中对折，在原沥青路面上划出1.8m长，1.20m宽的网格，按照设计含灰量每格布灰1袋（50kg），人工摊铺找平，保证布灰均匀，如图2-16所示。

图 2-16　摊铺水泥

（3）预布材料

预布水泥要控制预布长度，以保证拌合机正常工作为宜，一般预布 80～150m，边拌合边撒布。施工过程中冷再生机行进平均速度为 3～5m/min。山区施工因坡陡弯急，再生机速度不宜太快，施工过程中应该尽量减少无故停机时间，减少和有效避免横向接缝。确保施工时间在水泥初凝时间以内。

根据对机械组合及其他工作时间的观测，调整预布水泥长度，经过循环实施验证再生机前水泥摊铺长度不超过 100m；在纵横曲线平缓地段，最大摊铺长度为 150m。

（4）拌合

本路段采用维特根 WR2500S 冷再生机对原路面进行翻松冷破碎并掺加水泥稳定剂进行拌合。WR2500S 冷再生发动机功率为 500kw，最大铣刨作业宽度为 2.5m，且铣刨鼓下设有 216 个铣刨刀片对旧路面进行破碎粉碎；最大铣刨深度为 30cm，铣刨深度可通过电子测感器直接由操作室电脑控制；外掺加水量可以通过操作台电脑设 8 个开关控制 16 个喷头，精确控制加水量及水的撒布宽度。WR2500S 冷再生机在再生层厚度 25cm 时，日全负荷工作最大作业工程量可达 $7500m^2$，如图 2-17 所示。

图 2-17　冷再生机加水拌合

G108K1442 + 000 ~ K1444 + 000 段路面设计宽度为 7.2m，实际半幅作业因防撞护拦位置限制，冷再生机作业按 3.4m 宽度施工。冷再生机一次拌合最大宽度为 2.5m，半幅 3.4m 需要操作两刀完成。冷再生机铣刨、拌合过程中推动水车，水车放在空挡位置，水车在冷再生机前面通过拉杆硬连接在冷再生机前配合加水，冷再生机行走速度控制在 5 ~ 8m/min。用水带与之相连并同步推进，为冷再生机加水。

施工需提前测定旧路面实际含水量，根据所测定的数据，确定冷再生机加水量，大致为 3% ~ 4%，WR2500S 通过操作台电脑的 8 个开关控制 16 个喷头，两刀拌合时重叠部分喷头处于关闭状态不再加水。对于国道 108 施工现场早晨 7 点钟外掺加水量控制在 3% 左右，水车水管加水流量速度为 120 ~ 150L/min；中午从 11 点至下午 3 点期间掺加水量控制在 3.3% ~ 3.5%，水车水管加水流量速度为 150 ~ 200L/min；确保在最佳含水量碾压。就地冷再生机拌合过程中，质检组随时检测拌合的均匀性、含水量、水泥剂量及厚度，保证拌合深度不小于设计厚度的 20cm。

再生机拌合时，一定要求有专人负责，检查拌合深度、含水量，应随时检查并视现场外观情况进行观察，以利于施工并接近最佳含水量，如图 2-18、图 2-19 所示。

图 2-18　检测含水量、厚度

图 2-19　羊角碾初压

（5）整平及碾压

每一作业段半幅路拌合完成后用 20T 自行式羊角碾稳压 1 遍，强振 2 遍，速度控制在 2.5 ~ 3km/h。CAT140H 平地机进行初平一遍，人工配合平地机整平，如图 2-20、图 2-21 所示。要求尽量缩短施工时间，复压采用 XG20 振动压路机强振 2 遍，弱振 2 遍，26t 胶轮压路机碾压 5 ~ 8 遍。复压碾压完成后，质检组及时检测密实度，个别达不到要求的地段，及时追压，复压及检查如图 2-22、图 2-23 所示。碾压及整平的机械组合如表 2-30 所示。

图 2-20　平地机整平

图 2-21　检测横坡及纵断面高程

图 2-22　振动压路机复压

图 2-23 检测压实度

因为山区道路施工，不封闭交通且道路坡陡弯急，平地机无法掉头，影响作业效率，且整平后左右两侧产生富余废料需要人工配合及时予以清理，以利于压路机将边缘碾压密实。

**机械组合及工作时间（路段长 100 米）** **表 2-30**

| 机械名称 | 工作时间 | 工作遍数 | 备注 |
| --- | --- | --- | --- |
| WR2500S 冷再生拌合机 | 55min | 1 遍 | 包括倒车调整时间 |
| 20T 自行羊角碾（初压） | 35min | 3 遍 | 碾压紧随再生机<br>静压 1 遍，强振 2 遍 |
| CAT140 平地机 | | 3 遍 | |
| 20t 振动压路机（复压） | 30min | 4 遍 | 强振 2 遍，弱振 2 遍 |
| 26t 胶轮压路机 | 30min | 5 遍 | |
| 结论：每 100m 施工时间为 2.5h，再生机前水泥最大摊铺长度为 150m。 | | | |

（6）接缝和调头处的处理

两工作段的衔接处应搭接拌合，前一段拌合后，留 5～8m 不进行碾压，后一段施工时，前段留下未压部分，再加部分水泥重新拌合，在后一段的水泥初凝时间 3.5h 前一并碾压。冷再生施工纵向接缝不应斜接。接缝应密实，必要时采用搭接拌合，留10～20cm加部分水泥重新拌合与后一段一并碾压成型。经过拌合整形的冷再生水泥稳定碎石，应在4h内完成碾压。

（7）养生及交通管制

胶轮压路机终压完毕，及时进行草帘或棉垫覆盖养生，如图2-24、图2-25和图2-26所示，按《公路路面基层施工技术规范》（JTJ 034—2000）3.6条的相关要求进行。

图2-24　胶轮压路机终压

图2-25　洒水棉毡养生

图 2-26　采用草帘进行养生

## 三、冷再生基层施工质量评定

1．冷再生结构层实测项目

冷再生结构质量评定尚无规范可循，暂时结合沥青混凝土面层及半刚性基层检验标准来检验评定。在大面积冷再生施工前，要进行实验段的铺筑，以验证冷再生结构层强度、压实度等是否能够达到设计要求。冷再生结构层实测项目如表 2-31 所示。

冷再生结构层实测项目表　　表 2-31

| 项次 | 检查项目 | | 规定值或允许偏差 | 检查方法和频率 |
|---|---|---|---|---|
| 1 | 压实度（%） | 代表值 | 97 | 按照《公路工程质量检验评定标准》（JTG F80/1—2004）附录 B 检查，每 200m 每车道 2 处 |
| | | 极值 | 93 | |
| 2 | 平整度（mm） | | 10 | 3m 直尺：每 200m 测 2 处 × 10 尺 |
| 3 | 宽度（mm） | | 符合设计要求 | 尺量：每 200m 测 4 处 |

续表

| 项次 | 检查项目 | | 规定值或允许偏差值 | 检查方法和频率 |
|---|---|---|---|---|
| 4 | 厚度（mm） | 代表值 | -10 | 按照《公路工程质量检验评定标准》（JTG F80/1—2004）附录 H 检查，每 200m 每车道 2 处 |
| | | 合格值 | -20 | |
| 5 | 横坡（%） | | ±0.3 | 水准仪：每 200m 测 4 个断面 |
| 6 | 强度（MPa） | | 符合设计要求 | 按照《公路工程质量检验评定标准》 |
| 7 | 弯沉值（0.01mm） | | 符合设计要求 | 按照《公路工程质量检验评定标准》 |

注：表中压实度、厚度、强度均为重要指标，要求施工中重点控制，予以保证。

2. 冷再生基层检查效果

设计水泥掺量 5% 旧路掺灰冷再生试验段最终现场钻芯取样、无侧限抗压强度、弯沉值、含水量、灰剂量、压实度检测结果详见表 2-32 ~ 表 2-36。

**现场钻芯取样抗压强度检测表（K1442 +000 ~ K1444 +000）**

**表 2-32**

| 桩号 | 试件尺寸（mm） | | 面积（$cm^2$） | 抽样时间 | 试验日期 | 抗压强度 | |
|---|---|---|---|---|---|---|---|
| | 直径 | 高 | | | | 破坏荷载（kN） | 极限强度（MPa） |
| K1443 +850 | 150 | 170 | 176.7 | 2006.8.4 | 2006.9.4 | 48.6 | 2.8 |
| K1442 +500 | 150 | 150 | 176.7 | 2006.8.1 | 2006.9.4 | 44.5 | 2.5 |
| K1442 +400 | 150 | 180 | 176.7 | 2006.8.14 | 2006.9.4 | 59.9 | 3.4 |
| K1443 +800 | 150 | 200 | 176.7 | 2006.8.16 | 2006.9.4 | 51.3 | 2.9 |

**现场钻芯取样抗压强度检测表（K1449+000~K1455+000）**

**表 2-33**

| 桩号 | 试件尺寸（cm） | | 体积（$cm^3$） | 干重（g） | 干密度（$g/cm^3$） | 抗压强度 | |
|---|---|---|---|---|---|---|---|
| | 直径 | 高 | | | | 破坏荷载（kN） | 极限强度（MPa） |
| K1449+010 | 14.84 | 15.03 | 2597.9 | 5135.0 | 1.98 | 101.7 | 5.9 |
| K1449+010 | 14.91 | 14.78 | 2580.6 | 5045.0 | 1.95 | 117.3 | 6.7 |
| K1449+320 | 9.98 | 11.15 | 872.2 | 1628.7 | 1.87 | 43.3 | 5.5 |
| K1449+940 | 9.96 | 9.95 | 775.2 | 1503.9 | 1.94 | 38.7 | 5.0 |
| K1450+480 | 9.97 | 10.00 | 781.2 | 1569.1 | 2.01 | 50.8 | 6.5 |
| K1450+950 | 9.98 | 9.92 | 776.0 | 1522.6 | 1.96 | 29.9 | 3.8 |
| K1455+800 | 9.98 | 9.70 | 759.3 | 1474.1 | 1.94 | 51.7 | 6.6 |

**无侧限抗压强度检测表** **表 2-34**

| 桩号 | 抗压强度（MPa） | | | | | | 平均值 |
|---|---|---|---|---|---|---|---|
| K1442+000~K1442+596 | 2.94 | 2.97 | 2.95 | 2.91 | 3.1 | 3.2 | 3.01 |
| K1442+596~K1443+020 | 2.94 | 2.91 | 2.92 | 2.89 | 2.95 | 2.93 | 2.92 |
| K1443+020~K1443+380 | 2.91 | 2.95 | 2.89 | 2.98 | 3.1 | 2.87 | 2.95 |
| K1443+380~K1444+000 | 2.96 | 2.87 | 2.84 | 2.86 | 2.95 | 2.86 | 2.89 |
| K1448+982~K1449+000 | 3.90 | 4.00 | 3.85 | 3.83 | 3.88 | 3.92 | 3.90 |
| K1449+142~K1449+672 | 3.85 | 4.02 | 3.91 | 3.93 | 3.86 | 3.96 | 3.92 |
| K1450+312~K1450+812 | 3.70 | 3.73 | 3.70 | 3.70 | 3.67 | 3.86 | 3.73 |
| K1454+762~K1455+000 | 3.60 | 3.73 | 3.72 | 3.63 | 3.70 | 3.85 | 3.71 |
| K1455+162~K1455+642 | 4.16 | 4.07 | 3.98 | 3.94 | 3.94 | 3.96 | 4.01 |
| K1456+452~K1457+000 | 3.98 | 3.85 | 3.83 | 4.01 | 3.76 | 4.07 | 3.92 |
| K1457+560~K1458+000 | 3.74 | 3.72 | 3.81 | 3.88 | 3.61 | 3.76 | 3.75 |
| K1458+352~K1459+000 | 3.90 | 3.94 | 3.72 | 3.94 | 4.00 | 4.02 | 3.92 |

**冷再生基层弯沉检测表**　　　　**表 2-35**

| 桩号 | 位置 | 测点 | | | | | | | | | | 平均值 | 标准差 | 代表值 | L ± 3S |
|---|---|---|---|---|---|---|---|---|---|---|---|---|---|---|---|
| K1442 + 000 ~ K1443 + 000 | 左 | 36 | 30 | 10 | 16 | 20 | 20 | 10 | 14 | 16 | 16 | 19. 28 | 7. 46 | 31. 54 | 41. 65 |
| | 右 | 36 | 28 | 20 | 12 | 36 | 8 | 12 | 20 | 16 | 22 | | | | |
| | 左 | 14 | 20 | 16 | 24 | 20 | 16 | 16 | 24 | 22 | 22 | | | | |
| | 右 | 12 | 12 | 12 | 18 | 16 | 20 | 14 | 22 | 28 | 36 | | | | |
| | 左 | 30 | 30 | 16 | 8 | 12 | 14 | 22 | 28 | 20 | 8 | | | | |
| | 右 | 12 | 14 | 16 | 20 | 22 | 36 | 28 | 22 | 18 | 12 | | | | |
| | 左 | 16 | 30 | 16 | 18 | 22 | 24 | 30 | 12 | 16 | 12 | | | | |
| | 右 | 24 | 36 | 20 | 8 | 10 | 12 | 14 | 20 | 16 | 16 | | | | |
| K1443 + 000 ~ K1444 + 000 | 左 | 24 | 10 | 20 | 14 | 20 | 8 | 8 | 8 | 6 | 16 | 14. 73 | 5. 90 | 24. 42 | 32. 41 |
| | 右 | 8 | 18 | 22 | 24 | 10 | 10 | 6 | 8 | 10 | 10 | | | | |
| | 左 | 14 | 20 | 10 | 20 | 14 | 12 | 20 | 20 | 24 | 16 | | | | |
| | 右 | 10 | 20 | 20 | 16 | 12 | 14 | 16 | 20 | 30 | 20 | | | | |
| | 左 | 28 | 18 | 20 | 22 | 14 | 24 | 20 | 10 | 8 | 10 | | | | |
| | 右 | 24 | 10 | 16 | 10 | 12 | 8 | 8 | 6 | 10 | 8 | | | | |
| | 左 | 8 | 14 | 10 | 20 | 10 | 16 | 14 | 16 | 14 | 12 | | | | |
| | 右 | 10 | 30 | 12 | 10 | 18 | 8 | 12 | 16 | 14 | 20 | | | | |
| K1449 + 000 ~ K1450 + 000 | 左 | 16 | 22 | 18 | 34 | 18 | 20 | 36 | 14 | 24 | 16 | 22. 45 | 9. 40 | 37. 92 | 50. 66 |
| | 右 | 28 | 30 | 18 | 26 | 32 | 22 | 20 | 24 | 20 | 46 | | | | |
| | 左 | 10 | 26 | 8 | 12 | 18 | 32 | 20 | 36 | 14 | 24 | | | | |
| | 右 | 32 | 30 | 32 | 10 | 12 | 22 | 32 | 18 | 18 | 26 | | | | |
| | 左 | 8 | 24 | 10 | 22 | 22 | 20 | 16 | 18 | 30 | 40 | | | | |
| | 右 | 30 | 28 | 8 | 22 | 26 | 4 | 16 | 18 | 16 | 8 | | | | |
| | 左 | 22 | 20 | 20 | 20 | 30 | 38 | 18 | 14 | 44 | 30 | | | | |
| | 右 | 30 | 24 | 46 | 36 | 8 | 12 | 20 | 14 | 12 | 36 | | | | |

续表

| 桩号 | 位置 | 测点 | | | | | | | | | | | 平均值 | 标准差 | 代表值 | L ±3S |
|---|---|---|---|---|---|---|---|---|---|---|---|---|---|---|---|---|
| K1450 + 000 ~ K1451 + 000 | 左 | 10 | 10 | 16 | 18 | 22 | 24 | 26 | 12 | 30 | 14 | | 18. 66 | 9. 37 | 34. 06 | 46. 76 |
| | 右 | 26 | 26 | 24 | 18 | 20 | 14 | 28 | 10 | 26 | 26 | | | | | |
| | 左 | 18 | 34 | 20 | 16 | 34 | 24 | 20 | 22 | 22 | 26 | | | | | |
| | 右 | 30 | 22 | 10 | 10 | 26 | 16 | 20 | 24 | 22 | 22 | | | | | |
| | 左 | 10 | 28 | 14 | 16 | 42 | 32 | 10 | 12 | 20 | 6 | 8 | | | | |
| | 右 | 4 | 16 | 10 | 8 | 4 | 18 | 4 | 20 | 30 | 4 | 8 | | | | |
| | 左 | 32 | 12 | 14 | 34 | 48 | 10 | 12 | 10 | 36 | 4 | 24 | | | | |
| | 右 | 22 | 8 | 10 | 14 | 24 | 16 | 12 | 28 | 26 | 6 | 6 | | | | |
| K1454 + 800 ~ K1455 + 000 | 左 | 4 | 16 | 26 | 24 | 8 | 20 | 20 | 26 | | | | 23. 50 | 13. 50 | 45. 71 | 64. 0 |
| | 右 | 28 | 30 | 14 | 20 | 64 | 36 | 16 | 24 | | | | | | | |
| K1455 + 000 ~ K1456 + 000 | 左 | 8 | 14 | 14 | 24 | 24 | 30 | 32 | 26 | 28 | 14 | | 23. 03 | 12. 41 | 43. 44 | 60. 26 |
| | 右 | 26 | 34 | 14 | 28 | 36 | 26 | 6 | 24 | 28 | 10 | | | | | |
| | 左 | 24 | 30 | 28 | 24 | 18 | 26 | 14 | 8 | 6 | 22 | | | | | |
| | 右 | 18 | 36 | 26 | 28 | 18 | 4 | 24 | 30 | 22 | 26 | | | | | |
| | 左 | 4 | 10 | 2 | 24 | 30 | 18 | 20 | 26 | 20 | 20 | | | | | |
| | 右 | 26 | 64 | 22 | 74 | 56 | 22 | 8 | 24 | 32 | 14 | | | | | |
| | 左 | 12 | 20 | 26 | 30 | 14 | 22 | 18 | 14 | 16 | 44 | | | | | |
| | 右 | 36 | 52 | 28 | 14 | 10 | 4 | 20 | 36 | 10 | 22 | | | | | |
| K1456 + 000 ~ K1457 + 000 | 左 | 18 | 28 | 4 | 10 | 6 | 20 | 40 | 16 | 34 | 22 | | 20. 65 | 8. 47 | 34. 58 | 46. 07 |
| | 右 | 14 | 32 | 16 | 14 | 30 | 22 | 16 | 22 | 28 | 32 | | | | | |
| | 左 | 18 | 24 | 30 | 16 | 34 | 30 | 12 | 20 | 26 | 28 | | | | | |
| | 右 | 28 | 20 | 6 | 24 | 24 | 22 | 18 | 8 | 16 | 24 | | | | | |

续表

| 桩号 | 位置 | 测点 | | | | | | | | | | 平均值 | 标准差 | 代表值 | L±3S |
|---|---|---|---|---|---|---|---|---|---|---|---|---|---|---|---|
| K1456+000~K1457+000 | 左 | 24 | 30 | 8 | 10 | 30 | 24 | 44 | 30 | 20 | 24 | 20.42 | 8.47 | 34.35 | 49.31 |
| | 右 | 10 | 12 | 10 | 4 | 14 | 16 | 8 | 18 | 24 | 26 | | | | |
| | 左 | 18 | 24 | 34 | 20 | 28 | 22 | 16 | 30 | 22 | 20 | | | | |
| | 右 | 18 | 10 | 20 | 30 | 20 | 18 | 8 | 10 | 26 | 20 | | | | |
| K1457+000~K1458+000 | 左 | 18 | 24 | 26 | 26 | 24 | 16 | 20 | 14 | 14 | 30 | 18.73 | 7.21 | 30.58 | 40.35 |
| | 右 | 26 | 24 | 22 | 10 | 24 | 16 | 14 | 12 | 24 | 22 | | | | |
| | 左 | 6 | 22 | 12 | 30 | 28 | 8 | 22 | 18 | 26 | 20 | | | | |
| | 右 | 6 | 16 | 18 | 24 | 6 | 24 | 20 | 18 | 24 | 34 | | | | |
| | 左 | 14 | 30 | 24 | 14 | 30 | 20 | 14 | 24 | 10 | 20 | | | | |
| | 右 | 24 | 28 | 18 | 14 | 26 | 20 | 12 | 14 | 24 | 16 | | | | |
| | 左 | 4 | 8 | 2 | 20 | 30 | 20 | 4 | 8 | 20 | 12 | | | | |
| | 右 | 20 | 12 | 14 | 22 | 16 | 22 | 24 | 12 | 14 | 30 | | | | |
| K1458+000~K1459+000 | 左 | 16 | 22 | 18 | 34 | 18 | 20 | 36 | 14 | 24 | 16 | 22.45 | 9.40 | 37.92 | 50.66 |
| | 右 | 28 | 30 | 18 | 26 | 32 | 22 | 20 | 24 | 20 | 46 | | | | |
| | 左 | 10 | 26 | 8 | 12 | 18 | 32 | 20 | 36 | 14 | 24 | | | | |
| | 右 | 32 | 30 | 32 | 10 | 12 | 22 | 32 | 18 | 18 | 26 | | | | |
| | 左 | 8 | 24 | 10 | 22 | 22 | 20 | 16 | 18 | 30 | 40 | | | | |
| | 右 | 30 | 28 | 8 | 22 | 26 | 4 | 16 | 18 | 16 | 8 | | | | |
| | 左 | 22 | 20 | 20 | 20 | 30 | 38 | 18 | 14 | 44 | 30 | | | | |
| | 右 | 30 | 24 | 46 | 36 | 8 | 12 | 20 | 14 | 12 | 36 | | | | |
| K1459+000~K1459+800 | 左 | 14 | 22 | 30 | 8 | 36 | 34 | 32 | 6 | 22 | 24 | 21.00 | 10.34 | 38.43 | 52.55 |
| | 右 | 16 | 16 | 18 | 26 | 22 | 36 | 10 | 24 | 22 | 26 | | | | |
| | 左 | 4 | 2 | 4 | 20 | 14 | 22 | 18 | 24 | 24 | 34 | | | | |
| | 右 | 14 | 18 | 12 | 22 | 14 | 42 | 26 | 8 | 6 | 34 | | | | |

续表

| 桩号 | 位置 | 测点 | | | | | | | | | | 平均值 | 标准差 | 代表值 | L±3S |
|---|---|---|---|---|---|---|---|---|---|---|---|---|---|---|---|
| K1459 +000 ~ K1459 +800 | 左 | 10 | 26 | 40 | 50 | 20 | 14 | 30 | 10 | 24 | 20 | 21.00 | 10.34 | 38.43 | 52.55 |
| | 右 | 34 | 18 | 42 | 14 | 26 | 24 | 16 | 30 | 8 | 10 | | | | |
| | 左 | 10 | 26 | 6 | 20 | | | | | | | | | | |
| | 右 | 24 | 14 | 26 | 30 | | | | | | | | | | |
| 说明 | K1449 +000 ~ K1451 +000、K1454 +800 ~ K1458 +000 段测弯沉时已做过封层。 | | | | | | | | | | | | | | |

**含水量、灰剂量、压实度检测表** **表 2-36**

| 桩号 | K1442 +180 | K1442 +356 | K1442 +453 | K1442 +620 | K1442 +710 | K1442 +820 | K1442 +940 | K1443 +020 | K1443 +130 |
|---|---|---|---|---|---|---|---|---|---|
| 含水量% | 7.5 | 9.5 | 6.9 | 11.7 | 10.7 | 9.1 | 11.4 | 11.6 | 10.5 |
| 灰剂量% | 4.3 | 5.3 | 4.6 | 5.4 | 6.8 | 3.9 | 4.6 | 5.1 | 6.08 |
| 压实度% | 98.0 | 96.0 | 100.0 | 98.0 | 98.5 | 98.5 | 96.5 | 94.6 | 92.6 |
| 桩号 | K1443 +180 | K1443 +240 | K1443 +338 | K1443 +460 | K1443 +570 | K1443 +690 | K1443 +820 | K1443 +900 | K1443 +980 |
| 含水量% | 11.8 | 6.7 | 6 | 7.3 | 7.6 | 9.5 | 9.7 | 9.0 | 8.6 |
| 灰剂量% | 4.8 | 5.2 | 5.1 | 4.6 | 4.3 | 5.7 | 4.8 | 4.9 | 4.8 |
| 压实度% | 99.5 | 98.6 | 102.0 | 101.0 | 102.0 | 96.0 | 98.8 | 101.0 | 101.0 |
| 桩号 | K1448 +950 | K1449 +000 | K1449 +240 | K1449 +550 | K1449 +672 | K1449 +880 | K1450 +000 | K1450 +240 | K1450 +426 |
| 含水量% | 10.6 | 9.1 | 10.3 | 11.3 | 10.4 | 9.6 | 10.1 | 11.0 | 10.3 |
| 灰剂量% | 5.6 | 5.5 | 5.7 | 5.9 | 5.9 | 5.5 | 5.6 | 5.8 | 5.7 |
| 压实度% | 98.9 | 98.4 | 97.9 | 98.4 | 97.9 | 98.8 | 99.3 | 98.9 | 97.9 |

续表

| 桩号 | K1450+500 | K1450+673 | K1450+815 | K1451+000 | K1454+800 | K1455+030 | K1455+150 | K1455+327 | K1455+435 |
|---|---|---|---|---|---|---|---|---|---|
| 含水量% | 11.4 | 10.1 | 11.3 | 10.3 | 10.6 | 11.0 | 11.1 | 10.9 | 11.8 |
| 灰剂量% | 5.8 | 5.6 | 5.8 | 5.6 | 5.7 | 5.7 | 5.6 | 5.8 | 6.0 |
| 压实度% | 97.9 | 98.4 | 99.5 | 98.4 | 97.9 | 97.9 | 98.5 | 98.4 | 98.4 |
| 桩号 | K1455+632 | K1455+750 | K1455+838 | K1455+950 | K1456+098 | K1456+235 | K1456+450 | K1456+662 | K1456+783 |
| 含水量% | 11.4 | 10.2 | 10.2 | 11.4 | 9.3 | 11.0 | 11.5 | 11.1 | 10.0 |
| 灰剂量% | 5.7 | 6.1 | 6.1 | 5.9 | 6.0 | 5.7 | 5.8 | 5.8 | 5.7 |
| 压实度% | 99.0 | 97.3 | 97.3 | 99.0 | 98.4 | 97.9 | 99.0 | 98.5 | 99.0 |
| 桩号 | K1456+890 | K1457+000 | K1457+172 | K1457+320 | K1457+436 | K1457+530 | K1457+624 | K1457+750 | K1457+875 |
| 含水量% | 11.2 | 12.0 | 11.0 | 11.7 | 12.0 | 12.3 | 10.6 | 11.5 | 11.0 |
| 灰剂量% | 6.0 | 5.9 | 5.6 | 5.9 | 5.7 | 5.8 | 5.6 | 5.8 | 6.0 |
| 压实度% | 97.9 | 98.5 | 97.9 | 99.0 | 98.0 | 98.9 | 98.5 | 99.5 | 99.0 |
| 桩号 | K1458+000 | K1458+140 | K1458+338 | K1458+460 | K1458+570 | K1458+690 | K1458+820 | K1459+000 | K1459+176 |
| 含水量% | 10.4 | 10.6 | 10.3 | 10.5 | 11.6 | 10.5 | 11.1 | 10.9 | 10.1 |
| 灰剂量% | 6.1 | 5.8 | 6.0 | 5.9 | 5.8 | 5.8 | 5.7 | 5.9 | 6.0 |
| 压实度% | 98.5 | 98.5 | 98.4 | 98.5 | 99.0 | 97.9 | 98.5 | 99.0 | 99.0 |
| 桩号 | K1459+300 | K1459+426 | K1459+650 | K1459+723 | K1459+800 | | | | |
| 含水量% | 10.8 | 10.7 | 10.3 | 10.2 | 11.2 | | | | |
| 灰剂量% | 5.7 | 5.8 | 5.9 | 5.6 | 5.7 | | | | |
| 压实度% | 98.0 | 98.5 | 99.0 | 99.0 | 98.5 | | | | |

经检测，压实度、宽度、厚度等指标均满足规范要求，证明该试验段的机械组合，碾压遍数是可行的。

# 第三章　沥青路面厂拌冷再生

## 第一节　概　　述

沥青路面厂拌冷再生是将回收沥青路面材料（RAP）运至拌合厂（场、站），经破碎、筛分，以一定的比例与新集料、沥青类再生结合料、活性填料（水泥、石灰等）、水进行常温拌合，常温铺筑形成路面结构层的沥青路面再生技术。沥青路面厂拌冷再生通常适用于各等级公路的回收沥青路面材料（RAP）进行冷拌再生利用，再生后的沥青混合料根据其性能和工程情况，可用于高速公路和一、二级公路沥青路面的下面层及基层、底基层，三、四级公路沥青路面的面层。当用于三、四级公路的上面层时，应采用稀浆封层、碎石封层、微表处等做上封层。厂拌冷再生可使用乳化沥青或者泡沫沥青作为再生结合料。与就地冷再生相比，厂拌冷再生具有以下优点：

（1）材料控制严格。就地冷再生对原路面材料难以做到严格控制，而厂拌冷再生却可以通过掺配不同材料以满足再生混合料的质量要求。用于厂拌的材料在拌合前进行储存和测试，材料的添加比例可以根据要求改变。

（2）控制拌合质量。通过调整拌合机参数，改变材料的拌合时间，提高混合料的质量。

（3）具有储存性能。拌合好的材料可以储存一段时间，根据需要使用，从而消除了生产和摊铺相互依赖的情况。

厂拌冷再生技术适用于低等级公路的面层和各种基层的病害

处理，但大多数情况下应用于基层。冷再生最广泛的工程应用是处理反射裂缝和提高行车舒适性。乳化沥青、泡沫沥青、稀释沥青、粉煤灰和水泥都在冷再生技术中普遍应用，乳化沥青和泡沫沥青可同石灰和水泥配合使用。冷再生结构层一般需要加罩表面处治或热拌沥青罩面作为磨耗层，磨耗层可以减少再生层的水损害和行车磨损。厂拌冷再生包括以下四个步骤：① 现有旧路面的挖除处理；② 破碎和堆放；③ 拌合；④ 摊铺、压实和养生。

## 第二节　沥青路面厂拌冷再生旧路的性能评价

### 一、收集资料

1. 调查路面设计和使用资料

在选择再生方法时，应调查旧路的路面设计资料和使用信息，需要调查的资料有：

（1）道路和面层修筑年限和使用年限；

（2）调查过去路况以评价道路破坏率；

（3）旧路结构和沥青路面层的厚度，面层所用沥青类型，路面结构设计类型，它将影响所需再生剂的类型和用量；

（4）面层集料最大粒径，面层厚度内是否采用织物或夹层；

（5）有表面处治如碎石封层、稀浆封层或微表处、封缝和热塑塑胶类标线需特别注意，考虑这些材料对再生剂类型、外掺料及掺加量的影响。

2. 钻芯取样资料

（1）沥青用量；

(2) 集料级配、棱角性、针片状含量和岩石相分析；

(3) 混合料空隙性能、空隙率（Va)、矿料间隙率（VWA)、沥青饱和度（VFA)；

(4) 回收沥青性能，如针入度、绝对或动力黏度；

(5) 现场含水量；

(6) 毛体积密度。

## 二、工程评价

工程评价是路面再生利用的一个重要方面，尽管路面再生利用是一种有效方法，但并非适合所有道路，通过对旧路的路况调查和路面评价后进一步确定，如果路面评价方法选择不当，都无法达到预期性能。

沥青路面的影响因素有环境或气候因素、交通因素、施工缺陷和材料缺陷。由于各因素相互关联，很难确定表面损坏是哪一因素引起的。路面评价应结合各种影响因素，详细检查所有的损坏类型、类型的严重性和损坏类型的频度，以及评定给定区域的表面不平整度、裂缝和缺陷等。

## 三、路面性能评价

路面评价阶段，是基于直观外表对路面状况进行主观评价。为了提供更多的数据确定路面破损原因，需对旧路路面性能进行量化，这就需要通过现场和实验室试验来确定路面物理性能，需测定的路面物理性能有不平整度、车辙、摩擦系数、强度和材料性能。

1. 不平整度

不平整度是引起不舒适的路面变形。用于评价道路不平整度的方法有主观评价、纵断面测量后获取道路纵断面数据和感应测量设备，测量车辆经过道路时的反应。采集不平整度数据的设备和方法，有传统的标尺和水准测量，以及高速非接触法。设备和方法的选择取决于要求的数据采集速度、准确度和取样的大小。

主观评价方法虽精度不够，但比较快；纵断面测量设备是结果最准确的，但比较慢；而采用感应测量设备评价的结果介于两者之间。每种方法以其独特的方式表示不平整度，如行驶舒适性指数（RCl）、行驶舒适性评价（RCR）等指标。

国际平整度指数（IRI）是道路平整度测量和分析的标准，它对任何路面类型都有效。为便于比较，有时不同的测量设备和方法的平整度测量和评价之间可相互关联，也可与 IRI 关联，但是这种关联不能普遍应用。

路面平整度可用来控制路面的服务能力，且直接与车辆行驶费用有关。路面完工时的平整度直接影响使用年限，如平整的路面通常使用年限比粗糙的路面要长且维修要少。平整度是最常用来确定道路是否需要维修或重建的控制因素。

2. 车辙

车辙是通常用来确定道路是否需要维修或重建的控制因素。随路面车辙程度的加重，伴随着道路安全性能的下降。影响道路安全的因素有车辙形状和深度，车辆类型和行车速度，轮胎类型和轮胎磨损，路面空隙率，横坡和纵断面，路表干湿状况，降雨强度和持续时间等。

路面车辙的评价可以采用简单的外观评价，或使用超声波或激光测量车辆通过时道路的横断面变化的自动化技术。最常用的测量车辙深度的方法是在车辙上横放一根参考直尺，测量直尺底部到车辙最深处的距离，可见车辙深度的比较跟测量描述车辙深度的方式有关，一般采用平均车辙深度（最大车辙深度除以车辙宽度）表示。

3．摩擦系数

摩擦系数取决于路面粗集料的“微观纹理”，微观纹理是集料矿物学的作用及其与交通和气候因素的相互作用。摩擦系数在短期内可迅速变化，通常跟表面状况与降雨有关。从长期来看，随着交通次数的增多，大多数路面均表现为摩擦系数逐渐减小，随时间和交通量的变化，可能使路面摩擦系数减小的路面因素有面层磨损、车辙、沥青泛油、污染、面层空隙率和面层集料磨光。可采用路面抗滑力足尺轮胎测试方法和摆式摩擦测定仪的方法对改建路面的摩擦系数进行数据的采集。

4．强度

旧路路面在合理的服务水平下，预期能承受的交通能力与它的结构能力直接相关。路面结构强度的评估可以直接通过现场测试得到，主要方法分为破坏性或非破坏性，破坏性方法有试钻、试掘或取芯。通过取芯确定旧路路面层厚度，通过动力圆锥触探仪（DCP）试验、现场十字板试验、现场加州承载比（CBR）试验等评价现有强度，通过对旧路路面材料取样进行室内试验评定。

非破坏性方法评价现有结构能力，通常是通过确定在外加荷载作用下路面的反应或弯沉进行的，非破坏性弯沉测试设备可分为静力弯沉、振动设备和动力冲击设备。

静力设备有贝克曼梁、承载板加载试验、弯曲仪等。这些设备使用简单且费用不高，但获取数据的时间较长，数据采集时涉及安全问题，且劳动强度大，不能准确模拟移动的车轮荷载的影响，且重复性较差。

振动设备有动力弯沉、路面弯沉仪、WES重型振动器等，这类设备能测量弯沉盆，相对于单个点测量，通常易于操作，获取数据较快，且有较好的重复性，但是价格比较昂贵。且弯沉盆信息可用于推算路基回弹模量和有效路面模量，也可用于计算性能标准的路面参数。

## 第三节　沥青路面厂拌冷再生混合料设计

厂拌冷再生，简称 CCPR 方法，它是回收沥青路面材料（RAP）集中拌合处理生产后，可以马上使用或堆积起来以后再用的再生混合料的工艺。它时常作为旧路全部重建的一部分。

### 一、冷再生的配合比设计

大多数冷再生混合料的配合比设计采用乳化沥青、乳化再生剂、泡沫沥青与化学再生剂作为再生添加剂。现有三种基本理论用于设计冷再生混合料。第一种理论假定 RAP 为黑色集料，配合比设计在于确定包裹集料的再生添加剂用量。第二种理论评价回收沥青的物理与化学性质，然后加入再生剂使沥青恢复到最初黏度，即假定老化沥青全部软化。第三种认为部分老化沥青发生软化，其中再生剂与软化的老化沥青形成有效沥青层。软化程度与老化沥青性能、再生剂和环境状况有关，软化程度难于量化，建议做再生混合料力学试验作为整体配合比设计的一部分。

最简单的方法是基于回收沥青的数量与黏度的经验公式来预测初始再生剂的用量，最佳性能的初始再生剂用量需作现场调整，通常包括以下内容。

1. 旧路路面取样

取得代表性 RAP 试样，有明显差异的路段应作为单独的取样段划出和处理，以确保取样的代表性。

不同混合料区域和大范围养护区域不应放在一起进行设计，采用随机取样的方法从每个单元取得路面试样。取样的批次和每批的样品数随工程长度与交通而变化，一般每1km随机取样1个，且每个工程不少于6个试样，且应全部采用厚度钻芯取样。

RAP与抽提后矿料的级配将影响再生剂用量的选择和最终混合料的性能。普遍采用钻芯取样的方法，通常直径为150mm，然后在实验室破碎芯样，也可采用锯切块状取样。无论使用哪种方法取得RAP，应该将施工时取得的RAP试样与配合比设计级配进行对比。

2. 确定RAP性能

对于较大的项目，建议测定回收沥青结合料性能，以选择再生剂性能等级。采用定量抽提沥青的方法测定沥青用量，在抽提前要在120℃下预热3h，以确定混合料中来自稀释沥青或含有溶剂的乳化沥青的残留沥青量；也可采用燃烧法测定RAP的沥青用量。

用旋转蒸发器从RAP中回收老化沥青，或者采用阿布森法从溶液中回收沥青，分析回收沥青的劲度与黏度老化结果，至少应测定25℃的针入度和60℃的绝对黏度，以确定再生混合料中再生剂的等级，并对RAP的级配和回收沥青结合料的性能进行分析，为再生混合料的设计提供依据。

3. 选择新集料用量与级配

有时，由于沥青含量太多，用添加新集料来改变或提高混合料结构能力。添加新集料是基于RAP抽提集料的级配和提高道路要求所决定，通过增加粗集料和碎石材料百分比来提高道路结构能力；也可添加细集料，如粉煤灰或石灰等混合物等作为再生剂，以提高结构能力和降低再生混合料的抗水损害能力，但对其性能要进行全面的评价。当道路需加宽时，建议加入RAP或新集料以免再生层厚度减少。

应有选择地添加新集料，使之与 RAP 中的集料混合后在级配与质量上满足规范的要求。添加新集料时，一般建议最小砂掺量为35%，500 转时最大洛杉矶磨耗值为 40，最小破碎面为65%。再生基层混合料级配设计程序如图 3-1 所示。

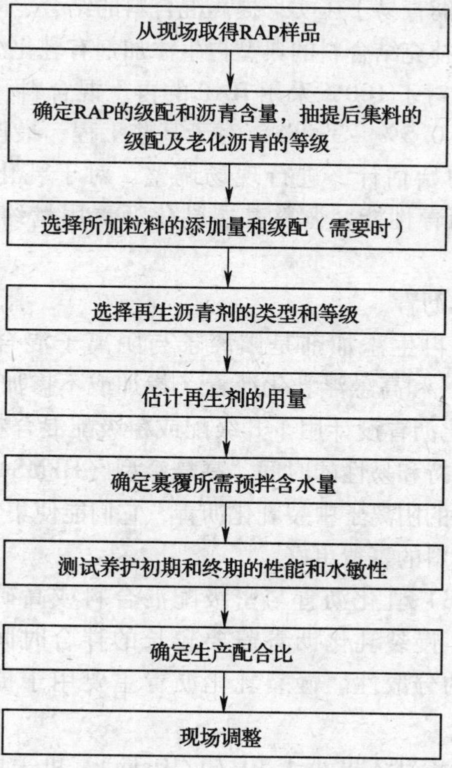


图 3-1　冷再生混合料配合比设计流程

4．再生剂用量的估算

为满足冷再生混合料的工程性能，必须正确选择再生剂类型与等级，最常用的再生剂是乳化沥青和乳化再生剂，它们在室温下是液体且在混合料中容易分散。聚合物改性的乳化沥青和乳化再生剂用于提高早期强度、抗车辙和防止温缩裂缝。也可加入其他改性剂（如波特兰水泥或石灰）以提高再生混合料的性能。波特兰水泥或石灰与乳化沥青结合使用，能提高早期劲度和抗水损害能力。

新补充的沥青易于压实，提高混合料的结合、降低老化沥青的黏度。用于补充结合料的典型再生添加剂有乳化沥青、再生剂或稀释沥青。对于100%采用RAP的再生混合料，再生添加剂的用量通常为0.5%～3.0%；对于某些工程，最佳再生添加剂用量是根据初始估计，进行现场调整。对于乳化沥青，根据RAP与回收沥青性能，调整基层乳化沥青用量约为RAP质量的1.2%。

(1) 乳化沥青

最常用的再生添加剂是阳离子与阴离子混合型乳化沥青（中裂与慢裂）和高悬浮乳化沥青（掺加或不掺加聚合物）。中裂（MS）乳化沥青设计用于开级配或粗级配混合料，能延长不破乳接触和保持和易性的时间。高悬浮型（HFMS）乳化沥青是一种特殊类型的阴离子中裂乳化沥青，它们能使集料颗粒上薄膜更厚，颗粒材料的裹覆更好。

慢裂（SS）乳化沥青与密级配混合料或高矿粉含量混合料混合较好，慢裂乳化沥青需要较长的拌合时间，它能保证集料有良好的分散性。慢裂乳化沥青主要用于提高混合料稳定度。

当回收沥青针入度小于10（1/10mm），可采用聚合物改性乳化沥青；当回收沥青针入度小于30（1/10mm）时，使用中裂乳化沥青与溶剂；当针入度大于30（1/10mm）时，使用慢裂乳化沥青。

如果使用乳化沥青，应选择与RAP和新集料相容的乳化沥青，在再生混合料中加入新集料时，应根据新集料上的电荷选择乳化沥青的类型。

（2）再生剂

乳化再生剂是老化沥青冷再生中常用的一种再生剂。通常采用不同的阳离子乳化沥青掺量混合再生剂，且为阳离子类，以利于恢复老化沥青部分黏度。

再生剂的选择取决于对沥青性能的要求和对老化沥青黏度降低率的估计。反应取决于再生剂与老化沥青之间反应的温度和时间；软化率是再生剂与老化沥青性能、机械作用（如拌合、压实、交通）和气候状况的函数。因此，当确定再生剂用量与类型时，应测定最终养护前后再生混合料的力学性质。

（3）其他添加剂

以稀浆形式加入的粉煤灰、石灰与波特兰水泥，已成功地用作再生添加剂，以改善早期强度，提高抗车辙能力和抗水损害能力。石灰与波特兰水泥的用量通常是 RAP 质量的1%～2%；粉煤灰的用量在8%～12%范围内。

5. 确定裹覆预拌含水量

对大多数再生添加剂，充分裹覆需要水分，而且裹覆所需水量通常比易于压实所需要的多。水分可作为自由水加入再生混合料中，可在掺加再生剂前加入。对慢裂乳化沥青与阴离子中裂乳化沥青，拌合时需要水分以充分裹覆，高悬浮乳液与阳离子中裂乳化沥青含有石油馏分，因此干集料效果优于湿集料。

无论使用何种再生剂，建议进行裹覆试验以确定是否需要加入水以提高分散性。裹覆试验是将1000g 的 RAP，估计初始再生剂量与不同用水量拌合在一起，水以相等的增量添加，通常是 RAP 质量的0.5%，先加少量水润湿 RAP，拌合 30s，再加再生剂拌合混合料 60s，目测分散性并选取裹覆不会再增加的最低含水量。对于典型的乳化沥青和乳化再生剂，拌合用水、再生添加剂和 RAP 含水量的总和称作总液体用量，总液体用量根据工程的不同而不同。

6. 试拌混合料

(1) 配料

选取有代表性的 RAP 烘干至恒重，进行筛分，筛孔从最大筛孔尺寸至4.75mm 或2.36mm 筛结束。最大筛孔上残留的材料应在不产生大量矿粉的情况下减小粒径或予以废弃。试件配料应与 RAP 级配相同且大小合适，一般直径为 100mm 的马歇尔试件用料 1100g，直径为 150mm 的旋转压实仪试件用料 4000g。通常每一再生添加剂用量需三组试件用于试验。

(2) 拌合

在拌合 RAP、再生添加剂与水之前，材料需加热到合适的温度，在 20 ~25℃下完成，不需加热材料。一些地方在拌合前加热乳化再生剂到 60℃，并保持 1h。可提前预热乳化再生剂、水，以加速乳液的破乳。

对于直径为 100mm 的马歇尔试件，质量约为 1100g 的 RAP，在预先确定的总液体用量下拌合，再生剂在初始添加剂用量处，以 0.7% 的幅度上下变化，对于乳化沥青，将引起残留沥青量变化约 0.5%，用水调整并保持所有试件总液体用量相同。

(3) 压实

配合比设计试件使用标准压实能量压实，压实试件密度应接近现场混合料。一些地方使用高温 60℃下 50 次马歇尔击实仪进行压实，这与现场混合料的温度不相一致，应在室温为 40℃下击实 75 次接近现场密度。

在现场，冷再生混合料开始破乳时压实。对乳化沥青和乳化再生剂，通过混合料颜色（从棕色变成黑色）加以判断。室温下的混合料可以在一拌完就开始压实，或在破乳前压实，放在盘里的松散的混合料破乳时间可达 2h。对于高温压实试件，应将松散混合料放在烘箱中，在压实温度下保持1~2h，混合料应在这段时间内破乳。

压实通常采用马歇尔试验仪测定沥青混合料抗塑性变形能力，或采用维姆试验仪测定沥青混合料抗变形与黏聚能力，通过调整击实功，使试件的密度接近现场密度。压实温度、混合料温度和容许混合料试件破乳将影响试件的压实密度。

（4）养护

冷再生混合料必须散发多余的水分，以利于养护达到最大可能强度，同时应进行混合料测试以评价初始摊铺状况、短期养护和最终养护。养护步骤各地不同，短期养护通常是将压实试件在60℃下放置2~4h，试件留在压实试模中并侧放，如果脱模太快可能损坏试件。长期养护是将试件放在110℃条件下放置至恒重，在60℃条件下放置24~48h，以模拟长期养护条件，试件在长期养护前可以脱模。

（5）强度试验

无论试件采用何种养护方式，应采用沥青混合料饱和面干试件毛体积密度方法测定混合料的毛体积密度，毛体积密度用于检验试件的压实和施工质量控制。

强度试验包括马歇尔稳定度、流值和间接拉伸强度，通常选择最佳再生剂用量（ORAC）使得强度性能中的一个或几个达到最佳化。选择ORAC时，通过测定每一再生剂用量下再生混合料的最大理论密度和密度来评价压实混合料总空隙率（VTM），VTM一般在9%~12%范围。

采用“压实沥青混合料抗水损害”的方法，检验再生混合料的水敏性，也可采用残留回弹模量指数（IRRM）进行评定，IRRM为试件含水状态下回弹模量与干燥状态下回弹模量的比值。用于水敏性试验的试件压实到配合比设计密度，冷再生混合料的抗拉强度比（TSR）通常大于70%~80%，波特兰水泥和石灰（干态与稀浆）能大大提高 TSR。

7. 确定施工配合比

在完成配合比设计后，确定施工配合比，应包括 ORAC、再生添加剂类型与等级、拌合水用量和 ORAC 下实验室压实最大密度。

8. 现场调整

要根据现场条件稍许调整拌合水用量与再生添加剂用量，为确保再生添加剂充分分散，需要稍稍调整拌合水约 1% ~2% 和乳化沥青或乳化再生剂用量约 0.5% 或更多。由于 RAP 级配和温度的变化，RAP 级配的变化可能产生于养护操作引起的路面不均匀，路面温度的降低可能造成 RAP 级配变粗和压实面层密度减小。湿度与其他环境因素的变化可能影响乳化沥青或乳化再生剂的破乳时间和 CR 混合料的分散与和易性。

## 第四节　沥青路面厂拌冷再生基层施工工艺

### 一、旧路面的挖除和处理

再生过程将原有路面挖除、破碎或铣刨至规定厚度，挖除的回收料要运到再生拌合厂，进行破碎、堆放和拌合。现有旧路面的挖除可以采取以下三种方法：

第一种方法是全厚度破碎旧路面。破碎后的材料在工厂中破碎并筛分。在工厂加工的优点是可有效控制再生料尺寸，避免大料的存在。

第二种方法是破碎和加工再生料都在现场完成，然后再将材料运往工厂。挖除方法的特点是需要特殊现场生产设备、交通管制时间长和完善的组织调度。

第三种方法就是路面冷铣刨。这种方法容易控制挖除的路面深度，生产效率高。一般不同铣刨深度和不同结构层材料的回收料，应当分开堆放，根据铣刨材料的形状，采取不同的处理方法。铣刨和运输如图 3-2 和图 3-3 所示。

图 3-2　厂拌路面铣刨

图 3-3　厂拌铣刨材料运输

在道路现场破碎的回收料中有很多大块材料，在再生工厂需对再生料进一步破碎和筛分。为了减少料堆的结块现象和水量增加，应该适当选择料堆高度，便于取料和混合操作。施工和运输机不许碾压或停留在回收料堆上。主要施工流程如图 3-4 所示。

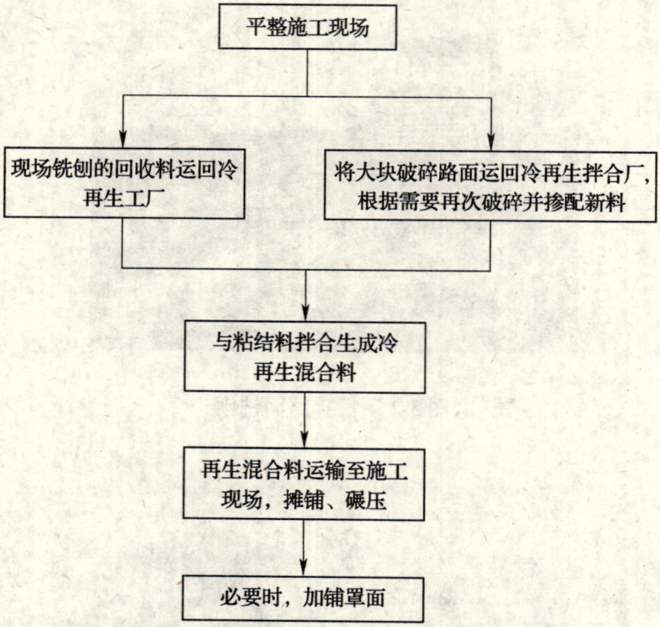


图 3-4　沥青路面厂拌冷再生施工流程

## 二、厂拌

在再生拌合工厂，主要有拌合楼、铣刨料的筛分设备、进料仓、大料破碎设备和添加外加剂设备，如图 3-5 ~ 图 3-8 所示。

通过调节各冷料仓的添加速率可以控制再生料和外加集料的混合比例。大块再生料在通过过滤筛时会自动剔除出去，掺配后的材料通过传送带进入搅拌器。在施工过程中，应对传送带上的材料进行抽查，以保证级配正确。设备上的添加水量和再生粘结料必须准确控制。

图 3-5　厂拌冷再生拌合楼

图 3-6　铣刨料的筛分

图 3-7　厂拌铣刨料进料仓分布

图 3-8　大块料的破碎

厂拌冷再生的拌合器通常采用双卧轴强制搅拌系统。破碎好的回收料外加集料、新的沥青胶结料和外加水等按照设计比例加入拌合器中。添加顺序通常是回收料和外加集料、水泥等外加固体填料、水和沥青胶结料。

在拌合设备中，必须装有可以自动调节材料比例的控制系统。沥青泵通过即时测定沥青流速系统，不断调整和控制沥青的添加量。沥青皮带秤可以及时称量添加沥青的重量，更加有利于沥青添加比例的控制。当再生料产量增加时，需要对混合料的生产进度进行适当调整。有时，由于破碎再生料中存在大料，设备可以在搅拌器之前配备筛分破碎单元，以排除再生料中存在的较大集料。

对于使用乳化沥青冷再生的工程，乳化沥青混合料比热沥青的拌合时间要短，因此经常会出现混合料搅拌过度的现象，会导致破乳的沥青从粗集料上剥落或乳化沥青破乳过快等问题。如果拌合时间过短，会造成集料和再生料裹覆很差。对于连续式强制搅拌系统，可以调节桨叶的方向，或改变卸料门的高度及改变沥青喷嘴的位置来改变拌合时间。在滚筒式拌合机上可以改变滚筒的坡度或移动沥青添加口的位置来改变拌合时间。

另外，在厂拌冷再生的设备上还有两个重要的添加系统，即水泥和外加水的添加系统。水泥的添加系统通常采用螺旋输送器将水泥添加在集料中。在集料比较潮湿的情况下，应尽量选择边搅拌边添加的方式，观察拌合后水泥分布的均匀程度。外加水添加系统通常由流量泵控制，添加的过程要求比较均匀连续。

德国维特根公司生产的 KMA200 沥青冷再生设备生产能力可以达到 150～220t/h。该设备可以由卡车直接运输转移场地，由一个水箱、两个集料仓、水泥螺旋添加系统、双卧轴强制拌合锅、喷洒系统（可以自动喷洒水、乳化沥青和泡沫沥青）、操作室和输料皮带等组成。两个集料仓都有筛网可以将超粒径的材料筛除，通常一个用于添加回收料，另外一个用于添加新集料。集料仓的送料速度可以控制回收料和新料的比例，从输送皮带上可以定时提取样品以检查级配情况。两个集料仓的材料同时在输料皮带混合，在此添加精确计量的水泥等填料，然后运输至强制拌合锅里。在强制拌合锅上方装有沥青喷嘴和水喷嘴，可以同时喷洒泡沫沥青和水，喷入量可根据集料的质量，通过电脑控制。

通常厂拌冷再生混合料并不能达到100%的裹覆效果。在拌合结束时，完全裹覆也没有必要。在摊铺和碾压时，混合料的裹覆还会有所增进。对于有些特殊石料，有必要调整拌合程序使沥青分布更均匀，集料裹覆更好。

## 三、摊铺、碾压

冷再生混合料的摊铺设备与传统热沥青相同。拌合好的再生混合料摊铺在路上以后，由平地机刮平，形成设计路拱断面。也可以用平地机来回翻刮混合料，使混合料中的水分尽快蒸发。养护过程中的水分蒸发（或溶剂蒸发）可以提高混合料的初期粘结性，使其尽快达到可以压实的条件。水分（或溶剂）的蒸发速度与沥青胶结料的改性类型、含水量、集料级配、温度、湿度和风速有关。

如果摊铺过程不需要翻动混合料来加速水分蒸发，或含水量很小，可以采用普通的热沥青混合料摊铺机进行摊铺。这种情况下，必须保证混合料中的水分不会过低，以免造成熨平板下面沥青剥落。另外，熨平板不必加热，否则其下面的混合料也会因过快失去水分，而容易出现沥青剥落。泡沫沥青冷再生混合料的松铺系数一般为1.1~1.3，而乳化沥青冷再生混合料为1.1~1.4。混合料应该摊铺均匀，最好由远离拌合厂的一端开始摊铺。

密级配冷再生混合料压实厚度尽量小于7.5cm。如果要进行多层摊铺，那么在各层摊铺之间需给出养护时间，通常为2~5d。开级配冷再生混合料可以摊铺10cm以上。乳化沥青冷再生不应该在10℃以下施工，而且应避免雨季施工。厂拌冷再生混合料的现场摊铺如图3-9所示。

图 3-9　厂拌冷再生混合料的现场摊铺

压实可以应用普通钢轮压路机、轮胎压路机或振动压路机，也可以用任意两者的组合。图 3-10 是钢轮压路机碾压施工的情况。20t 以上的重型轮胎压路机比较适合进行第一次碾压，特别是厚度大于 7.5cm 的情况。振动压路机要采用高频低幅的方式碾压。碾压的次数应该考虑混合料的类型、层厚、压路机的类型和重量，以及环境条件。冷再生混合料碾压过程中有时会出现“弹簧现象”，需要调整混合料的厚度才有利于压实。含水量对压实效果会有很大的影响。充足的水分可以帮助压实，起到润滑作用。然而含水量过大又会造成混合料的密度降低，早期强度低等缺点。因此，混合料的合理含水量应该在试验路的施工中调整和确定。

通常，冷再生沥青混合料比较适用于路面的下面层或基层，上面再加罩热拌混合料磨耗层。在罩面之前，应该保证冷再生的水分彻底蒸发，稳定性达到要求。在水分蒸发期间，应该禁止车辆在新冷再生路面上通行。图 3-11 是刚刚开放交通的厂拌冷再生路面，从图中可见再生路面平整，抗滑性能好。

图 3-10　厂拌再生路面的压实

图 3-11　厂拌冷再生路面开放交通

## 四、养护

压实的冷再生（CR）混合料需充分养护后才能摊铺磨耗层，养护时间取决于昼夜温度，再生后湿度与降雨情况，再生前后再生混合料含水量的变化，压实水平，现场空隙率，CR 与路肩下面材料的排水能力。在适当的水分损失之前就密封表面，可能造成CR混合料与面层混合料早期破坏。

根据混合料中含水量或再生前路面含水量，各地在摊铺磨耗层前有不同的含水量要求，养护时间通常10~14d。经验表明这时加入石灰可大大加速养护过程，缩短养护时间。养护期间最好封闭交通，并用少量雾化沥青封层以防止在摊铺磨耗层前混合料松散。

冷再生层在加铺上层结构前必须进行养生，养生时间不宜少于7d。当再生层可以取出完整的芯样，或者再生层含水率低于2%时可以提前结束养生。

### 五、摊铺磨耗层

为避免车轮对表层的破坏，可在再生层上均匀喷洒慢裂乳化沥青（稀释到30%左右的有效含量），喷洒用量折合纯沥青后宜为0.05~0.2kg/$m^2$。养生完成后，在铺筑上层沥青层前应喷洒粘层。由于高VTM量，CR混合料上面还需铺磨耗层以防止受路表水侵蚀。对于低交通量路面，单层或双层碎石封层已成功地应用；对于高交通量路面，使用常规HMA磨耗层，CR层与HMA加铺层之间常用粘层以增加层间结合，用量参考雾化封层的沥青用量。

建议HMA加铺层的一般厚度为25~40mm，薄HMA层难以充分压实，因而不能防止水损害，HMA加铺层的厚度应基于交通水平和现有道路强度。

## 第五节　沥青路面厂拌冷再生施工质量控制

冷刨（CP）就是用专门设计的铣刨设备剥离旧路面层到合

适的厚度，以恢复路面特定的纵坡，它能部分或全部地剥离旧路面。剥离的数量也可根据工程特定要求而变化，处理后有纹理的路面可立即用作行驶路面。CP 通常更多的作为就地冷再生、厂拌冷再生加铺面层的准备层。

CP 操作的产品是粉碎的回收沥青路面材料（RAP），可用于热再生、厂拌冷再生或用作粒料集料。所需的主要设备有自推动冷刨机、拖运卡车、洒水车、扫路车或机动扫帚。

施工主要步骤有：

1. 旧路材料的回收与筛分；
2. 从路上搬移铣下的回收路面材料；
3. 清理铣刨面；
4. 摆放交通控制标志或摊铺磨耗层。

对于检查井、阀和其他道路铸件，需用微型冷刨机处理，微型铣刨机在大型机器之前铣刨至所需厚度，以便在两个区域间有平整的过渡。

有时，CP 是一种用装有大量刀齿的滚筒铣刨，以得到更细纹理路面的铣刨工艺，其主要应用于无需 HMA 加铺层即可作最终行驶面的铣刨面，也可通过去除极薄的一层现有路面，用于纠正一些微小的路面破损。然后进行的表面处治如微表处、碎石封层、开普敦封层等作为磨耗层，将明显降低成本。装有微铣刨滚筒的冷刨机后部通常有真空吸尘器用于清理微细的铣刨面，以便道路能开放交通。

## 一、冷刨的质量控制

1. 检查内容

CP 检查的内容有铣刨厚度、RAP 含水量、路面纹理、纵坡与横坡和平整度。从传送带上取 RAP 样品进行测试，定期检查

RAP 最大粒径和含水量，以确保所取 RAP 样品及其试验有代表性。

路面纹理可用目测和许多测量条纹的方法进行评价，取平均值来确定是否达到规范要求。纵坡、横坡和平整度根据规范的要求检测，应检测许多点然后取平均值以取得有代表性的结果。

2．检查要求

CP 路面检验项目的容许范围：

铣刨厚度通常在设计中规定，也可根据 CP 用于改善纵坡、横坡与平整度时，作以适当调整，允许设计厚度有一定量的偏差，其允许铣刨厚度偏差值如 ±5mm，或铣刨厚度的 ±10%。

RAP 的级配可通过调整冷刨机的运转参数进行控制。

铣刨面纹理是均匀不连续的纵向条纹网格状，或其他铣刨操作形成的非裂痕、沟槽或破损的类似形状。可采用铺砂试验、红外成像或道路轮廓法来量化铣刨面路面的纹理。

纵坡与横坡可采用精密测量或水准直尺检查，纵坡与横坡的允许偏差为 ±5mm 或者设计值的 ±10%。

铣刨面的平整度通常采用 3m 直尺测定，其允许偏差为 ±5mm，当 CP 用于薄层 HMA、碎石封层或表面处治时，采用连续平整度仪测定路面平整度。

3．验收内容

CP 工作的验收项目有：（1）铣刨厚度与宽度；（2）RAP 的级配；（3）路面纹理；（4）纵坡与横坡要求；（5）路面平整度。

## 二、冷再生的质量控制

业主通常会要求一些所需设备和可能指定施工顺序，提供生产配合比（JMF）和选取再生添加剂及用量。通常施工设备的规格、类型与自动化等级都有最低要求。

(1) RAP 级配

一般规定 RAP 最大粒径为 40mm，过大的颗粒可能造成混合料离析增大、孔隙过多、渗透性增大和摊铺与压实面层困难。对于 CR 较薄的部分，过大 RAP 可能导致面层撕裂，成功经验认为 RAP 最大粒径不能大于压实层厚度的 1/3。

当发现 RAP 特性有重大变化，例如更粗更新的级配或沥青含量的显著不同，或者在室外试验结果会发生相当的可变性时，需要注意外加剂采样和试验。

(2) 再生剂的取样

当使用乳化沥青作再生剂时，应根据乳化沥青等级变化以便于现场沥青膜的形成与压实。当沥青裹覆与压实困难时，可将乳化沥青换成较软级别。提高沥青裹覆，应调整含水量而不是调整再生剂用量，再生剂用量应根据试验调整确定。

(3) 再生混合料的含水量

用乳化沥青和乳化再生剂作为再生剂的 CR 混合料，需适当养护以达到最终强度。各地对摊铺磨耗层前含水量有不同的要求，主要是根据混合料中总水分或再生前路面增加的含水量。好的再生剂分散和压实需要适当地控制水分，分散所需水分比压实多。对于乳化沥青和乳化再生剂，当混合料开始破乳，即颜色由棕色变成黑色时才能压实。延迟乳化沥青或乳化再生剂 CR 混合料的压实时间为 30 ~ 120min，延迟取决于再生剂的破乳性质、层厚和天气。为获得最终强度（养护），面层中需留有拌合与压实所需的水分，水分在压实时不能密封。

(4) 再生剂控制

为使再生混合料性能与和易性最佳化，需要合适的再生剂掺量。对于乳化沥青与乳化再生剂，过量将造成混合料不稳定易产生车辙与壅包，容易使料堆中的乳化沥青与矿粉结成胶团。而再生剂太少可能造成开放交通后混和料离析与表面松散。乳化沥青或乳化再生剂用量的调整增量为0.2%。对于化学添加剂，如C型粉煤灰或波特兰水泥，太少的掺量可能造成薄弱层和耐久性差，但掺量太多可能形成脆性混合料。可在拌合前后取样，用溶剂抽提或燃烧炉测定两个试样的沥青含量，两者的差异就是乳化沥青或乳化再生剂中的残留沥青量，该值可换算成乳化沥青或乳化再生剂的用量。

(5) 压实

一般采用25t的轮胎压路机和重12t的双筒振动钢轮压路机进行压实，在混合料由棕色变成黑色时开始压实。如果一直拖到混和料完全破乳后才碾压，则可能造成面层顶部形成硬壳，使压实更困难并造成严重的碾压龟裂或开裂。

初压可用轮胎压路机或振动钢轮压路机或组合碾压，可根据当地拌合条件和天气状况适当选择。初压用一或两行程振动钢轮压路机静压，可提高压实面层的最终平整度，防止边缘变形和轮胎碾压时面层大量变形，然后用轮胎压路机碾压直到压路机退出混合料，最后用振动钢轮压路机消除轮迹。并遵循先碾压纵向接缝、由低向高碾压，与道路中心线平行的纵向行程之间应相互交叠。如果难于达到设计密度，需进行养护后重碾压。

(6) 压实面层密度

目前有常用实验室压实密度百分比、现场压实密度百分比测定CR混合料压实目标密度。当使用现场压实密度百分比控制时，目标密度可用配合比设计击实功压实现场试样，并测定试件毛体积密度。毛体积密度以干或湿质量为基础测定，湿毛体积密度等于湿质量除以测得的体积，或湿质量除以饱和面干（SSD）质量与水中质量（以SSD法为基础）的差值。规范要求现场压实密度达93%~96%，以湿密度计。

现场压实法的主要问题是确定合适的压实能量。许多地方将试件加热到60℃用马歇尔仪击实50次进行试验；最近的研究工作表明，CR 现场混合料在 40℃时击实 75 次所得的密度等效于现场压实密度。在进行配合比设计时，无论采用哪种压实水平，都应能让现场施工质量符合规范要求为止。

（7）铣刨厚度、摊铺厚度、横坡的检查

当出现基层或路基薄弱、更薄的路面部分，应根据路面的纵坡与横坡要求，可能需要调整铣刨厚度。横坡应在铺路机后和压实后用水准仪和直尺进行检查。

施工过程的质量控制检查项目、频度等应满足表 3-1 的要求。

**施工过程的质量控制检查项目、频度和要求　　表 3-1**

<table>
<tr><th colspan="2">检查项目</th><th>质量要求</th><th>检验频率</th><th>检验方法</th></tr>
<tr><td rowspan="2">乳化沥青再生</td><td>压实度（%）</td><td>≥90（高速公路、一级公路）<br>≥88（二级及二级以下公路）</td><td rowspan="2">每车道每公里检查 1 次</td><td rowspan="2">基于最大理论密度，T0924 或 T0921</td></tr>
<tr><td>空隙率（%）</td><td>≤10（高速公路、一级公路）<br>≤12（二级及二级以下公路）</td></tr>
<tr><td>泡沫沥青再生</td><td>压实度（%）</td><td>≥98（高速公路、一级公路）<br>≥97（二级及二级以下公路）</td><td>每车道每公里检查 1 次</td><td>基于重型击实标准密度，T0924 或 T0921</td></tr>
<tr><td colspan="2">15℃劈裂强度（MPa）</td><td>符合设计要求</td><td rowspan="4">每工作日 1 次</td><td>T0716</td></tr>
<tr><td colspan="2">干湿劈裂强度比（%）</td><td>符合设计要求</td><td>T0716</td></tr>
<tr><td colspan="2">马歇尔稳定度（kN）</td><td>符合设计要求</td><td>T0709</td></tr>
<tr><td colspan="2">残留稳定度（%）</td><td>符合设计要求</td><td>T0709</td></tr>
</table>

续表

| 检查项目 | 质量要求 | 检验频率 | 检验方法 |
|---|---|---|---|
| 冻融劈裂强度比（%） | ≥70 | 每3个工作日1次 | T0729 |
| 含水率 | 符合本规范要求 | 发现异常时随时试验 | T0801 |
| 沥青含量、矿料级配 | 符合设计要求 | 发现异常时随时试验 | 抽提、筛分 |

## 三、检查验收

厂拌冷再生工程完工后，应将全线以1～3km作为一个评定路段，按照表3-2的要求进行质量检查和验收。

**沥青路面厂拌冷再生质量检查验收的检查项目、频度和要求**

**表3-2**

| 检查项目 | | 质量要求 | 检验频率 | 检验方法 |
|---|---|---|---|---|
| 平整度最大间隙（mm） | | 8 | 每200m 2处，每处连续10尺 | T0931 |
| 纵断面高程（mm） | | ±10 | 每200m 4个点 | T0911 |
| 厚度（mm） | 均值 | -8 | 每200m每车道1个点 | 插入测量 |
| | 单个值 | -15 | 每200m每车道1个点 | |
| 宽度（mm） | | 不小于设计宽度，边缘线整齐，顺适 | 每200m 4个断面 | T0911 |

续表

| 检查项目 | | 质量要求 | 检验频率 | 检验方法 |
|---|---|---|---|---|
| 横坡度（%） | | ±0.3 | 每200m4个断面 | T0911 |
| 外观 | | 表面平整密实，无浮石、弹簧现象，无明显压路轮迹 | 随时 | 目测 |
| 压实度（%） | 乳化沥青 | ≥90（高速公路、一级公路）<br>≥88（二级及二级以下公路） | 每车道每公里检查1次 | 基于最大理论密度，T0924或T0921 |
| | 泡沫沥青 | ≥98（高速公路、一级公路）<br>≥97（二级及二级以下公路） | 每车道每公里检查1次 | 基于重型击实标准密度 T0924或T0921 |

# 第六节　沥青路面厂拌冷再生工程应用

从2005年4月起至今，我国已经有多条厂拌冷再生基层试验段，例如西宝高速、太旧高速以及孝襄高速等。本节将重点介绍孝襄高速试验段施工的应用情况。

## 一、项目概况

湖北高科交通工程咨询有限公司和孝襄高速指挥部于2005年8月8日至20日利用京珠高速养护过程中产生的废旧沥青回收料，通过厂拌冷再生的方法分别使用泡沫沥青和改性乳化沥青在孝襄高速上成功地进行了冷再生混合料的生产和施工。

厂拌冷再生试验路位于湖北省孝襄高速公路起点孝南互通 K49 + 000 ~ K51 + 100 左幅路基，全长 2100m，其中含 3 道明通道和 4 道明盖板。主线路面段宽度为上基层半幅计量宽即 12.3m，加宽渐变段宽度为 15.8 ~ 16.11m。本次厂拌冷再生柔性基层试验路的方案如图 3-12 所示。

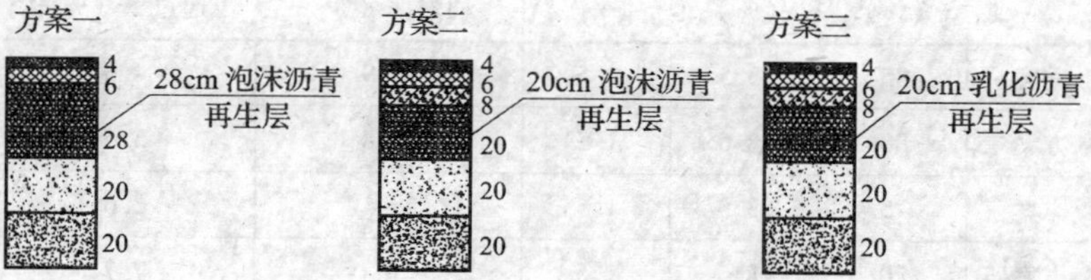


图 3-12　试验路方案

方案一：20cm 水稳砂砾 + 20cm 水稳碎石 + 28cm 泡沫沥青稳定基层 + 10cm 沥青混凝土面层；方案二：20cm 水稳砂砾 + 20cm水稳碎石 + 20cm 泡沫沥青稳定基层 + 18cm 沥青混凝土面层；方案三：20cm 水稳砂砾 + 20cm 水稳碎石 + 20cm 乳化沥青稳定基层 + 18cm 沥青混凝土面层。

孝襄高速则是利用再生回收料修筑新的柔性基层，以代替原有设计方案的 20cm 厚的水泥稳定碎石层甚至 8cm 厚的沥青面层的下面层。孝襄高速的原有设计方案是铺筑 40cm 厚的水泥稳定碎石层，分两层铺筑，每层 20cm。因此，试验段柔性基层即是在已完工的 20cm 水泥稳定碎石上铺筑再生回收料。

## 二、配合比设计

在前期进行配合比设计的过程中，兼顾了力学性能和经济性能两个方面：在保证冷再生料具有良好力学性能的前提下，尽可能地提高沥青回收料的比例含量，以达到充分利用沥青回收料的目的。因此，无论是以泡沫沥青还是以改性乳化沥青为粘结剂，均采用了四种方案，分别如表3-3和表3-4所示。

泡沫沥青再生混合料的级配设计　　表3-3

| 方案 | 回收料（%） | 石屑（%） | 水泥（%） | 4.75mm通过率（%） | 0.075mm通过率（%） |
|---|---|---|---|---|---|
| 方案一 | 85 | 13.5 | 1.5 | 53.0 | 4.6 |
| 方案二 | 80 | 18.5 | 1.5 | 55.8 | 5.6 |
| 方案三 | 75 | 23.5 | 1.5 | 58.5 | 6.6 |
| 方案四 | 70 | 28.5 | 1.5 | 61.2 | 7.7 |

改性乳化沥青再生混合料的级配设计　　表3-4

| 方案 | 回收料（%） | 石屑（%） | 水泥（%） | 4.75mm通过率（%） | 0.075mm通过率（%） |
|---|---|---|---|---|---|
| 方案一 | 90 | 8.5 | 1.5 | 50.2 | 3.7 |
| 方案二 | 85 | 13.5 | 1.5 | 53.0 | 4.6 |
| 方案三 | 80 | 18.5 | 1.5 | 55.8 | 5.6 |
| 方案四 | 75 | 23.5 | 1.5 | 58.5 | 6.6 |

根据实验室配合比试验的结果，确定了两种方案作为最终的施工方案。即对于泡沫沥青采用方案三的再生材料配合比（回收料75%、石屑23.5%、水泥1.5%，泡沫沥青2.0%）进行再生试验路的铺筑。对于改性乳化沥青采用方案三的再生材料配合比（回收料80%、石屑18.5%、水泥1.5%、乳化沥青3.0%）进行再生试验路的铺筑。相应的配合比试验结果如表3-5所示。

泡沫沥青与乳化沥青再生混合料的性能比较　　表 3-5

| 项　　目 | 泡沫沥青再生混合料 | 乳化沥青再生混合料 | 指标要求 |
| --- | --- | --- | --- |
| 旧料掺配率（%） | 75 | 80 | — |
| 沥青用量（%） | 2.0 | 3.0 | — |
| 水泥用量（%） | 1.5 | 1.5 | ≤2 |
| 毛体积密度（$g/cm^3$） | 2.24~2.26 | 2.22~2.24 | — |
| 空隙率（%） | 11.7 | 13.5 | 6~15 |
| 间接抗拉强度（25℃，MPa） | 0.437 | 0.45 | >0.40 |
| 间接抗拉强度比 TSR（%） | 83.1 | 84.5 | >70 |
| 动稳定度（40℃，次/mm） | >5000 | >5000 | >2000 |

试验段所采用的泡沫沥青和改性乳化沥青对废旧沥青料均具有良好的冷再生效果。相应的冷再生混合料的性能比较如表 3-5 所示。泡沫沥青冷再生混合料的养生温度为 40℃，而改性乳化沥青冷再生混合料的养生温度为 60℃。

## 三、施工设备

试验段所用设备如表 3-6 所示。

施工中所用的机械设备及相关参数　　表 3-6

| 机械设备名称 | 规格型号 | 额定功率（kW）或容量（$m^3$）或吨位（t） | 单位 | 数量 |
| --- | --- | --- | --- | --- |
| 再生破碎设备 | | 80t/h | 台 | 1 |
| 厂拌冷再生设备 | 维特根 KMA200 | 200t/h | 台 | 1 |
| 装载机 | 2650 | | 台 | 2 |

续表

| 机械设备名称 | 规格型号 | 额定功率（kW）或容量（$m^3$）或吨位（t） | 单位 | 数量 |
|---|---|---|---|---|
| 水泥罐 | 60t | | 台 | 1 |
| 25t 半挂车 | 25t | | 辆 | 1 |
| 自卸车 | 20t | | 辆 | 10 |
| 摊铺机 | 福格勒 S1900 | | 台 | 2 |
| 压路机 | 悍马 3625HT | 单钢轮 | 台 | 1 |
| 振动压路机 | 悍马 HDll0 | 双钢轮 | 台 | 1 |
| 胶轮压路机 | 悍马 HDl50TT | | 台 | 1 |
| 洒水车 | 8t | | 辆 | 1 |

其中，维特根 KMA200 移动式厂拌冷再生设备是核心设备，生产能力可达 200t/h，如图 3-13 所示。其主要特点是机动性好，转移工地方便，到达工地之后不需要任何基础即可快速安装就位。便于在施工工地附近生产混合料，大大简化了施工过程，缩短了运输距离，显著地减低了施工的成本。且不需要对集料进行烘干、加热，不仅节约能源，且有利于环保。无论新鲜的集料还是回收的沥青铣刨旧料，都可以添加各种不同的粘结剂，例如水泥、乳化沥青以及泡沫沥青等。水泥的添加方式是采用螺旋系统将储存在水泥料仓中的散装干水泥粉加入连续式双轴搅拌锅中；水和乳化沥青可以通过再生机自身配备的接口进入连续式双轴搅拌锅；而泡沫沥青则是利用热沥青经再生机自身所配备的专业设计的发泡系统产生，直接喷洒到连续式双轴搅拌锅中。由微机控制的配料系统可以根据输送皮带上的集料的质量自动调整相应的水、水泥、乳化沥青或者泡沫沥青的用量，该设备的组成结构如图 3-14 ~ 图 3-16 所示。

图 3-13　维特根 KMA200 移动式厂拌冷再生设备

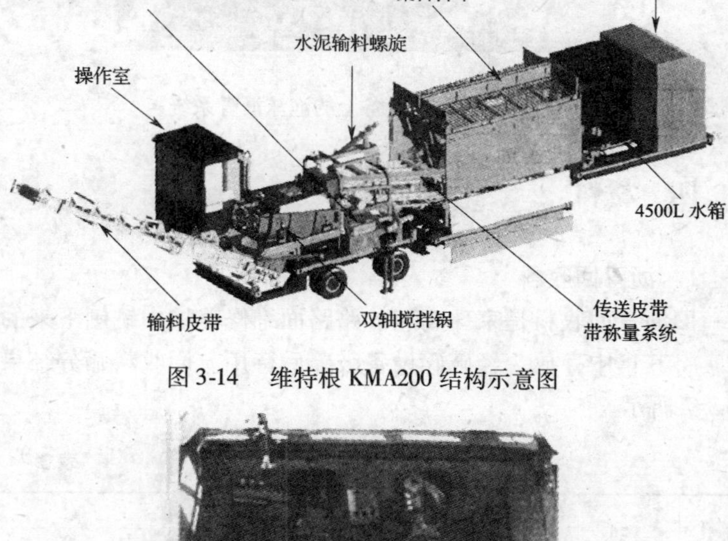


图 3-14　维特根 KMA200 结构示意图

图 3-15　维特根 KMA200 双轴搅拌锅

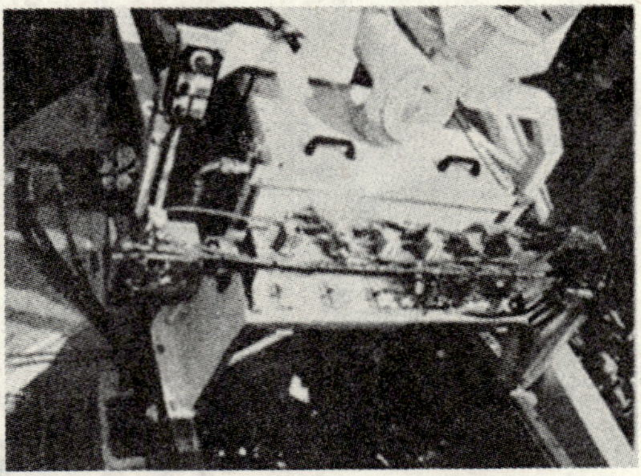

图 3-16　厂拌设备上的泡沫沥青系统

## 四、材料

1. 沥青回收料

旧沥青回收料是京珠高速公路路面维修养护中铣刨下来的旧料，将其集中存放，经破碎设备破碎后待用。回收料筛分结果如表 3-7 所示。

回收料的筛分结果　　表 3-7

| 筛孔 (mm) | 通过百分率（%） | | | | | | | | | | | |
|---|---|---|---|---|---|---|---|---|---|---|---|---|
| | 26.5 | 19 | 16 | 13.2 | 9.5 | 4.75 | 2.36 | 1.18 | 0.6 | 0.3 | 0.15 | 0.075 |
| 回收料 | 100 | 99.1 | 98.3 | 93.9 | 81.6 | 44.7 | 21.5 | 10.6 | 6.4 | 3.3 | 2.1 | 0.8 |

2. 新集料

新集料采用 0 ~ 5mm 普通石灰岩石屑，级配如表 3-8 所示，其作用是改善旧沥青混合料的级配。

新集料的筛分结果 表3-8

| 筛孔（mm） | 通过百分率（%） | | | | | | |
|---|---|---|---|---|---|---|---|
| | 4.75 | 2.36 | 1.18 | 0.6 | 0.3 | 0.15 | 0.075 |
| 石屑 | 100 | 84.5 | 60.9 | 47 | 35 | 29.8 | 20.1 |

3. 水泥

水泥采用42.5号华新牌散装普通硅酸盐水泥，用水泥罐储存，其作用是提高再生混合料的早期强度及抗水损害能力。水泥的各项性能如表3-9所示。

水泥各项性能技术指标 表3-9

| 各项指标 | 初凝（min） | 终凝（h） | 细度 | 密度（$g/cm^3$） |
|---|---|---|---|---|
| 范围 | 90 | 4 | ≤4.8 | 2.945 |

4. 乳化沥青

乳化沥青采用的是国创慢裂慢凝拌合型SBS改性乳化沥青，其沥青技术指标如表3-10所示。

5. 沥青

沥青采用韩国SKAH－70沥青。通过厂拌冷再生设备上集成化的沥青发泡装置，可以将热的沥青变成泡沫沥青加以使用。该种沥青的技术指标和发泡性能参数如表3-11和表3-12所示。

国创SBS改性乳化沥青的技术指标 表3-10

| 试验项目 | 单位 | 检测结果 | 技术要求 |
|---|---|---|---|
| 破乳速度 | | 慢裂 | 慢裂 |
| 粒子电荷 | | 阳离子 | 阳离子 |
| 道路沥青标准黏度计 $C_{25.3}$ | S | 24.7 | 12～60 |
| 恩格拉黏度计 $E_{25}$ | | 7.6 | 3～30 |
| 筛上剩余量（1.18mm筛） | % | 接近0 | ≤0.1 |

续表

| 试验项目 | | 单位 | 检测结果 | 技术要求 |
|---|---|---|---|---|
| 与粗集料的黏附性 | | | ≥2/3 | ≥2/3 |
| 蒸发残留物的性质 | 残留物含量 | % | 60.2 | ≥60 |
| | 针入度（100，25℃，5s） | 0.1mm | 77.5 | 40～100 |
| | 延度（5t） | Cm | 49 | ≥20 |
| | 软化点 | ℃ | 70.2 | ≥53 |
| | 溶解度（三氯乙烯） | % | 99 | ≥97.5 |
| 常温储存稳定性 | 1d | % | 0.2 | ≤1 |
| | 5d | % | | ≤5 |
| 与细集料的拌合试验 | | | 均匀 | 均匀 |

**SKAH－70 沥青的技术指标** **表 3-11**

| 试验项目 | | AH－70 |
|---|---|---|
| 针入度（25℃，0.1mm） | | 74 |
| 软化点（℃） | | 48 |
| 延度（15℃，cm） | | >150 |
| 闪点（COC,℃） | | 320 |
| 密度（15℃，$g/cm^3$） | | 1.036 |
| 溶解度（三氯乙烯,%） | | 99.8 |
| 薄膜烘箱试验（163℃，5h） | 加热质量损失（$w_t$%） | 0.01 |
| | 针入度比（25℃,%） | 69 |
| | 延度（15℃，cm） | 110 |
| | 延度（10℃，cm） | 8.2 |
| 含蜡量（%） | | 2.0 |

**SKAH－70 沥青发泡性能参数　　　　表 3-12**

| 发泡温度（℃） | 发泡用水量（%） | 膨胀比（倍） | 半衰期（s） |
|---|---|---|---|
| 160 | 2.5 | 16 | 8 |

上述试验是由维特根公司的 WLBl0 泡沫沥青试验机完成的。根据沥青发泡后的膨胀比及半衰期综合确定沥青的最佳发泡温度以及最佳发泡用水量。

6. 水

采用拌合现场的自来水，直接连接至厂拌设备的水管接头即可。

## 五、施工工艺

1. 施工工艺流程图

厂拌冷再生施工艺流程图如图 3-17 所示。

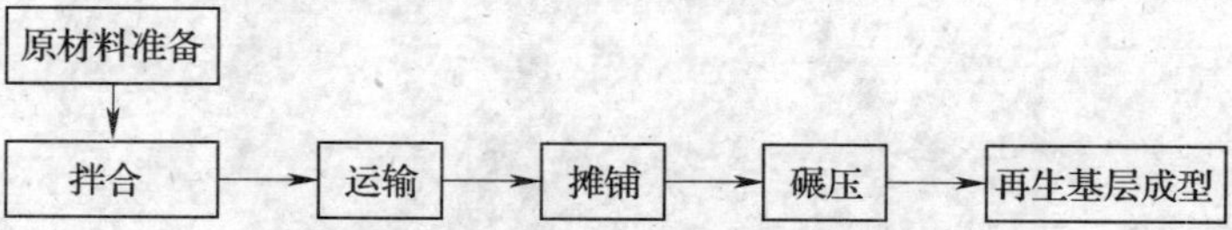


图 3-17　工艺流程图

2. 冷再生料的生产

试验路采用维特根公司的 KMA200 移动式冷拌再生机，该再生机配备连续式双轴搅拌锅和精确的微机控制配料系统。该拌合设备的集成化和自动化水平很高，整个拌合现场的组织变得非常简单。需要几个操作人员和两台装载机不停地向 KMA200 供料即可。空载的运料卡车有序地排队候料，而满载再生混合料的卡车则驶向 7km 之外的摊铺现场。

整个生产过程，首先使用两台装载机分别给两个背对背结构的配料斗装料，一个料斗装旧沥青回收料，另外一个料斗装石屑，每个料斗均有一个可调节的出料门，从而使旧沥青回收料和石屑可以按确定的比例配料。接下来的一切步骤都是自动进行，配好的材料被输送到连续式双轴搅拌锅。同时，精确计量的水、水泥、乳化沥青或者泡沫沥青被加入拌合锅。最后，再生后的材料从拌合锅出来后通过输送带直接卸料至运料卡车里，生产情形如图 3-13 所示。

3. 冷再生料的摊铺和压实

考虑到工作面的宽度较大，施工现场采用两台摊铺机同时进行摊铺作业，如图 3-18 所示，两台摊铺机之间的纵向间距保持在 10m 左右，纵向接缝的重叠宽度至少为 10cm，摊铺时采用两边挂钢线，中间架平衡梁的方式保证摊铺的高程和平整度。为保证能够连续摊铺，将摊铺机的工作速度控制在 1 ~2m/min 左右，并且保证在现场有足够的运料车等候卸料。摊铺混合料的虚铺系数控制在 1.2。现场摊铺的情形如图 3-19 所示。

图 3-18　生产现场图

事实证明，泡沫沥青冷再生混合料的施工难度远远小于热拌混合料。由于工作面过宽，有时会发生供料间断的现象，但对施工的质量影响不大。原因在于泡沫沥青冷再生料本身是一种冷料，只要保证其本身的压实含水量满足要求即可。

图 3-19 两台摊铺机同时摊铺作业

施工初始阶段采用分两层摊铺，逐层压实的方案。实践证明，对于每层 10cm 的冷再生料而言，采用悍马 HD110 双钢轮振动压路机碾压 3 遍可以获得良好的压实度，现场采用灌砂法实测压实度超过 98%。后来，又成功地实施了一次性摊铺压实 20cm 的冷再生料的方案。具体步骤为：首先采用悍马 HD150TT 轮胎压路机静压 1 遍，然后再使用悍马 HD110 双钢轮压路机弱振 1 遍，悍马 3625TT 单钢轮压路机弱振 2 遍，最后使用 HD150TT 轮胎压路机进行不间断碾压，使再生层的表面保持湿润，并具有良好的表面构造。现场压实情形如图 3-20 和图 3-21 所示。

图 3-20 悍马一次压实 20cm 再生层

图 3-21　悍马分层压实

## 六、厂拌冷再生试验路使用效果评价

1. 再生材料级配的检验

试验路采用的原材料与配合比设计中采用的材料一致，考虑到试验路材料设计采用了泡沫沥青和乳化沥青两种材料作为稳定剂，配合比设计中采用的级配不尽相同，因此，对于不同的结构方案，合成级配的要求也不相同，以下是拌合厂矿料级配检验结果，如表 3-13 和表 3-14 所示。

**泡沫沥青混合料矿料级配检验结果　　表 3-13**

| 检测时间 | 累计通过质量百分率（%） | | | | | | | | | | | |
|---|---|---|---|---|---|---|---|---|---|---|---|---|
| | 26.5 | 19 | 16 | 13.2 | 9.5 | 4.75 | 2.36 | 1.18 | 0.6 | 0.3 | 0.15 | 0.075 |
| 8.6 | 100 | 97 | 93.9 | 90.0 | 79.7 | 55.0 | 31.2 | 23.6 | 16.3 | 12.3 | 8.1 | 3.4 |
| 8.7 | 100 | 97.3 | 91.2 | 86.6 | 75.1 | 52.5 | 35.4 | 23.6 | 15.4 | 10.6 | 7.4 | 3.3 |
| 8.9 | 100 | 96.2 | 92.2 | 88.6 | 77.3 | 53.5 | 33.4 | 25.9 | 18.3 | 13.6 | 9.4 | 4.8 |
| 8.11 | 100 | 97.2 | 90.1 | 89.1 | 73.5 | 48.5 | 31.4 | 23.1 | 16.3 | 12.9 | 7.9 | 4.3 |
| 8.13 | 100 | 98.2 | 93.2 | 85.6 | 72.8 | 47.5 | 32.4 | 22.5 | 14.2 | 12.8 | 8.1 | 4.3 |

乳化沥青混合料矿料级配检验结果　　表3-14

| 检测时间 | 累计通过质量百分率（%） | | | | | | | | | | | |
|---|---|---|---|---|---|---|---|---|---|---|---|---|
| | 26.5 | 19 | 16 | 13.2 | 9.5 | 4.75 | 2.36 | 1.18 | 0.6 | 0.3 | 0.15 | 0.075 |
| 8.16 | 100 | 98.8 | 93.4 | 89.4 | 78.3 | 52.1 | 28.3 | 22.2 | 16.5 | 12.1 | 8.9 | 4.5 |
| 8.16 | 100 | 95.8 | 91.4 | 87.4 | 73.3 | 47.1 | 25.3 | 17.2 | 13.5 | 10.1 | 6.9 | 3.8 |

2．再生材料的力学性能检测

为了检验拌制的冷再生混合料性能是否合格，应定期对拌合厂生产的混合料成品料取样，运至工地实验室即时成型，以对混合料的质量进行检验。表3-15为成品料的力学性能检测结果。

成品料的力学性能检测结果（加速养生与材料设计程序相同）
表3-15

| 取样时间 | 含水量（%） | 干ITS（kPa） | 湿ITS（kPa） | TSR（%） |
|---|---|---|---|---|
| 8.7 | 4.6 | 502 | 447 | 89.0 |
| 8.9 | 4.3 | 566 | 483 | 85.3 |
| 8.10 | 5.2 | 663 | 500 | 75.4 |
| 8.11 | 4.9 | 548 | 403 | 73.5 |
| 8.15 | 4.7 | 556 | 454 | 81.6 |
| 8.17 | 5.3 | 532 | 432 | 81.2 |
| 8.18 | 4.5 | 658 | 552 | 83.8 |

3．试验路压实度检测

在再生基层施工过程中，通过调整施工过程中的摊铺、碾压工艺及遍数，以保证再生基层的压实度。根据室内试验结果，采用破碎旧料的泡沫沥青混合料的标准密度为2.240$g/cm^3$，改性乳化沥青混合料的标准密度为2.235$g/cm^3$，采用非破碎旧料的泡沫沥青混合料的标准密度为2.180g/cm³，以此作为基层控制压实度的标准。表3-16是各个路段压实完后，采用灌砂法检测压实度的检测结果。

试验路压实度的检测结果　　表3-16

| 桩号 | 湿密度(g/cm³) | 干密度(g/cm³) | 标准密度(g/cm³) | 压实度(%) | 备注 | 取样时间 |
|---|---|---|---|---|---|---|
| K50+900 | 2.270 | 2.270 | 2.240 | 98.0 | 下基层10cm | 8.8 |
| K50+980 | 2.272 | 2.272 | 2.240 | 98.3 | 下基层10cm | 8.8 |
| K51+050 | 2.265 | 2.193 | 2.240 | 97.9 | 下基层10cm | 8.8 |
| K51+020 | 2.303 | 2.236 | 2.240 | 99.8 | 上基层10cm | 8.9 |
| K51+030 | 2.262 | 2.196 | 2.240 | 98.0 | 上基层10cm | 8.9 |
| K51+060 | 2.271 | 2.205 | 2.240 | 98.4 | 上基层10cm | 8.9 |
| K50+815 | 2.264 | 2.177 | 2.240 | 97.2 | 上基层10cm | 8.10 |
| K50+920 | 2.331 | 2.241 | 2.240 | 100 | 上基层10cm | 8.10 |
| K50+980 | 2.307 | 2.218 | 2.240 | 99.0 | 上基层10cm | 8.10 |
| K50+680 | 2.249 | 2.173 | 2.240 | 97.0 | 厚20cm | 8.11 |
| K50+740 | 2.248 | 2.173 | 2.240 | 97.0 | 厚20cm | 8.11 |
| K50+780 | 2.295 | 2.217 | 2.240 | 99.0 | 厚20cm | 8.11 |
| K50+720 | 2.250 | 2.163 | 2.240 | 97.0 | 厚20cm | 8.12 |
| K50+680 | 2.289 | 2.201 | 2.240 | 98.0 | 厚20cm | 8.12 |
| K50+700 | 2.368 | 2.277 | 2.240 | 102.0 | 厚20cm | 8.12 |
| K50+420 | 1.218 | 2.145 | 2.240 | 96.2 | 厚20cm | 8.13 |
| K50+340 | 2.230 | 2.201 | 2.240 | 98.0 | 厚20cm | 8.13 |
| K49+100 | 2.288 | 2.200 | 2.240 | 98.2 | 厚20cm | 8.14 |
| K49+180 | 2.272 | 2.185 | 2.240 | 97.5 | 厚20cm | 8.14 |
| K49+290 | 2.271 | 2.194 | 2.18 | 98.0 | 厚20cm | 8.15 |
| K49+360 | 2.185 | 2.111 | 2.18 | 97.0 | 厚20cm | 8.15 |

续表

| 桩号 | 湿密度 ($g/cm^3$) | 干密度 ($g/cm^3$) | 标准密度 ($g/cm^3$) | 压实度 (%) | 备注 | 取样时间 |
|---|---|---|---|---|---|---|
| K49 +410 | 2.188 | 2.114 | 2.18 | 97.0 | 厚20cm | 8.15 |
| K49 +490 | 2.236 | 2.150 | 2.18 | 98.0 | 厚20cm | 8.17 |
| K49 +560 | 2.218 | 2.133 | 2.18 | 97.0 | 厚20cm | 8.18 |
| K49 +710 | 2.220 | 2.139 | 2.18 | 98.1 | 厚20cm | 8.18 |
| K49 +790 | 2.212 | 2.137 | 2.18 | 98.0 | 厚20cm | 8.19 |
| K49 +910 | 2.216 | 2.121 | 2.18 | 97.2 | 厚20cm | 8.19 |
| K50 +000 | 2.226 | 2.151 | 2.24 | 98.1 | 厚28cm | 8.19 |
| K50 +100 | 2.250 | 2.197 | 2.24 | 98.0 | 厚28cm | 8.19 |
| K50 +180 | 2.289 | 2.209 | 2.24 | 98.6 | 厚28cm | 8.19 |
| K50 +200 | 2.248 | 2.234 | 2.235 | 99.9 | 厚20cm | 8.20 |
| K50 +250 | 1.245 | 2.225 | 2.235 | 99.5 | 厚20cm | 8.20 |
| K50 +290 | 2.250 | 2.216 | 2.235 | 99.1 | 厚20cm | 8.20 |

由压实度检测结果可以看出，冷再生混合料基层压实后的压实度基本在98%以上，满足规范要求，再生混合料基层具有良好的压实性能。

4. 试验路取芯检测结果

再生基层竣工后，对试验路随机钻取了芯样，对芯样按自然养生的时间进行了力学性能检测。由于各个路段铺筑的方式不同，有的是一层直接铺筑，有的采用分层铺筑。对于分层铺筑的基层，由于层间结合不是很好，不太容易完整的取出芯样，故钻芯原则为采用分层铺筑的基层，采用分层取芯，单层铺筑的基层，则一层取芯。

图3-22是基层的芯样图。由图可见，再生基层芯样的完整性较好，特别是采用破碎旧料铺筑基层的，完整性好，密实度

高，芯样表面也较光滑。这些都从侧面反映了采用变异性小的旧料，再生基层有更好的质量。乳化沥青基层芯样与泡沫沥青芯样从外观看来，并无差别。

图 3-22 冷再生基层的芯样

对钻取的芯样切割后进行力学性能的测试，测试结果如表 3-17～表 3-19 所示。

**泡沫沥青基层竣工后 20d 强度检测结果　　表 3-17**

| 桩号 | 取芯位置 | 基层厚度（cm） | 切后芯样长（mm） | 最大破坏荷载（kN） | 干 ITS（MPa） |
|---|---|---|---|---|---|
| K49 +020 | 行车道 | 20 | 67 | 4. 719 | 0. 45 |
| K49 +020 | 行车道 | — | 70 | 5. 401 | 0. 49 |
| K49 +075 | 行车道 | 20 | 86 | 6. 977 | 0. 52 |
| K49 +120 | 行车道 | 19. 5 | 100 | 4. 681 | 0. 30 |
| K49 +280 | 超车道 | 20. 5 | 94. 5 | 5. 461 | 0. 37 |
| K49 +280 | 行车道 | 20 | 83 | 6. 525 | 0. 50 |
| K49 +330 | 超车道 | 19 | 88 | 4. 331 | 0. 31 |
| K49 +590 | 超车道 | 20. 5 | 85 | 3. 578 | 0. 27 |
| K49 +700 | 行车道 | 20 | 67 | 6. 89 | 0. 65 |
| K49 +800 | 行车道 | 19. 5 | 89 | 4. 348 | 0. 31 |
| K49 +900 | 行车道 | 19 | 69 | 3. 728 | 0. 34 |

泡沫沥青基层竣工后 **60d** 强度检测结果　　表 3-18

| 桩号 | 取芯位置 | 基层厚度（cm） | 切后芯样长（mm） | 最大破坏荷载（kN） | 干 ITS（MPa） |
|---|---|---|---|---|---|
| K49 +280 | 行车道 | 20 | 94 | 8. 31 | 0. 56 |
| K49 +590 | 超车道 | 20. 5 | 96 | 9. 59 | 0. 64 |
| K49 +330 | 行车道 | 19 | 93 | 0. 89 | 0. 43 |
| K49 +700 | 超车道 | 20 | 82 | 11. 75 | 0. 91 |
| K49 +900 | 行车道 | 19 | 79 | 4. 13 | 0. 34 |
| K50 +050 | 行车道 | 20 | 109 | 8. 22 | 0. 48 |
| K50 +560 | 行车道 | 19 | 74 | 10. 6 | 0. 91 |
| K50 +760 | 行车道 | 19 | 98 | 10. 8 | 0. 70 |

改性乳化沥青基层竣工后 **60d** 强度检测结果　　表 3-19

| 桩号 | 取芯位置 | 基层厚度（cm） | 切后芯样长（mm） | 最大破坏荷载（kN） | 干 ITS（MPa） |
|---|---|---|---|---|---|
| K50 +220 | 行车道 | 20 | 83 | 9. 44 | 0. 72 |
| K50 +220 | 超车道 | 20. 5 | 96 | 9. 89 | 0. 66 |
| K50 +280 | 行车道 | 20 | 97 | 9. 13 | 0. 60 |
| K50 +280 | 超车道 | 20 | 103 | 8. 22 | 0. 51 |

由测试结果看出，再生基层部分路段竣工后 20d 左右，已形成了较高的强度，但各个路段的检测结果离散性较大，这与试验路的工期长短、施工的连续性以及天气的影响是密切相关的。竣工后 60d 的强度结果表明，泡沫沥青基层及乳化沥青基层都有较高的强度，基本上都能达到设计要求。

# 第四章　沥青路面热再生

## 第一节　概　　述

### 一、概述

到2005年全国高速公路里程已超过4万km，位居世界第二位。我国东部地区已初步形成高速公路网，一级、二级公路近20万km，其中绝大部分是沥青路面。高速公路每公里约需耗用沥青350~400t，到2004年，我国道路沥青需求总量已突破1000万t。石油资源是不会再生的，过度的开采将造成资源的枯竭。我国高速公路的大规模建设经历了十多年的高速发展，部分道路已进入大、中修期，按照沥青路面的设计寿命15~20年，每年约有12%的沥青路面需要翻修，旧沥青废弃量将达到每年220万t，如果把旧沥青加以利用，每年可节省材料费3.5亿人民币，且以每年15%的速度增长。10年以后，沥青路面的大、中修产生的旧沥青混合料将达到1000万t，届时通过再生利用每年可节约材料费15亿元，同时可保护良好的生态环境。

### 二、沥青路面再生的优点

通过对目前国内已经采用再生施工工程的总结，发现沥青混凝土路面就地热再生技术在应用上存在以下优点。

1. 环保

沥青混凝土路面再生的第一个优势就是具有环保功能。在对环境要求日益严格的今天，大量的道路需要养护维修。采用再生技术，一方面不需要从自然界开采大量的砂、石、沥青等原材料；另一方面不向自然界倾倒大量废沥青混合料。沥青混合料是有害物质，靠自然分解时间极长，对环境造成极大的影响。

2. 节约投资

目前，传统的沥青混凝土路面养护方法是将旧路面冷铣刨，洒一层粘稠油，然后用全新的沥青混合料摊铺。沥青混凝土路面的就地热再生100%利用了旧沥青混合料，再生维修时只添加再生剂和部分新沥青混合料，使得路面维修的成本显著降低，根据国外经验和京津塘高速公路2002年中修的经验，其费用仅占传统维修方式的70%～80%左右。

3. 交通干扰小

沥青混凝土路面就地热再生只对一个车道进行维修，维修时只需封闭一个车道，其余车道可以开放交通，最大限度地减少了路面维修给交通带来的干扰和影响，特别是对收费的高速公路，优越性更加显著。

## 第二节　旧沥青路面的性能评价

### 一、沥青老化的原因与特征

1. 沥青老化的机理

沥青“老化”是指沥青从炼油厂被炼制出来后，在储存、运输、施工及使用过程中，由于长时间暴露在空气中，在环境因素如受热、氧气、阳光和水的作用下，会发生一系列的挥发、氧化、聚合，乃至沥青内部结构发生变化，同时发生性质变化，导致路用性能劣化的过程。沥青老化是一个逐渐发生的过程，它的速率直接影响路面的使用寿命，因而是影响沥青路面耐久性的主要因素。

2. 运输、储存、加热过程中的老化

沥青自从炼油厂炼制出来以后，直至拌制沥青混合料之前，一直装在保温的沥青罐内，沥青的热态储存、热态运输、在储油罐内预热、配油釜内调配等过程，往往经历很长的时间。由于温度升高加速分子的运动，除引起沥青蒸发外，还能引起沥青发生某些物理化学变化。在这个时期，沥青老化的机理主要是：

（1）由于受热使沥青中的轻质油分不断挥发，使沥青变硬变脆，降低粘结性；

（2）储罐表面的沥青与空气接触，与空气中的氧气会发生一些聚合反应，沥青也会发生一定程度的老化；

（3）沥青在管道内不断运行并由储罐顶处洒落到罐内时，沥青的表面积增大，沥青将发生氧化反应。

试验证明，如果沥青是被密闭封存的，以冷态储存，储存许多年也不会有明显的老化。沥青从炼油厂到拌合厂的加热温度一般在170℃左右，由于油罐封闭，接触空气面积小，这个阶段沥青的技术性能几乎没有变化。

3. 加热拌合及铺筑中的老化

沥青混合料一般采用热拌施工方式，在加热和拌合过程中，沥青经历一个比储存过程严重得多的老化过程，通常称之为热老化。沥青与热矿料混合时，矿料温度一般高达160～180℃，直接影响到沥青的氧化和组分挥发。除了加热温度影响外，拌合时间、沥青用量也会影响拌合过程中沥青的老化。一般来说，拌合温度越高、沥青膜越薄，沥青的老化也越严重。

4. 路面使用过程中的老化

沥青在路面使用过程中由于环境因素及荷载因素，特别是在水分、紫外线、沥青拌合、铺筑和使用的老化过程中，受到下列六种因素的作用：

(1) 氧化作用，即氧气与沥青发生化学反应的过程，它的速率取决于环境温度；

(2) 挥发作用，轻质油分从沥青中逐渐逸出，它与温度有关，一般发生很慢，是一个漫长的过程；

(3) 聚合作用；

(4) 触变作用；

(5) 胶体的脱水收缩作用；

(6) 分离和析出作用。

## 二、路面性能评价

工程评价是路面再生利用的一个重要方面，尽管路面再生利用是有效的方法，但并非适合所有道路。通过对旧沥青路面的路况进行调查和评价，确定合适的再生方法。

沥青路面的影响因素有环境或气候因素、交通因素、施工缺陷和材料缺陷。由于各因素相互关联，很难确定表面损坏是哪一因素引起的。路面评价应结合这些影响因素，详细检查所有的损坏类型、类型的严重性和损坏类型的频度，以及评定给定区域的表面不平整度、裂缝和缺陷等。

路面评价是基于直观外表对路面状况进行主观评价。为了提供更多的数据确定路面破损原因，通过现场和实验室试验来确定路面物理性能，需测定的路面物理性能有不平整度、车辙、摩擦系数、强度和材料性能，需对旧路面性能进行量化，确定维修方法。

1. 平整度

平整度是评定路面施工质量、现有路面破坏程度与服务水平的重要指标之一。路面面层由于直接与车辆及大气接触，不平整的表面将会增大行车阻力，使车辆产生附加振动作用，这种振动作用会造成行车颠簸，影响行车的速度、安全及驾驶平稳和乘客的舒适。同时振动作用还会对路面施加冲击力，从而加剧路面和汽车机件损坏和轮胎的磨损，增大油耗。道路平整度的方法有3m 直尺法、连续式平整度仪法和颠簸累积仪，通过测量最大间隙、标准差和单向累计值作为评价指标，也可采用国际平整度指数（IRI）表示。方法的选择取决于所要求的数据采集速度、准确度和取样的大小。为便于比较，不同的测量设备和方法的平整度可相互表示，也可与 IRI 相互关联，但这种关联不能普遍应用。

路面平整度可用来控制路面的服务能力，且直接与车辆行驶费用有关。路面完工时的平整度直接影响服务年限，如平整的路面通常使用年限比粗糙的路面要长且维修要少。平整度是最常用来确定道路是否需要维修或重建的控制因素。

2. 车辙

车辙是通常用来确定道路是否需要维修或重建的控制因素。随路面车辙程度的加重，伴随着道路安全性能的下降，影响道路安全的因素有车辙形状和深度，车辆类型和行车速度，轮胎类型和轮胎磨损，路面空隙率、横坡和纵断面，路表干湿状况，降雨强度和持续时间等。

路面车辙的评价可以从简单的外观评价，或使用超声波或激光测量车辆通过时道路的横断面变化的自动化技术。最常用的测量车辙深度的方法是在车辙上横放一根参考直尺，测量直尺底部到车辙最深处的距离。这表明车辙最大深度跟直尺的长度有关。值得注意的是存在其他描述车辙深度的方式，如平均车辙深度（最大车辙深度除以车辙宽度），因此车辙深度的比较跟测量描述车辙深度的方式有关。

3. 摩擦系数

摩擦系数是非常复杂的现象，它取决于路面、车辆、环境和行驶因素之间的相互关系。它很大程度上取决于路面粗集料的“微观纹理”，微观纹理是集料矿物学的作用及其与交通和气候因素的相互作用。摩擦系数在短期内可迅速变化，通常跟表面状况与降雨有关。从长期来看，随着交通次数的增多，大多数路面均表现为摩擦系数逐渐减小，随时间和交通量的变化，可能使路面摩擦系数减小的路面因素有面层磨损、车辙、沥青泛油、污染、面层空隙率和面层集料磨光。可采用路面抗滑力足尺轮胎测试方法和摆式摩擦测定仪的方法对改建路面的摩擦系数进行数据的采集。

4. 强度

旧路路面在合理的服务水平下，预期的交通承受能力与它的结构能力直接相关。路面结构强度的评估可以直接通过现场测试来得到，主要方法分为破坏性或非破坏性，破坏性方法有试钻、试掘或取芯。通过取芯确定旧路路面层厚度，通过动力圆锥触探仪（DCP）试验、现场十字板试验、现场加州承载比（CBR）试验等评价现有强度，通过对旧路路面材料取样进行室内试验评定。

非破坏性方法评价现有结构能力，通常是通过确定在外加荷载作用下路面的反应或弯沉进行的，非破坏性弯沉测试设备可分为静力弯沉、振动设备和动力冲击设备。

静力测试方法有贝克曼梁、承载板加载试验、弯曲仪等方法。这些设备使用简单且费用不高，但获取数据的时间较长，数据采集时涉及安全问题，且劳动强度大，此外，试验不能准确模拟移动的车轮荷载的影响且重复性较差。

振动弯沉和动力弯沉法相对于其他方法易于操作，获取数据较快，且有较好的重复性，但是价格比较昂贵。此外，弯沉盆信息可用于更高级的力学~经验设计方法以推算路基回弹模量和有效路面模量。弯沉盆测量也可用于计算各种作为性能标准的路面参数。

## 三、经济分析

路面再生利用前，应结合工程的实际情况，对不同的维修方法进行经济分析比较，确定一种最为经济的维修方案。一般通过考虑各种维修方法的寿命周期费用而做出决定。寿命周期费用是指在固定分析周期内，道路的所有费用和效益。分析期内应该计算的费用组成有初期维修费用、后期维修费用、养护费用、残余价值、工程和管理费用、维修和养护期间的用户费用（乘车时间、车辆运转、事故、不舒适性、延误费用和额外运行费用），其他费用还包括环境污染费用等，但这些费用很难量化且通常以主观的方式处理。

可用的几种不同的经济模式有现值法、等效平均年度费用法、投资回收率法、收益~成本率法、成本效益法。

1. 现值法是在运输领域应用最广的。它由所有的成本和效益组成，在分析期的不同时期贴现成美元并转化为时间上特定点（通常是当前）的单一值。

2. 等效均匀年度费用法是将分析期的所有最初投资费用和今后养护费用折算成相等的年度支付。

3. 投资回收率法考虑成本和效益。它涉及确定一个比率，对于一个工程的成本/效益是相等的，按照这个比率使得等效均匀年度成本恰好等于等效均匀年度效益。

4. 收益~成本率法包括描述收益现值/成本现值，或等效平均年度收益/等效平均年度费用。收益量由各种备选方法比较得到。

5. 成本效益法是比较有明显非货币效益的方法。它涉及以主观的方式确定额外费用所获取效益，需要建立主观测量的有效性。

无论使用哪一种经济模式，第一个需要考虑的因素是所考虑的维修方法服务年限的确定。服务年限是指所需维修或重建前维修方法的有效时期。

第二个需要确定的因素是分析期或寿命周期。通常分析期不应超过可靠预测期，分析期长度依地方和环境而决定。寿命周期通常是最长性能路面的最初服务年限的两倍。因此，评价各种维修方法的寿命周期应是最长性能方法最初服务年限的两倍。另一种方法是延长寿命周期到某一点，该点贴现成本或收益变得非常小或低于预设最小值。寿命周期可随所用贴现率和所选预设最小值而变化。

需要选择贴现率，以将未来的预期费用/收益减少到当前价值，不能将贴现率与借钱时的利息率混淆，它是效益率或期望利息率和期望膨胀率的差值。残余值通常包括在经济分析之中，且通常是基于分析期末最后维修方法的预期剩余寿命。

在选择维修方法时，一般以经济方案为基础，综合考虑工程的其他实际特点，如道路现有破损的类型和程度，现有道路材料年限和再生的可能性，维修所需的预期设计年限和性能、交通的增长，现有道路结构能力、环境状况，线形、排水、地下水和路面设施，交通调节能力和安全，工程位置和规模，承包商的能力和经验，对附近居民的影响，可用预算，正确的工程判断等许多因素。

## 第三节 旧沥青路面热再生方法

根据目前的工艺与技术条件，对于沥青路面热再生，主要是恢复旧沥青的性能，它实际是沥青老化的逆过程，一般是通过调节旧沥青的黏度，使之降低至所需要的黏度范围，或者是调节旧沥青的流变行为，使旧沥青的非牛顿特性减弱。

## 一、再生方法

美国沥青再生协会（Asphalt Recycling and Reclaiming Association，简称 ARRA）定义了两种热再生方法，即厂拌热再生（Hotmix asphalt recycling）和就地热再生（Hot in-place recycling，简称 HIR）。按照不同的再生工艺技术，我国习惯将热再生方法分为厂拌热再生和就地热再生。

1. 厂拌热再生

先将旧沥青混凝土路面铣刨后运回工厂，通过破碎、筛分（必要时），根据旧料中沥青含量、沥青老化程度、碎石级配等指标，掺入一定数量的新集料、沥青和再生剂（必要时）进行拌合使混合料达到规范规定的各项指标，按照与新建沥青混凝土路面完全相同的方法重新铺筑。

厂拌热再生是将沥青路面回收料与新料拌合，有时需要添加一些再生剂，然后生产出新的热拌沥青混合料的工艺。可以使用间歇式和连续式厂拌设备生产再生混合料，通过铣刨获得沥青路面回收料。混合料的摊铺与压实和常规热拌沥青混凝土一样。沥青路面回收料在再生混合料中的典型用量为10%～30%。图4-1给出了沥青路面回收料滚筒式厂拌再生时的情形。

在厂拌热再生技术中，影响再生沥青混凝土质量的关键技术主要包括：

（1）新集料需加温烘干，而旧料中的沥青在高温下会分解，因此旧料不能在烘干筒里与新集料同时加热，旧沥青混合料的加入地点和升温方法成为一个关键问题。

图 4-1 滚筒式厂拌热再生时的情形

（2）旧料的成分预先检验后，根据老化的程度和使用条件确定配合比（新添沥青、集料及旧料的配比），以及沥青再生添加剂的种类和加入量。

（3）所有配料的均匀搅拌和充分混合是获得优质沥青混凝土的重要条件。

（4）旧沥青混合料经破碎、筛分、计量，加入到再生搅拌机中，在与热的新集料及沥青混合之前应加温到 140 ~ 160℃。而且要求加热时不能用明火加热；需用较长的时间对旧沥青料进行间接加热，以保证旧沥青能够彻底熔化。

（5）旧料的计量和筛分最好在加热之前进行，否则会污染筛网和计量装置。

（6）处理好加热旧沥青料时产生的废气，以免造成环境二次污染。

2. 就地热再生

就地热再生技术也称为表层再生技术。该技术通过现场加热、翻耕、混拌、摊铺、碾压等工序，一次性实现就地旧沥青混凝土路面再生，具有无需运输废旧沥青混合料，工效高，对公路运营影响程度低等优点。

就地热再生包括对原路面的加热和软化，然后耙松/铣刨至一定深度，在再生施工中将新集料、沥青和再生剂加入到沥青路面回收料中，经拌合、摊铺和碾压等工序。它可以是单工序施工，也可是多工序施工。在单工序施工中，耙松下的材料可以根据需要加入新料。在多工序施工中，再生后的沥青路面回收料先被压实，然后在上面再加铺磨耗层。再生的深度为 20～50mm。沥青再生和再生利用协会将就地热再生又划分为三类：整形、加铺和复拌。第一类再生中，先将原路面材料加热和耙松至一定深度，然后与集料或再生剂混合，最后压实。可以在再生层上加铺或者不加铺新沥青混凝土层。第二类就地热再生方式是在表面再生的同时加铺新的沥青混凝土层。在加铺工艺中，再生混合料和新拌沥青混凝土同时压实。在复拌工艺中，耙松的材料和新热拌沥青混凝土在拌锅里拌合，作为一种混合料摊铺。就地热再生的优点包括可以去除表面裂缝，矫正车辙和推挤，复原老化沥青，改善集料级配和沥青含量，同时交通中断时间和运输费用可以降低至最小。图 4-2 为就地热再生时的情形。

图 4-2　就地热再生时的情形

## 二、再生方法的选择

1．再生技术维修道路的特点

沥青路面的维修有许多方法，路面再生只是其中的一种。维修方法的选择依赖于路面损坏情况、原路面材料的实验室和现场评价以及设计资料等。有些道路，尤其是地下道（或高架桥下的道路），为了维持路面的几何形状和初始厚度，也常常影响维修方法的选择。表4-1给出了道路常用的维修工艺及其应用场合。

与其他维修工艺相比，再生具有以下优点：

（1）再生可以显著减少新材料的需用量，有助于节约集料资源和沥青粘结料，保护自然资源。

（2）试验路表明，再生材料至少可以达到新材料的质量。在再生基层上加铺热拌沥青混合料，路面要好于在原路面直接加铺热拌沥青混合料的效果，即使是同样的厚度，由于再生基层的刚度较小，这样可以大大减少反射裂缝。

（3）再生可以维持路面的厚度和几何形状。通过再生，原路面的结构强度得到加强。对交通的干扰要小于其他维修方法。

实践表明，路面再生技术已经变成最有吸引力的道路维修方法。随着再生混合料的现场数据和再生材料试验检测数据的不断积累，以及设计和施工规范的制定，再生必将成为最有竞争力的道路维修技术之一。

2．道路维修工艺的选择

为了确定良好的道路维修方法，维修工艺的选择应从工程、经济和能源三个方面加以综合考虑。

（1）工程因素

维修方案的选择应依据原路面的现有条件和历史施工调查。应充分考虑以下因素：

道路养护与维修的方法　　表 4-1

| 病害 | 可能的原因 | | | | 养护 | | | 维修 | | | | | |
|---|---|---|---|---|---|---|---|---|---|---|---|---|---|
| | 结构损坏 | 混合料组成 | 温度或湿度变化 | 施工 | 修补或常规维修 | 表面处理 | 稀浆封层 | 表面再生 | 薄层加铺 | 开级配表面 | 结构性加铺 | 结构性再生 | 重建 |
| 龟裂 | √ | | | | √ | √ | √ | | | | √ | √ | √ |
| 反射裂缝 | | | | | √ | √ | √ | | | √ | √ | √ | |
| 收缩裂缝 | | √ | √ | | | √ | √ | √ | | √ | √ | √ | |
| 推挤裂缝 | | | | √ | √ | | | | | | | | |
| 车辙 | √ | √ | | √ | | | | √ | √ | | √ | √ | √ |
| 波浪 | √ | √ | | √ | | | | √ | √ | | √ | √ | √ |
| 沉陷 | √ | | | √ | √ | | | | | | | √ | √ |
| 隆起 | | | √ | | √ | | | | | | | √ | √ |
| 坑洞 | √ | | √ | √ | √ | | | | | √ | | | |
| 泛油 | | √ | | √ | | √ | | √ | | √ | | | |
| 磨光 | | √ | √ | | | √ | | √ | √ | √ | | | |
| 路表面集料剥离 | | √ | | | | √ | | | | | | | |

1）基于路面行驶质量的路面现状；

2）路面损坏的类型、密度和程度；

3）设计期内估计的标准轴交通量及路面的结构情况；

4）所在地区的环境条件，主要是温度和降水；

5）路面的排水条件，包括路面排水和地下排水；

6）桥梁、路缘石、排水沟、路肩和护栏以及其他结构物对施工的影响；

7）原路面的寿命及原路面的结构承载能力；

8）路面原使用的材料和加铺层计划使用的材料；

9）处理后路面要求的设计寿命；

10）过去路面维修的类型、频繁程度和造价。

（2）经济因素

应根据路面的造价对再生工艺进行选择。路面的造价可以通过以下两种方法来定义：1）现有价值（PW）；2）当量等值年费用（EUAC）。现有价值是指当前需要投资道路所有成本所需的资金。当量等值年费用是指分摊到分析期内等值的资金。当量等值年费用方法的优点是可以方便地比较具有不同寿命的维修方法，同时不同维修方法的成本以现金形式表现。维修方法的寿命周期费用也必须在经济分析中加以考虑。寿命周期是指道路在重建或大规模维修之前实际使用的时间。寿命周期费用包括初期的建筑费用和寿命周期内的维修费用。

（3）能源因素

沥青路面的再生降低了运输成本，减少了材料的需求，可以有效地保护能源。然而，节省的数量依赖于具体的再生类型。选择再生方法需要考虑能源的消耗，能源的消耗体现在材料的生产、材料的运输、混合料的生产、混合料的运输，以及混合料的摊铺和压实等工序。

在确定维修方式上应该考虑以下因素：

1）使用机械的选择；

2）承包商的施工经验；

3）初期投资；

4）寿命周期费用；

5）交通控制；

6）施工的长度；

7）对临近商业的影响。

如果道路维修的方法是选择再生，下一步就应根据沥青路面的具体情况，选择再生的方法。再生方法主要有热拌再生、就地热再生、就地冷再生和深层冷再生。这些再生方法共同的优点：

1）对原有路面重新使用，并消除存在的问题；

2）通过改变集料或粘结剂来改善沥青混合料的性能；

3）路面轮廓可以得到修正，行车舒适度得到提高；

4）与传统维修方法相比，成本可以降低。

所有不同类型的再生工艺都有很多优点，但再生工艺的选择应主要基于原路面的损坏类型，采用哪种再生工艺不仅取决于路面的病害类型，也取决于损坏的程度和范围。基于路面的损坏现象，美国沥青再生协会（ARRA）推荐再生方案的选择和再生方法的比较，分别如表4-2和表4-3所示。

**不同路面损坏类型的再生方法（建议）　　表4-2**

| 路面损坏类型 | | 热再生 | 就地热再生 | 就地冷再生 | 深层冷再生 |
|---|---|---|---|---|---|
| 表面损坏 | 松散 | √ | √ | | |
| | 泛油 | √ | √ | | |
| | 磨光 | √ | √ | | |
| 变形 | 波浪 | √ | √ | | |
| | 轻度车辙（≤5mm） | √ | √ | | |
| | 重度车辙（>5mm） | √ | | √ | √ |

续表

| 路面损坏类型 | | 热再生 | 就地热再生 | 就地冷再生 | 深层冷再生 |
|---|---|---|---|---|---|
| 荷载型裂缝 | 龟裂 | √ | | √ | √ |
| | 纵向裂缝 | √ | √ | √ | √ |
| | 推挤 | √ | √ | | |
| 非荷载型裂缝 | 块状（收缩）裂缝松散 | √ | | √ | √ |
| | 纵向裂缝 | √ | √ | | |
| | 横向裂缝 | √ | | √ | √ |
| 反射裂缝 | | √ | | √ | √ |
| 基层/底基层问题（软弱、潮湿） | | | | | √ |
| 修补 | 喷涂 | √ | | √ | √ |
| | 罩面 | √ | | √ | √ |
| 行驶质量/不平整 | 行驶质量/不平整 | √ | √ | | |
| | 沉陷（沉降） | √ | √ | | √ |
| | 隆起 | √ | √ | | √ |

**不同再生方法的比较**　　**表 4-3**

| 再生工艺 | 适　用　性 | 需要考虑的事项 |
|---|---|---|
| 热再生 | 应用于表面损坏，变形，荷载及非荷载型裂缝，修补产生的坑槽 | RAP 料用量依赖于再生混合料的性能和拌合厂的类型，一般为10%～30%，目前最大用量为50% |
| 就地热再生 | 适用于表面损坏、波浪、推移、车辙和纵向裂缝等病害，旧路材料可以充分利用，节省运输费用，显著缩短维修时间，特别适合不能长时间关闭交通的繁忙公路和市政道路的维修 | 就地热再生需要一定数量的重型机械设备，所以转移费用比较高，而且需要足够的施工场地，而且有时会带来空气污染的问题。(由于路面含有较多的沥青材料和裂缝修补材料)，目前再生深度很有限，最大深度为5～6mm |

续表

| 再生工艺 | 适用性 | 需要考虑的事项 |
|---|---|---|
| 就地冷再生 | 可以处理深度车辙问题，与荷载有关的块状和温度裂缝，修补产生的坑槽，旧路材料可以充分使用，可以节省运输费用和新材料费，几乎不需要什么热量，所以不存在能源消耗和污染问题。可改善道路的承载能力，对交通干扰小，特别适合不能长时间关闭交通的繁忙公路和市政道路的维修 | 虽然施工的机型较小，一般也需要一个再生列车，不太适合区域有限的街区道路维修 |
| 深层冷再生 | 适用于表面损坏、波浪、推移、车辙和纵向裂缝等病害，旧路材料可以充分利用，节省运输费用，显著缩短维修时间，特别适合不能长时间关闭交通的繁忙公路和市政道路的维修 | 会产生一个新的基层，因此需要加铺一层合适的磨耗层。有时需要较长的养护期（例如水泥或乳化沥青再生），目前缺乏权威的施工指南和规范，由于对非沥青层再生，混合料必须仔细监控（例如有机杂质和超粒径的回收料） |

## 第四节　旧沥青路面热再生机理

旧沥青路面的再生过程包含各种材料的重新组合与调配，关键是回收料中旧沥青的再生。对于沥青粘结料的认识有两种不同的观点。一种认为，沥青具有一系列胶体性质，其中存在着三种成分：即憎液的沥青质颗粒、包围在沥青质颗粒外围的胶质和具有流动性的油相。同时，也有人将油相细分为芳香分和饱和分，从而形成目前流行的四组分理论。由于沥青质与油相之间不相容，两者无法形成稳定的液体体系，而沥青质和胶体具有良好的相容性，在沥青中胶体包围着沥青质，从而形成胶团。胶团可以稳定地悬浮在油相中，形成沥青胶体溶液，这是沥青结构研究中较早提出的沥青胶体结构理论。按照沥青胶体结构理论，由于沥青化学组分的不同，形成不同的胶体结构，在宏观上表现为不同的流变性质。

另一种观点认为，沥青是以沥青质为溶液，而以软沥青质为溶剂的高分子浓溶液。随着采用的溶剂不同，又将沥青分离为多层结构，利用近代化学热力学的理论，对沥青的各种物理化学现象进行数学描述和解释，这是近年来在沥青结构研究中出现的溶液理论。对于沥青化学结构从“胶体理论”发展到“溶液理论”的认识，不仅可以进一步说明沥青的本质，而且可以应用现代高分子科学的成就来研究沥青的结构及其特性。高分子溶液理论用来研究沥青在老化过程中溶液和溶剂相容性的变化规律，有助于从宏观领域深入亚微观领域进一步认识沥青老化的本质。沥青材料的老化是因为沥青在氧化和聚合过程中引起了沥青化学结构的变化，使作为溶剂的软沥青质和作为溶质的沥青质之间的溶度参数发生了变化，破坏了它们的相容性，造成沥青性质的恶化。沥青再生就是采取措施来改善沥青的相容性。

## 一、沥青的流变性质

沥青是一种热塑性材料，在不同的温度条件下表现为不同的物理性质。在高温条件下，沥青呈流动状液体；在低温条件下，沥青表现为固体，具有弹性和类似玻璃的脆性；在一定的温度范围内，沥青则表现出黏弹性性质。沥青的性质除与温度有密切关系外，还与沥青受到荷载的大小以及荷载作用时间的长短有关。在某一温度下，当沥青受到瞬间荷载，或小荷载的作用时，沥青可表现为明显的弹性性质。当荷载较大而且作用时间较长时，沥青又会表现出黏弹性性质。沥青路面在施工和碾压成型过程中，都是在沥青呈黏流状态下进行工作的，沥青路面再生过程也是在黏流状态下完成的。因此，了解沥青的黏弹性质是十分必要的。

假设在两个平行的平面之间填充着沥青材料，如图 4-3 所示。当平面 $M$ 在外力 $F$ 作用下，相对于平面 $N$ 产生平行移动时，将会带动沥青一起运动，使沥青受到剪切作用。但是，距离平面 $M$ 近的沥青颗粒移动要比距离远的沥青颗粒快，于是在沥青层内形成不同的运动速度。在单位距离内沥青移动速度的变化称为剪变率，用 $\gamma$ 表示，即

$$\gamma = \frac{v}{d} \tag{4-1}$$

式中　$d$——平面 $M$ 与平面 $N$ 之间的距离。

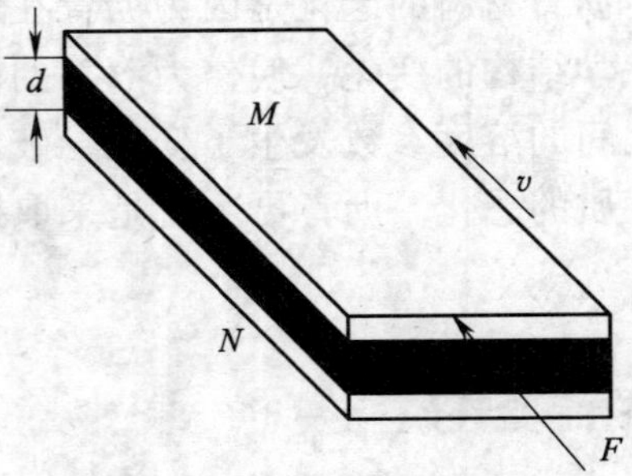


图 4-3　平行平板间沥青剪切示意图

单位面积内沥青受到的剪切力为剪应力，以 $\tau$ 表示，即

$$\tau = \frac{F}{A} \tag{4-2}$$

式中 $F$——剪切力，N；

$A$——面积，$m^2$。

以剪应力 $\tau$ 与剪变率 $\gamma$ 之比表示沥青的黏度，用 $\eta$ 表示，即

$$\eta = \frac{\tau}{\gamma} \tag{4-3}$$

当剪应力为1Pa，剪应变为 $1s^{-1}$ 时，黏度即为1Pa·s。

溶胶型沥青其剪应力与剪应变之比为常数，表现为纯黏性流动性质，黏度与剪应力、时间无关。溶凝胶型沥青和凝胶型沥青的剪应力与剪应变之比不是常数，其黏度随剪应力和时间而变化。因此，在不同的剪应变率下，沥青有不同的黏度，其关系可表示为：

$$\eta^* = \frac{\tau}{\gamma^C} \tag{4-4}$$

式中 $\eta^*$——沥青的表观黏度，即在某一剪变率 $\gamma$ 下的黏度，Pa·s；

$C$——流变指数，也称为“复合流动度”或“牛顿流动反常系数”。如果将式（4-3）代入式（4-4），则得到：

$$\eta = \eta^* \gamma^{(C-1)} \tag{4-5}$$

沥青材料的黏度可以用黏度计测得。沥青黏度计有各种结构和类型，如毛细管黏度计、旋转式黏度计、滑板式黏度计等。其基本测试方法是通过对沥青施加不同的剪应力，分别测得剪应变（或者给定不同的剪变率测得其剪应力），绘制出剪应力与剪变率的关系曲线，将试验结果加以回归，求得 $\tau$ 与 $\gamma$ 的关系方程，即可以得到该沥青材料的流变指数 $C$ 值，同时可以求得剪变率 $\gamma = 1s^{-1}$ 的沥青黏度。例如，用滑板式黏度计测得某种沥青在25℃时的温度；不同剪应力下的剪变率（表4-4），经过回归得到剪应力和剪变率 $\gamma$ 的关系式如下：

$$\tau = 1.16 \times 10^5 \gamma^{0.83} \quad (4\text{-}6)$$

故

$$\eta^* = 1.16 \times 10^5 \mathrm{Pa \cdot s}$$

**滑板式黏度计测试沥青黏度　　　表 4-4**

| 测试序号 | 1 | 2 | 3 | 4 | 5 | 6 | 7 | 8 | 9 |
|---|---|---|---|---|---|---|---|---|---|
| 加载砝码（8） | 50 | 80 | 120 | 170 | 220 | 280 | 350 | 420 | 500 |
| 应变（$10^{-5}$） | 5.0 | 6.0 | 4.5 | 5.25 | 6.75 | 6.25 | 7.25 | 7.5 | 9.75 |
| 加载时间（s） | 180 | 168 | 72 | 48 | 34.5 | 26 | 15.6 | 13 | 11.6 |
| 剪应力（Pa） | 825.9 | 1321.4 | 1982.1 | 2808.0 | 3633.9 | 4624.9 | 5780.1 | 6937.1 | 8258.8 |
| 剪应变（$10^{-3}\mathrm{s}^{-1}$） | 0.554 | 0.713 | 1.248 | 2.183 | 3.905 | 4.798 | 9.276 | 11.515 | 16.777 |

若求得该沥青材料当剪变率 $\gamma = 0.1\mathrm{s}^{-1}$ 时的表观黏度，则代入式（4-5），即得：

$$\eta = \eta^* \gamma^{(c-1)} = 1.16 \times 10^5 \times 0.1^{(0.83-1)} = 2.72 \times 10^5 \mathrm{Pa \cdot s}$$

当流变指数 $C = 1$ 时，剪应力 $\tau$ 和剪变率 $\gamma$ 呈线性关系，服从牛顿定律，这种液体称为牛顿液体，故溶胶型沥青也称为牛顿沥青，如图 4-4 所示。牛顿沥青对于温度极为敏感，缺乏触变性。

由石蜡基原油炼制的沥青具有沥青质含量少，饱和分中石蜡含量高的特点。石蜡在常温条件下呈结晶析出，形成晶簇，而且沥青质含量愈少，这种结晶聚集愈严重。蜡结晶聚集在沥青中，破坏了沥青的胶体结构，使沥青的非牛顿性质明显地表现出来。流变指数 $C<1$ 的液体称为假塑型液体。大部分沥青材料都属于这一类。因为这种材料不服从于牛顿定律，所以称为非牛顿沥青。溶凝胶型沥青和凝胶型沥青都属于非牛顿沥青。两者比较，凝胶型沥青的流变指数 $C$ 更小，偏离牛顿性质更远，非牛顿性质表现更加突出。

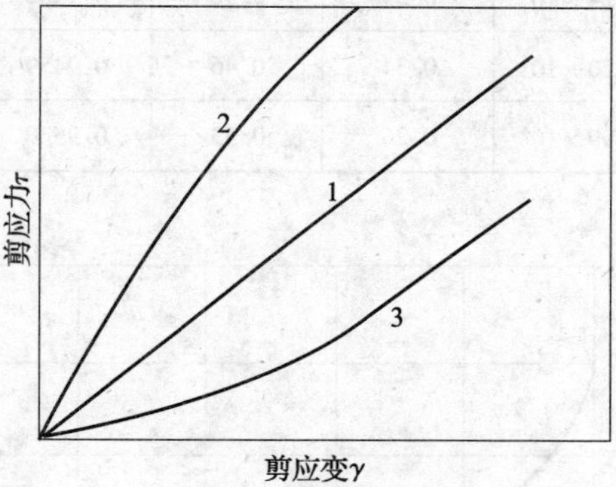


图 4-4 各种流体变曲线图

1—牛顿液体；2—假塑型液体；3—胀流型液体

由于沥青在不同温度条件下表现出不同的流变性质，因此，论述沥青材料的流变性质必须指明沥青所处的温度和剪切条件。因此，结合目前沥青的技术指标条件，以温度为25℃剪变率为 $0.1s^{-1}$ 条件下的黏度和流变指数来研究旧路面沥青的流变性质。

沥青材料在老化的过程中，沥青组分和胶体结构改变，沥青的流变性质也随之发生变化。为了研究沥青材料在老化过程中的流变规律，将沥青材料在薄膜烘箱中进行加速老化试验，观察在不同加热时间后的流变性质和物理性质。表 4-5 和图 4-5 是某国产沥青老化试验的结果。

某国产沥青的加速老化试验结果　　表 4-5

| 加热时间（163℃）（h） | 25℃黏度（Pa·s） | 25℃流变指数 | 加热损失（%） | 密度（$g/cm^3$） | 线收缩系数（$10^{-4}$） |
|---|---|---|---|---|---|
| 0 | $1.65\times10^4$ | 0.40 | 0 | 0.9339 | 3.22 |
| 5 | $2.42\times10^4$ | 0.38 | 0.45 | 0.9380 | 2.89 |
| 10 | $3.24\times10^4$ | 0.34 | 0.46 | 0.9402 | 2.63 |
| 30 | $1.20\times10^4$ | 0.34 | 0.46 | 0.9459 | 2.58 |
| 90 | $4.99\times10^4$ | 0.26 | 0.53 | 0.9530 | 2.54 |

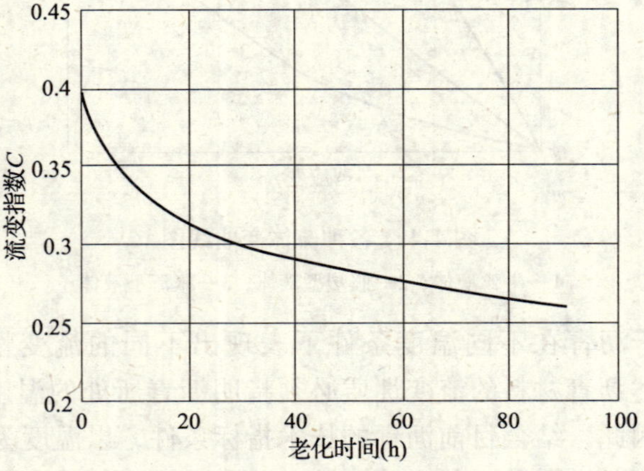


图 4-5　沥青流变指数随老化时间变化曲线

由表 4-5 和图 4-5 可以看出，沥青材料随着老化时间的延长，老化不断加深。其物理性质表现为密度增加，线收缩系数减小。加热超过 5h 以后，加热损失量不再明显增加，这说明沥青的老化不仅由于轻质油分挥发所致，还是氧化和缩合作用的结果。从图 4-5 还可以看出沥青材料在老化过程中，其流变指数随着老化的加深而减少，胶体结构逐渐发生变化，非牛顿性质越来越突出。沥青材料的黏度随老化时间增加而增大。其黏度与时间的关系可以用式（4-7）表示：

$$\eta = b(1+t)^m \tag{4-7}$$

式中　$\eta$——沥青材料的黏度；

$b$——系数，其数值等于沥青材料的初始黏度；

$t$——老化时间；

$m$——老化指数。

由于不同沥青材料的化学组成和化学结构上的差异，而表现为不同的老化速度，因而有不同的 $m$ 值。因此，指数 $m$ 可以定量地反映沥青材料的老化速度。

## 二、再生沥青的流变性质

沥青材料是由油分、胶质、沥青质等几种组分组成的混合物。对于油分，它也不是单一的化合物，而是由分子量大小不等的碳氢化合物所组成的混合物。在石油工业中，根据沥青材料是混合物的原理，将几种不同组分进行调配，可以得到性质各异的调和沥青；将富芳香分的抽出油与高黏度老化沥青相调配，可以有效地改善老化沥青的各项性质。

旧沥青再生就是根据生产调和沥青的原理，在旧沥青中添加低黏度油料（即再生剂）或加入适当稠度的沥青，使调配后的再生沥青具有适合的黏度和所需的路用性质，以满足道路沥青的要求。因此，再生沥青实际上也是一种调和沥青。

石油工业生产调和沥青是根据沥青的化学组分条件来生产所需沥青的，工艺较为复杂，要求有一定的设备条件。进行回收料再生时，由于沥青的化学组分和化学结构极其复杂，即使是相同的化学组分，由于油源和加工工艺的不同，其性质会有较大的差异，因此，在沥青再生设计中，道路设计者无法找到一种适合于各种沥青的最佳组分比例。

现在，国外普遍的观点认为，在某种意义上讲旧沥青再生是沥青老化的逆向过程。分析沥青材料在老化过程中流变行为的变化规律，可以得出再生沥青的过程就是使老化沥青恢复到适当的流变状态的过程。从流变学的观点来看，旧沥青再生的方法可以归结为：① 将旧沥青的黏度调节到所需要的黏度范围内；② 将旧沥青的流变指数予以适当的提高，使旧沥青重新获得良好的流变性质。

再生沥青是由旧沥青与新沥青材料，必要时需添加再生剂，经过调配混合而成的一种沥青材料。试验和研究表明，再生沥青的流变行为与旧油、新沥青以及再生剂的流变行为有密切关系。

1. 再生沥青的黏度

国内外学者研究发现，两种油料相调和，其黏度并不是两种油料黏度简单地按比例合成，由于调和的复杂性，一般是按黏度对数的直线比例关系来进行计算的，即：

$$\lg \eta_m = x\lg \eta_s + (1-x)\lg \eta_h \tag{4-8}$$

式中 $\eta_m$——混合沥青的黏度，Pa · s；

$\eta_s$——软沥青的黏度，Pa · s；

$\eta_h$——硬沥青的黏度，Pa · s；

$x$——软沥青的配合比。

按式（4-8）计算的黏度往往与混合沥青的实际黏度有较大的出入。图 4-6 中实线是旧沥青分别用减五线抽出油和机油按不同配合比例调配后的黏度曲线。由图可见，按式（4-8）计算的黏度，即图中虚线所对应的黏度，与实测黏度相比较有较大的差别。因此，采用公式计算掺配比例时，必须通过试验进行确定。

通过实测资料的整理分析，对于两种油料按一定比例调配混合后其黏度可用式（4-9）来表示：

$$\lg \eta_m = x^a \lg \eta_s + (1-x)^a \alpha \lg \eta_h \quad (4\text{-}9)$$

式中 $a$——黏度偏离指数，其数值与调配油料本身黏度有关。

其余符号意义同前。

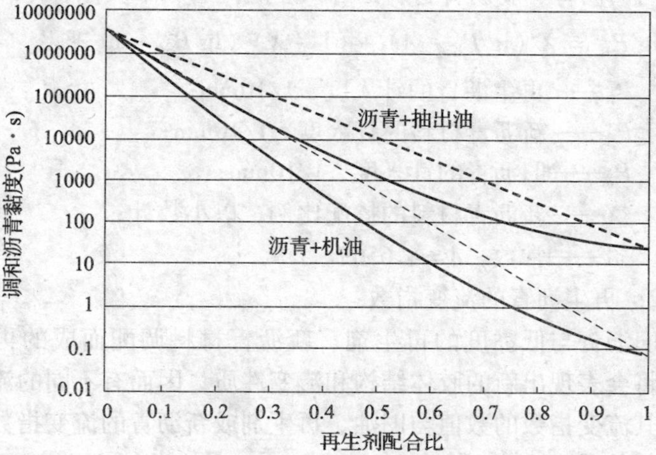


图 4-6 调合沥青的黏度曲线

对于旧沥青与再生剂、新沥青材料调配，再生沥青黏度可按式（4-10）计算：

$$\lg \eta_R = X^a \lg \eta_b + (1-X)^a \alpha \lg \eta_o \quad (4\text{-}10)$$

式中 $\eta_R$——再生沥青的黏度，Pa·s；

$\eta_b$——再生剂或新沥青材料的黏度，Pa·s；

$\eta_o$——旧沥青的黏度，Pa·s；

$X$——再生剂或新沥青材料的掺配比例，以小数计；

$a$——黏度偏离指数，其数值按表 4-6 取值。

黏度偏离指数 *a* 　　表 4-6

| 掺加材料 | 再生剂 | 新沥青材料 | |
|---|---|---|---|
| | 低黏度油料 | 渣油 | 黏稠沥青 |
| $a$ | 1.20 | 1.05 | 1.02 |

由于沥青材料的针入度与黏度有一定关系，故再生沥青的针入度与旧沥青、新沥青材料的针入度之间有如下关系：

$$\lg P_R = X^a(\lg P_b - A) + (1-X)^a(\lg P_o - A) + A \quad (4\text{-}11)$$

式中 $P_R$——再生沥青的针入度，1/10mm；

$P_b$——新沥青材料的针入度，1/10mm；

$P_o$——旧沥青的针入度，1/10mm；

$X$——新沥青材料的掺配比例，以小数计；

$A$——常数，$A=4.6569$。

2. 再生沥青的流变指数

旧沥青与低黏度的再生剂、新沥青材料调配而成的再生沥青，将会表现出新的胶体结构和流变性质，因而有不同的流变指数。其流变指数的数值与旧油、再生剂或新沥青的流变指数之间成如下关系：

$$C_R = K[XC_b + (1-X)C_o] \quad (4\text{-}12)$$

式中 $C_R$——再生沥青的流变指数；

$C_o$——旧沥青的流变指数；

$C_b$——再生剂或新沥青材料的流变指数；

$X$——再生剂或新沥青材料的掺配比例；

$K$——再生效果系数。对于再生剂和新沥青材料，$K$ 有不同的数值。当旧沥青中掺加再生剂，$K$ 值按图 4-7 取值；当旧沥青中掺加新沥青材料，$K=1$。

再生沥青材料的基本性质仍然是采用沥青针入度、软化点和延度等技术指标来表征的。

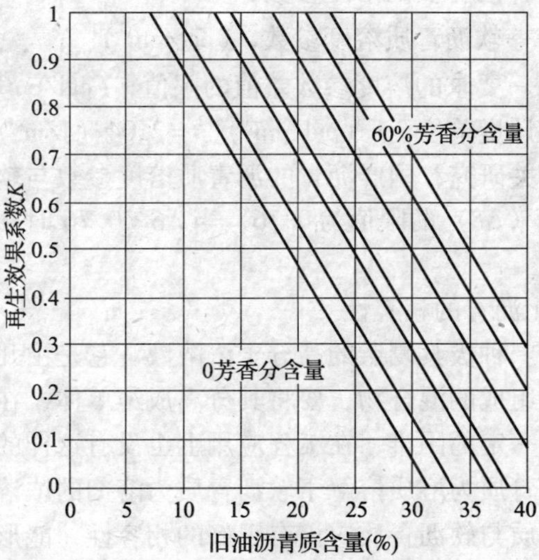


图中平行线由上而下分别代表芳香分含量 60%、50%、40%、30%、20%、10% 和 0 的关系曲线。

图 4-7　再生剂芳香分含量对再生效果的影响

## 三、沥青再生的相容性

1. 普通沥青

相容性是指溶质（沥青质）在溶剂（软沥青质）中的溶解度和溶剂对溶质的溶解能力。一种沥青能否形成稳定的溶液，不决定于溶质粒径的大小，而决定于沥青质在软沥青质中的溶解能力。希尔布兰德曾提出溶质的溶解度参数与溶剂的溶解度参数的差值小于某一定值时，就能形成稳定的溶液。可用式（4-13）表示：

$$\Delta\delta = \delta_{At} - \delta_{M} < K \tag{4-13}$$

式中　$\Delta\delta$——沥青质与软沥青质溶度参数差值，$(cal/cm^3)^{1/2}$；

$\delta_{At}$——沥青质的溶度参数，$(cal/cm^3)^{1/2}$；

$\delta_M$——软沥青质溶度参数，$(cal/cm^3)^{1/2}$；

$K$——要求的溶度参数差值的限值，$(cal/cm^3)^{1/2}$。

按法定计量单位，$1\ (cal/cm^3)^{1/2}=2.04\ (J/m^3)^{1/2}$。

根据有关研究，国产沥青的沥青质溶度参数与软沥青质溶度参数的差值（$\Delta\delta$）的限值为0.76。当$\Delta\delta<0.76$时，可得到较好的相容性。

2. 老化沥青的相容性

沥青是一种极其复杂的高分子浓溶液，它是由几千种乃至上万种化合物组成的混合物，要将其分离成纯单体，在目前的技术水平上存在一定的困难，在工程应用上也没有这样的必要。假设沥青是由沥青质为溶质溶解于软沥青质为溶剂的浓溶液，优良的沥青其沥青质与软沥青质应该有很好的相容性，能形成稳定的浓溶液。随着沥青的老化，沥青及其组分中各种化合物产生脱氢、聚合和氧化等化学变化，使其溶度参数亦随之变化。通常沥青质的溶度参数的提高较软沥青质的溶度参数为快，所以老化后沥青的沥青质与软沥青质溶度参数差值 $\Delta\delta$ 增大，破坏了它们在沥青中的相容性，因而引起沥青路用性能的衰降。

因此沥青老化过程的实质为：沥青中各组分化合物化学结构的变化，引起沥青中沥青质与软沥青质溶度参数的变化，导致沥青质与软沥青质溶度参数差值增大，因而相容性降低，最终表现为沥青路用性能降低。

从化学角度来看，沥青再生就是沥青老化的逆过程，是使沥青中沥青质和软沥青质溶度参数差值减小的过程。由此可见，沥青再生的方法就是采取一定的技术措施，使已经老化的沥青中沥青质和软沥青质溶度参数差值 $\Delta\delta$ 减小，最终使已经老化的沥青路用性能得到改善。

旧沥青老化后导致相容性降低的主要原因为：

(1) 老化后沥青质含量增加，超过在软沥青质中的溶解度；

(2) 老化后沥青质与软沥青质的溶度参数差值 $\Delta\delta$ 增大，超过相容要求的限值。

因此，沥青再生的途径通常是采用掺加再生剂的方法。掺加再生剂后，改变沥青质的相对含量，提高沥青质的溶解能力，从而改善沥青的相容性。表 4-7 是某回收沥青掺加再生剂玉米油和润滑油后相容性（当量直径 $D$）与主要技术性质的变化情况。

**沥青再生后相容性的技术性质的变化　　表 4-7**

| 试样名称 | 再生沥青的组成 | | | | 相容性 | | 再生沥青技术性质 | | |
|---|---|---|---|---|---|---|---|---|---|
| | 旧沥青 | | 再生剂 | | 沉降速度 | 当量直径 | 针入度 (1/10mm) | 软化点 (℃) | 延度 (cm) |
| | 名称 | 用量 (%) | 名称 | 用量 (%) | $v$ (cm/m) | $D$ ($10^{-2}$cm) | | | |
| 回收沥青 | 回收沥青 | 100 | — | — | 1.28 | 6.86 | 121 | 45.5 | 25.8 |
| 再生沥青1号 | 回收沥青 | 95.6 | 玉米油 | 4.4 | 0.76 | 4.83 | 171 | 41.5 | 35.0 |
| 再生沥青2号 | 回收沥青 | 93.5 | 润滑油 | 6.5 | 0.60 | 4.29 | 203 | 39.5 | 35.5 |

3. 相容性理论在沥青再生中的应用

为使旧路面材料能够合理的再生利用，在旧料再生时，必须掺加新的沥青或同时加入再生剂，调节旧沥青的黏度，使旧沥青的性能得到改善。

按相容性理论，老化后的旧沥青由于沥青质的溶度参数（$\delta_{At}$）增大较快，而软沥青质的溶度参数（$\delta_M$）增大较慢，以致使他们的溶度参数差值（$\Delta\delta$）超过限值，因而造成沥青路用性能的衰降。沥青再生在旧沥青中添加再生剂，一方面可以使旧沥青中沥青质的相对含量减少，另一方面可以使旧沥青中软沥青质的溶度参数提高，使得再生沥青的沥青质与软沥青质溶度参数差值达到规定的要求。由此得到如下的关系式：

$$\Delta\delta' = \delta'_{At} - \delta'_{M} < 0.76 \tag{4-14}$$

式中 $\Delta\delta'$——再生沥青中沥青质和软沥青质的溶质参数差值，$(cal/cm^3)^{1/2}$；

$\delta'_{At}$——再生沥青中沥青质的溶质参数（因为再生前后沥青中沥青质的溶度参数不变，故再生沥青中沥青质的溶度参数等于旧沥青的溶度参数），$(cal/cm^3)^{1/2}$；

$\delta'_{M}$——再生沥青中软沥青质的溶度参数，$(cal/cm^3)^{1/2}$。

按溶度参数加成定律，软沥青质的溶度参数等于其组成各组分溶度参数与其含量之和。因此，再生沥青中软沥青质的溶度参数可表示为：

$$\delta'_{M} = (\delta_{M}C_{M} + \delta_{Re}C_{Re})/C'_{M} \tag{4-15}$$

式中 $\delta'_{M}$——再生沥青中软沥青质的溶度参数，$(cal/cm^3)^{1/2}$；

$\delta_{M}$——旧沥青中软沥青质的溶度参数，$(cal/cm^3)^{1/2}$；

$C_{M}$——旧沥青中软沥青质在再生沥青中的含量，%；

$\delta_{Re}$——再生剂在再生沥青中的含量，%；

$C'_{M}$——再生沥青中软沥青质的含量，%。

通过上式可得：

$$\Delta\delta' = \delta'_{At} - (\delta_{M}C_{M} + \delta_{Re}C_{Re})/C'_{M} < 0.76 \tag{4-16}$$

在式（4-16）中，$\delta'_{At}$、$\delta_{M}$、$C_{M}$、$\delta_{Re}$和$C'_{M}$均为可知，由此可以求得再生剂的用量 $C_{Re}$。如此，采用相容性理论确定再生剂用量而得到的再生沥青，其物理性质能够达到预期的要求。

在测试溶度参数有困难时，亦可采用当量直径作为确定再生剂用量的指标。其方法是在旧沥青中加入不同用量的再生剂，分别测定其当量直径，使当量直径控制在要求范围内（即当量直径 $D < 4.4 \times 10^{-2}$cm)，即能达到预期的改善效果。

4．沥青相容性与物理性质的关系

沥青的相容性是沥青内部分子相互作用的结果，它的相容性与物理性质有着密切的关系。根据对旧沥青、新外加沥青再生沥青的试验结果，相容性（以当量直径为指标）与耐久性、流变性和延度之间的关系如下：

$$m = -0.1362 + 8.37D \tag{4-17}$$

$$C = 1.415 - 0.1433D \tag{4-18}$$

$$L = 200.7 - 28 - 04D \tag{4-19}$$

式中　$m$——沥青的老化指数，它表示沥青老化过程中黏度随时间的变化率，亦即抗老化能力；

$C$——沥青的流变指数；

$L$——沥青延度。

由上式可知，沥青的抗老化能力随相容性增加而提高，沥青的流变指数 $C$ 值随着相容性的提高而更加趋向牛顿流变性质；同样，相容性较好的沥青具有较大的延度。试验结果表明，相容性理论所采用的溶度参数（或当量直径）指标与沥青宏观物理性质有一定的相关性。前者是从沥青化学结构的角度来阐述沥青再生的机理；后者则是从沥青力学行为的角度来描述再生的机理，两者是相辅相成的。

## 四、沥青再生的溶度参数

1．化学结构法

化学结构法测定沥青的溶度参数，首先要测定沥青的密度、元素组成、分子量和核磁共振谱，解出沥青的平均分子结构，然后再根据平均结构中各组成单元的引力，按 D·A·斯玛尔

(Small) 建议采用式 (4-20) 求得溶度参数。

$$\delta = \rho \frac{\sum F}{M} \tag{4-20}$$

式中 $\delta$——溶度参数，$(cal/cm^3)^{1/2}$；

$F$——各组成单元引力常数，查表4-5确定；

$\rho$——密度，$g/cm^3$；

$M$——分子量。

由于沥青化学结构参数测定困难，一般在科学研究上计算其溶度参数，而在工程应用时采用相对溶解度方法，此法可以间接确定沥青的相容性。

2. 相对溶解度法

沥青溶解的过程就是沥青质（溶质）溶解于软沥青质（溶剂）的扩散和沉降的分子运动过程，通过运动显示不同溶解性质。扩散运动是沥青质和软沥青质分子力作用的结果，而沉降运动是沥青质分子克服软沥青质黏度的结果。从化学热力学可知，分子扩散运动可用式 (4-21) 表示：

$$d_m/d_t = -D(d_c/d_x) \tag{4-21}$$

式中 $d_m/d_t$——扩散速度；

$d_c/d_x$——溶质溶度的梯度；

$D$——扩散系数。

扩散系数 $D$ 是分子力 $f$ 和温度 $T$ 的函数，而分子力 $f$ 与沥青质和软沥青质溶度参数差值 $\Delta\delta$ 有关，因此，可由沥青质分子的扩散状态间接地了解沥青的相容性。

在常温下，由于软沥青质的黏度较大，沥青质分子的沉降效应较小，很难观察到沥青质分子的扩散效应，因此常采用加入稀释剂，使软沥青质的黏度降低，则增加沥青质的沉降效应，从而根据沉降速度的不同来判断沥青的相容性。相容性好的沥青，沥青质分子的扩散效应较大，沉降速度较慢；相反，相容性较差的沥青，沥青分子扩散效应较小，沉降速度较快。

为使计算精确，考虑到不同性质的沥青密度的差异，以及软沥青质和稀释剂黏度的不同，不宜直接采用沉降速度作为相容性评价指标，因改用“当量直径”来表征沥青的相容性。当量直径是表征沥青相容性的一种指标，并非是沥青质的真实直径。沉降速度 $v$ 与当量直径 $D$ 的关系可由斯笃克（Stoke）定律确定，按式（4-22）计算：

$$D = 2\sqrt{\frac{9\eta v}{2g(\rho_a - \rho_x)}} \tag{4-22}$$

式中　$v$——沉降速度，cm/s；

$\eta$——软沥青质加稀释剂混合后的黏度，Pa·s；

$g$——重力加速度；

$\rho_a$，$\rho_x$——沥青质、软沥青质的密度，$g/cm^3$。

几种沥青的相容性与当量直径的关系如表 4-8 所示。

**沥青相容性与当量直径的关系　　表 4-8**

| 沥青名称 | 相容性评价 | 当量直径（cm） |
|---|---|---|
| 回收沥青 | 差 | 0.0629 |
| 掺配 60 号沥青 | 较差 | 0.0459 |
| 胜利 60 号沥青 | 较好 | 0.0389 |
| 胜利 100 号沥青 | 较好 | 0.0369 |
| 孤岛 60 号沥青 | 好 | 0.0334 |
| 阿尔巴尼亚 60 号沥青 | 好 | 0.0338 |
| 伊朗 60 号沥青 | 好 | 0.0346 |

道路石油沥青的溶度参数 $\delta$ 与当量直径 $D$ 之间的关系，根据试验可得到图 4-8 的相关关系。当 $\Delta\delta = 0.76$ 时，$D = 0.044$。

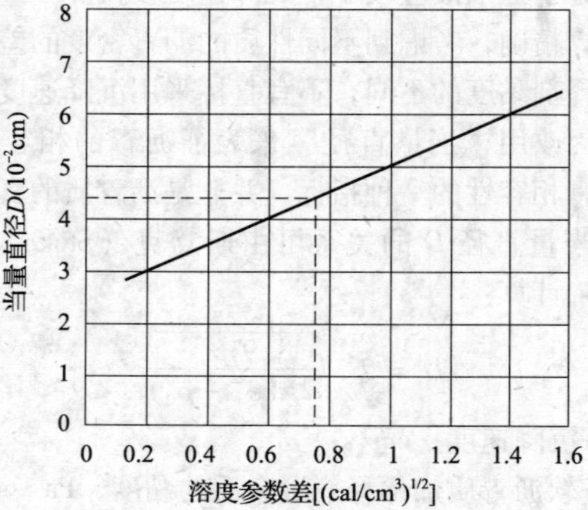


图 4-8　道路沥青溶度参数与当量直径的关系

## 五、再生剂的作用

沥青路面性能的退化主要是因为沥青材料的老化。当旧沥青路面材料中旧沥青的黏度高于 106Pa·s 或者其针入度低于 40（0.1mm）时，就应该考虑使用低黏度再生剂进行改善。

再生剂是指能够将老化沥青的物理和化学性质改善至规范要求的有机材料。在不同的国家和地区，再生剂有许多不同的名称，如软化剂、调和剂、延展剂等。较软的沥青和特殊化学品材料都可以作为再生剂，可以作为沥青再生剂的低黏度油料包括润滑油、抽出油和重油等。但是，比较理想的再生剂是专门针对沥青老化性质开发的特殊油分。国外的沥青再生剂生产商，通常提供针对不同路面老化程度的沥青再生剂。沥青中添加的硫磺、橡胶和各种聚合物材料都不是油料，它们起不到再生的作用，因而不属于再生剂。

要使老化沥青恢复原有性能，即将老化沥青和原沥青的组分进行比较后，向老化沥青中加入所缺少的那部分组分，对沥青组分重新调和，但这种尝试并未取得成功，其原因是：

1. 由于沥青的化学结构极其复杂，即使化学组分相同的沥青因为它们的油源基属及生产工艺不同，化学结构可能会相差很远，其路用性能可能有很大变化。美国SHRP计划研究之初，对沥青采用核磁共振等方法研究沥青的成分，未能得出与路用性能相关的实用性成果。

2. 要合成某种固定组分的再生剂，从工艺上来说有较大的难度，对设备和工艺都有很高的要求，成本也高。因此，以化学组分为指标来控制旧沥青的再生是不现实的。从实用的角度讲，寻找合理的测试指标评定再生剂是经济可行的。在选择再生剂时，老化沥青胶结料和再生剂的黏度特性是两个决定因素。美国的使用经验表明，热再生中更多地使用添加软沥青的方法来改善沥青的性质，而商业再生剂的应用要根据实际工程需要而定。如果再生旧混合料中沥青的黏度已经很高，针入度值非常低，或者回收料在整个混合料的比例超过了50%，就可以添加专用的再生剂来改善老化沥青的性质。再生剂等级的选择取决于老化沥青的硬度和含量。一般，较低黏度再生剂用于老化严重的沥青再生，反之亦然。另外，有些实际工程既添加调和沥青，又添加专用再生剂，这样才能达到沥青的要求指标。

采用乳化再生剂可以有利于混合料的拌合和温度控制，避免拌合滚筒中的再生剂局部过热。而且，适当调整再生剂的乳化配方就可以达到设计最终的沥青黏度要求。乳化再生剂的缺点是需要额外的热量来排除乳液中30%～35%的水分。

再生剂有以下四个重要作用：

（1）恢复老化沥青的性质，使其达到施工和最终路用的黏度要求；

（2）改善再生沥青混合料，从而达到其最佳的耐久性能；

（3）提供足够的沥青胶结料以裹覆外加的新集料；

（4）提供混合料设计所要求的结合料。

## 六、再生剂的测试

为了保证再生剂的使用功能，对再生剂进行以下性能的测试：

（1）再生剂在混合料中的分散均匀性，再生剂必须容易在再生混合料中分散，不会出现局部过于集中，从而造成混合料离析的现象；

（2）能够调和回收料中老化沥青的黏度，使其达到设计要求；

（3）与老化沥青的相容性好，不会造成沥青某些组分的部分析出，破坏沥青结构；

（4）能够促进老化沥青的沥青质重新分布；

（5）提高再生沥青混合料的使用寿命；

（6）在高温条件下，不会出现浓烟，闪点高，符合环保和安全要求；

（7）生产的稳定性和连续性。

美国 ASTM 标准 D4552 提出热沥青再生剂性能指标，如表 4-9 所示。

**美国 ASTM 热拌沥青混合料再生剂规范　　　　表 4-9**

| 试验项目 | ASTM 检测方法 | RA－5 | RA－25 | RA－250 | BA－500 |
|---|---|---|---|---|---|
| 60t 黏度（cst） | D2171 | 176～900 | 901～4500 | 12501～37500 | 37501～60000 |

续表

| 试验项目 | ASTM 检测方法 | RA－5 | RA－25 | RA－250 | BA－500 |
|---|---|---|---|---|---|
| 克里夫兰开口闪点（℃） | D92 | >220 | >220 | >220 | >220 |
| 饱和成分比例（%） | D2007 | <30 | <30 | <30 | <30 |
| RTFO/FTO 残留物性质 | D2872 或 D1754 | | | | |
| 黏度比 | | <3 | <3 | <3 | <3 |
| 质量损失（%） | | <4 | <3 | <3 | <3 |
| 比重 | D70 或 D1298 | 要求提供测试报告 | 要求提供测试报告 | 要求提供测试报告 | 要求提供测试报告 |

其中重要的性质指标包括：

（1）60℃黏度是确定沥青等级和保证均匀的指标；

（2）闪点可以作为再生剂中挥发有机组分和杂质成分的测试指标，闪点对于再生剂的运输、处理和储藏时的安全性十分重要；

（3）饱和成分比例，确保再生剂相容性的指标；

（4）高温质量损失，评价热拌混合料生产中挥发和烟雾污染的性质；

（5）老化试验，测试高温拌合时的抗硬化和耐久性。

在热拌再生的生产工艺过程中，再生剂不仅将受到高温加热的影响，还要受到大气等自然因素的作用。因此，再生剂必须具有一定的耐热性和稳定性。对此，可以利用薄膜烘箱试验后的黏度变化指标来控制。

适当的黏度、良好的流变性质、足够的芳香分含量和较低的薄膜烘箱试验黏度比是再生剂的重要特征。美国威特科公司提出的再生剂质量标准列于表4-10。

**美国威特科公司再生剂质量标准　　表4-10**

| 技术指标 | 测试目的 | 试验方法 | *L*① | *M*① | *H*① |
|---|---|---|---|---|---|
| 60℃黏度（Pa·s） | 调节老化沥青的黏度 | ASTM D2174－071 | 0.08～0.5 | 1～4 | 5～10 |
| 闪点（℃） | 操作安全性 | ASTM D92－72 | >177 | >177 | >177 |
| 挥发性<br>初期沸点（℃）<br>挥发2%（℃）<br>挥发5%（℃） | 热稳定性和防止大气污染 | ASTM D160－61 | <br>>149<br>>191<br>>210 | <br>>149<br>>191<br>>210 | <br>>149<br>>191<br>>210 |
| 黏附性 | 防止离析 | ASTM D2006－70 | >0.5 | >0.5 | >0.5 |
| 化学成分比 $(N+A_1)/(P+A_2)$ | 再生沥青的耐久性 | ASTM D2006－70 | 0.2～1.2 | 0.2～1.2 | 0.2～1.2 |
| 密度 | 用于密度计算 | ASTM D2174－071 | 报告 | 报告 | 报告 |

注：① 各字母表示适宜的抽吸温度：*L*＝46℃，*M*＝88℃，*H*＝93℃。

日本的再生剂质量标准是根据以下几方面要求提出来的：

（1）保证人体安全，再生剂中应不含有毒物质；

（2）考虑施工性能和回收沥青物理性质的恢复来确定60℃的动力黏度；

（3）从操作安全出发，要求再生剂有足够高的闪点；

（4）为保证再生路面的耐久性，规定再生剂薄膜烘箱加热的黏度比及加热损失量。

日本沥青再生剂的质量标准如表4-11所示。

**日本再生剂质量标准　　　　表4-11**

| 项　目 | 试验方法 | 质量要求 |
|---|---|---|
| 动力黏度（s） | JIS K2283 | 80～1000 |
| 闪点（℃） | JIS K2265 | >230 |
| 相对密度 | JIS K2249 | 报告 |
| 组分分析 | | 报告 |
| 薄膜烘箱试验后 | | |
| 黏度比，60℃ | JIS K2283 | <2.0 |
| 质量变化（%） | JIS K2207 | ±3.0 |

## 七、再生剂的选择

再生剂是在施工前或施工拌合时喷洒在回收料中的，因此，再生剂必须具有亲和与渗透能力。如果再生剂过分黏稠，缺乏渗透能力，就不容易快速融入老化沥青中；反之，如果黏度太低，在热拌时迅速挥发，就会失去有效再生的能力。通常，再生剂的黏度应该选择在0.01～20Pa·s范围内为好。

再生剂必须具有溶解和分散沥青质的能力，而且旧沥青中沥青质含量越高，要求再生剂具有溶解和分散的能力也就越高。芳香具有溶解和分散沥青质的能力，而饱和分则相反，它是沥青质的促凝剂。因此，再生剂中芳香分含量是衡量再生剂质量的重要技术指标之一。美国学者Dunning提出，再生剂的芳香分含量应大于60%。另外，Davidson等人提出，再生剂中应该具有足够的氮基馏分，以抵抗沥青质的凝聚作用，建议氮基与饱和分比（N/P）应大于1.0。

## 第五节　热再生沥青混合料设计

沥青混合料热再生设计包括材料测试和混合料的配合比设计两个步骤；在热再生沥青混合料的材料组成中主要包含沥青路面回收料、外加新集料新的沥青粘结料和再生剂（根据需要）。材料测试的目的是确定组成材料的各项指标，从而优化材料组成以达到混合料设计的要求。混合料的配合比设计是通过测试混合料试件的各种性能来确定沥青结合料的类型和用量。因此热再生沥青混合料设计包含以下步骤。

（1）从现场获取有代表性的旧路面再生材料样品；

（2）进行实验室分析：

① 测试回收料的性质，确定回收料的组成；

② 确定添加新集料的用量；

③ 选择新沥青的种类，确定沥青的用量；

④ 拌合、压实和混合料测试；

（3）确定满足设计指标的最佳混合料组成。

### 一、材料测试

材料测试包括回收料的取样和评价及所需再生剂的评价。回收料的取样十分重要，它可能来自旧路面的不同层次，或者是不同路段再生材料所组成的不同料堆。因此，对现有路面、回收料运输车和回收料的料堆都应采集代表性样品，测试级配组成和沥青含量等重要指标。

1．回收料取样

（1）原有路面取样

对于各个路段应按照随机取样法取样，在取样之前，公路部门需要根据现有路面的设计规划、标准和后期评价等资料提出取样和样品评价方案。样品测试的指标应包括旧路面混合料的级配、沥青含量、沥青针入度和黏度等。以前的施工方案、路面状况调查和养护纪录等历史资料都是区分路段材料组成的依据，并对不同路段选取不同的铣刨厚度和不同的施工材料。

先根据历史资料将路面分成相同材料组成的几个施工段，再把每个施工段分成6～8个等长的区间。每个区间随机取一组钻芯样品。每个样品的重量应该可以完成沥青抽提和残留物的性质检测试验。根据国外规定的取样数量，建议单车道每1.6km至少取样一组，且每个项目中样品数不应低于10组。样品的尺寸建议采用直径150mm的路面全厚度圆柱钻芯。如果采用100mm钻芯样品时，建议适当增加样品数量。钻芯取样要先钻取整个路面厚度，经过仔细观察后，将钻芯样品切割并保留要铣刨部分以供检测分析。根据钻芯取样可以确定样品的均值和标准差，分析出再生材料在路段上的变异程度。应该注意样品中是否存在离散值，对于离散值对应的路段应该单独处理。取样方法可参照美国各州公路与运输工作协会（AASHTO）T168沥青路面混合料取样方法进行。

（2）回收料运输车辆上取样

回收料样品可从铣刨现场的运输车辆上获取。美国AASHTO T2集料取样方法可以作为回收料车载取样的依据。

（3）回收料堆的取样

为了获得有代表性的回收料堆样品，减少回收料离析的影响，在回收料堆不同位置至少要挖取10个以上的样品。在取样前，应先除去料堆表面150mm的回收料，然后在一个位置至少挖取5kg的回收料。回收料中50mm以上的大料应该筛除。其中一半的样品用于混合料组成测试，另一半样品在混合料设计中使用。一个单元样品用作集料级配和沥青含量测试的抽提试验，五个单元样品用作 Abson 沥青还原和沥青性质测试。美国 AASHTO T2 集料取样方法也可以作为回收料堆取样的依据。回收料的不同取样方法如图 4-9 所示。

由于原路面材料的破碎和铣刨都会改变原来的集料级配，即使对原有路面或回收料运输车已经取样测试，仍然还需要对工厂的回收料堆样品进行检测。在拌合厂堆放的回收料应及时编号，例如 2004 – Z5 表示 2004 年第 5 个回收料堆。这些回收料的来源路段也应该仔细纪录，以便设计时现场勘察和对问题路段排查。料堆编号并取样后，就不允许再添加任何新的回收料。再生材料设计时就容易针对不同料堆或料堆组提出相应的设计方案。

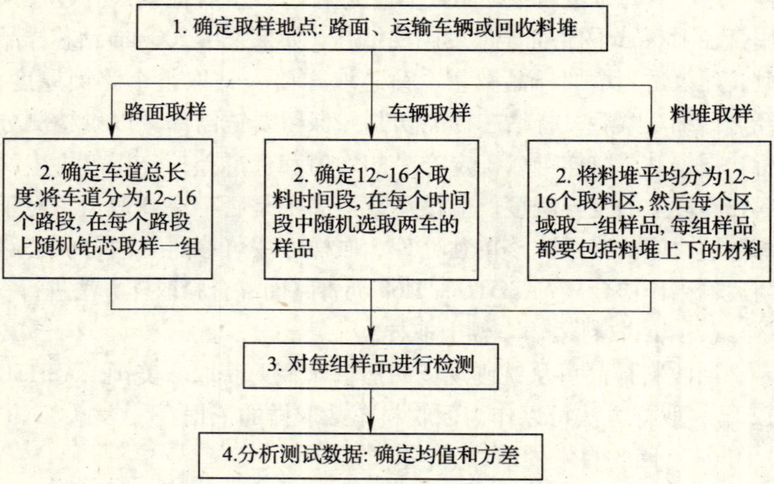


图 4-9　再生回收料取样分析流程图

2. 回收料的评价

在回收料过程，经过氧化和各种老化过程的回收料的沥青中，轻组分含量降低，沥青质含量相应增加，硬度增加，延度降低。在交通荷载和环境的长期作用下，集料的级配会逐渐变细，回收料的铣刨和破碎进一步改变集料级配。在混合料设计之前，应对回收料的沥青性质、沥青含量以及集料的级配进行评价。对有代表性回收料的集料级配、沥青含量和60℃沥青黏度进行测试是回收料设计的基础。

（1）集料评价

美国AASHTO T30抽提集料力学分析方法和AASHTO T27集料筛分测试方法可以作为回收料抽提集料筛分测试的依据。如果回收料集料级配不再满足设计要求，可以外加某些筛分区间的新集料来修正集料级配。同时，集料的形状也需要重新检测。AASHTO T164沥青混合料沥青抽提定量测试方法是一种定量抽提沥青和获取检测沥青的方法，沥青胶结料可采用美国沥青技术中心（NCAT）的燃烧法来确定回收料的沥青含量和集料级配。

（2）沥青胶结料评价

AASHTO T170 Abson沥青混合溶液的提取方法是沥青提取的标准方法。SHRP计划中提出了改进沥青抽提方法（SHRPB－006）。然后，利用AASHTO T202测试还原沥青的60℃黏度，从而确定外加沥青的等级和用量。

如果在再生过程中回收料添加比例低于20%，一般不要求测试还原沥青的性质，混合料的外加沥青等级应和普通沥青混合料相同。

3．回收料添加比例的选择

回收料添加比例是指再生过程中铣刨下来的旧路面材料占整个再生混合料的比例。影响回收料比例的因素有回收料的含水量、外加集料加热的温度、回收料堆放的温度、再生混合料的期望拌合温度、再生混合料的单位产量，拌合仓和称量仓的排气能力，以及回收料中通过0.075mm细料的含量。根据美国沥青再生协会的研究，厂拌热再生的回收料添加比例一般为10%～20%，上限为30%～35%，尽管40%的回收料比例也可以使用。在含水量极低和回收料不用预热的情况下，回收料的比例最高可以达到50%。

美国各个州在基层、结合层和面层中的回收料比例上限有着不同规定，回收料比例的上限也有小于15%的，也有达到100%的。根据我国现有的施工经验和技术条件，采用20%～40%作为间歇式厂拌热再生的回收料比例上限比较合适。

## 二、热再生沥青混合料设计

1. 传统设计法

图4-10是传统设计法设计热再生混合料的步骤。

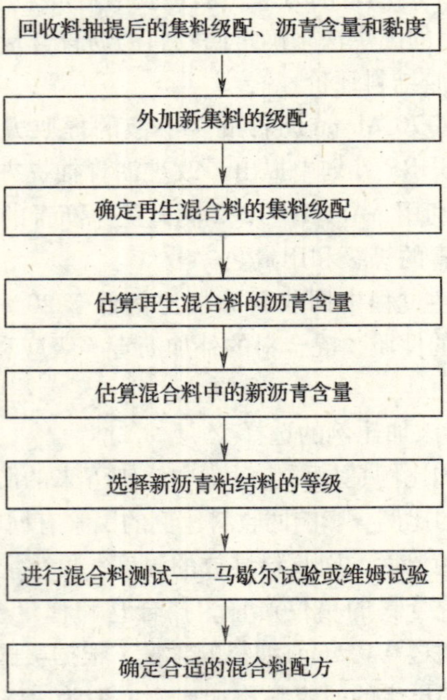


图4-10　传统设计法再生混合料设计流程图

(1) 回收料中的外加集料比例

根据旧路面中的集料和新集料的级配，计算出符合再生料级配的外加集料比例。从而计算出新加入集料占再生混合料总集料的重量百分比。

(2) 再生混合料目标沥青含量

对于热再生沥青混合料，再生混合料目标沥青含量的确定方法比较复杂，一般根据新旧集料的级配所得到的混合料级配就可以确定目标沥青含量，回收料添加量不影响沥青含量的确定。因此，实验室可以将相同新集料级配所确定的沥青用量作为再生混合料的目标沥青含量。

如果以前没有对同类新集料和相同级配的混合料进行过测试，再生混合料的目标沥青含量可以根据美国沥青协会维姆混合料设计法确定，或者采用公式（4-23）估算：

$$P_b = 0.035a + 0.045b + Kc + F \tag{4-23}$$

式中 $P_b$——再生混合料的目标沥青含量估算值，以占沥青混合料重量百分数表示；

$a$——集料 2.36mm 以上筛上剩余百分数，以整数表示；

$b$——2.36mm 和 0.075mm 筛之间的集料百分数，以整数表示；

$c$——0.075mm 以下的集料百分数；

$K$——集料系数，根据 $c$ 值变化而变化，$c = 11 \sim 15$ 时，取 0.15；$c = 6 \sim 10$ 时，取 0.18；$c = 0 \sim 5$ 时，取 0.20；

$F$——系数，根据集料的比重和表现特性，取 0 ~ 2.0。如果没有参考值，可以取 0.7。

根据目标沥青含量估算值为基准，增加或减少 0.5%、1.0% 的沥青用量，分别进行检测就可以确定最佳的沥青含量。例如，经过计算得到估算值为 5.2%，则可以对 5.0%，

±0.5%，±1.0%等5个沥青用量等级测试，得到最佳的再生混合料沥青含量。根据外加集料的比例、回收料沥青含量和再生混合料目标沥青含量，就可以分别得到混合料其他成分的计算值。

(3) 外加沥青含量

外加沥青含量$P_{nb}$是指外加沥青占再生混合料重量的百分比，以式(4-24)计算：

$$P_{nb}=\frac{(100^2-rP_{sb})P_b}{[100(100-P_{sb})]}-\frac{(100-r)P_{sb}}{(100-P_{sb})} \quad (4\text{-}24)$$

式中 $P_b$——再生混合料目标沥青含量,%；

$P_{sb}$——回收料沥清含量,%；

$P_{nb}$——外加沥青占再生混合料重量的百分比,%；

$r$——外加新集料占再生混合料重量的百分比,%。

例如，在实际工程中，$P_{sb}=4.5$，而且$r=75$，那么：

$$P_{nb}=\frac{(100^2-75\times4.5)P_b}{[100(100-4.5)]}-\frac{(100-75)\times4.5}{(100-4.5)}$$
$$=1.012P_b-1.178$$

这样，就可以根据不同的再生混合料沥青含量确定不同的外加沥青用量。

(4) 外加沥青的标号选择

设计中，首先要确定混合料的沥青设计黏度（目标黏度）。一般，设计黏度值与施工方法、气候条件和交通条件有关，应取当地同等条件道路沥青标号的黏度范围中值。然后再计算外加沥青（包括再生剂）占总沥青的百分比，计算公式为：

$$R=100P_{nb}/P_b \quad (4\text{-}25)$$

根据图4-9计算外加沥青的黏度值。已知回收料的老化沥青黏度为左侧纵坐标，根据外加沥青百分比及目标黏度可以在图4-11中确定一个坐标点，而外加沥青的黏度显示在右侧纵坐标上。例如，工程目标黏度为2000泊，外加沥青的百分比$R$为

81%，回收料沥青黏度为60000泊，就可确定坐标点A和B，将A和B连成直线，并延长至右侧纵坐标就得到坐标点C。这样就确定了外加沥青的黏度应为900泊。从而，也就确定了外加沥青的标号。

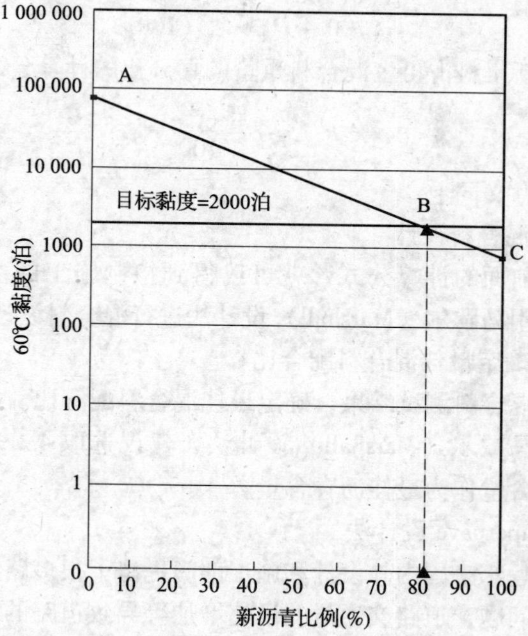


图 4-11 沥青黏度－外加沥青比例计算图

在外加沥青标号选择时，建议遵循以下原则：

1）当回收料比例低于15%时，采用当地通用的沥青标号，不必进行调整；

2）当回收料比例超过16%时，外加沥青的标号提高一个等级就可以了。

除非经过车辙试验的检验，一般不要将外加沥青的标号提高超过一个等级。

(5) 回收料含量和新集料含量

回收料含量是指回收料占再生混合料总重的百分比，以整数表示。下面给出回收料含量计算公式：

$$P_{sm} = \frac{100(100 - r)}{(100 - P_{sb})} - \frac{(100 - r)P_{b}}{(100 - P_{sb})} \tag{4-26}$$

外加新集料占再生混合料重量的百分比的计算公式为：

$$P_{ns} = r - \frac{rP_{b}}{100} \tag{4-27}$$

式中符号意义同上。

(6) 混合料设计

应用前面的计算公式，就可以得到控制施工的主要技术参数，再采用马歇尔（Marshall）设计法进行混合料设计。

(7) 确定最佳混合料配合比

根据混合料测试结果，确定最佳混合料配合比。如果混合料设计采用马歇尔（Marshall）设计法，建议选取4.0%空隙率对应的沥青含量作为最佳沥青含量。

2. Superpave 设计法

由于近年来国内外设计和施工部门提出了很多路面设计施工中存在的问题，道路交通量的迅速增加等导致道路的早期损坏比较严重，因此美国和欧洲一些发达国家提出了基于路面使用性能的设计理论。美国 SHRP 计划就是根据这种设计理论发展起来的。Superpave 路面设计方法提出了一种基于使用性能的沥青胶结料规范。Superpave 设计方法中提出沥青的 PG 性能等级，有利于提高不同温度条件下的沥青路面使用性能。沥青 PG 等级规范包括：

1) 抗车辙系数（$G^*/\sin\delta$），用于控制夏天高温条件下的车辙变形；

2）抗疲劳系数（$G^{*}\sin\delta$），用于控制路面常温条件下的疲劳开裂；

3）最大蠕变劲度模量（$S$），用于表征冬天路面低温条件下抵抗低温开裂的能力。

PG 分级系统包含表征高温和低温使用条件的两个数值，例如 PG 64－28 表示此类沥青具有 64℃路面温度下的抗车辙能力，而且在－28℃路面温度下可以抵抗低温开裂。Superpave 设计方法还提出应用旋转压实仪压实成型的混合料体积设计。热再生 Superpave 设计方法按照图 4-12 的步骤进行。

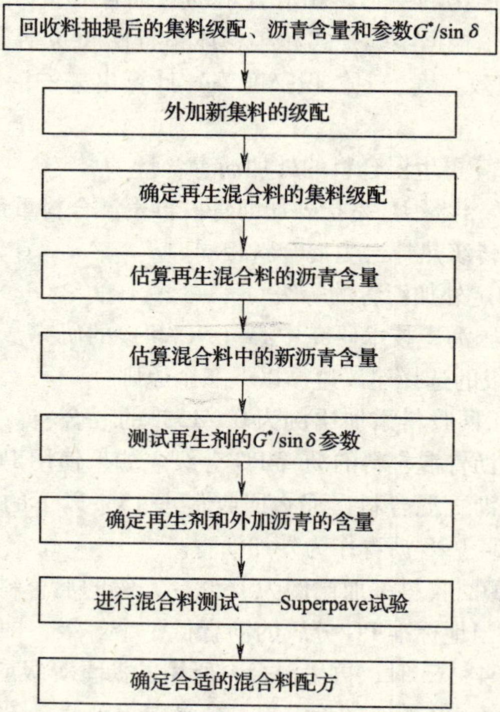


图 4-12　Superpave 方法再生混合料设计流程图

（1）再生混合料的外加新集料比例

首先，要测试回收料集料和新集料的级配，确定再生混合料的集料级配。然后，根据这些级配数据确定外加新集料的添加比例。尽管该步骤与传统再生混合料设计方法相似，但是 Superpave 所要求的集料级配与普通混合料的有所不同，具体设计级配请参考相关设计参考文献。

（2）估算再生混合料的总沥青含量

该步骤要求采用 Superpave 混合料体积设计法计算出估计再生混合料的总沥青含量。假定再生集料与新集料的作用相似，新旧集料的添加比例并不影响混合料的总沥青含量。Superpave 的估算值是一个根据经验公式和集料体积特性（包括集料的级配、Superpave 有效密度、毛体积密度等）计算出来的混合料沥青用量值。

（3）估算再生混合料的外加沥青含量

外加沥青含量 $P_{nb}$ 是指外加沥青占再生混合料重量的百分比，计算方法与传统热拌再生混合料相同。

（4）确定外加沥青的等级

根据美国沥青技术研究中心（NCAT）的研究，外加沥青胶结料 PG 等级的选择建议遵循以下三个原则：

1）对于回收料添加比例为 0 ~ 15% 的混合料，可以应用当地同类普通沥青混合料的沥青 PG 分级。如果使用 PG 64 – 28 沥青生产普通沥青混合料，那么回收料占 15% 以下的再生混合料也采用 PG 64 – 28 沥青作为外加沥青。

2）对于回收料添加比例为 16% ~25% 的混合料，再生外加沥青应该比当地标准 PG 分级的沥青低一个等级，即在标准沥青等级为 PG 64 – 22 时，再生混合料所用的沥青等级应为 PG 58 – 28。且该沥青 PG 等级的确定也可依高温等级计算图确定。

3）如果再生混合料中使用 26% 以上的回收料，建议使用图

4-13 高温等级计算图来确定沥青等级。图中 $X$ 坐标表示外加沥青占再生混合料沥青总量的百分数，$Y$ 坐标表示高温抗车辙指标 $G^*/\sin\delta$。在应用时需要注意，如果当地公路部门采用 PG 64 - 28 的沥青等级，那么无论对于老化的旧沥青还是外加的新沥青，$G^*/\sin\delta$ 指标都应是在 64℃的条件下测试得到的。在图中左边纵坐标取老化沥青的 $G^*/\sin\delta$ 值，在右边的纵坐标取外加沥青的 $G^*/\sin\delta$ 值，连接这两个点的直线与 1kPa 和 2kPa 两条水平线相交的交点分别为 $A$ 和 $B$。$A$ 点所对应的 $X$ 坐标为外加沥青用量的最大值，而 $B$ 点所对应的 $X$ 坐标为外加沥青用量的最小值。当第 3 步确定的外加沥青含量在 $A$ 点和 $B$ 点所确定的最大用量和最小用量之间，就可以确定外加沥青的 PG 等级了。

例如，某再生工程中外加沥青用量为 74%，公路部门在当地应用 PG 64 -28 沥青。经测试，老化沥青和外加 PG 64 -28 沥青的 64℃ $G^*/\sin\delta$ 值分别为 100kPa 和 1.20kPa。首先将老化沥青和外加沥青的 $G^*/\sin\delta$ 值绘制在图 4-13 中；然后，连接这两点成直线，并确定其与 2.0kPa 水平线相交在 86% 处。这说明外加沥青的最小值为 86%，不满足要求。下一步，取 PG 58 -34 沥青来试算。在 64% 条件下，PG 58 -34 沥青的 $G^*/\sin\delta$ 值为 0.64kPa。这样就可以确定外加沥青的最大值和最小值为 88% 和 73%，说明 PG 58 -34 沥青可以满足要求。因而沥青等级 PG 58 -34 适合这一再生工程。

一些学者认为只用 $C^*/\sin\delta$ 值来确定沥青的使用等级还不够完整，而抗疲劳系数 $G^*/\sin\delta$ 和低温指标都应该考虑进来。该研究工作还在进行中，没有成熟的结论用于工程实践。

（5）混合料测试

在再生设计过程中，对外加集料可能需要稍作调整才能符合 Superpave 集料要求。混合料应在 Superpave 旋转压实仪上成型试件，并根据 Superpave 混合料体积设计法设计。其他混合料测试条件和方法与传统再生混合料设计方法一样。

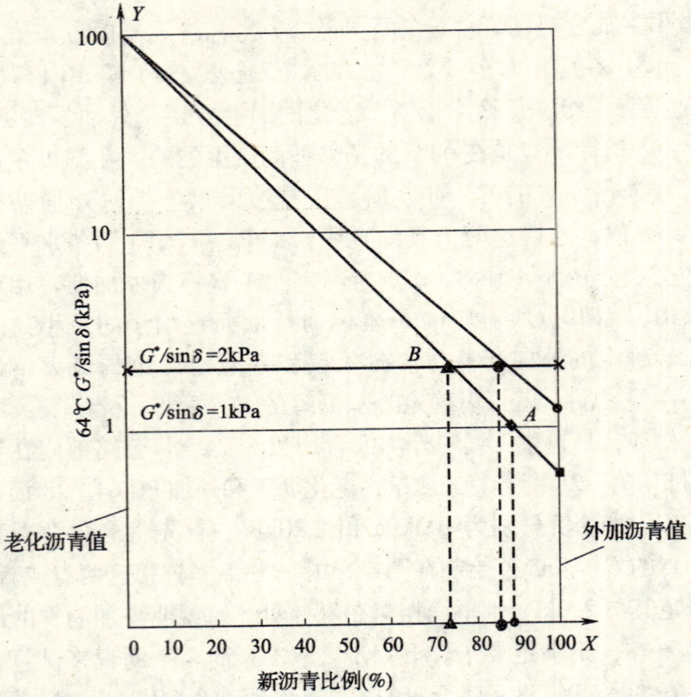


图 4-13　Superpave 法沥青黏度－外加沥青比例计算图

(6) 确定混合料配方

根据混合料的测试结果确定最佳的沥青含量。设计混合料配方应该符合所有的混合料测试指标。

## 三、传统设计法热再生设计实例

某地区沥青混合料再生项目计划采用间歇式厂拌热再生的方法。回收料的取样是根据随机取样法在不同回收料堆中选取的有代表性的样品，然后进行抽提试验，分别检测沥青和集料的各项指标。检测的指标包括：

① 旧路面上铣刨下来的回收料沥青含量 $P_{sb}$ 为 5.4%；

② 回收料老化沥青 60℃的黏度为 46000 泊；

③ 当地常用的沥青等级是 70 号，60℃的目标黏度为 2000 泊；

④ 外加新集料和回收旧料中的集料级配列入表 4-12。

**外加新集料和回收料旧集料级配表　　表 4-12**

| 筛孔直径（mm） | 通过率（%） | |
|---|---|---|
| | 外加集料 | 再生集料 |
| 25.0 | 100 | 100 |
| 19.0 | 92 | 98 |
| 9.5 | 53 | 85 |
| 4.75 | 31 | 65 |
| 2.36 | 16 | 52 |
| 0.3 | 5 | 22 |
| 0.075 | 1 | 8 |

由于此项目采用间歇式厂拌法，而且回收料的含水量为 5%，建议采用 30% 的回收料添加量。根据过去的经验和现场的条件，30% 添加比例应该比较可行，再生效率也比较高。

1. 计算再生混合料的混合级配

由于建议回收料添加比例为 30%，外加集料的比例就是 70%，即 $r=70$。表 4-13 是混合级配的计算方法。

**再生混合级配计算表　　表 4-13**

| 筛孔直径（mm） | 通过率（%） | | |
|---|---|---|---|
| | 70% 外加集料 | 30% 再生集料 | 混合级配 |
| 25.0 | 100×0.7=70 | 100×0.3=30 | 100 |
| 19.0 | 92×0.7=64.4 | 98×0.3=29.4 | 93.8 |

续表

| 筛孔直径（mm） | 通过率（%） | | |
|---|---|---|---|
| | 70%外加集料 | 30%再生集料 | 混合级配 |
| 9.5 | 53×0.7=37.1 | 85×0.3=25.5 | 62.6 |
| 4.75 | 31×0.7=21.7 | 65×0.3=19.5 | 41.2 |
| 2.36 | 16×0.7=11.2 | 52×0.3=15.6 | 26.8 |
| 0.3 | 5×0.7=3.5 | 22×0.3=6.6 | 10.1 |
| 0.075 | 1×0.7=0.7 | 8×0.3=2.4 | 3.1 |

根据上表的计算结果与施工级配要求（见表4-14）对比得到，此混合级配满足施工要求，可以进行混合料设计。

**级配结果比较表　　表4-14**

| 筛孔直径（mm） | 通过率（%） | |
|---|---|---|
| | 混合级配 | 级配要求 |
| 25.0 | 100 | 100 |
| 19.0 | 93.8 | 90~100 |
| 9.5 | 62.6 | 56~80 |
| 4.75 | 41.2 | 35~65 |
| 2.36 | 26.8 | 23~49 |
| 0.3 | 10.1 | 5~19 |
| 0.075 | 3.1 | 2~8 |

2. 预估混合集料的沥青总用量 $P_b$

沥青总用量 $P_b=0.035a+0.045b+K_c+F=0.035\times73.2+0.045\times23.7+0.2\times3.1+0.7$

$=4.95$（取5.0作为计算值）

因此，在设计中可以取 4.0%，4.5%，5.0%，5.5%，6.0% 五个沥青含量进行试验。

3. 计算混合料中外加沥青含量

$$P_{nb} = \frac{(100^2 - rP_{sb})P_b}{[100(100 - P_{sb})]} - \frac{(100 - r)P_{sb}}{(100 - P_{sb})} = 1.017P_b - 1.712$$

由于预估沥青总用量为 5.0%，可得 $P_{nb} = 3.4$

外加沥青占总沥青用量的比例为 $R = 100 \times 3.4/5.0 = 68$（%）

4. 选择外加沥青的标号

在图 4-14 中，根据回收料老化沥青 60℃ 的黏度 46000 泊，可以在左侧纵坐标上确定 $A$ 点。由于 $r = 68\%$，工程目标黏度为 2000 泊，就确定了另一控制点 $B$。连接 $A$ 和 $B$ 点的直线会与右侧纵坐标有一个交点 $C$，$C$ 点对应的黏度值是 700 泊，沥青标号就确定了。

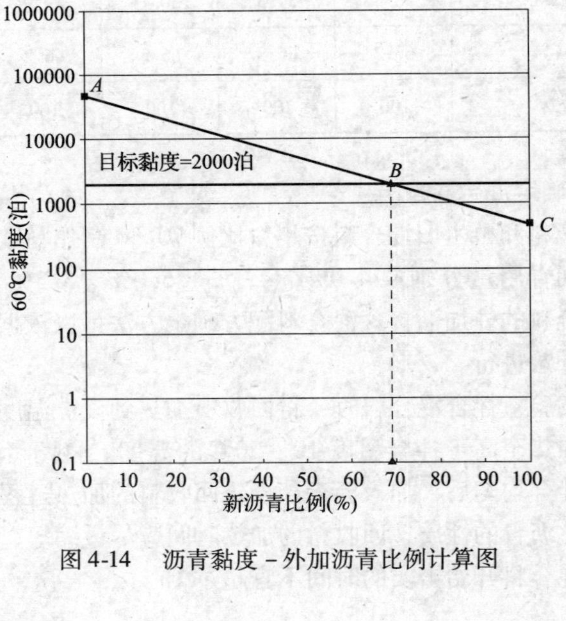


图 4-14 沥青黏度－外加沥青比例计算图

5. 混合料参数计算

根据计算公式和已知参数可以分别计算回收料含量 $P_{sm}$ 和外加新集料占再生混合料重量的百分比 $P_{ns}$。

$$P_{sm}=\frac{100(100-r)}{(100-P_{sb})}-\frac{(100-r)P_{b}}{(100-P_{sb})}=31.71-0.31P_{b}$$

$$P_{ns}=r-\frac{rP_{b}}{100}=70-0.7P_{b}$$

在不同沥青含量条件下的计算结果见表 4-15。

**回收料和外加新集料比例计算表　　　　表 4-15**

| 沥青含量，$P_b$（%） | 4.0 | 4.5 | 5.0 | 5.5 | 6.0 |
|---|---|---|---|---|---|
| $P_{nb}$（%） | 2.4 | 2.9 | 3.4 | 3.9 | 4.4 |
| $P_{sm}$（%） | 30.4 | 30.3 | 30.1 | 29.9 | 29.8 |
| $p_{ns}$（%） | 67.2 | 66.8 | 66.5 | 66.2 | 65.8 |
| 合计 | 100 | 100 | 100 | 100 | 100 |

6. 确定混合料配方

新集料和再生旧混合料按集料比例 70∶30 制作马歇尔混合料试件，沥青用量分别取 4.0%、4.5%、5.0%、5.5% 和 6.0%。再生混合料的外加沥青含混合料配方确定方法可以依据现行的马歇尔设计法进行。

在实验室拌合混合料时，将回收料加热到设计温度，同时将新集料加热至高于拌合温度 10～20℃ 的温度。将两者按比例放在一起拌合均匀后，加入沥青拌合。回收料的加热过程会影响回收料老化沥青的性质，回收料的加热时间应尽量缩短，从回收料加热到混合料开始击实的时间不宜超过 1h。

# 第六节　厂拌热再生施工工艺

沥青路面厂拌热再生是将回收沥青路面材料（RAP）运至沥青拌合厂（场站），经破碎筛分，以一定的比例与新集料、新沥青、再生剂（必要时）等拌制成热拌再生混合料铺筑路面的技术。实践证明，如果采用完善的设计和正确的施工方案，热再生沥青混凝土的性能可以达到，甚至超过普通热拌沥青混凝土。厂拌热再生可以用来改进原有路面混合料设计中的问题，改善和修复路面外观，也可以作为路面高程受限时的修复方案。热再生可以重复利用现有材料，对原有设备只需要简单改造，避免了回收混合料的堆放和处置问题，同时又满足国家的环保要求。

## 一、厂拌热再生间歇式施工工艺

1. 旧路面的处理

（1）冷铣刨

冷铣刨是利用专门机器对原路面自动清除至指定厚度的一种方法，经过冷铣刨可使路面达到规定的厚度和坡度，能去除壅包和车辙等路面病害。美国沥青再生协会（ARRA）的冷铣刨规范要求铣刨机应具有强大动力，可以自驱动自牵引，具有良好的操作稳定性。铣刨机应配备控制纵坡和横坡的自动控制系统，能够铣刨完成指定的路面纵坡和横坡，并能够准确控制纵坡高程在3%以内。铣刨机还应具有有效控制铣刨粉尘的装置和内置收集系统，它可以扫除大部分成块的铣刨料并输送到传送带上，前装载设备自动收集传送带上的回收料，铣刨的同时伴随着粉碎作业的完成。铣刨机有不同的尺寸和功率，铣刨宽度可以是 1m 到整个车道，铣刨深度为 20～38cm。

美国沥青再生协会建议冷铣刨后的路面应具有均匀而不连续的纵向条纹而且不应存在破损面。图 4-15 是冷铣刨施工后的典型表面纹理结构。刨面应避免在两个路面结构层的黏结面上，因为在黏结面上铣刨会造成层间剥落、浅车辙和回收料混杂等问题。图 4-16 是正在进行冷铣刨的施工现场。

图 4-15　冷铣刨后的路面纹理结构

图 4-16　冷铣刨施工现场

冷铣刨应规定铣刨面积和铣刨深度从而测定完成的工程数量，有时也以重量为单位测定完成的工程数量。冷铣刨工程费用相应地按照铣刨面积或铣刨重量来支付。招标价格应包含人工、材料、仪器、工具和不可预见费等。

（2）深翻/粉碎

深翻/粉碎是原有路面处理的一种方法，现场采用的设备包括翻地机、路面破碎机或深翻机械。路面翻松后装车运往粉碎场。深翻机类型的选择由碎石机处理的最大翻料尺寸决定。这种方法特别适用于低等级道路升级而且原路面材料单一的条件。

深翻/粉碎不能同冷铣刨一样在现场完成粉碎，因此生产效率比冷铣刨低。但是，冷铣刨会在现场产生大量的粉尘，而深翻/粉碎则相反。图 4-17 为翻地机工作现场。

图 4-17　翻地机工作现场

回收料粉碎的目的是在外力作用下使回收料的粒径达到最大允许粒径以下。冷铣刨机可以在现场直接粉碎回收料，其粉碎程度取决于原来混合料的石料最大粒径和级配。而在深翻/粉碎处理过程中，通常使用挖掘机来深翻路面，然后再由运输车运往工厂粉碎。碎石机既有压缩式的也有冲击式的，还有一种专门的回收料破碎机，如图 4-18 所示。

图 4-18　回收料碎石机

在再生工程中，常采用冲击式碎石机。冲击式碎石机是既可以用来初次破碎，也可以用来二次破碎的反击式碎石机，如图 4-19 所示。利用固定在转子上的碎石棒冲击反击板来粉碎回收料。锤式碎石机也采用相同的原理，如图 4-20 所示。它们可以作为初次、二次破碎机，还可以用来破碎颚式碎石机初次破碎的回收料。有时，颚式和旋回式碎石机组合可以有效地破碎回收料。通常，颚式碎石机将大块回收料破碎成容易处理的尺寸，然后再由旋回式碎石机破碎到需要的粒径。如果在两次破碎后使用振动筛可以生产两种回收料：细料（通常小于 12.5mm）和粗料（12.5～19mm）。颚式和旋回式碎石机在炎热和湿润的天气特别容易产生压实的回收料，而水平式和锤式碎石机则不会产生这种问题。

回收料首先由装载机或推土机混合均匀，然后将回收料中的最大石料破碎至下一级石料，如图 4-21 所示。这样可确保原沥青混合料尽量破碎，没有超粒径石料。如果在施工现场有碎石机，一般每一批生产只破碎少量石料取样检测后使用。每批回收料的破碎量小有利于检测石料的均匀性，从而容易保持石料级配稳定。

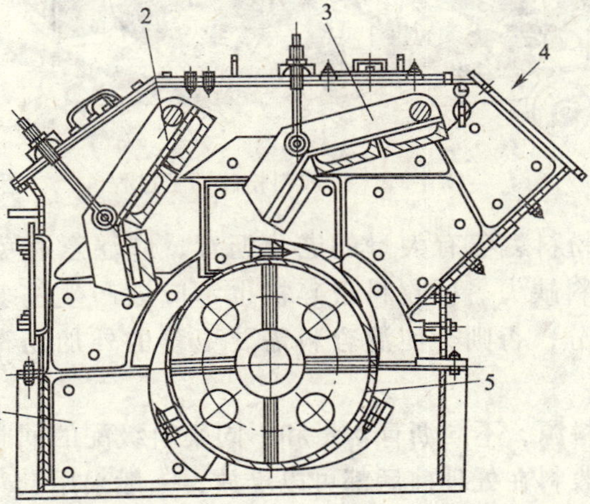


图 4-19　单转子反击式碎石机

1—机体；2—后击板；3—前反击破板；4—进料口；5—转子

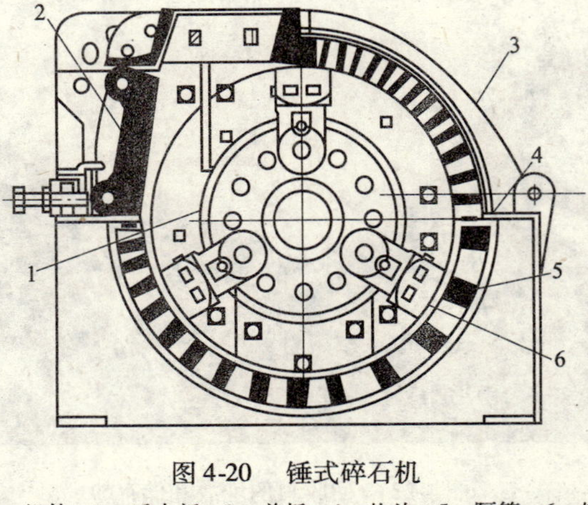


图 4-20　锤式碎石机

1—机体；2—后击板；3—盖板；4—垫片；5—隔筛；6—锤

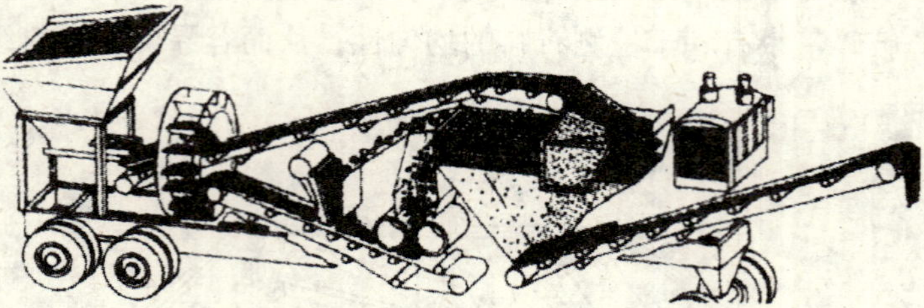

图 4-21　回收料粉碎加工过程

由于粉料裹覆有大量的老化沥青，应注意避免再生混合料中的粉料缺失。回收料破碎机也不应该产生过多的粉料或者破碎过分，否则会使混合料需要更多的外加沥青，从而使成本增加。

不同料源、不同沥青含量和不同集料级配的回收料应分开堆放。回收料在处理前后都可以堆放，一般采用翻斗铲车或分散堆垛机进行处理。图 4-22 是堆放回收料用的分散堆垛机。堆放回收料遇到的两个主要问题是：回收料压实粘结和含水量增加。

图 4-22　回收料的堆放和储存

过去普遍认为低而平坦的回收料堆比高而尖的料堆好，不容易出现回收料再粘结。最近的经验证明，高而尖的料堆更好，回收料并不会在大料堆中粘结，在料堆上会形成20～25cm的硬壳，防止雨水流入和下面的回收料粘结。对于高料堆，硬壳很容易用铲车挖除，但是对于低而平坦的料堆就不容易操作。料堆要堆放在硬地面上，以防止料堆下面污染或地面沉降。较细的集料容易吸收水分，因此在生产中需要更多的热量来排除水分。再生过程中的热量主要来自外加的热集料，而且再生拌合楼的集料加热量是有限的，水分增加后，或者每小时再生产量减少，或者回收料的比例降低。图4-23表示在含30%回收料时，不同含水量下再生过程所需的新集料温度。图中显示含水量每增加1%，烘干的温度就要大幅增加，即使只增加0.5%的含水量都会使再生产量显著减少。所以，应该保障料堆排水顺畅。因此，高而尖的料堆比较好。

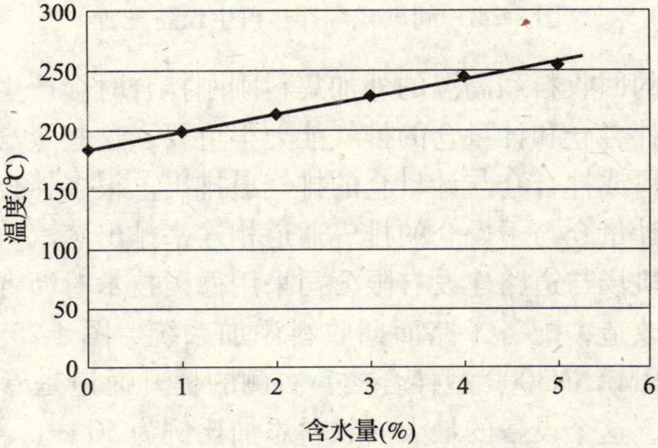


图4-23　回收料含水量与新集料温度关系

2．间歇式拌合楼的改造

回收料同外加集料拌合会产生大量烟雾，在干燥筒、热集料提升机和筛分塔容易产生积料现象，间歇式拌合楼用于再生拌合时需要适当改造。间歇式工厂采用最多的方法称作“枫木法”。图 4-24 是枫木法生产的示意图。现在是采用升降机或皮带传送机将回收料通过单独的冷加料箱加入计料仓或拌合仓。外加料的加热温度取决于回收料的性质和添加比例。

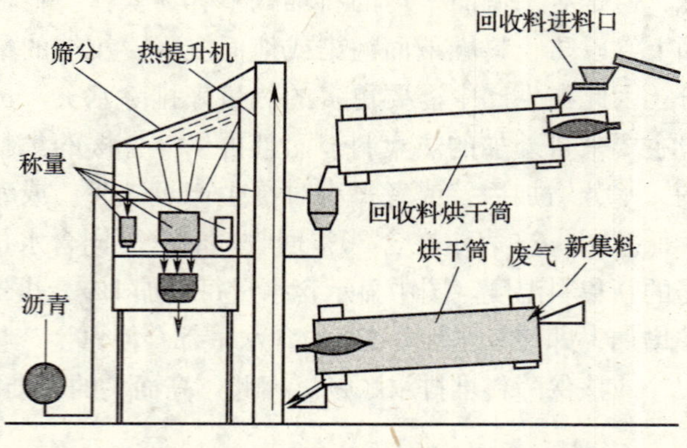


图 4-24 间歇式厂拌热再生设备配置

湿冷的回收料和高温的外加集料刚刚拌合时会产生大量的蒸汽，因此拌合仓和计量仓的排气能力很重要。这些蒸汽可以由回收料加入口或拌合仓与计量仓的排气道排出。很多拌合厂都是将拌合仓和计量仓与干燥仓的排气通道相连来排出蒸汽。

上海机场与道路建设有限公司采用德国技术对沥青混合料拌合楼进行改造，配备了路面回收料添加系统。图 4-25 中的设备是德国 AMMANN3000 型拌合楼，右侧的提升通道是专门为回收料设计的，这个设备的最大回收料添加比例为 50%。

根据回收料的不同添加方法，设备改造需要注意：

（1）石料烘干筒

由于热再生的外加热石料并不多，所以有必要对干燥筒进行改造。在火焰的前方必须有适当的防护网，每一次生产结束后应该有一段冷却期，使滚筒温度不会过高。

图 4-25 厂拌热再生回收料添加设备

（2）干燥筒排气系统

改造该系统可以避免高温石料产生的高温废气损坏除尘设备，可通过重新设计烘干筒的槽板、加长通道、在排气系统中增加冷空气或水雾的方法降低废气的温度。

（3）筛网

为了避免高温，筛网的轴承应采用特殊的润滑剂。

（4）热集料储存仓

根据储存仓的尺寸和集料储存时间，储存仓外面应加装隔热层，以免集料温度下降。

（5）回收料加料仓

为了避免回收料粘结，加料仓应细而陡，下部开口较大。图 4-26 为回收料加料仓和传送系统。

（6）回收料加料传送系统

为保证连续生产，回收料加料和传送系统应能充分供给计量装置的运行，有时需要配备大功率电机工作。

图 4-26　回收料加料仓和传送系统

（7）计量仓加料通道

计量仓的加料通道坡度应尽量大，并配有防止灰尘飞出的气门。加料通道应使集料落入计量仓的中间。

（8）计量仓和拌合仓的通风

为避免水蒸气和灰尘累积，计量仓和拌合仓必须通风。缩短干燥拌合时间可以防止水蒸气夹带粉尘排出。水蒸气的生成量由回收料的水分含量和回收料的拌合比例所决定。

（9）成品储存仓

成品储存仓用来储存拌合好的热拌料。一般在拌合仓中高温石料和低温回收料的接触时间较短，给再生混合料提供充分的热量交换过程。

3. 间歇式工厂再生

在再生过程中，外加集料必须加热到很高温度，以加热和干燥回收料。表 4-16 列出了加热温度表，其中不同的最终混合料温度和不同的回收料湿度对应不同的外加集料温度。

**再生新集料温度表（℃）　　表 4-16**

| 回收料含量 | 回收料含水率（%） | 再生混合料出料温度 | | | |
|---|---|---|---|---|---|
| | | 104℃ | 115℃ | 127℃ | 138℃ |
| A：10%回收料/90%新料 | 0 | 121 | 138 | 152 | 163 |
| | 1 | 127 | 143 | 154 | 168 |
| | 2 | 132 | 146 | 157 | 171 |
| | 3 | 138 | 149 | 163 | 174 |
| | 4 | 141 | 152 | 166 | 177 |
| | 5 | 143 | 157 | 168 | 182 |
| B：20%回收料/80%新料 | 0 | 138 | 154 | 168 | 182 |
| | 1 | 146 | 160 | 177 | 191 |
| | 2 | 154 | 168 | 182 | 196 |
| | 3 | 163 | 177 | 191 | 2N |
| | 4 | 171 | 185 | 199 | 213 |
| | 5 | 179 | 193 | 207 | 221 |
| C：30%回收料/70%新料 | 0 | 157 | 179 | 191 | 207 |
| | 1 | 168 | 185 | 202 | 218 |
| | 2 | 182 | 199 | 216 | 232 |
| | 3 | 196 | 213 | 229 | 246 |
| | 4 | 210 | 227 | 243 | 260 |
| | 5 | 224 | 241 | 257 | 274 |
| D：40%回收料/60%新料 | 0 | 179 | 199 | 218 | 238 |
| | 1 | 199 | 218 | 238 | 257 |
| | 2 | 218 | 238 | 257 | 277 |
| | 3 | 243 | 260 | 279 | 299 |
| | 4 | 260 | 279 | 299 | 321 |
| | 5 | 285 | 302 | 321 | 341 |

续表

| 回收料含量 | 回收料含水率（%） | 再生混合料出料温度 | | | |
|---|---|---|---|---|---|
| | | 104℃ | 115℃ | 127℃ | 138℃ |
| E：50%回收料/50%新料 | 0 | 210 | 235 | 257 | 282 |
| | 1 | 240 | 268 | 288 | 310 |
| | 2 | 271 | 293 | 318 | 343 |
| | 3 | 302 | 327 | 349 | 374 |
| | 4 | 338 | 360 | 379 | 409 |
| | 5 | 365 | 390 | 413 | 438 |

下面对各种间歇式厂拌热再生生产过程逐一介绍。

（1）简单间歇式

图4-27是简单间歇式厂拌热再生系统。外加热集料和冷的回收料送入料提升机的受料斗中，经过拌合和过筛，然后储存在热料仓中。间歇式拌合楼的排气系统可以排出回收料中的水分，在整个生产过程中不会有排放问题。

但这种再生方法要求热料筛分系统最下层的筛网孔径不小于6mm，否则总混合料中的回收料比例保持很低，以免将底层筛网堵住。这种再生方法还要求回收料的含水量不能太高，否则容易堵塞筛网。

（2）“枫木法”式

图4-28是应用最广的“枫木法”热再生系统。回收料先筛分好，然后将回收料与预热的外加集料一起加入计量仓中。在进料过程中，回收料应在第一热料斗和第二热料斗之间加入，有利于回收料充分混在热集料当中进行热交换。这些混合料进入拌合仓时，可能会产生少量的水蒸气喷发。因此，在计量仓中需要配备功率强大的排气装置。另一种方法就是在拌合楼后面建一个大蒸汽室，以收集生产中产生的水蒸气。

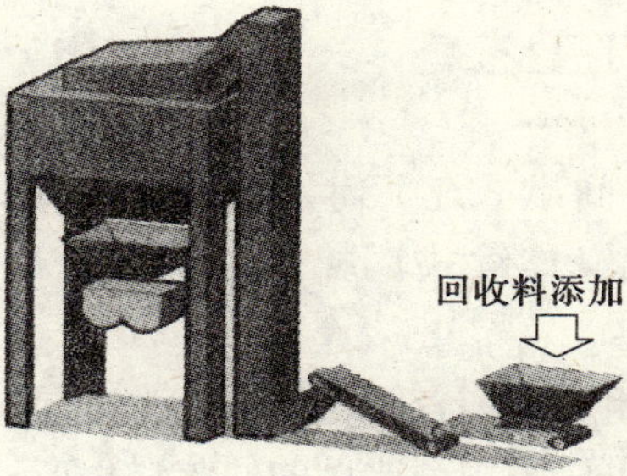


图 4-27　简单间歇式厂拌热再生系统

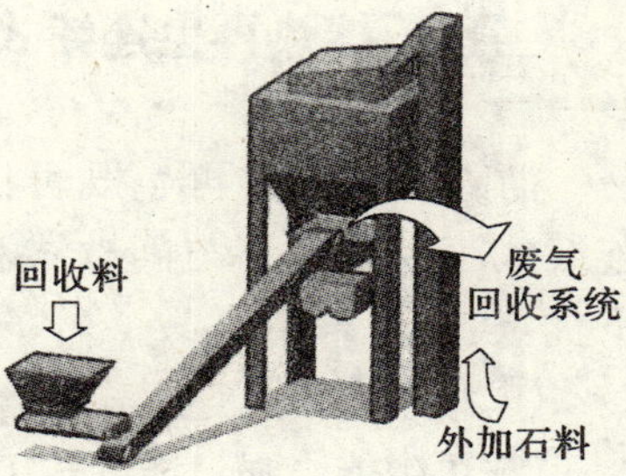


图 4-28　“枫木法”再生系统

（3）单独式

图 4-29 是单独式热再生系统。先将回收料单独加热，再装入单独的热料储存仓中，单独称量后送入拌合仓中生产混合料。在生产中可能会由于含水量或回收料加热设备的氧气量的波动使系统难于控制。其特点是可以再生达 40% 的回收料。这种再生系统生产成本较大。

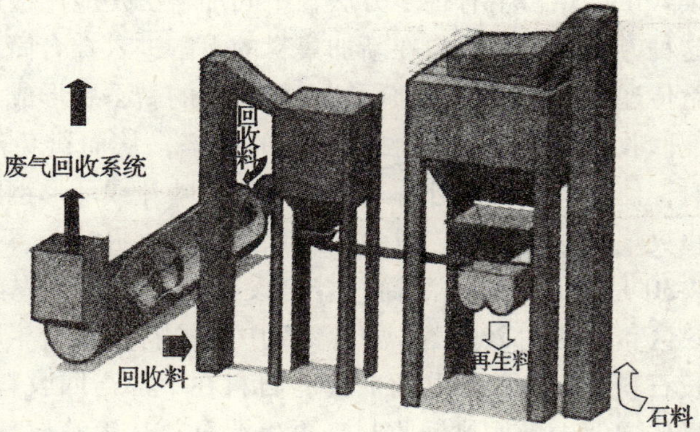


图 4-29　单独加热和计量回收料的再生系统

## 二、厂拌热再生连续式施工工艺

沥青混合料热再生既可以在间歇式工厂生产，也可以在连续式工厂生产，与间歇式相比，连续式厂拌热再生具有以下优点：

① 移动方便：连续式拌合厂组装时间较短，移动较为方便；

② 再生能力强：连续式工厂可以采用高比例的回收料生产；

③ 生产效率高：工厂的生产效率不受回收料比例的影响；

④ 拌合质量好：由于回收料事先加热并与外加集料和沥青搅拌时间长，所以连续式热再生生产出的混合料较为均匀。

1．连续式厂拌热再生生产过程

回收料一旦接触到燃烧器的火焰就会冒出大量浓烟，在普通的连续式拌合厂没有办法生产再生材料。如果在金属刮板和底板处产生细料和沥青堆积，会给生产造成更大困难。有资料显示，生产中的浓烟是外加沥青的轻组分油引起的，而解决问题的有效方法是改造连续式拌合设备。

连续式工厂热再生有很多方法，中间加料法是应用最广泛的一种。这种方法要求回收料在新加集料的下游进入拌合筒，新集料将热量传递到回收料中。前面加入拌合筒的新石料形成了一层幕布，使回收料不会直接接触燃烧器的火焰，从而避免产生浓烟。有时，使用特殊提升叶片、金属漏斗形叶片或环形钢制火焰网来防止火焰接触回收料，以消除浓烟。

图 4-30 是中间加料的滚筒式拌合设备。外加石料先到达滚筒的加热区，加热到 260℃高温。滚筒中部的隔板或漏斗形叶片可以延长石料在加热区的驻留时间，石料在中部与回收料搅拌，进行热量传递，干燥加热回收料，再生混合料从滚筒尾部流出。在加热过程，由于石料的含水量过高、回收料的细料与沥青中的

蒸汽长时间接触形成废气，造成环境污染。为解决排放问题，厂拌热再生需将滚筒拌合机进行改进设计，防止沥青与气流蒸汽的接触，减少沥青轻组分的排放。

图 4-30 中间加料的连续式滚筒拌合设备

（1）顺流式滚筒拌合机

经过改造后，顺流式滚筒拌合机可以配备一个单独的拌合区，而且这个拌合区与干燥筒焊接在一起同时转动，如图 4-31 所示。高温废气在干燥区尾部就被排除，避免同再生混合料进入拌合区。有些设备还将拌合区的高温气体送回干燥筒的燃烧器。同时，这种设备必须将高温气体中的大颗粒粉尘回收，并重新添加到干燥筒中。

在配有逆流回收料干燥筒的顺流式拌合机中，如图 4-32 所示，回收料由逆流干燥筒进入与高温气流逆流进行热交换后再与高温外加集料拌合。这种拌合筒中高温废气有机气体含量较低，因为新沥青不会直接接触到高温废气，同时逆流干燥筒中回收料和高温气体进行了热交换，从而减少了外加石料与回收料接触时的高温废气排放。

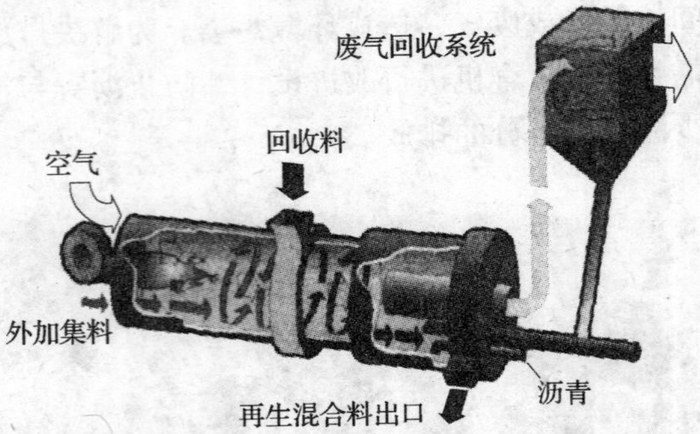


图 4-31　顺流式滚筒再生设备

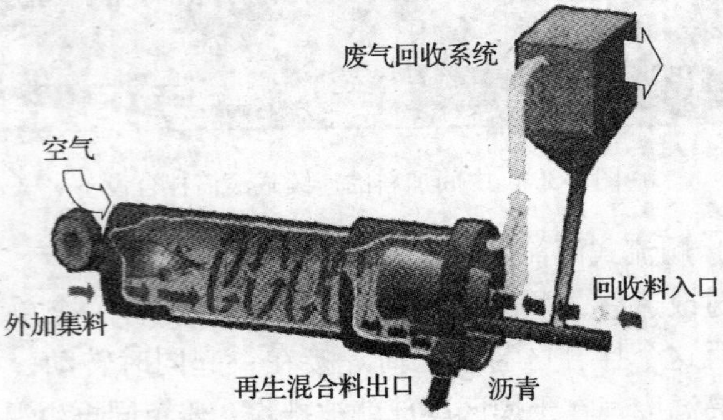


图 4-32　相对顺流式滚筒再生设备

另外一种顺流式干燥筒采用分离式连续拌合设备，如图 4-33 所示。回收料进入拌合筒后，通过热交换升温。因此，回收料必须在进入拌合筒的前部充分干燥升温，回收料的升温空间和拌合时间是决定回收料比例的关键因素。

（2）逆流式滚筒拌合机

为了避免产生高温废气，可以采用逆流式干燥筒设备，集料与气流逆向运动，在集料干燥器中可以增加一个热交换室来加热回收料，增加回收料和集料的接触时间，提高回收料添加比例。

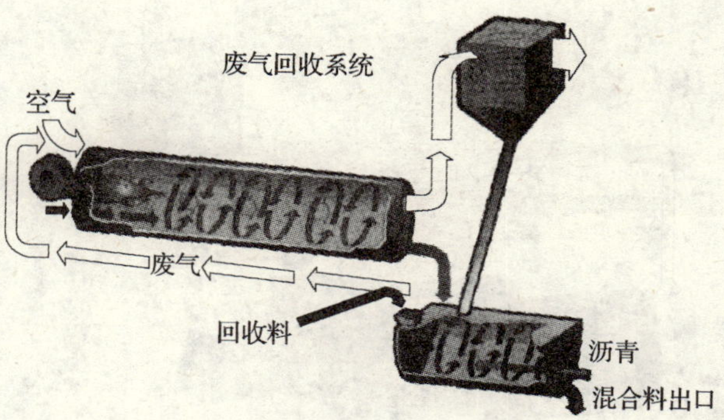


图 4-33　分离顺流式再生设备

逆流式滚筒拌合机由干燥器和连续搅拌滚筒连接而成，如图 4-34 所示。这种拌合方式中的外加集料是通过对流方式加热的，回收料由热集料传导加热。沥青、回收矿粉和其他添加剂都在拌合区添加。图 4-35 是一种联合逆流式滚筒拌合机，集料在滚筒拌合机的内筒加热，然后进入内外筒夹层的拌合区，由搅拌桨叶推动向后移动。回收料和沥青、回收矿粉和添加剂都在内外筒夹层中添加。20 世纪 80 年代后期，新开发出高效节能的双筒式和三筒式再生拌合机。

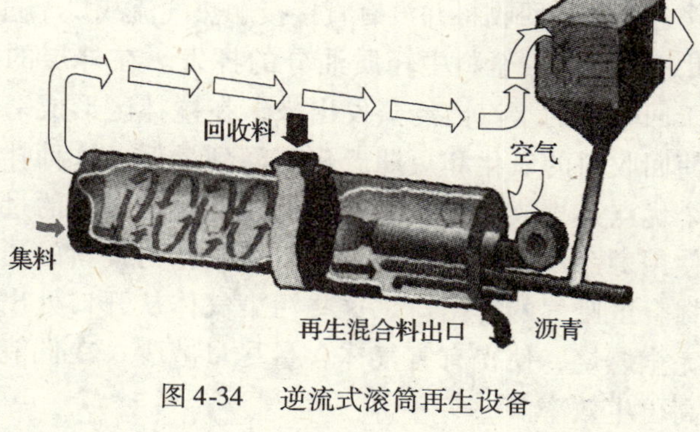


图 4-34　逆流式滚筒再生设备

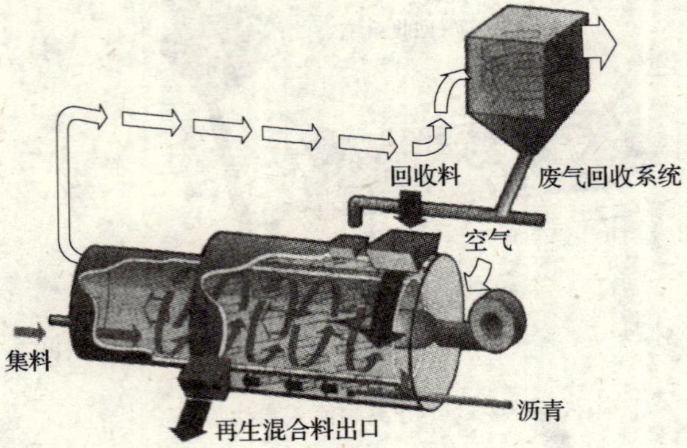


图 4-35　联合逆流式滚筒再生设备

典型的双筒逆流式滚筒拌合机的搅拌空间比传统的滚筒拌合机要大，如图 4-36 所示。干燥器的外壁就是拌合筒的转轴，3～3.3m 的拌合筒直径形成了一个超大的拌合空间。添加比例 50% 的回收料、外加集料要在内筒加热到 315～343℃，然后在火焰附近的开口处进入拌合筒。在拌合筒里，集料和回收料共同拌合大约 1.5min 左右，再添加其他材料。内筒的热量通过旋转的筒壁传到外层搅拌筒中，外层筒壁的温度一直保持在 49℃左右。在这种拌合机中，回收料并没有直接接触热气流或烘干过程的蒸汽，因此不会产生混合料中轻质油分的挥发。在外层的搅拌筒中，由于回收料的水汽已经蒸发出来，在搅拌区形成一个蒸汽区域，使回收料的氧化和短期老化都降到最低。这种拌合机的另外一个优点是排放的气体温度较低，使除尘装置的过滤袋有较长的使用寿命。火焰附近的开口既可以作为集料的通道，同时也是拌合区废气的排出口。这些污染气体从开口处出来后就直接被完全燃烧，使得有害气体含量尽量减少，在低能耗的条件下提高再生效率。

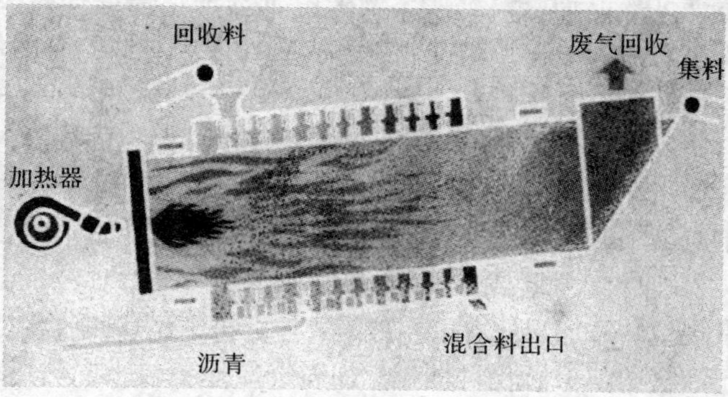


图 4-36 双筒逆流式滚筒再生设备

三筒式设计是利用内筒和不锈钢护筒将燃烧仓隔离，如图 4-37 所示。护筒内侧没有任何叶片或衬板，它可以有效地辐射和传导热量给回收料。其工作原理与双筒式相似。

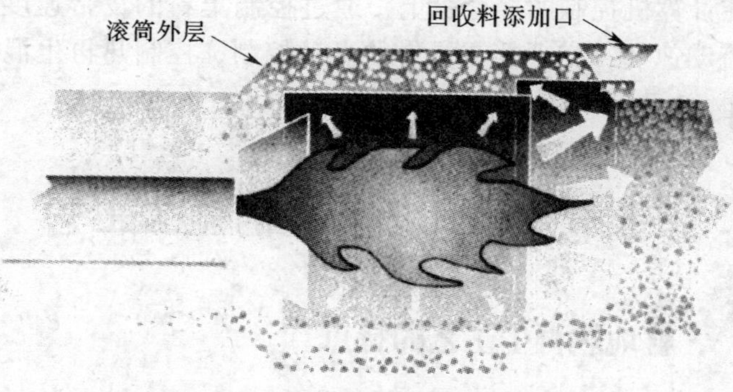


图 4-37 三筒式滚筒再生设备

2. 回收料添加比例

影响连续式滚筒拌合机再生比例的因素有回收料和外加集料的含水量和温度、再生的生产能力、再生混合料的成品温度和含水量。连续式拌合机的最大回收料添加比例是 70%，但是一般不宜超过50%。回收料添加比例采用50%时，需要提高滚筒内的气流温度，从而造成外加集料无法阻挡火焰对回收料的烘烤，产生大量烟雾。因此，大多数滚筒式拌合机都采用30%～50%再生料比例。根据国内外的施工经验和滚筒热再生的特点，建议回收料的添加比例不高于20%。在特殊情况下，回收料的添加比例不应高于30%。

3. 回收料添加系统

常规冷料添加系统可以在滚筒式拌合机中添加回收料。但为了便于卸料和减少回收料堆积，加料仓应体积较小，侧边较陡，底部较宽。回收料应分批次装满加料仓，否则会造成回收料压密，形成板结难以倾卸。而且，加料仓不宜采用振动，因为振动也会造成回收料相互粘结。在炎热天气条件下，回收料不应在加料仓中放置2h以上，平时尽量在加料仓中只添加一半料，保持回收料随用随添。

在计算机控制的拌合机上，通过控制集料的皮带速度、沥青的流动速度，实现拌合操作的自动控制，控制热再生混合料的产量。

## 第七节　就地热再生的施工工艺

### 一、就地热再生工艺的特点

20世纪70年代以来，欧、美、日等发达国家为了在道路维修中充分利用旧沥青混合料，节省资源，相继推出了沥青混凝土路面就地热再生工艺，即采用就地热再生设备对需要维修的路面进行就地加热、翻松、搅拌、摊铺等连续作业，最后用压路机碾压，一次成型的路面施工方法。就地热再生可以现场维修损坏的道路，使用的新料最少。它的工艺一般包括四个步骤：

（1）使用热量软化沥青面层；

（2）耙松或机械清除路面材料；

（3）将材料与再生剂、沥青粘结剂或新料拌合；

（4）将再生混合料摊铺。

就地热再生的主要目的是矫正路表面的损坏而不是结构上的问题，例如剥落、裂缝、车辙、坑洞、推挤和壅包。

就地热再生路面维修的特点：

（1）主要用于路基完好，路面破损深度小于5cm的沥青混凝土路面的维修，通过再生处理后，能恢复其原有性能，并延长道路的使用寿命；但某些设备的再生处理深度可达7.5cm左右；

（2）能够去除深达6cm的轮胎压痕，修正排水坡度；

（3）就地热再生完成的车道，可完全避免车道接缝所产生的纵向开裂；

（4）就地热再生100%利用现有旧料，可降低施工成本且无任何废料，是环保性的养护工艺；

（5）单线道路施工方式，使交通阻塞及危险降至最低；

（6）一次完成的回收再利用比传统的回收方式增加75%的效益，比传统的路面翻新方式在成本上节省20%～50%；

（7）施工结束即可开放交通；

（8）施工产生的振动、噪声比其他施工方法小，在市区可进行夜间作业。

## 二、就地热再生技术的工艺

就地热再生工艺可以采用单工序或多工序完成。在单工序工艺中，新料与旧沥青混合料拌合，但在多工序工艺中，需在重新压实回收料后加铺新的磨耗层。就地热再生的优点是原路面的高程基本保持不变，较其他维修方式更经济，对交通影响较小。该工艺还可以裹覆出现沥青剥落的集料，改善集料的级配和沥青用量，提高表面摩擦阻力。就地热再生深度通常为20～50mm。

根据路面的破损情况和对修复后路面质量等级的要求不同，美国沥青再生和再生利用协会（ARRA）认定了三个基本类型的就地热再生工艺：① 整形；② 重铺；③ 复拌。在三个工艺中都加入用于恢复老化沥青性能的再生剂，但是新料只用于重铺和复拌工艺中。

1．整形

整形是重新修整道路断面的过程，用就地热再生设备将旧路面加热到一定的温度，把路面翻松，然后整平、预压实，最后用压路机碾压，完成路面的修复工作。整形后的道路表面横断面如图 4-38 所示。整形工艺如图 4-39 所示。

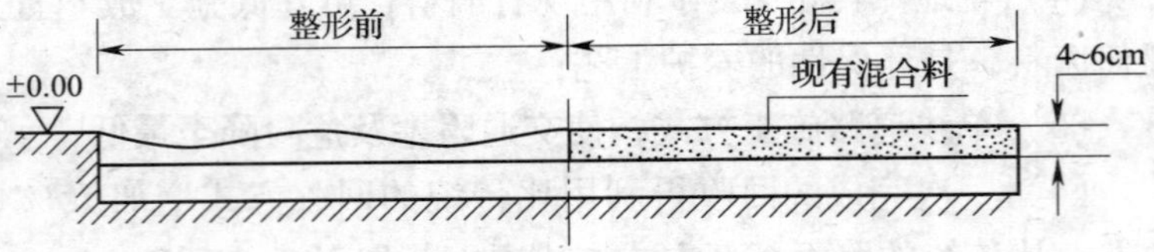


图 4-38　整形后的道路表面横断面

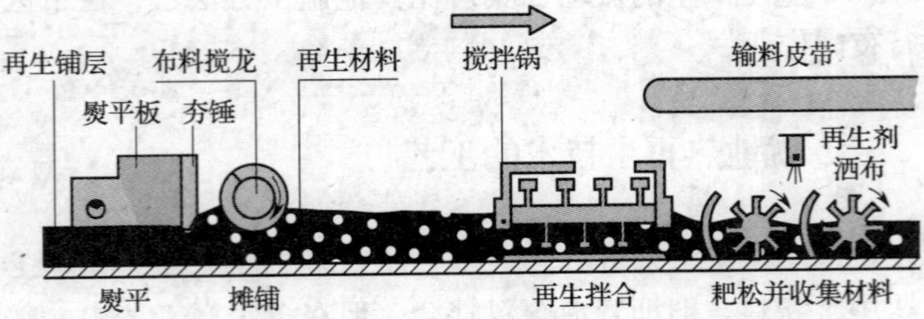


图 4-39　整形工艺

美国沥青再生协会（ARRA）认为整形再生就是为恢复出现裂缝、发脆和不规则变形的路面，为最终加铺薄的磨耗层做准备。这种工艺是用于稳定和加强基层路面，一般整形深度为20～25mm。

整形再生的主要目的是消除表面的不规则变形和裂缝，也可用来恢复路表面至合理的线形、等级和横坡度以保证合适的排水。也有认为使用热拌沥青混凝土加铺层时，表面再生可以成功地消除反射裂缝。如果在加铺前立即使用加热机加热路面，那么可以有效地改善老旧路面层的粘结性能。

施工设备包括预加热设备、加热和再生设备以及压路机。预加热机将老的沥青路面加热，加热与再生设备进一步加热，使用一套旋转齿将软化的旧路面耙松，再喷洒再生剂。然后旧材料和再生剂一起拌合，用熨平板整平后再进行再生混合料的压实。通常在表面再生工艺中不加入新料。

目前采用红外加热路面以避免对沥青粘结剂的损害和热量的损失。丙烷是间接加热最为常用的燃料，加热时使用一台加热机和两套加热设备或者一前一后两台自行式加热机，每套加热机上各有一套加热设备。通常至少需要使用两套加热机。

沥青混凝土路面的温度可以升至110～150℃，多排弹性耙松器用来耙松路面。弹性的固定装置允许耙松器通过路面障碍物，例如检修井盖和混凝土硬块。为了消除由于沥青长期老化形成氧化物硬度及再生工艺中加热的影响，在耙松过程中要加入再生剂。

2. 重铺

重铺是在利用就地热再生的路面上再铺设一层新沥青混合料，经压路机压实后形成路面的一种新型工艺方法。此方法可以恢复路面的抗滑阻力、修整车辙、改善道路横坡和沥青路面强度。重铺后的道路表面横断面如图4-40所示。重铺工艺如图4-41所示。

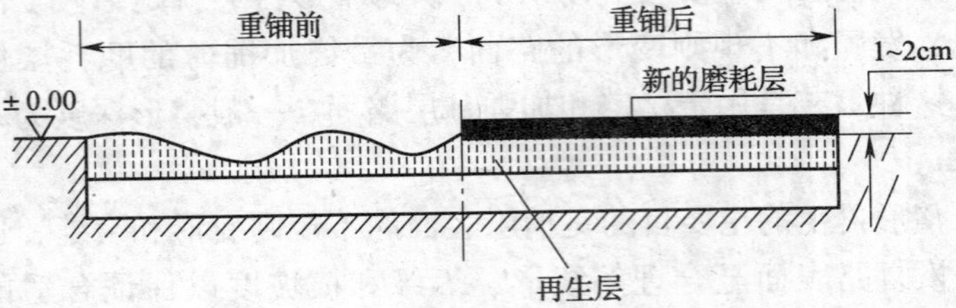


图 4-40　重铺后的道路表面横断面

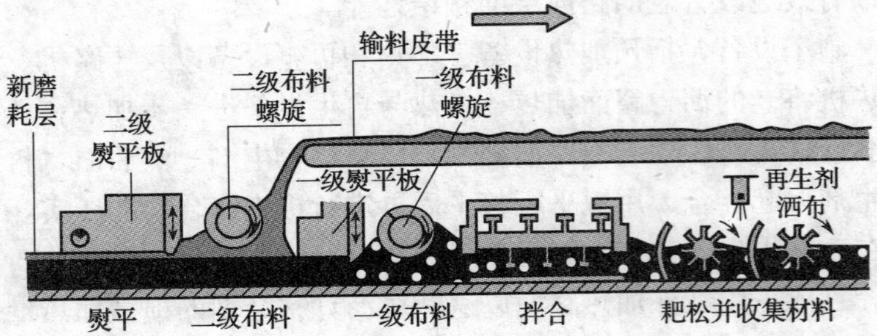


图 4-41　重铺工艺

重铺工艺用来矫正路面 25 ~ 50mm 的缺陷，例如较小的车辙、收缩裂缝和剥落等。当整形不足以将路面恢复至理想的要求，加铺工艺就会变得非常有用。非常薄的加铺（12mm）可以与加铺工艺配合使用来获得一个抗滑能力很好的路面，这种方法与常规的热拌沥青混凝土加铺工艺（通常要超过 25mm）相比成本要少得多。

该工艺包括预热，加热和耙松或旋转铣刨，添加和拌合再生剂，摊铺再生混合料，最后摊铺新的热拌沥青混凝土磨耗层。加入再生剂的回收料，经刮刀收集后被螺旋输料装置横向移动至中间形成狭长的料堆，同时螺旋输料装置可以将回收料和再生剂拌合，横向螺旋布料器将再生料在第一个熨平板展开，并被预压实，从输送带运来的新拌沥青混合料，经过第二个熨平板摊铺。当再生混合料温度大约为100℃时摊铺新拌沥青混凝土，通常是在熨平后马上压实新拌沥青混凝土，以保证新沥青混凝土和再生层间具有良好的连接。带有两个熨平板的单工序机器能够完成多层摊铺。

3. 复拌

目前，一般使用红外线加热器加热软化沥青路面，使沥青路面的温度升至85~100℃，并翻松，通过材料输送装置将翻松后的材料送入搅拌器，把新热沥青混合料、沥青或恢复沥青性能的再生剂按适当的比例加入搅拌器，由搅拌器中的叶片把新材料一起拌合均匀，摊铺、整平、预压实，用压路机碾压成型。该方法可改善现有沥青路面材料的特性，修复老化和不稳定的磨耗层，改善路面横坡，增强道路强度，也可以将磨耗层改造为粘结层，然后再覆盖新磨耗层。复拌后的道路表面横断面如图4-42所示。

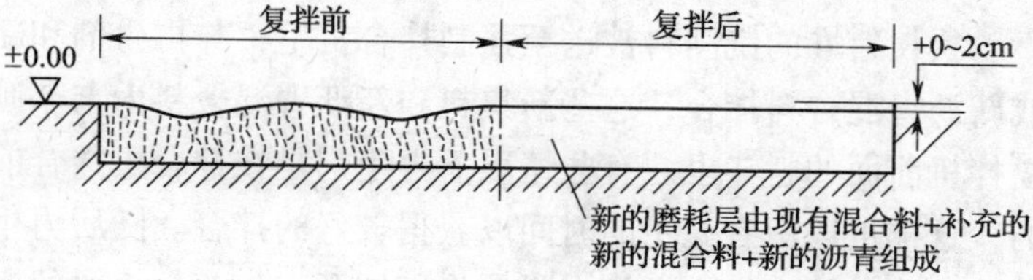


图4-42 复拌后的道路表面横断面

沥青再生协会（ARRA）认为复拌是对40~50mm深的路面加热，耙松和收集软化，并将新集料、再生剂与铣刨料在搅拌锅里拌合，最后摊铺成单一、均匀的再生混合料。图4-43给出了复拌工艺的示意图。

当重铺工艺不足以恢复路面至理想的性能时，可以使用这种工艺，添加新集料或新拌沥青混凝土以提高原路面强度和稳定度。这种工艺能有效地消除路表面50mm内出现的车辙、裂缝和老化变硬。铺设有稀浆封层的沥青路面也可以进行复拌施工，稀浆封层有助于软化再生粘结料。然而，铺有多层稀浆封层的沥青路面，可能会在路表面引起烟雾和火苗阻碍对其下路面材料的加热。

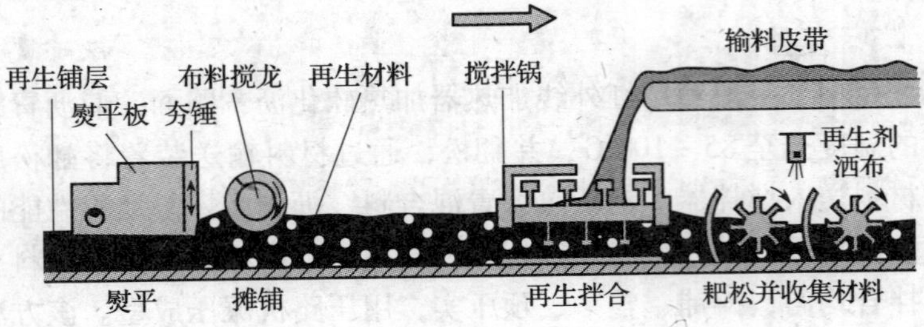


图 4-43　复拌工艺

路面可以再生超过 50mm，但通常情况下深度为 25 ~ 40mm。在加拿大再生深度达 75mm，这是因为原沥青路面使用了较软的沥青。狭长料堆的铣刨料被送至强制拌合机里，与再生剂和新集料或新沥青混合料拌合，这些新集料和新沥青混合料由卡车倾倒至复拌机前面的料斗里。有些情况下再生剂是在拌合机拌合前加入的，这样可以留有充足的时间以获得较好的拌合。随后再生材料被堆成狭长的一行，螺旋布料器将其展开，带有振捣梁的熨平板将材料摊铺并预压实。

将要摊铺的再生材料的表面温度大概为 60 ~ 70℃，再生料用常规的碾压设备进行压实。由于复拌仅使用 16 ~ 30kg/m$^2$ 的新料，与常规的罩面施工相比只需要很少的自卸卡车，因此可以缩短车道封闭时间，减少对交通的影响。

使用高强度的红外加热器可能会使沥青粘结料过热，从而产生烟雾和挥发物。然而，如果使用较小强度的热量，在铣刨过程会将集料打碎。为了解决这个问题，制造商开发了一种预加热设备，它同时使用空气加热和红外加热系统，使高速热空气与低强度红外加热复合作用对路面均匀加热。它由两台加热机、一台带有摊铺设备的加热铣刨机、胶轮压路机和振动压路机组成。

## 三、就地热再生的适用范围

由于沥青混凝土路面就地再生只能对旧路面表层2~5cm厚的沥青混合料进行再生，所以适合就地热再生的沥青混凝土路面必须满足一定的条件如表4-17所示。

**旧沥青混凝土路面进行就地热再生的适用条件　　表4-17**

| 项目 | | 适用条件 | 应用条件 |
|---|---|---|---|
| 旧沥青混凝土路面的平均厚度（cm） | | >5 | 要确保翻松时不得将非沥青混合料翻松 |
| 车辙深度 | 沥青混合料向两侧的挤压变形（cm） | <5 | 采用加铺法时，沥青混合料向两侧压所形成的车辙深度上限一般为3cm；采用复拌法时，沥青混合料向两侧压所形成的车辙深度超过3cm时，应先切削掉超过3cm的凸起部分 |
| | 磨耗（cm） | <3 | 当面层的沥青混合料质量能满足使用要求时，可采用加铺法。当事前进行分切削或整平时，车辙上限可达7cm |
| 龟裂率（%） | | <40 | 如果仅仅是表层龟裂，不受此限制；当局部破损达到连接层以下时，应事先修补 |
| 旧路面沥青的针入度（0.1mm） | | >20 | 采用重铺法，针入度下限为30 |

沥青混凝土路面就地热再生需使用大型的专用机械，施工时机械组长达 50～100m，因此，施工现场应满足以下条件：

1．要具有发挥就地热再生特长的工程条件；

2．要确保现场的施工条件，需要中断施工地点一个车道的交通。

## 四、就地热再生设备

就地热再生设备主要由加热系统和复拌系统两大系统组成。

1．加热系统

加热系统主要由燃烧装置、加热装置、燃料罐、液压装置、发动机、操纵装置、行走装置等组成。它是将需要再生处理的沥青路面均匀加热至要求的温度，加热中沥青路面表面温度一般不超过 180℃，表面以下 1～2cm 处的温度为 120～130℃，表面以下 3～6cm 处的温度为 70～100℃。通常加热深度为 2～6cm，为了加热均匀和不烧焦沥青，一般分 2 级加热或多级加热，加热系统之后跟随复拌系统。

（1）按结构分类

按结构可分为集中燃烧式和分散燃烧式。热风循环式是典型的集中燃烧式加热机，如图 4-44 所示，它采用一个大容量的喷燃器并与加热装置分开，设有复杂的通风管道和箱罩；燃烧器燃烧产生的热量从通风管送到加热箱罩内均匀地加热路面。集中燃烧式加热温度控制方便，加热宽度通过液压伸缩装置控制加热箱罩的不同来调节。

分散燃烧式加热装置由若干加热箱组成，每个加热箱内装有多个（10～100）小容量燃烧器，直接加热路面如图 4-45 所示。它结构简单，热量损失小，但不便于实现自动控制，加热宽度的调节采用拆去部分加热箱或折叠式结构来实现。

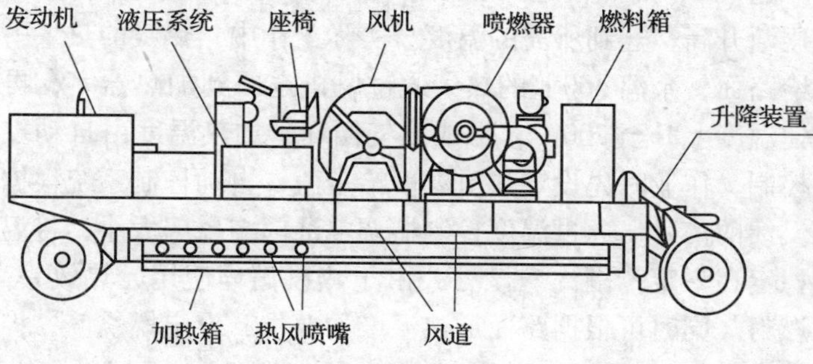


图 4-44 集中燃烧式的结构图

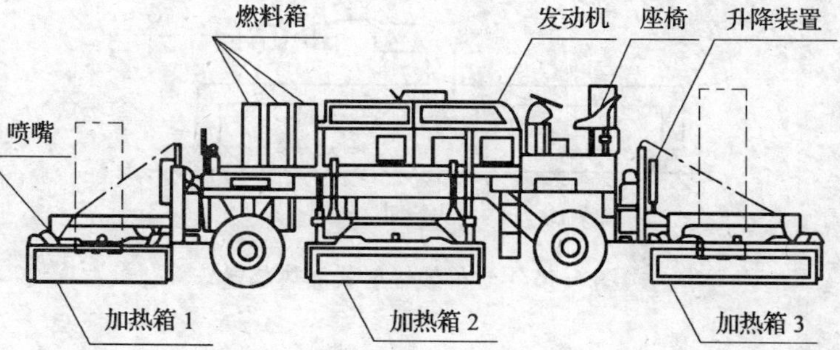


图 4-45 分散燃烧式的结构图

（2）按燃料及加热方式分类

按燃料及加热方式可分为红外线辐射式、热风循环式和红外线热风并用式（燃料为煤油）。红外线辐射式如图 4-46 所示。LPG（液化石油气）在金属网附近燃烧，加热金属网，产生红外线辐射到路面上进行加热。它具有加热均匀，热效率高等优点，但要求有较完善的安全防火防爆措施。

热风循环加热式主要由燃烧器、加热箱、风机、自动控制装置组成，如图 4-47 所示。工作时燃料燃烧产生高温，由风机将温度可达700℃的热气送到加热箱，对路面进行加热，使路面的温度逐渐升高，达到所需的温度。实际工作中，热气的热量一部分传给路面，余温400℃的热气通过风机送回到加热器室，再次加热使温度上升至700℃，形成热气循环。加热温度由自动控制装置控制，作业时先设定热风温度给定值，自动控制系统根据热电偶反馈的信号，通过温度控制器调整油门与风门大小，将温度自动稳定在一定范围内。该方式由于热风循环使用，热效率高，节省燃料。同时可根据路面加热温度的要求，设定燃烧值，控制范围较广。

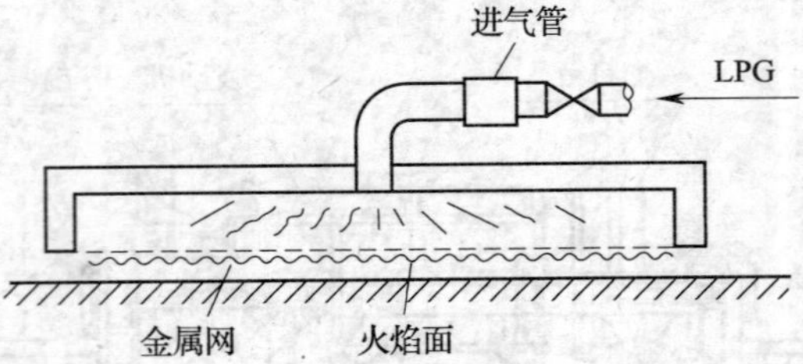


图4-46　红外线辐射式加热装置

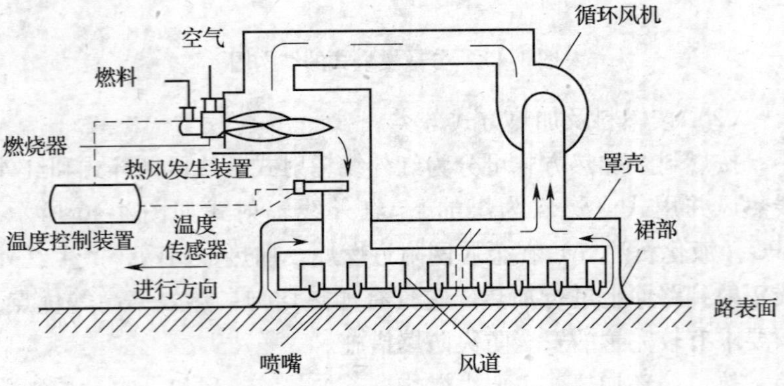


图4-47　热风循环式加热装置

红外线辐射加热方式是燃烧器在金属网附近燃烧，加热金属产生红外线辐射对路面加热。它比热风循环式加热的深度深，因为红外线辐射的穿透能力强，能够有效地加热沥青路面的深层部位，使路面以下 4～6cm 处的旧沥青混合料温度迅速提高，达到 70～100℃，而表面温度不超过 180℃，从而保证再生路面的质量，生产效率较高。但该方式要求有较完善的安全防火措施。

红外线热风并用式根据形状的不同又可分为圆筒形热反射板式和扁平框式圆筒形热反射板式如图 4-48 所示，将燃烧器燃烧的高温火焰吹到圆筒周围产生红外线，通过顶部的反射板反射到路面上，对路面进行加热。加热能可通过调节喷燃器的压力及更换喷嘴进行调整，调整范围比热风循环式小。由于加热器箱罩内压力高，可防止冷空气的侵入，热风的排风量大。

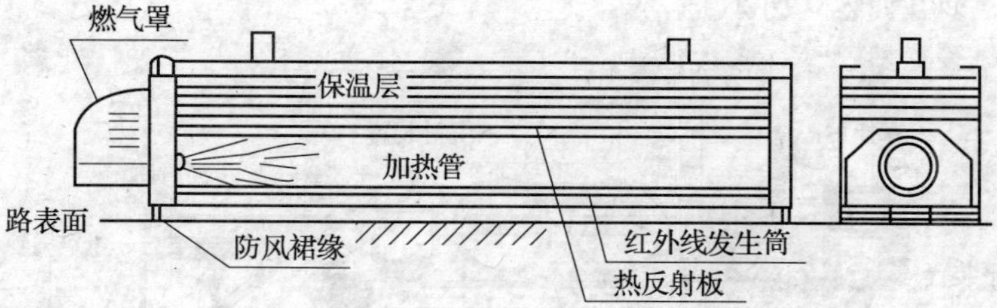


图 4-48 圆筒形反射式加热器

扁平框架式的加热器见图 4-49，燃烧的火焰散射在孔状的波纹板面上，应用热辐射和对流的原理对路面进行加热。此结构受热面积大，热辐射的效果好。加热能力可通过调节压力进行控制，调节范围比热风循环式小。内部热风压力高，可防止冷空气侵入，增大排气量。

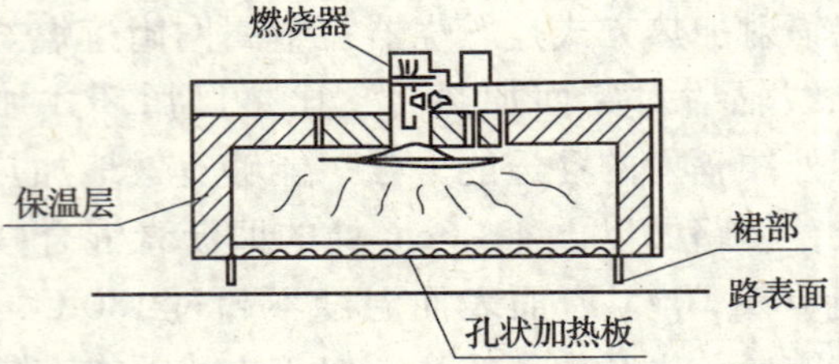


图 4-49　扁平框架式加热装置

在实际工作中，如果要提高路面的加热温度，还可以降低加热机的工作行驶速度或用两台及两台以上的加热机串联工作。特别是在环境温度较低的情况下，加热机串联作业的加热效率高、效果好。

2. 复拌系统

添加剂喷洒装置、熨平装置、辅助加热装置、行走装置等组成，一般复拌系统具备整形、重铺、复拌作业三种再生作业功能，如图 4-50 所示。

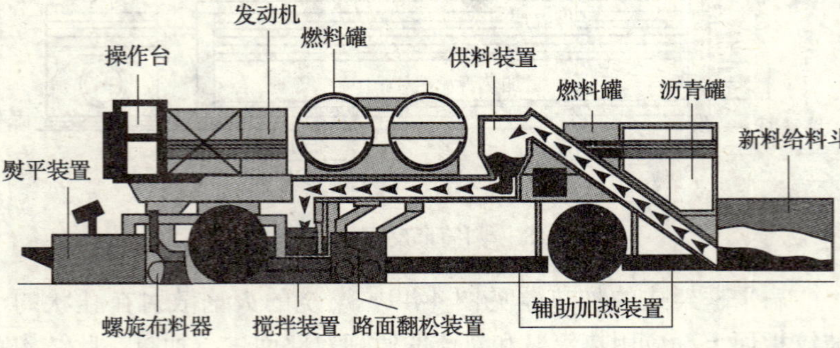


图 4-50　复拌系统结构图

(1) 新混合料供给装置

该装置主要包括接料斗和刮板给料器，具体结构与常规的沥青摊铺机给料装置相同。

（2）翻松装置

翻松装置的结构必须具有良好的性能，确保足够翻松深度，翻松宽度无级调整，保证翻松后路面与再生混合料有良好的粘结性，保证翻松后路面平整等要求。翻松装置大致可分为齿耙式和旋转滚筒式两种耙式翻松装置，如图4-51所示，在平板上设置一定的纵横间距，若干数量的钢制耙齿，按人字形排列，齿高大于路面要求的翻松深度，由主机牵引进行翻松作业。特点是各耙齿的高低能独立调整，可以方便地回避路面检修井口等障碍物。

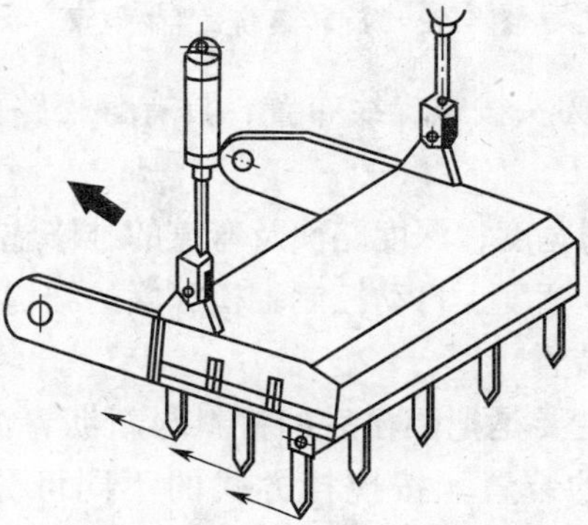

图4-51　齿耙式翻松装置

旋转滚筒式翻松装置是在滚筒外周围按螺旋线形状安装特制刀头，驱动滚筒旋转进行作业。根据滚筒旋转方向分正切与反切两种形式，如同4-52所示。

齿耙式、滚筒式都是通过操纵液压油缸的升降来调整翻松深度。目前复拌机大多数采用旋转滚筒式翻松装置，主要由于：

1）旋转式比齿耙式的牵引阻力小；

2）翻松的平整度高，能确保翻松到要求的宽度边缘；

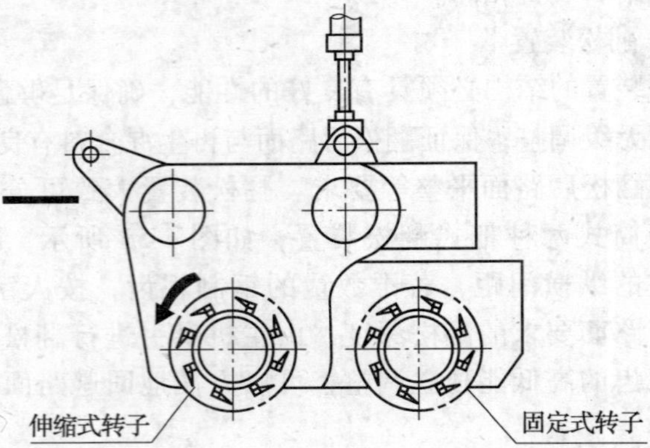


图 4-52　旋转滚筒式翻松装置

3）翻松器刀头按螺旋线布置，具有翻松路面及收集翻松材料两种功能。

为适应不同宽度、深度路面及弯道的维修施工，翻松装置采用了可无级调节宽度、自动控制翻松深度的结构。

(3) 搅拌装置

搅拌装置主要是把翻松后的材料与新沥青混合料或再生添加剂进行拌合的装置。按搅拌方式的不同可分为连续搅拌和间歇搅拌。连续搅拌装置又分为纵卧轴强制式和横置双卧轴强制式两种，如图 4-53 所示。间歇式搅拌装置一般为纵置双卧轴强制式。为防止混合料温度降低，也有采用带保温层的搅拌锅。

(4) 再生混合料摊铺装置

重铺再生的摊铺装置，它设有翻松材料摊铺装置（第一个熨平板）和新沥青混合料摊铺装置（第二个熨平板）。

翻松材料摊铺装置设在翻松装置后面，主要把翻松的材料摊铺整平。它有刮板式和螺旋式两种如图 4-54 和图 4-55 所示，结构上分为二节式和三节式，采用液压伸缩装置无级调整施工宽度。通过调节刮板或螺旋的高低位置来控制摊铺厚度。该装置只用于重铺再生法，复拌法不设该装置。

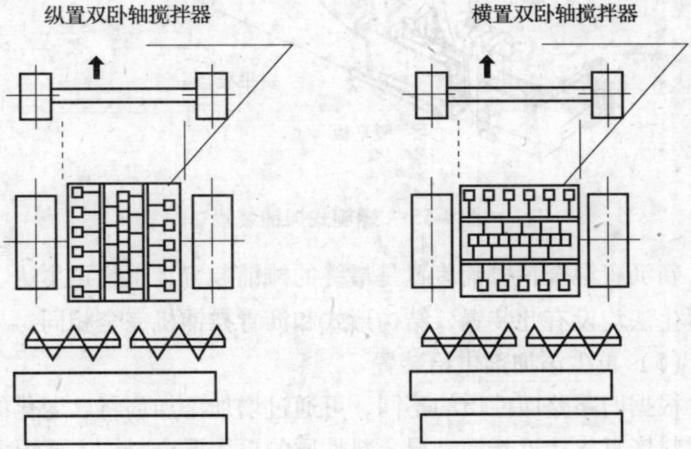


图 4-53　双轴强制式搅拌器示意图

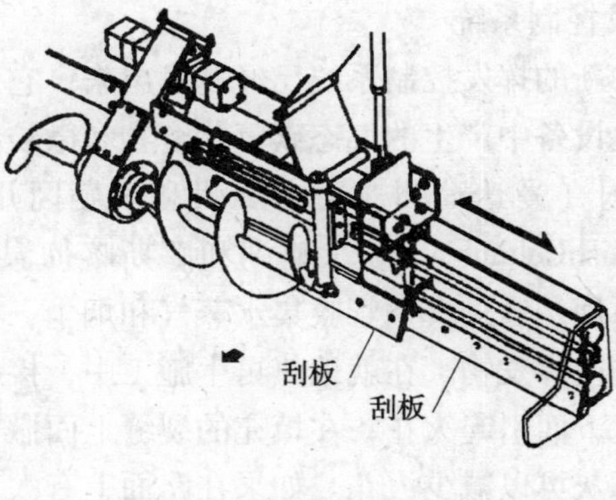


图 4-54　刮板式摊铺装置

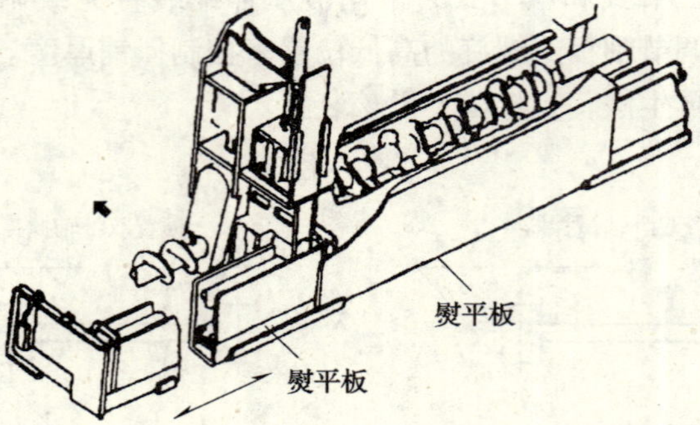


图 4-55　螺旋式摊铺装置

新沥青混合料摊铺装置是最终的摊铺装置，重铺再生法、复拌再生法均设有此装置，结构形式和沥青摊铺机完全相同。

（5）再生添加剂供给装置

根据旧路路面性质的不同，可通过增加添加剂将已老化的翻松材料恢复成接近新沥青混合料性质的再生混合料。主要由添加剂罐、泵、管路、加热和控制系统等组成，控制系统主要用来控制添加剂撒布量。

（6）挥发控制系统

目前一种新的挥发控制系统已经开发出来，它可以显著减少从就地热再生设备中产生的气态碳氢化合物和微粒挥发物，已成功应用于美国（爱达荷州、蒙大舒州和俄勒冈州）和加拿大（Alberta，BritishColumbia，安大略湖和萨斯喀彻温省）。该系统的基本工作原理是通过真空管收集水蒸气和烟尘，在后面的燃烧器里面处理这些挥发物。在就地热再生施工中，接缝和裂缝填充物会在加热机下面引起火花，在填充的裂缝上面撒布 1 ~ 2mm 厚的沙或是消石灰可以减少火花。如果在路面上有太多的裂缝填充物，应在再生之前去除这些填料。

## 五、就地热再生施工质量控制

沥青混凝土路面的设计理论是完全连续弹性体系，如果层间不连接或连接不好，层间剪应力显著增大，容易造成沥青混凝土面层的剪切破坏，沥青混凝土路面的破坏往往是由于层间出现了剪切应力而产生的。采用沥青混凝土路面就地热再生技术，再生层应与老路面连接为一体，如果是在旧路面上直接摊铺新沥青混凝土层或者将旧沥青混凝土路面冷铣刨后再加铺新沥青混凝土路面，层间连接都不如就地热再生方式。特别是传统的冷铣刨方式，由于结合面上的原集料被铣松了，清扫时又扫不掉，尽管洒了粘层油，仍会在新路面和旧路面间存在松散夹层而导致路面过早破坏。

路面级配不好，或者空隙率过大，路面早期损坏严重，这类早期病害在我国公路上几乎是普遍存在的。沥青混凝土路面就地热再生可以针对旧路面的级配来设计，使再生后的路面级配得以改善，延长路面的使用寿命。传统的冷铣刨方式，如果是全路面铣刨后全部摊铺新沥青混凝土路面，不存在接缝问题；如果是只铣刨摊铺一个车道，就存在接缝问题。由于冷铣刨时，接缝处原路面粒料往往会被铣松，新旧路面如果结合不好，容易漏水，使路面在接缝处过早破坏。采用就地热再生技术时，纵向接缝是热接缝，彻底杜绝了接缝漏水而产生的病害。

1．沥青路面厂拌热再生

厂拌热再生，适用于对各等级公路回收沥青路面材料（RAP）进行热拌再生利用，再生后的沥青混合料根据其性能和工程情况，可用于各等级公路的沥青面层及柔性基层。厂拌热再生应选择符合要求的回收沥青路面材料（RAP）和适宜的回收沥青路面材料（RAP）掺配比例，混合料应满足现行《公路沥青路面施工技术规范》JTG F40 中热拌沥青混合料的相关技术要求。

（1）沥青路面材料（RAP）的回收

不同的沥青路面材料（RAP）应分别回收，分开堆放、不得混杂。回收沥青路面材料（RAP）可选用冷铣刨、机械开挖等方式，应减少材料变异。回收沥青路面材料（RAP）在回收和存放时不得混入基层废料，水泥混凝土废料、杂物、土等杂质。

（2）回收沥青路面材料（RAP）的处理与堆放

使用推土机，装载机等机具将一个料堆的回收沥青路面材料（RAP）充分混合，然后用破碎机或其他方式进行破碎，应使回收沥青路面材料（RAP）最大粒径小于再生沥青混合料最大公称粒径，不应有超粒径材料。不允许直接使用未经预处理的回收沥青路面材料（RAP）。根据再生混合料的最大公称粒径合理选择筛孔尺寸，将处理后的回收沥青路面材料（RAP）筛分成不少于两档的材料。

经过预处理的回收沥青路面材料（RAP），可用装载机等将其转运到堆料场均匀堆放，转运和堆放过程中应避免回收沥青路面材料（RAP）离析。回收沥青路面材料（RAP）应避免长时间的堆放，料仓中的回收沥青路面材料（RAP）应及时使用。使用回收沥青路面材料（RAP）时应从料堆的一端开始在全高范围内铲料。

（3）混合料拌制

厂拌热再生混合料可以选用间歇式拌合设备或连续式拌合设备进行拌制，拌合设备必须具备回收沥青路面材料（RAP）的配料装置和计量装置。使用间歇式拌合设备，当回收沥青路面材料（RAP）掺量大于10%时，宜增加回收沥青路面材料（RAP）

烘干加热系统。回收沥青路面材料（RAP）料仓数量应不少于两个，料仓内的回收沥青路面材料（RAP）含水率不应大于3%。厂拌热再生混合料的生产温度与拌合时间应根据拌合设备的加热干燥能力、回收沥青路面材料（RAP）含水率、再生混合料的级配、新沥青的黏温曲线等综合确定，以不加剧回收沥青路面材料（RAP）的再老化，提高生产能力，降低能耗，并生产出均匀稳定的沥青混合料为原则。

使用间歇式拌合设备时，应适当提高新集料的加热温度，但最高不宜超过200℃。使用间歇式拌合设备时，干拌时间一般比普通热拌沥青混合料延长5～10s，总拌合时间比普通热拌沥青混合料延长15s左右。再生混合料出料温度应比普通热拌沥青混合料高5～15℃。回收沥青路面材料（RAP）加热时不得直接与火焰接触。厂拌热再生混合料拌制的其他要求，应符合现行《公路沥青路面施工技术规范》JTG F40对热拌沥青混合料路面的规定。

（4）摊铺和压实

厂拌热再生混合料的摊铺温度宜比热拌沥青混合料高5～15℃。

厂拌热再生混合料的压实温度宜比热拌沥青混合料高5～10℃。厂拌热再生混合料施工的其他要求，应符合现行《公路沥青路面施工技术规范》JTG F40对热拌混合料路面的规定。

（5）养生和开放交通

厂拌热再生混合料路面的养生和开放交通，应符合现行《公路沥青路面施工技术规范》JTG F40对热拌沥青混合料路面的规定。

（6）施工质量管理及验收

厂拌热再生混合料路面的检查验收，应符合现行《公路沥青路面施工技术规范》JTG F40 对热拌沥青混合料路面的规定。厂拌热再生混合料路面的施工质量管理，应符合现行《公路沥青路面施工技术规范》JTG F40 对热拌沥青混合料路面的规定，在施工过程中须对回收沥青路面材料（RAP）按表 4-18 项目进行检查。

**施工过程中 RAP 质量检查　　表 4-18**

| 材料 | 检查项目 | 要求值 | 检查频率 |
|---|---|---|---|
| RAP | RAP 级配 | 符合设计要求 | 每天一次 |
| | RAP 的含水率（%） | <3 | 每天一次 |

2. 沥青路面就地热再生

就地热再生适用于仅存在浅层轻微病害的高速公路及一、二级公路沥青路面表面层的就地再生利用，再生层可用作上面层或者中面层。沥青路面就地热再生是一种预防性养护技术，沥青路面就地热再生，再生深度一般为 20 ~ 50mm。原路面上有稀浆封层、微表处、超薄罩面、碎石封层的，不宜直接进行就地热再生。就地热再生前，应先将其铣刨掉，或经充分试验分析后，做出针对性的材料设计和工艺设计。

（1）再生

清扫路面，画导向线。清扫路面，避免杂物混入混合料内。在路面再生宽度以外画导向线，也可将路面边缘线作为导向线，保证再生施工边缘顺直美观。原路面必须充分加热。不得因加热温度不足造成铣刨时集料破损，影响再生质量，也不得因加热温度过高造成沥青过度老化。原路面加热宽度比铣刨宽度每侧应至少宽出 200mm。

（2）铣刨

铣刨深度要均匀，铣刨深度变化时应缓慢渐变。铣刨面应有较好的粗糙度，铣刨面温度应高于70℃。

（3）再生剂喷洒

再生剂喷洒装置应与再生复拌机行走速度联动并可自动控制，能准确按设计剂量喷洒，再生剂应加热至不影响再生剂质量的最高温度，提高再生剂的流动性和与旧沥青的融合性。再生剂应均匀喷入旧沥青混合料中，再生剂用量应准确控制，施工过程中应根据铣刨深度的变化适时调整再生剂的用量，应保证再生沥青混合料拌合均匀。

（4）摊铺

摊铺应匀速行进，施工速度宜为1.5～5m/min。混合料摊铺应均匀，避免出现粗糙、拉毛、裂纹、离析等现象。应根据再生层厚度调整摊铺熨平板的振捣功率，提高混合料的初始密度，减少热量散失。再生混合料的摊铺温度宜控制在120～150℃。

（5）压实

就地热再生混合料的碾压应配套使用大吨位的振动双钢轮压路机、轮胎压路机等压实机具。碾压必须紧跟摊铺进行，使用双钢轮压路机时宜减少喷水，使用轮胎压路机时不宜喷水。对压路机无法压实的局部部位，应选用小型振动压路机或者振动夯板配合碾压。

（6）开放交通

就地热再生压实完成后，再生层路表温度低于50℃后方可开放交通。

（7）施工质量管理

沥青路面就地热再生施工过程中的材料质量检查，应符合现行《公路沥青路面施工技术规范》JTG F40对热拌沥青混合料路面的有关规定。沥青路面就地热再生需要添加新沥青混合料时，新沥青混合料的质量应满足设计要求，再生混合料的质量控制，应符合现行《公路沥青路面施工技术规范》JTG F40 对热拌沥青混合料的有关规定。沥青路面就地热再生施工过程中的工程质量控制应满足表 4-19、表 4-20 的要求。

**就地热再生混合料施工过程中的工程质量控制标准　表 4-19**

| 检查项目 | 检查频度 | 质量要求或允许偏差 | 试验方法 |
|---|---|---|---|
| 再生剂用量 | 随时 | 适时调整，总量控制 | 每天计算 |
| 压实度均值 | 每天 1~2 次 | 最大理论密度的 94% | T0924，JTG F40-2004 附录 E |
| 再生混合料摊铺温度 | 随时 | >120℃ | 温度计测量 |

**就地热再生外形尺寸现场质量检查的项目与频度　表 4-20**

| 检查项目 | 检查频度 | 质量要求或允许偏差 | 试验方法 |
|---|---|---|---|
| 宽度（mm） | 每 100m1 次 | 大于设计宽度 | T0911 |
| 再生厚度（mm） | 随时 | ±5 | T0912 |
| 加铺厚度（mm） | 随时 | ±3 | T0912 |
| 平整度最大间隙（mm） | 随时 | <3 | T0931 |
| 横接缝高差（mm） | 随时 | <3，必须压实 | 三米直尺间隙 |
| 纵接缝高差（mm） | 随时 | <3，必须压实 | 三米直尺间隙 |
| 外观 | 随时 | 表面平整密实，无明显轮迹、裂痕、推挤、油包、离析等缺陷 | 目测 |

（8）检查验收

就地热再生工程的检查和验收应满足表 4-21 的要求。

**就地热再生工程检查和验收项目与频度　　表 4-21**

<table>
<tr><th>检查项目</th><th>检查频度</th><th colspan="2">质量要求或允许偏差</th><th>试验方法</th></tr>
<tr><td>宽度（mm）</td><td>第 1km20 个断面</td><td colspan="2">大于设计宽度</td><td>T0911</td></tr>
<tr><td>再生厚度（mm）</td><td>每 1km5 点</td><td colspan="2">−5</td><td>T0912</td></tr>
<tr><td>加铺厚度（mm）</td><td>每 1km5 点</td><td colspan="2">±3</td><td>T0912</td></tr>
<tr><td rowspan="2">平整度 IRI（mm）</td><td rowspan="2">全线连续</td><td>高速、一级公路</td><td><3.0</td><td rowspan="2">T0933</td></tr>
<tr><td>其他等级公路</td><td><4.0</td></tr>
<tr><td>外观</td><td>随时</td><td colspan="2">表面平整密实，无明显轮迹、裂痕、推挤、油包、离析等缺陷</td><td>目测</td></tr>
<tr><td>压实度代表值</td><td>每 1km5 点</td><td colspan="2">最大理论密度的 94%</td><td>T0924</td></tr>
</table>

同时为了保证就地热再生工程的质量，应对热再生施工进行可靠的质量控制，主要体现在：

1）再生剂喷洒计量要准确，这是保证沥青再生质量的关键之一。再生剂太多，再生路面会出现泛油和发软；再生剂太少，再生效果不理想，旧沥青老化状况不能得到有效改善，路面的耐久性不好，而且还会出现粒料不粘、摊铺离析和压实困难等问题。旧路面级配和油石比往往不均匀，现场技术人员要依据实验室的试验结果现场适当调整。再生沥青混合料颜色不能暗淡（再生剂偏少），不能过于光亮（再生剂偏多），要有适当的光泽。

2）加热温度要适度。保证沥青混凝土路面就地热再生质量的另一关键因素是加热的温度，温度太高，会引起沥青老化严重，而且还会降低功效；温度太低，再生剂与旧沥青融合困难，起不到再生作用，还会出现铣刨时集料破碎，级配发生变化，混合料出现离析、压实困难、层间连接不良等许多问题。沥青混合料就地加热主要依靠裹在集料表面的沥青膜传导热能，粒料外热内冷，摊铺后散热快，这就要求摊铺时有较高的温度，一般控制在120～140℃之间为宜。要根据天气、风速等的变化来适当调节施工行进速度，保证路面加热温度，做到既保证再生工程质量又注重生产效率。

3）再生路面厚度要均匀。再生施工时，特别要注意铣刨的深度，一定要均匀一致。如果铣刨深度时深时浅，不但会影响路面的平整度，而且还会影响再生剂用量的准确性，造成再生沥青混合料的性能不均匀，严重影响再生质量。

4）保证纵缝质量。加热宽度比铣刨宽度每边宽10～20cm为宜，以保证纵向接缝的温度，从而使纵缝密实无松散。

5）确保压实质量。由于再生沥青混合料的劲度往往高于新沥青混合料，而且温度下降较快，建议采用较大吨位压路机碾压，尤其是轮胎压路机，最好采用20～30t的。压路机一定要紧跟复拌机碾压，以免料温下降过快而影响压实效果。

## 第八节　厂拌热再生工程实例

厂拌热再生作为一种应用再生技术正在被越来越多政府建设部门和道路工程界所接受。在北京和上海等大城市都已开始将道路铣刨回收料添加在厂拌热再生混合料中加以利用，推广的范围越来越大，使用的厂家也越来越多。北京路新沥青混凝土有限公司和上海建设机场道路有限公司是两家开发厂拌热再生较早的企业。

北京路新沥青混凝土有限公司首先根据收集的大量有关沥青路面回收材料的技术资料对沥青路面回收料进行研究。经过调查发现，现在正在使用的沥青路面大多数是1980年以后建成的，沥青材料以胜利100号沥青为主，重点工程使用重交道路沥青

90 号。为了检测沥青路面回收料中旧沥青的性质，对不同年代、不同路面结构的旧沥青路面进行取料，按《公路工程沥青及沥青混合料试验规程》（JTJ 052 - 2000）中 T0726 的试验方法进行沥青回收试验，并与新沥青进行性能对比。试验结果如表 4-22 所示。

试验结果表明，回收沥青的针入度比原沥青减少了 50 ~ 70 个单位，软化点增加 6 ~ 14℃，25℃延度降低很明显，达到 60 ~ 80cm。这些都是沥青老化的典型特征。

在室内试验设计过程中，通过添加再生添加剂可以明显改善回收沥青的性质，从而获得符合路面设计要求的再生沥青。再生剂的添加量通过计算得到，也可以通过测试不同添加量的沥青性质来确定，确定了再生剂用量后的沥青性质如表 4-23 所示。

**回收沥青常规指标试验**　　　　**表 4-22**

| 序号 | 取样地点 | 使用年限 | 针入度（0.1mm） | 软化点（℃） | 25t 延度（cm） |
|---|---|---|---|---|---|
| A | 学院路 | 10 年 | 37.3 | 50.8 | 52.5 |
| B | 京昌路 | 4 年 | 51 | 51 | 42 |
| C | 燕丹路 | 3 年 | 45.6 | 52.7 | 55 |
| I | A + B + C | | 47 | 51 | 47.3 |
| D | 磁器口 | 10 年以上 | 34 | 55 | 26.3 |
| E | 京顺路 | 15 年以上 | 32.7 | 56 | 10 |
| F | 密云 | 15 年以上 | 28 | 58 | 8.7 |
| II | D + E + F | | 34.7 | 56.5 | 12.4 |
| 原沥青技术标准 | | | 80 ~ 100 | 42 ~ 52 | >100 |

旧沥青再生试验检测结果　　表 4-23

| 试验项目 | 单位 | AH-9 技术要求 | 回收沥青 | 再生沥青 | 再生沥青+滨州 90 号 | 滨州 90 号 |
|---|---|---|---|---|---|---|
| 针入度，25℃ | 0.1mm | 80~100 | 34.7 | 107 | 95 | 80.7 |
| 15℃延度 | | >100 | 13.3 | 42 | >150 | >150 |
| 软化点 | ℃ | 42~52 | 56.5 | 43.7 | 44.1 | 45 |
| 溶解度 | % | >99.0 | 98.82 | 99.1 | 99.8 | 99.8 |
| 闪点（COC） | ℃ | >230 | | 260 | 278 | 292 |
| 密度 | g/cm³ | 实测记录 | 1.03 | 1.015 | 1.017 | 1.012 |
| 蜡含量（蒸馏法） | % | <3 | — | — | — | 1.7 |
| TPOT 老化后 | | | | | | |
| 质量损失 | % | <1 | — | 0.83 | 0.30 | 0.02 |
| 针入度比 | % | >50 | — | 60.2 | 67.3 | 88.8 |
| 25℃延度 | | >75 | — | >150 | >150 | >150 |
| 15℃延度 | cm | 实测记录 | — | 34.3 | 70 | >100 |

从旧沥青再生试验检测结果可以看出：

1. 即使原路面使用质量较差的沥青，在添加了再生剂后，针入度、软化点和延度三大指标都有明显的改善。

2. 再生沥青掺加滨州 AH-90 沥青后，各项指标均达到重交 90 号沥青的技术要求，达到了预期的效果。

在沥青粘结料的评价基础上，路新公司对再生沥青混合料进行了测试。先对添加回收料的集料级配进行设计，表 4-24 中提出了新料和添加回收料的集料级配。在级配设计过程中，应考虑沥青粘结料的掺配比，然后再测试再生沥青的各项指标。再生沥青混合料马歇尔试验结果如表 4-25 所示。

**再生沥青混合料级配　　　　表 4-24**

| 筛孔（mm） | AC－25 新料 | AC－25 再生 | AC－25 Ⅰ 级配范围 | AC－16 新料 | AC－16 再生 | AC－16 Ⅱ 级配范围 |
|---|---|---|---|---|---|---|
| | 筛孔通过率（%） | | | | | |
| 26.5 | 100 | 100 | 95～100 | — | — | — |
| 19 | 84.9 | 85.9 | 75～90 | 100 | 100 | 100 |
| 16 | 69.9 | 70.1 | 62～80 | 96.4 | 舛.6 | 90～100 |
| 13.2 | 58.8 | 59.6 | 53～73 | 84 | 76.1 | 65～85 |
| 9.5 | 50.7 | 52.5 | 43～63 | 69.2 | 56.8 | 50～70 |
| 4.75 | 38.8 | 40.7 | 32～52 | 34.8 | 35.6 | 30～50 |
| 2.36 | 34.2 | 33.1 | 25～42 | 29.4 | 24.6 | 18～35 |
| 1.18 | 23 | 22.3 | 18～32 | 20.3 | 15.4 | 12～26 |
| 0.6 | 13.9 | 14.4 | 13～25 | 12.7 | 11.4 | 7～19 |
| 0.3 | 9.4 | 10.1 | 8～18 | 9.2 | 9.3 | 4～14 |
| 0.15 | 7.0 | 7.2 | 5～13 | 7.1 | 7.6 | 3～9 |
| 0.075 | 5.8 | 5.7 | 3～7 | 6.0 | 6.4 | 2～5 |

**再生沥青混合料马歇尔试验结果　　　　表 4-25**

| 性能指标 | AC－25 新料 | AC－25 再生 | AC－25 Ⅰ 规范要求 | AC－16 新料 | AC－16 再生 | AC－16 Ⅱ 规范要求 |
|---|---|---|---|---|---|---|
| 油石比（%） | 4.4 | 4.4 | | 4.3 | 4.3 | |
| 最大理论密度（$g/cm^3$） | 2.586 | 2.598 | | 2.604 | 2.621 | |
| 试件密度（$g/cm^3$） | 2.496 | 2.508 | | 2.495 | 2.498 | |

续表

| 性能指标 | AC－25新料 | AC－25再生 | AC－25 Ⅰ规范要求 | AC－16新料 | AC－16再生 | AC－16 Ⅱ规范要求 |
|---|---|---|---|---|---|---|
| 空隙率（%） | 3.5 | 3.5 | 3～6 | 4.2 | 4.7 | 4～10 |
| VMA（%） | 13.9 | 14.5 | >13 | 14.4 | 14.94 | >14.5 |
| VFA（%） | 75.0 | 76.1 | 70～85 | 70.9 | 68.5 | 60～75 |
| 马歇尔稳定度（kN） | 10.17 | 9.73 | >7.5 | 8.91 | 7.91 | >5 |
| 流值（0.1mm） | 35.7 | 37.3 | 20～40 | 35.0 | 36.3 | 20～40 |
| 残留稳定度（%） | 94.6 | 98.4 | >75 | 95.2 | 95.1 | >70 |

通过普通热拌混合料和热再生混合料的比较可以看出，由于再生混合料的各项性能指标都能满足规范要求，因此，再生混合料在北京市政工程中得到了良好的应用。

根据国外的设计和施工经验，添加再生路面回收料会使混合料的热稳定性能有所提高，会造成马歇尔稳定度和车辙试验结果比普通的热拌沥青混合料好。对于低温的抗裂性能应严格控制，可能成为再生沥青混合料的薄弱环节。

北京路新公司还对热拌再生沥青混合料的生产设备进行了系统的研究和相应的改造。由于连续式双滚筒沥青混合料搅拌设备和间歇式沥青混凝土搅拌设备是两种目前国际上常用的搅拌设备，经过对两种热拌再生设备的比较和设备改造方案的分析，最后决定选用 NUR60－60AL 型全自动间歇式沥青回收料再生加热设备。并配备了一套 HA35 型沥青路面旧料破碎设备，使厂拌热再生设备完成配套。沥青混合料的生产工艺流程见图 4-56。

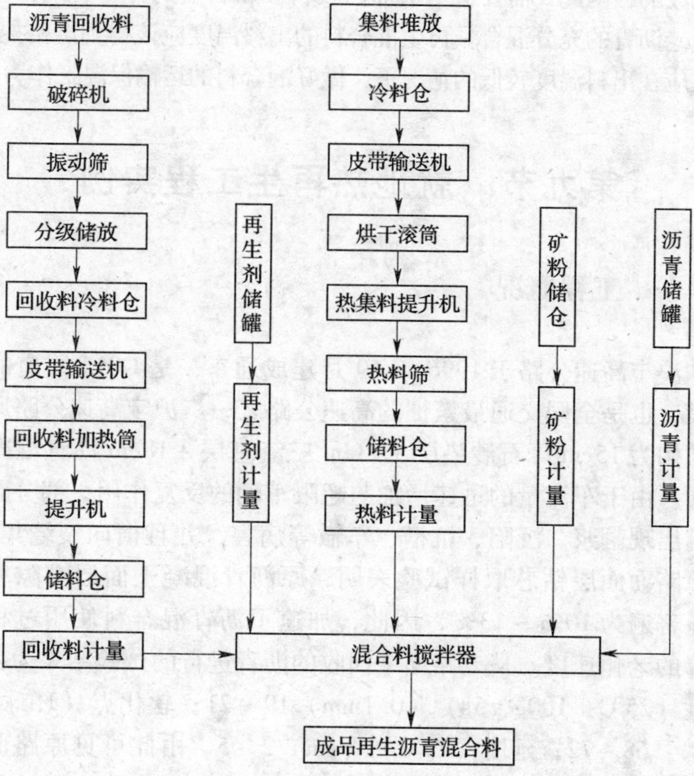


图 4-56　厂拌热再生沥青混合料生产工艺流程

热再生选择的摊铺设备和普通热拌沥青混合料的一样，这里不再介绍。

上海建设机场道路有限公司在上海市中环线地面道路建设中采用了厂拌热再生混合料，应用在路面的底面层和中面层，分别采用 AC－30 Ⅰ 和 AC－20 Ⅰ 结构。经过反复设计和测试，决定采用 30% 的回收料添加量，不添加再生剂。在厂拌热再生过程中，由于回收料进料温度较低，回收料的加热过程是通过与新石料的热交换完成的，因此，需要适当增加回收料和新石料的拌合时间，有利于新老沥青的充分混合。再生混合料的出料温度应该得到严格控制，而且应在出料温度较低的情况下，做好混合料的运输保温工作。

# 第九节　就地热再生工程实例

## 一、工程概况

沪宁高速公路于 1996 年 10 月建成通车，是 G055 国道的上海段，也是全国交通最繁忙的高速公路之一。沪宁高速公路原路面结构为 15cm 砾石砂垫层 + 43cm 三渣基层 + 18cm 沥青混凝土面层。由于车流量的迅速增加与超限车辆的反复作用，部分路面相继出现翻浆、沉陷、坑槽、车辙等病害，并且横向裂缝集中。对原路面面层钻芯取样试验表明，原沥青混凝土面层空隙率较大，普遍为 10% ~13%，因此，加速了沥青混合料使用过程中沥青的老化速度。从老路面中回收的沥青进行的试验结果为：针入度（25℃，100g，5s）（0.1mm）19 ~21；软化点（环球法）(℃)：68 ~72；延度（25℃）（cm）2 ~5。由此可见原路面沥青的老化程度已十分严重，导致沥青混凝土面层的路用性能下降。根据上述情况，为改善路面现状，确保高速公路行车的快速、舒适、安全，经有关专家踏勘论证，并经上海市市政工程管理局批准，对沪宁高速公路部分路面进行大修。

该工程施工路段的原路面沥青混凝土防滑层厚度为 4cm，共约 220000$m^2$，在对部分损坏的基层、中下面层处理后，对原 4cm 的沥青混凝土防滑层的处理是该工程的关键。根据《热再生沥青路面施工及验收规程》（SZ -23 -2002）的有关要求，决定对施工路段原有的 4cm 防滑层全部进行就地热再生，并加铺 2cm

新的 AK－13A 磨耗层。采用这一施工方案是基于下述考虑：

1. 最大限度利用原路面材料，有效恢复原沥青混凝土面层的路用性能；

2. 避免对原路面较多的裂缝、坑槽、车辙、沉陷等病害进行局部处理周围可能出现的上面层新、旧料色差；

3. 确保高速公路沥青混凝土表面层对抗滑性能的较高要求；

4. 适当调整原路面因盆式沉降而减小的横坡。

该工程就地热再生采用的设备为 Wirtgen 生产的 Remixer4500 型热再生机组，该机可以对旧沥青路面进行整形、复拌和复拌加铺等各种热再生施工。

## 二、工程质量控制指标

1. 本工程明确按《公路大中修工程质量检验评定标准》（SZ－24－2002）验收。

2. 在工程开工前召开了多次设计交底、施工交底会议，根据《公路沥青路面设计规范》（JTJ 014－97）、《公路沥青路面施工技术规范》（JTJ 032－94）的有关要求，进一步明确了主要技术质量指标：

（1）压实度大于 95%；

（2）空隙率不大于 6%；

（3）平整度≤116mm；

（4）摩阻 BPN≥50（竣工后即验收的数值）；

（5）加铺的 2cm AK－13A 的厚度横向可作 ±10% 调整；

（6）对就地热再生的原防滑层以及加铺的 AK－13A 新料，除常规马歇尔试验之外，增加高温稳定性和水稳定性指标要求，其中高温稳定性采用车辙试验，要求动稳定度不低于 1500 次/mm（对再生料）或不低于 800 次/mm（对 AK、13A 新料）；水稳定性采用冻融劈裂试验，要求残留强度不低于75%（对再生料）或不低于70%（对AK-13A新料）。

3. 除了规定的质量指标外，对原防滑层就地热再生和加铺AK-13A新料的级配，以及试验取样的时间、频率、方法作了明确规定。

（1）对就地热再生的原防滑层以及加铺的AK-13A新料进行试验，其中包括高温稳定性和水稳定性试验各2组，全部指标达到规定要求后方可进行现场施工；

（2）现场施工中厂拌AK-13A新料质量按常规方法控制，就地热再生的原防滑层按2000m$^2$一组现场取样进行常规马歇尔试验，同时对厂拌AK-13A新料和就地热再生料分别按上、下行各一组现场取样进行车辙试验和冻融劈裂试验；

（3）上述各组车辙试验和冻融劈裂试验均由市公路检测中心实施。

## 三、就地热再生性能情况

1. 由于沪宁高速公路上海段路面沥青的老化程度十分严重，通过现场调查、取样和大量的分析试验，对多种再生剂进行了严格的评价和对比试验后，确定了反映沥青老化程度的三项主要指标再生后的目标值。具体情况见表4-26。

**沪宁高速公路老化沥青再生性能指标目标值和实测值**

表4-26

| 试验项目 | 标准值 | 目标值 | 实测值 |
|---|---|---|---|
| 针入度（25℃，100g，5s）（0.1mm） | 60~80 | 60~70 | 63 |
| 延度（5cm/min，15℃）（cm） | >100 | >100 | >150 |
| 软化点（环球法）（℃） | 44~54 | 48~54 | 52 |

表4-26中的标准值取自《公路沥青路面施工技术规范》（JTJ 032－94）对重交通道路石油沥青 AH－70 的技术要求。在实验室条件下，沪宁高速公路原沥青混凝土面层中老化沥青的主要性能指标是完全可以恢复的，该工程老化沥青再生方案的目标值是合理的。

2. 在确定老化沥青再生指标的基础上，根据路用性能要求，进一步确定了再生沥青混凝土的各项性能指标，确定就地热再生沥青混凝土和新加铺沥青混凝土的级配设计。该工程对就地再生沥青混凝土和新加铺沥青混凝土的质量要求均符合现行行业标准，其中就地再生沥青混凝土的高温稳定性和水稳定性目标值高于现行行业标准，如表4-27所示。

**沪宁高速公路沥青混凝土性能指标目标值和实测值　表4-27**

| 试验项目 | 标准值 | 再生沥青混凝土 | | 新加铺的 AK－13A | |
|---|---|---|---|---|---|
| | | 目标值 | 实测值 | 目标值 | 实测值 |
| 马歇尔试验，稳定度（kN） | >5.0 | >7.5 | 14～15 | >5.0 | 7.25～8.62 |
| 马歇尔试验，流值（0.1mm） | 20～40 | 20～40 | 22～28 | 20～40 | 30～37 |
| 马歇尔试验，空隙率（%） | 4～10 | — | 设计不作要求 | <6 | 4.8～6.0 |
| 车辙试验，动稳定度（次/mm） | ≥800 | ≥1500 | 4395～4523 | ≥80 | 1177～1190 |
| 冻融劈裂试验，残留强度（%） | ≥70 | ≥75 | 80.4～94.9 | ≥70 | 76.5～78.1 |

## 四、工程质量的评价

1. 本工程对再生沥青和再生沥青混合料的过程检验和验收均严格按有关标准进行，具体见表4-28和表4-29。

沪宁高速公路就地热再生沥青性能指标现场实测情况　表4-28

| 试验项目 | 标准值 | 目标值 | 实测值 |
|---|---|---|---|
| 针入度（25℃，100g，5s）（0.1mm） | 60～80 | 60～70 | 62～72 |
| 延度（5cm/min，15℃）（cm） | >100 | >100 | >100 |
| 软化点（环球法）（℃） | 44～54 | 48～54 | 48～52 |

由表4-28可见，本工程再生沥青的各项性能指标完全符合现行行业标准的有关规定，并达到目标值的要求。由表4-29可见，就地热再生的沥青混凝土和新加铺的AK－13A防滑层的各项性能指标完全符合现行行业标准的有关规定和目标值的要求。两者相比，常规马歇尔试验的各项指标大体相当，而就地再生沥青混凝土的冻融劈裂试验残留强度有所提高，车辙试验的动稳定度则比新加铺的AK－13A防滑层提高了两倍以上。根据上述检测数据，可以认为本工程对就地热再生沥青混凝土和加铺的AK－13A新料制定的目标值是可以实现的。

沪宁高速公路沥青混凝土性能指标现场实测情况　表4-29

| 试验项目 | 标准值 | 再生沥青混凝土 | | 新加铺的AK－13A | |
|---|---|---|---|---|---|
| | | 目标值 | 实测值 | 目标值 | 实测值 |
| 马歇尔试验，稳定度（kN） | >5.0 | >7.5 | 14～15 | >5.0 | 7.90～8.57 |
| 马歇尔试验，流值（0.1mm） | 20～40 | 20～40 | 22～28 | 20～40 | 32～35 |

续表

| 试验项目 | 标准值 | 再生沥青混凝土 | | 新加铺的 AK-13A | |
|---|---|---|---|---|---|
| | | 目标值 | 实测值 | 目标值 | 实测值 |
| 马歇尔试验，空隙率（%） | 4~10 | — | 设计不作要求 | <6 | 4.8~6.0 |
| 车辙试验，动稳定度（次/mm） | >800 | >1500 | 3822~4875 | ≥80 | 1170~1251 |
| 冻融劈裂试验，残留强度（%） | ≥70 | ≥75 | 81.6~93.0 | ≥70 | 79.7~82.0 |

2．该工程竣工验收的主要实测数据见表4-30。

**沪宁高速公路沥青路面大修工程上面层施工质量主要实测数据**

**表4-30**

| 检测项目 | 规定值或允许偏差 | 上行部分实测值 | 下行部分实测值 |
|---|---|---|---|
| 压实度（%） | ≥95 | 代表值98.18，且全部不小于95 | 代表值98.21，且全部不小于95 |
| 平整度$\sigma$（mm） | ≤1.6 | 1.095 | 1.291 |
| 摩擦系数（BPN） | ≥50 | 53-60 | 52~57 |
| 厚度（mm） | 代表值-5，极值-8 | +0.345，合格率100% | -0.295，合格率93.75% |

由表4-30可见，该工程的施工质量完全符合现行行业标准的有关规定。其中平整度指标，先施工的下行部分为$\sigma$=1.291mm，后施工的上行部分为$\sigma$=1.095mm（大中修验收标准为$\sigma \leqslant 1.6$mm，新改建工程验收标准为$\sigma \leqslant 1.2$mm），也就是说上行部分的平整度达到新改建工程的验收标准；同时，上行部分

的厚度也明显比下行部分控制得好。由此可见沥青路面就地热再生的施工质量是可以满足规范要求的。

根据目前已经掌握的数据，原路面严重老化的沥青经再生后，主要性能指标已完全恢复到现行行业标准的规定范围内；就地热再生沥青混凝土和新拌普通沥青混凝土防滑层相比，两者的总体质量指标均符合现行行业标准的规定，常规马歇尔试验的各项指标大体相当，而前者的水稳定性略优于后者，高温稳定性明显优于后者，这对于高温气候下运行的大流量、重交通的道路是相当有利的。

# 第五章　水泥混凝土路面碎石化再生

## 第一节　概　述

### 一、概述

自 20 世纪 80 年代起，水泥混凝土路面作为路面的主要形式之一，在国内开始大规模修建。至 2005 年底，全国水泥混凝土路面总里程已达 30 万余公里，其中山东省水泥混凝土路面总里程超过 7000km。随着使用年限的增长和超载车辆的破坏，早期修建的水泥混凝土路面不同程度地出现了各种破坏，急需维修改造。目前，国内旧水泥混凝土路面传统的维修改造方案主要有：压浆修补后直接加铺面层、破碎后加铺基层和面层、清除后重建等方式。这些维修改造方案仍存在污染环境以及工程隐患等弊端，有待寻求新的维修改造方案。

### 二、碎石化概念

水泥混凝土路面碎石化（Rubblization）是一种旧水泥混凝土路面破碎处治技术，是对旧水泥混凝土路面大修或改造的重要手段。碎石化技术于 20 世纪后期起源于美国，该技术是将水泥混凝土路面的面板，通过专用设备一次性破碎为碎块柔性结构，因破碎后颗粒粒径小，力学模式更趋向于级配碎石，因而命名为碎石化。这种结构不仅具有一定承载力，而且能有效防止反射裂缝发生和发展。比如美国，旧水泥混凝土路面的破碎处治技术主要包括打裂压稳、打碎压稳和碎石化。水泥混凝土路面破碎与碎石化的含义不同，破碎包含碎石化，而碎石化是破碎后颗粒粒径最小的一种破碎方式。

碎石化技术原理是通过对水泥混凝土路面进行均匀地冲击、破碎、压实，在损失一部分结构强度和整体性的情况下，把水泥混凝土路面在温度、湿度变化和荷载作用下的位移降低到沥青混凝土面层可以允许的范围内，从而彻底解决反射裂缝，为加铺沥青混凝土路面提供坚实、安全的基础。

实施碎石化的主要设备有 MHB（Multiple - HeadBreaker）类设备和共振式设备两种类型。这两种设备相比，共振式碎石化设备破碎程度较高，破碎后颗粒粒径更小，因而板块强度损失程度较大，需要加铺的路面结构要求更高，不够经济，因此，MHB 逐步发展成为碎石化的主要设备。

## 三、碎石化的技术特点

1. 碎石化技术的特点

对旧水泥混凝土路面碎石化后，可以直接作为新路面结构的基层或底基层，如果旧水泥混凝土路面碎石化后具有较高的强度，能够满足道路承载需求，可作为路面基层直接加铺路面面层。新加铺面层可以是沥青混凝土路面，也可以是水泥混凝土路面。通过破碎将旧水泥混凝土路面结构强度降低到一定程度，防止反射裂缝的发生，同时能够实现两者较好的平衡。旧路面进行 MHB 碎石化后应具有以下特点：

（1）碎石化能使原水泥混凝土板块在平面上强度分布均匀，破碎、压实的混凝土路面是由破碎混凝土块组成的紧密结合、内部嵌挤、高密度的材料层。

（2）碎石化后仍能保留原水泥混凝土路面的一定强度，破碎材料具有较强的抗车辙能力和抗剪强度。

（3）碎石化可以消除原水泥混凝土路面病害，也可应用于混凝土路面改造项目中的震裂压稳、破裂压稳及增加应力缓冲层等技术。

（4）碎石化后的粒径合理，不会产生应力集中现象，碎石化的混凝土路面不是一般的粒料基层，与一般的密级配粒料相比，碎石化混凝土路面可以为 HMA 罩面提供更高的结构强度。

2. 碎石化技术的优点

由于社会进步所需要的大量资源和全球的资源短缺的矛盾，尤其对一个人口众多、资源相对短缺的国家，实现环境保护、节约型社会的可持续发展战略，具有重要的现实意义和深远的历史意义。水泥混凝土碎石化技术完全符合当今社会发展的需要，是实现节约型社会的可持续发展战略的一项措施。它的主要优点有：

（1）成本低，影响小

经过碎石化技术改造的旧水泥混凝土不需清除，可以直接用做新路的基层，既节约了基层材料，又节约了资金资源、减少了浪费，符合国家可持续发展战略决策。与传统的旧路改造技术相比，具有工程造价低，施工周期短、交通封闭时间短，把对人们通行的影响减小到最低程度。

（2）保护环境

经过碎石化技术改造后的水泥混凝土不需清除，避免了大量白色垃圾的产生，避免了沿途植被的破坏，有利于保护沿途的自然景观和生态平衡。

## 四、碎石化的机械特点

实施 MHB 类碎石化技术，主要设备是 MHB 多锤头破碎机和 Z 型压路机。MHB 多锤头破碎机携带有 8 对质量为 450 ~ 550kg 的重锤，分两排装配在机械的尾部，每对重锤单独配备一套液压提升系统，破碎时按一定规律下落。重锤下落时可产生 1106 ~ 1383N · m 的冲击能量，如图 5-1 和图 5-2 所示。Z 型压路机是一种在钢轮表面带有 Z 状纹理的振动式压路机，自重不小于 10t，其作用是进一步碾压碎石化后的路面，为加铺层提供一个平整的表面，如图 5-3 所示。

图 5-1　多锤头破碎机

图 5-2　多锤头破碎机的重锤

图 5-3　Z 型振动压路机

MHB 的破碎机理是通过重锤的下落对水泥混凝土板块产生瞬时、点状的冲击作用。这种破碎机械具有以下特点：

（1）整幅车道宽度单次多点破碎。原水泥混凝土板块的破碎只要进行一次，MHB 类设备有效工作宽度为 45～400cm；宽度可以调节，可以一次对单个车道实施破碎。

（2）锤击功可以方便调节。MHB 重锤的质量是固定的，重锤下落高度、锤击频率和机械行走速度则是可调的。选择合适的锤击功和机械行驶速度可以使原水泥混凝土路面板破碎后的颗粒粒径分布合理。

（3）破碎效率很高。一个台班内，其典型工作量是单车道 0.8～1.2km。

（4）破碎后颗粒组成特性较好。MHB 破碎能量能传递到较大的深度，离重锤作用位置较远处吸收的能量占总能量的比例相对较小，产生的颗粒较大。图 5-4 是使用 MHB 设备后开挖试坑时的情况。

图 5-4　破碎后试坑开挖检查颗粒粒径

(5) 破碎后的表面平整度较高。使用 MHB 破碎产生的碎石化表面平整度高，在经过 Z 型压路机碾压数遍后就能得到坚实稳定的加铺工作平台。

(6) 方便调节，作业灵活。MHB 类设备宽度和锤击功可以调节，所以在某些特殊构造物处可以控制部分重锤，避让构造物。

## 第二节　碎石化的强度形成机理

### 一、强度机理

水泥混凝土路面碎石化后分为表面细粒散层、碎石化层上部和碎石化层下部三个层次，碎石化后表层约 2 ~ 5cm，碎石化层上部厚度约 10cm，碎石化层下部厚度约 10cm，如图 5-5 所示。

1. 碎石化层表层在压实过程中，颗粒被压密，形成嵌挤薄层，通过洒布透层油，具有较高的粘结力，形成一定的强度和稳定性。

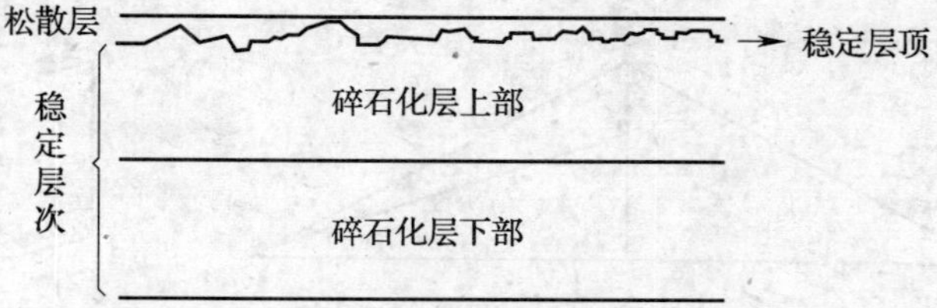


图 5-5　碎石化粒径分层

2. 碎石化层上部强度来源主要有：一是来源于内摩擦角，粒径越大，则内摩擦角越大；二是来源于预压应力，因旧水泥混凝土面板破碎时，混凝土产生侧向体积膨胀，混凝土颗粒的粒径越小，膨胀趋势越大，产生的预压应力越大。

3. 碎石化层下部强度来源。碎石化层下部是“裂而不碎、契合良好、联锁咬合”的块体结构，具有良好的“拱效应”，能将竖向压力变为水平推力，以扩散荷载分布，如图 5-6、图 5-7 和图 5-8 所示。该结构静定且自稳，具有很好的咬合嵌挤作用。由于碎石化下层是由整体的水泥混凝土板破碎成裂而不碎的一层，没有竖向贯穿裂纹。因此，该层中邻近的混凝土块在形状上有较好的啮合度，伴随着收敛位移的发生，呈交错咬合状排列，如图 5-9 所示。该层处于联锁咬合状态，形成所谓的“联锁咬合块体”结构，具体表现为各种形式的咬合梁、拱结构。在外力作用下邻近的混凝土块间产生的咬合嵌挤作用，比普通嵌锁作用更大，能提供的强度更高，具有更好的结构稳定特性。

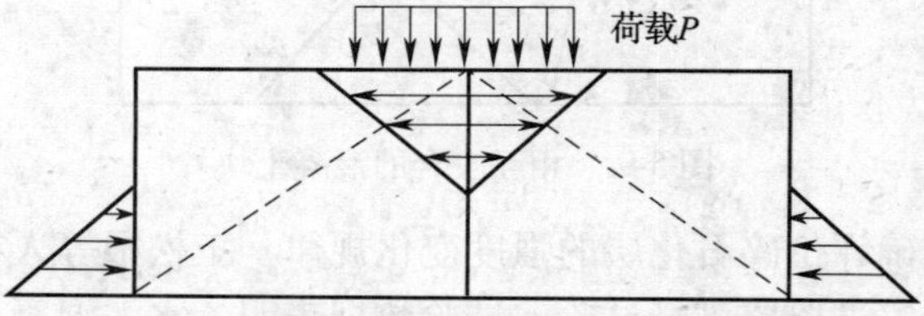


图 5-6　水平挤压力的产生

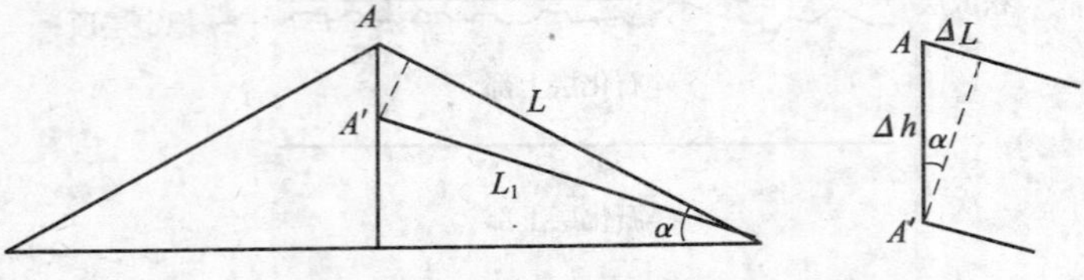


图 5-7　拱效应示意图

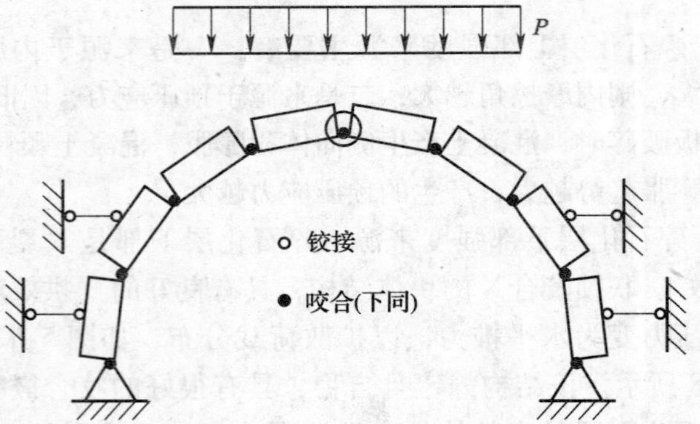


图 5-8　自然咬合措施拱结构模型

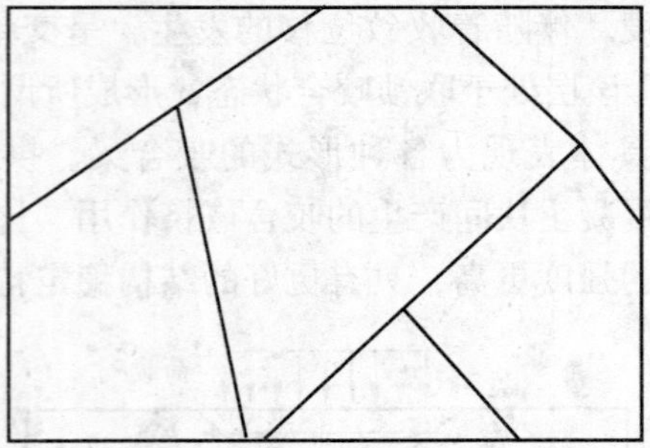

图 5-9　相互咬合的混凝土块

为准确评价碎石化层的强度变化规律，王松根等人在京沪高速公路泰安试验路进行试验，试验数据表明，水泥混凝土路面碎石化后顶面回弹模量最小值大于 150MPa，综合其他位置测试数据，最大值可接近300MPa。当取回弹模量为150MPa和300MPa时，对应的旧沥青路面代表弯沉值为55～110（0.01mm）。分析认为水泥混凝土路面碎石化后，具有一定的强度，完全满足路面基层或底基层的技术要求，可以直接作为加铺结构的基层或底基层来使用。

## 二、适用范围

水泥混凝土路面是公路路面结构的重要形式之一。由于路面修复比沥青路面难度大、耗费时间长、效果难以保证，因此当水泥混凝土路面出现病害后，如何快速高效地实施养护，成为公路养护部门面临的主要问题。特别是当病害严重需要重建时，如果全部移除又会对环境造成不利影响，带来经济上的浪费。为此，我国水泥混凝土路面的推广应用面临着挑战，在高等级公路中的应用趋于萎缩。

在病害处于初始阶段，可通过局部修复来恢复路面结构整体性与行驶性能，防止水分下渗，延长路面使用寿命。在病害超过初始阶段，可采取的措施是非破碎情况下的加铺。加铺结构采用水泥混凝土路面，也可采用沥青路面。当旧水泥混凝土路面病害发展到一定程度，无法采用上述养护方式恢复功能时，就需要考虑进行以破碎方式为主的重建。水泥混凝土路面碎石化作为破碎工艺的一种，是在水泥混凝土正常养护技术不能达到养护目的时采用的一种有效的重建技术。旧水泥混凝土路面具备以下条件时，应考虑进行大修或重建。

1．技术条件

（1）正常养护措施无法满足技术要求；

（2）大量接缝破坏，如错台、翻浆和角隅破坏，以至于超过20%的接缝需要修补；

（3）超过25%的板开裂；

（4）超过20%的工作长度出现纵缝缺陷，且宽度超过10cm；

（5）超过10%的路面需要开挖修补以达到结构性要求；

（6）超过20%的路面已经修补或需要修补；

（7）出现冻胀开裂或碱集料反应，需要加铺罩面或重建。

2．经济条件

（1）碎石化工艺应用与原路面修补存在经济平衡点，采用修补比率来反映平衡点，国外的修补比率一般为13%，山东的经济平衡点是当修补面积为20%～25%时，进行破碎改造更为经济。实际工程由于各地材料价格差异较大，需结合其具体状况计算确定。

（2）根据国内经济分析算例，碎石化与其他改造方案相比，具有一定的经济优势，在原路面损坏严重，超出维修养护平衡点后，是一种合理的改造技术措施。

（3）有时，由于汽车超载运输等原因，造成水泥混凝土路面在远未达到使用寿命前就严重损坏，维修后时间不久再次出现病害，加大了养护成本，具体工程实施时要考虑综合因素具体确定。为此，在进行维修改造决策时，经济平衡点往往不能成为确定改造方案的唯一决策依据。

## 第三节　旧路路况调查及评价

### 一、旧路路况的调查

旧水泥混凝土路面的状况是选择修复方法的依据。要充分评估原水泥混凝土路面状况，需进行下列调查。

1．修建、养护历史调查

路面状况调查的第一项调查内容是修建、养护历史调查，目的是了解路面建成以来的基本状况，进一步分析和评定路面现实运行状况的基础。

2. 路基状况调查

路基土基状况调查的目的在于确定其厚度、强度、含水量情况，以判明路面结构基础的状况。调查可采用钻孔取芯、局部开挖现场测试等手段进行。

通过土基含水量的调查能推测土基和基层在碎石化过程中的稳定性，当土基含水量处于适当的水平时，碎石化可使土基进一步密实。

土基含水量的调查按好、中、差三种情况进行。每种情况应选取三个以上试验点，含水量的测定可采用环刀法或酒精法。这些资料可以用于判断基层与土基的稳定程度，为修复方案决策过程提供参考。

3. 水泥混凝土路面板材料强度

原水泥混凝土路面材料强度调查可通过钻孔取芯的方法测试芯样的无侧限抗压强度，检查是否存在较严重的碱集料反应、冻胀、膨胀或松散等病害。

4. 路面破损调查及局部严重破坏的判别

路面破损调查是判明原路面结构的损害程度、评价路面使用状况的重要手段，通过详细调查发现路面局部严重破坏，分析现场，判明病害原因。

调查结果作为估算不同修复方法所需成本的基本参数。调查中还要了解构造物与排水设施状况，为确定使用碎石化技术后的预处理提供资料。这些预处理包括路面与构造物连接处的接缝切割和排水设施的重新设置等。

通常，板块断裂程度、坑洞、接缝损坏、表面裂缝与层状剥落等病害基本不影响碎石化的施工，但是发生唧泥、断裂、沉陷病害的路段往往会存在基层、土基病害，在进行碎石化前必须进行处治。

5. 结构物的调查

MHB 破碎时的冲击波会传播到一定范围，为了避免碎石化施工对构造物构成危害，应在路况调查时对道路及周围构造物如房屋、桥梁、涵洞、地下管线等的位置与状态进行详细调查，记录结构物的平面位置、走向、埋深等详细信息。

6. 排水设施的调查

碎石化会产生均匀的基层，但不适宜排水，应修复排水系统。如果设计中有排水系统，则排水系统应在破碎混凝土路面施工之前完成。

## 二、路面结构强度评价

路面结构承载能力评价就是要确定路面的剩余寿命，即剩余结构承载能力。水泥混凝土路面结构承载力的评价主要包括板底脱空情况和旧水泥混凝土路面基层顶面的当量回弹模量测试等。

由于 MHB 是将旧混凝土板块碎石化后作为新建沥青路面的基层，测定旧混凝土板块间的接缝传荷能力是没有意义的。因此，对于将碎石化的路面，在评价结构承载能力时不需进行接缝传荷能力评价。

1. 板底脱空判别

我国《公路水泥混凝土路面养护技术规范》（JTJ 073.1－2001）规定，水泥混凝土面板脱空位置的确定可采用弯沉测定法测定：

（1）采用 5.4m 长杆弯沉仪，及相当于 BZZ－100 重型标准汽车；

（2）弯沉仪的测点与支座不应放在相邻两块板上，待弯沉车驶离测试板块，方可读取百分表值；

（3）凡弯沉超过0.2mm的，应确定为面板脱空。

在欧美，检测混凝土板是否脱空一般使用落锤弯沉仪（FWD）法。近几年来，由于其方便、快捷，我国亦开始逐步采用。

通过调查了解板块下脱空的严重程度，对水泥混凝土路面以及基层的状况有初步的了解，标记出软弱地基区域，以便进一步调查。

2. 基层顶面回弹模量

碎石化施工是以原水泥路面碎石化后作为基层，基层顶面的强度直接影响碎石化施工的效果。软弱的基层上板块不适合使用MHB进行破碎，有必要对基层顶面的回弹模量进行评价。

鉴于路况差异，调查过程中应将板块分为：好、一般和差三类。好板指原混凝土板表面基本完好，无贯穿全板的裂缝；一般板指原混凝土板有裂缝和断板现象，但裂缝宽度较窄，板块被裂缝分为3~4块；差板指原混凝土板严重损坏，裂缝宽度较宽，板块被裂缝分为4块以上，且有沉陷、唧泥现象出现。

基层顶面回弹模量与原混凝土板表面的质量状况有直接关系，一般质量良好的面板对应的基层质量较好、顶面回弹模量较高；一般质量较差的面板对应的基层质量较差、顶面回弹模量较低。通过调查评价基层的整体性和强度状况，由于基层强度调查相对难度较大，因此，在具体施工前的调查中，重点调查较差路段的3~5块面板即可，一般选取试验点在3~5个。试验点的选择应遵循最不利原则，且各点最好不在同一板块。

基层顶面回弹模量可以在移除板块后，采用承载板法进行测定，供设计参考。也可通过目测直接判定基层的实际状况，只要没有松散，具有一定的整体性和强度，都符合碎石化的技术要求，可以进行碎石化施工。

3. 路基 CBR

只有路基 CBR 值大于5%的路段才可采用碎石化进行改造，因而，在路况调查阶段需要对路基现场 CBR 值进行检测评价。

在美国，路基 CBR 值采用动力圆锥触探仪（Dynamic Cone Penetrometer，简称 DCP）测定，它是通过测定在额定冲击力作用下贯入杆贯入土基的速率来计算路基现场 CBR 值的大小。先用路面取芯机取出面层及基层芯样后，将 DCP 仪器垂直放入芯孔内，将规定质量的重锤提升至指定高度，然后自由下落，将 DCP 贯入土基；再计算每次锤击引起的贯入量后与经验表格对比，可以快速测定路基现场 CBR 值。

在国内现行规范中，测定路基现场 CBR 值的两种方法在新建公路中比较实用，由于受旧水泥路改造项目现场条件限制，难以快速准确地检测现场 CBR 值。在实施碎石化时可以应用美国的动力圆锥触探仪测定技术进行测定与评价。

## 第四节　碎石化后路面结构设计

### 一、路面结构设计类型

碎石化后的路面结构的主要组合有：

（1）碎石化后直接作为基层，加铺沥青面层；

（2）碎石化后直接作为基层，加铺水泥混凝土面层；

（3）碎石化后作为中下基层，加基层补强后，再加铺沥青面层；

（4）碎石化后作为中下基层，加基层补强后，再加铺水泥混凝土面层。

碎石化后直接作为中下基层，加基层补强后加铺沥青或水泥混凝土面层时，加铺层的设计可按照现行规范按新建路面结构进行系统设计；碎石化后直接加铺沥青或水泥混凝土面层。当采用水泥混凝土加铺方式时，一种是加设水泥稳定集料基层，单层厚度为15~20cm，顶面作防水处理，碎石化层作为底基层使用，这样能克服碎石化层表层略松散和易受水冲刷的缺点，为路面提供稳定耐久的基础；另一种是在碎石化层顶面洒布透层油和粘层油后加铺薄层封层，厚度为2~4cm，在碎石化层顶面上形成一层保护层，然后再铺筑路面，以防止水分下渗对碎石化层造成影响。相应的路面厚度设计可参考路面加铺层厚度设计方法，合理选定碎石化层的回弹模量，按规范设计方法设计板厚。

## 二、碎石化沥青加铺结构设计

碎石化后加铺层设计以弹性层状体系理论为基础，对其碎石化的沥青加铺结构进行设计。

1．结构设计参数

（1）顶面当量回弹模量

从我国路面结构设计理论出发，由于加铺层是铺筑在破碎板块顶面上，在加铺层设计前，必须对碎石化层的结构设计参数进行确定，反映碎石化层性状的主要参数是该层的弹性模量和泊松比。弹性模量是因材料性质不同而变化较大的参数，在碎石化施工过程中通常以它作为设计和施工参数的控制技术指标。我国路面结构设计的一般思路是将碎石化层顶面上的强度特性作为碎石化及其下层结构的代表强度，即顶面当量回弹模量。如果破碎后弹性模量能达到较高的水平，则可以考虑减小路面厚度，从而达到节约工程费用的目的。

（2）顶面的回弹弯沉

从理论上讲，顶面回弹模量与顶面的回弹弯沉之间有着良好的相关性，加铺层可能出现的反射裂缝与顶面当量回弹模量的差异性密切相关。从测试的便利性而言，顶面回弹模量也较容易测出。表征强度的另一个参数是碎石化后顶面的回弹弯沉，碎石化后的旧水泥混凝土板块顶面上洒布乳化沥青后，进行回弹弯沉的测试，应用回弹弯沉进行控制。碎石化的目的是消除旧水泥混凝土板块可能存在的反射裂缝，使碎石化后顶面强度趋于均匀，因此，在控制破碎程度时，应以破碎后顶面强度的均匀性来衡量。

（3）差异沉降相对值

AI 设计方法中将差异沉降控制在 0.05mm 以内，并作为破碎（包括打裂压稳、打碎压稳等工艺）加铺的前提。因为 MHB 碎石化后，表面存在一层较薄的颗粒，其裂缝是无序开展的，所以没有明确的差异沉降的概念，即使在对应原板块接缝、裂缝位置处测试，也因为板块的破碎而使弯沉的绝对数值增大，其差异沉降的绝对数值较大。因此，应以差异沉降降低的百分率，即差异沉降减少的相对数值来表达。

（4）可靠度

我国刚性路面设计规范《公路水泥混凝土路面设计规范》（JTG D40－2003）中对基层顶面当量回弹模量按可靠度设计标准来要求。碎石化后结构层作为新路面结构的基层，可参照这个可靠度标准取值。因旧水泥路面状况差异很大，为客观评价碎石化层的性能，在计算变异系数时应做如下处理：测试点位应随机选取，并不少于 9 个，在变异系数计算前，去除 1 个最低值和 2 个最高值，用剩下的 6 个值计算变异系数。国内外工程实践证明，这种差异不会影响加铺结构的使用性能和使用寿命，为安全起见，应对剔除的低值测点附近区域进行相应处治，主要方法是加铺土工格栅以改善加铺路面的使用性能。可靠度设计标准、变异系数和可靠度系数分别见表 5-1、表 5-2 和表 5-3 所示。

因此，控制回弹模量的变异范围如表 5-2 所示。这时，在计算路面结构时，破碎层顶面上的当量回弹模量可以按式（5-1）计算：

**可靠度设计标准　　表 5-1**

| 公路技术等级 | 高速公路 | 一级公路 | 二级公路 | 三、四级公路 |
|---|---|---|---|---|
| 安全等级 | 一级 | 二级 | 三级 | 四级 |
| 目标可靠度（%） | 95 | 90 | 85 | 80 |
| 变异水平等级 | 低 | 低～中 | 中 | 中～高 |

**变异系数表　　表 5-2**

| 变异水平等级 | 低 | 中 | 高 |
|---|---|---|---|
| 基层顶面当量回弹模量 | $C_v \leqslant 0.25$ | $0.25 < C_v \leqslant 0.35$ | $0.35 < C_v \leqslant 0.55$ |

**可靠度系数表　　表 5-3**

| 变异水平等级 | 目标可靠度（%） | | | |
|---|---|---|---|---|
| | 95 | 90 | 85 | 80 |
| 低 | 1.20～1.33 | 1.09～1.16 | 1.04～1.08 | — |
| 中 | 1.33～1.50 | 1.16～1.23 | 1.08～1.13 | 1.04～1.07 |
| 高 | | 1.23～1.33 | 1.13～1.18 | 1.07～1.11 |

$$E_t = \frac{\overline{E}_t}{\gamma_r} \tag{5-1}$$

式中　$E_t$——按可靠度方法折减后的旧水泥混凝土板块顶面破碎后的当量回弹模量；

$\gamma_r$——根据顶面当量回弹模量变异系数值查表 5-3 确定的

变异水平等级对应的可靠度系数；

$\bar{E}_t$——当量回弹模量平均值，初步设计阶段时采用推荐值如表 5-4 所示，在第二阶段设计时按照试验段实测得到的顶面当量回弹模量平均值进行验算。

**碎石化后顶面的当量回弹模量在初步设计阶段推荐取值范围**

**表 5-4**

| 水泥强度等级 | 32.5 | 42.5 |
|---|---|---|
| 顶面当量回弹模量平均值（MPa） | 200～350 | 250～450 |

可靠度指标是在对已有路面结构进行隐含可靠度分析得到的，主要考虑的参数除基层顶面的当量回弹模量外还有材料参数、结构尺寸等方面的变异，而可靠度系数是综合变异后得到的系数。如果仅是基层的顶面当量回弹模量发生低、中、高的变异所对应的可靠度系数，应低于上列可靠度系数表列数值。通过以上方法，可以将水泥混凝土路面碎石化后的平均当量回弹模量和方差都反映在路面结构设计过程中，从而起到了较全面评定碎石化后路面结构性质的作用。

2. 路面结构设计的影响因素

（1）温度因素

温度对碎石化后加铺面层设计有一定的影响，主要表现在不同温区的加铺层的最小厚度上，AI 设计方法就是采用这种方式进行控制的。控制不同最大温差地区的最小加铺层厚度是为了防止面层厚度太小，不能抵御破碎层温度变化带来的温缩应力而产生相应的面层裂缝，对面层造成早期损害。在我国应用碎石化工艺的情况下，也必须考虑年最大温差所要求的极限最小厚度。具体的厚度极限标准可参照 AI 设计方法取值，相应的控制最小加铺厚度如表 5-5 所示。

**按 AI 法不同地区年最大温差对应的加铺层最小厚度　表 5-5**

| 年最大温差（℃） | 30 | 40 | 50 | 60 | 70 | 80 |
|---|---|---|---|---|---|---|
| 最小加铺厚度（cm） | 10 | | | | 13 | 14 |

（2）降雨量因素

降雨量也对碎石化后加铺层的结构设计有一定的影响，国外按降雨量大小对路面结构作出限定。对降雨量的考虑主要应从结构构造、结构组合上考虑。主要是注重防水、排水设施的设置等，防止水损害的发生，将防水、排水设施的设计作为路面结构设计的一个重要组成部分。

3．碎石化后沥青加铺层设计

（1）设计方法

碎石化后加铺沥青路面结构设计基本方法可参照我国的规范方法，但需要改进，主要体现在以下两个方面：

1）设计程序上分初步设计及改进设计两步；

2）增加 AI 法中对不同温度特点地区的最小厚度要求，明确提出降雨量较大地区的防治措施。

（2）层间联结

在实际工程中，因原路面基层、土基等状况的参数较难测得，而以碎石化后结构层顶面的当量回弹模量作为强度代表参数，就可以代替常规路面结构计算中的土基模量，泊松比可取 0.3。这种取值类似于旧路面补强设计的思路。另一方面，碎石化层因其颗粒状态是松散的，因此在考虑层间联结条件时可偏安全地将该层与其上层的层间联结视为光滑。实际上因为洒布乳化沥青等措施，使得碎石化后表层的小粒径颗粒粘结成具有一定整体性的材料，在加铺沥青下面层后，与其粘结性应比光滑更紧密。

（3）主要设计参数

结构设计采用多层弹性体系模型，与规范相对应的设计参数有：

1）交通量参数（累计标准轴载作用次数）；

2）碎石化后旧路面顶面回弹模量（初步设计按预估模量，优化设计按检测模量）；

3）拟加铺层的弹性模量与泊松比等；

4）工程所在地区年最大温差；

5）工程所在地区年降雨量。

（4）设计步骤

1）初步设计阶段有以下方面：

① 确定交通量参数，计算累计标准轴载作用次数；

② 按混凝土强度等级，从表 5-4 选取碎石化后回弹模量推荐值；

③ 按表 5-1 和表 5-3 选取可靠度系数，按公式（5-1）计算折减后的预测碎石化后顶面回弹模量；

④ 按三层沥青混凝土加铺，拟定结构组合，以沥青层底弯拉应力（或应变）作为设计标准，计算加铺层厚度；

⑤ 对照表 5-5 的沥青加铺层最小厚度，如果小于表列值，则取表列最小值；

⑥ 对照降雨量参数，合理设计相应排水设施，并要求碎石化后洒布乳化沥青封层。

2）优化设计阶段（经调整并开始正常施工后，实测回弹模量）有以下方面：

① 计算实测回弹模量代表值（根据不同公路等级，按表 5-3 选择可靠度系数，作为保证率系数，$C_v$ 是实测数据标准偏差），计算公式如下：

$$E_t = \bar{E}_t - \gamma_r C_v \tag{5-2}$$

式中　$E_t$——顶面当量回弹模量平均值；其余符号意义同前。

② 与预测值相比，如果相差在10MPa之内，且变异性小于初步设计阶段取值，可不进行优化；

③ 对照实测回弹模量代表值与表5-6，确定是否需要改变结构组合形式；

**碎石化后沥青加铺层结构组合选择　　表5-6**

| 破碎程度 | 颗粒偏细 | | 一般颗粒大小 | | | 颗粒偏粗 |
|---|---|---|---|---|---|---|
| 代号 | $S_0$ | $S_1$ | $S_2$ | $S_3$ | $S_4$ | $S_5$ |
| 回弹模量（MPa） | 小于120 | 120～150 | 150～250 | 250～350 | 350～500 | 大于500 |
| 加铺结构组合形式 | 加补强基层+面层 | 透层+FDAC13抗疲劳层+沥青混凝土 | 透层+防水封层+三层沥青混凝土 | | | 防水封层+LSPM+二层沥青混凝土 |

④ 按实测回弹模量代表值与新结构组合（如果需要改变）进行厚度设计，以沥青层底弯拉应力（应变）为控制标准；

⑤ 检验是否符合表5-5的最小厚度要求。

按上述设计方法的流程图，如图5-10所示。

## 三、碎石化沥青加铺结构组合设计

1. 合理加铺结构组合方式

（1）结构组合原则

工程中可能出现碎石化后颗粒粒径或回弹模量的不同情况，可采用的结构组合原则有：

1）碎石化施工中应尽量参照推荐的颗粒粒径和回弹模量推荐范围进行破碎，在此范围内时，沥青加铺层要求采用密级配沥青混凝土，并可考虑加铺防水封层；

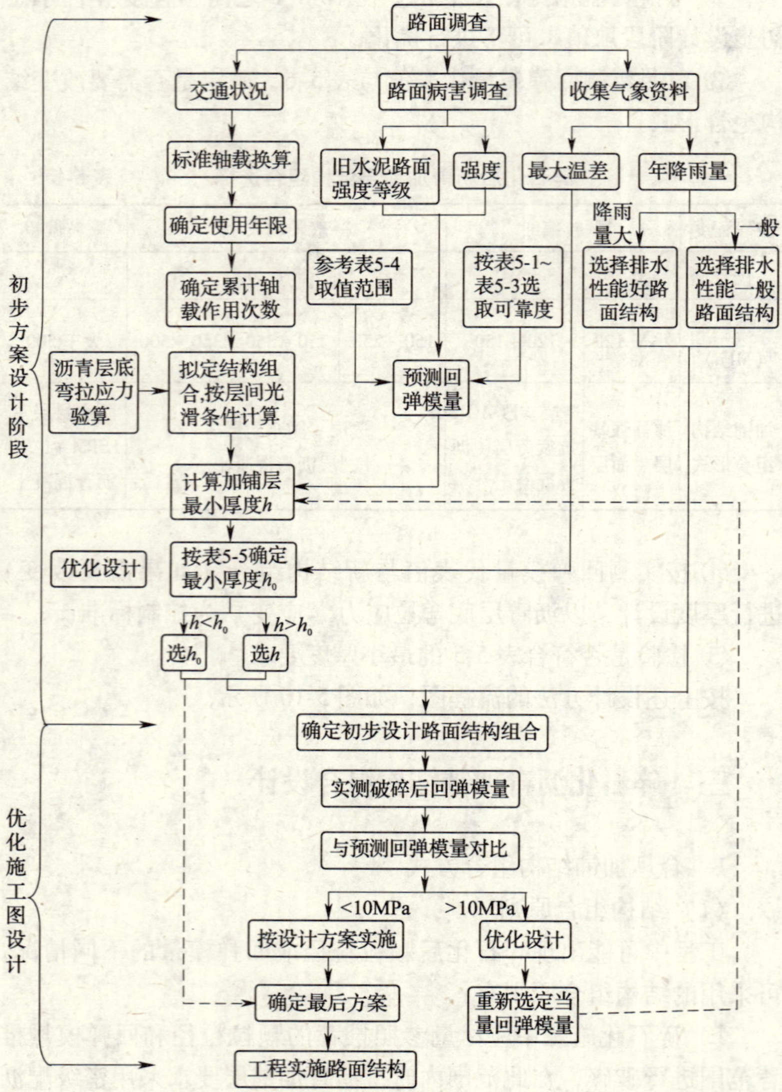


图 5-10 碎石化后沥青加铺层设计流程

2）当碎石化后颗粒粒径稍偏大、回弹模量偏高时，可考虑采用开级配大粒径透水性沥青碎石加防水封层（LSPM）的结构组合形式，上面沥青混凝土仍需采用密级配；

3）当粒径偏小、回弹模量偏低时，要保证加铺层总厚度，可考虑设置 FDAC 抗疲劳层，以防止疲劳开裂，其他沥青层仍需密级配；

4）回弹模量小于 120MPa 时需要考虑增设补强层，按照新建路面结构设计。

（2）沥青加铺层可能采用的四种方式

1）做透层、封层后，直接加铺上、中、下面层的密级配沥青混凝土；

2）加铺 LSPM，然后采用两层面层的形式；

3）加铺抗疲劳层后，再加铺沥青面层；

4）加铺无机结合料稳定类基层，然后加铺沥青面层。

上述四种基本沥青路面加铺结构分别将碎石化层作为基层和底基层。无论采用何种结构，与碎石化层相接的结构层底面的拉应力或拉应变都是关键的控制因素。前三种结构相对而言更充分地利用了碎石化层的强度，将其作为承重的主要结构层，承担传递来自面层的竖向荷载。

将碎石化后的回弹模量大致划分为 5 个级别，相应的加铺结构组合形式可按表 5-6 标准选取。

2．推荐加铺层结构

典型结构设计中一个重要步骤是确定合理的参数及分级，按照我国典型结构研究的一般做法，应将碎石化后沥青混凝土路面加铺典型结构按两个主要参数划分，即交通量和碎石化后回弹模量（代表值），为便于应用给出其推荐结构。

（1）交通量分级

为与我国规范相适应，加铺结构设计可采用规范规定的各级公路交通量分级标准，见表 5-7。

**交通量等级划分** **表 5-7**

| 交通等级 | 低交通 | 轻交通 | 中交通 | 重交通 | 特重交通 |
| --- | --- | --- | --- | --- | --- |
| 代号 | $T_1$ | $T_2$ | $T_3$ | $T_4$ | $T_5$ |
| 累计标准轴次（万次/车道） | 150 | 150~400 | 400~900 | 900~2000 | 2000~4000 |
| 公路等级 | 四级 | 三级 | 二级 | 高速、一级 | 高速、一级 |

（2）碎石化后顶面回弹模量分级

参照碎石化后顶面回弹模量的一般范围和可能出现的破碎程度较低或较高的情况，按表 5-6 对碎石化后回弹模量进行分级。

（3）碎石化后的推荐结构厚度范围

根据以上交通量分级和回弹模量分级标准，共需要拟定 25 种沥青加铺层典型结构，其结构组合的选取按组合选择标准进行，如表 5-8 所示。

**碎石化后沥青加铺层厚度推荐范围（单位：cm）** **表 5-8**

| 结构组合特点 | 碎石化后回弹模量代表值（MPa） | 交通量等级（$\times 10^4$） | | | | |
| --- | --- | --- | --- | --- | --- | --- |
| | | $T_1$ | $T_2$ | $T_3$ | $T_4$ | $T_5$ |
| 增设 FDAC + 沥青混凝土 | $S_1$ | 10~18 | 14~22 | *19~27 | *25~34 | *28~38 |
| 沥青混凝土 | $S_2$ | 10~16 | 12~20 | 15~23 | *22~30 | *25~34 |
| | $S_3$ | 10~14 | 10~18 | 13~21 | 19~27 | *21~29 |
| | $S_4$ | 10~13 | 10~16 | 11~19 | 16~24 | 18~26 |
| 增设 LSPM 十 沥青混凝土 | $S_5$ | 10~12 | 10~14 | 10~17 | 14~22 | 16~24 |

FDAC 及 LSPM 的最大公称粒径只供参考。在三层沥青混凝土结构组合中，如下面层厚度较大，可用 LSPM 代替，以节省造价。

（4）对推荐结构厚度范围的说明

1）如表 5-8 中标注“＊”的结构，可以考虑增设基层补强，以减少面层厚度，降低工程造价。

2）给出厚度范围的原因。因碎石化后的处治方式不同，碎石化层顶面与加铺沥青层的粘结性好坏不同，所需的沥青加铺层厚度也不相同。同时，不同的公路等级，结构的安全等级也不相同，设计标准也有差异，因此以厚度范围的形式给出推荐沥青加铺层。

3）表 5-8 中的厚度最大值，是采用各种材料弹性模量的规范推荐值、碎石化后回弹模量分级范围中的最低值、交通量分级范围中的最大值、按碎石化后顶面与沥青加铺层完全滑动计算得到。在相应回弹模量和交通量分级条件下，适应最不利条件的路面结构，因此实际设计和采用的沥青加铺层总厚度不应超过这一厚度。

4）厚度范围中的最小值。表 5-8 中的厚度最小值，按碎石化后顶面与沥青加铺层完全连续计算得到，其他取值方法与最大值计算方法相同。如果按实际交通量设计，也可采用完全连续的联结条件，则设计出的沥青加铺层总厚度应比所属交通等级的加铺层总厚度最小值更小，采用回弹模量实际值进行设计的情况也与此类似。加铺层总厚度的最小值还要满足气候因素确定的最小 10cm 的要求。

5）总厚度中的各层材料组合。根据前叙内容可知，碎石化后可采用的沥青加铺层材料主要有密级配沥青混凝土、FDAC、LSPM 等，上面层还可以根据需要设置 SMA、OGFC 等。总体原则上，结构层组合应满足经济性原则。在总厚度要求超过 12 ~

14cm 时，可考虑双层组合方式，在下层设置 LSPM，上层采用抗磨耗能力强的层次，在总厚度超过 18～20cm 时，可考虑三层组合方式，下层采用 LSPM。在碎石化后顶面回弹模量较低时，应考虑设置 FDAC 抗疲劳层。

## 第五节　碎石化的施工工艺

### 一、路面碎石化前的处理

1. 移除现存的沥青罩面和沥青修补

路面碎石化施工前，应先移除所有将破碎的混凝土板块上存在的沥青罩面层和部分沥青表面修补材料，否则会影响碎石化质量。

2. 排水系统设置或修复

对任何路面而言，要获得良好的使用性能，完善的排水设施是必不可少的。路面碎石化处理一般要求设置边沟以保证排水。如果没设置边沟，应将路肩挖除至混凝土路面基层同一高度，以使水能够排出。

对凹形竖曲线、混凝土板块明显唧泥、平曲线超高段的低边及所有其他存在排水问题的区域，应设置横向排水盲沟。如果条件允许，至少在路面碎石化施工前两周应使排水系统投入正常运行。

3. 特殊路段的处理

在路面破碎之前应对出现严重病害的软弱路段进行修复处理：

(1) 清除混凝土路面；

(2) 开挖基层或路基至稳定层；

（3）路基需要换填处理，其顶面高程与破碎混凝土板底相同；

（4）应采用与 HMA 罩面底层相同的混合料回填。回填料应进行适当的摊铺和压实，最小控制尺寸应不小于全车道宽和 1.2m 长，以保证压实效果。

有条件的情况下，在破碎后的混凝土路面上可用密级配碎石粒料和 HMA 的铣刨料加铺一层，以增加总的覆盖层厚度。路基以上的基层、破碎混凝土层和覆盖层必须有足够的承载力便于 HMA 的摊铺施工。

4. 构造物的标记和保护

施工前，针对调查的结构物资料在现场做出明确标记，以确保这些构造物不会因施工造成损坏。

（1）埋深在 1m 以上的构造物（或管线）不易因路面碎石化受到破坏，这种路段可以正常破碎；埋深在 0.5 ~ 1.0m 的构造物（或管线）可能因路面碎石化而受到一定影响，这种路段可以降低锤头高度进行轻度打裂；埋深不足 0.5m 的构造物（或管线）以及桥梁等，应禁止破碎，避让范围为结构物端线外侧 3m 以内的所有区域。

（2）距路肩 10m 以外的建筑物不易因路面碎石化受到破坏，这种路段可以正常破碎；对于路肩外 5 ~ 10m 范围存在建筑物的路段，施工时应降低锤头高度对路面进行轻度打裂；对于路肩外 5m 以内存在建筑物的路段，应禁止破碎。

（3）对于不同埋深的构筑物、地下管线、房屋等，应采用不同标志的红色油漆标注清楚，用以区别破碎，保证安全。

（4）上跨构造物的净空。施工前需测量上跨构造物的净空，应尽量同时确保罩面后的净空和罩面的厚度。如果 HMA 罩面后的最终净空不足，应作以下考虑：

1）在满足疲劳验算的前提下减小罩面厚度；

2）在保证足够承载力的前提下铣刨桥下路面，降低至指定高程；

3）以上方法不能解决，则需清除构造物下原混凝土路面，并修复或新建基层至指定高程。

5．设置高程控制点

在有代表性路段设置高程控制点，以便在施工中监测高程的变化，指导罩面施工。

6．交通管制及分流

在碎石化施工之前制订交通管制及分流方案，满足通车及施工要求。

## 二、碎石化试验段

施工质量控制应在碎石化大面积施工开始前、施工过程中和施工后分别加以控制，其一般过程如下。

1．选择具有代表性路段作为试验段，其长度最小100m，在该试验段中安排不同锤迹间距（2cm左右级差）的子区段，每段长度不少于50m，分界要标记清楚。

2．根据破碎效果调整选择设备控制参数。

3．试验段施工结束后，对不同锤迹间距的子区段粒径进行检测，选择对应的设备控制指标。

4．检测回弹弯沉（或回弹模量），验证其是否满足变异性要求。推荐采用回弹模量指标，测试的点位随机选定，并应不少于9个。如果不满足，要增加试验段长度并根据增加落锤高度或减小锤迹间距的方式调节，以使其破碎程度增加，变异性减小，直至达到前述质量控制指标要求。

5．进行大面积施工过程中，要注意单幅路面长度超过1km时，在破碎粒径发生突变处挖试坑抽检，验证粒径是否满足要求，否则进行小幅调整，此过程中无需继续检测回弹模量指标，而以试坑粒径状况与试验段有无显著差别作为判断是否合格的依据。

6. 对于下卧层强度差异较大的不同路段要作不同的设备参数控制，可在其中一段控制参数的基础上，做小幅调整以满足其他段的破碎要求。

通过开挖试坑，采用钢尺确认破碎粒径的尺寸，试坑面积为 $1m^2$，深度要求达到基层，试坑位置的选取应有随机性，可按初步施工参数推荐值为基础进行调整来确定。

试验段除测试颗粒粒径外，还有测试顶面的当量回弹模量，或增加回弹弯沉，检测要在乳化沥青洒布后、粒径合格的试验子区段内进行。以上测试的试验段测点数目至少需要 9 个。

试验段子区段安排过程中应包含开始破碎的前 10m 和结束破碎前 5m，指标的检测不能安排在这一区域进行。

## 三、一般施工工艺

使用 MHB 设备进行路面碎石化处理并加铺沥青路面结构的一般过程如下：

1. 移除现有的罩面层；
2. 设置排水设施；
3. 特殊路段处理；
4. 构造物标记；
5. 设置测量控制点；
6. 交通管制；
7. 破碎水泥混凝土路面；
8. 修复软弱基层或路基；
9. 清除废弃材料；

10. 破碎后水泥混凝土路面碾压；

11. 与非破碎段接缝处治；

12. 透层或封层施工；

13. 摊铺热拌沥青混合料。

## 四、路面碎石化施工

1. 试验段与试坑

试验区主要用于设备参数调整，以达到规定的粒径和强度要求。

(1) 试验区。在路面碎石化施工正式开始之前，应根据路况调查资料，在有代表性的路段选择至少长50m、宽4m（或一个车道）的路面作为试验段。根据经验一般取落锤高度为1.1～1.2m，落锤间距为10cm，逐级调整破碎参数对路面进行破碎，目测破碎效果，当碎石化后的路表呈鳞片状时，表明碎石化的效果能满足规定要求，记录此时采用的破碎参数。

(2) 试坑。为了确保路面被破碎成规定的尺寸，在试验区内随机选取2个独立的位置开挖1$m^2$的试坑，试坑的选择应避开有横向接缝或工作缝的位置。试坑应开挖至基层，以在全深度范围内检查碎石化后的颗粒是否在规定的粒径范围内。如果破碎的混凝土路面粒径没有达到要求，那么设备控制参数必须进行相应调整，并相应增加试验区，循环上一过程，直至要求得到满足，并记录符合要求的MHB碎石化参数。在正常碎石化施工过程中，应根据路面实际状况对破碎参数不断作出微小的调整。当需要对参数作出较大的调整时，则应通知监理工程师。

2. MHB破碎

一般情况下，MHB应先破碎路面两侧的车道，然后破碎中部的行车道。采用 MHB 破碎机先破碎一遍，正在破碎的路面如图 5-11 所示，破碎一遍后的路面情况，如图 5-12 所示。破碎后的全幅路面如图 5-13 所示。

图 5-11　正在破碎的路面

图 5-12　破碎一遍后的路面

在破碎路肩时应适当降低外侧锤头高度，减小落锤间距，既保证破碎效果，又不至于破碎功过大而造成碎石化过度。两幅破碎一般要保证 10cm 左右的搭接破碎宽度。机械施工过程中要灵活调整行进速度、落锤高度、频率等，尽量达到破碎均匀。

3．预裂处理

在岩石基层或混凝土基层路段，应采用打裂等其他手段进行混凝土路面的预裂，确保碎石化后达到预期效果。预裂后，根据情况进行试验段施工，重新确定碎石化破碎的施工参数。

4．软弱基层或路基修复

在水泥混凝土路面采用碎石化前，应及时发现处理软弱基层或下沉的路基。

5．凹处回填

路面碎石化后表面凹处在 10cm × 10cm 以内，在压实前可以用密级配碎石回填；10cm × 10cm 以上的应利用沥青混合料找平，以保证加铺沥青面层的平整度。

6．原有填缝料及外露钢筋清除

在铺筑 HMA 以前所有松散的填缝料、胀缝材料、切割移除暴露的加强钢筋或其他类似物应进行清除，如需要，应填充以级配碎石粒料。

7．破碎后的压实要求

压实的主要作用是将破碎的路面表面的扁平颗粒进一步破碎，同时稳固下层块料，为新铺沥青面层提供一个平整的表面。破碎后的路面采用 Z 型压路机和单钢轮压路机振动压实，压实遍数 1 ~2 遍，压实速度不允许超过 5km/h。光轮压路机振动压实 3 ~4 遍，形成大小基本均匀的路面，碾压后的路面情况如图 5-14 所示，破碎后的均匀程度如图 5-15 所示。

图 5-13　破碎后的全幅路面

图 5-14　破碎后碾压完成的路面

在路面综合强度过高或过低的路段应避免过度压实，以防造成表面粒径过小或将碎石化层压入基层。

8．乳化沥青透层

为使表面较松散的粒料有一定的结合力，建议使用慢裂乳化沥青做透层，用量控制在2.5～3kg/m$^2$。乳化沥青透层表面再撒布适量石屑后进行光轮静压2遍，石屑用量以不粘轮为标准。8～12h后摊铺HMA，摊铺效果如图5-16所示。

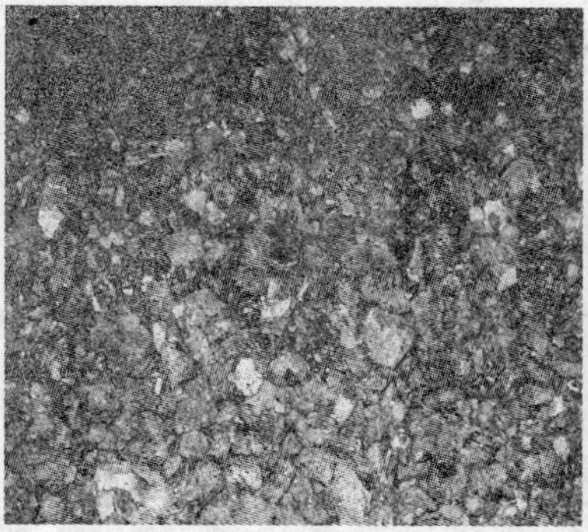

图5-15　破碎后的均匀程度

图5-16　破碎后新铺筑的路面

9. 破碎路段边缘处理

碎石化和非碎石化混凝土路面接缝应考虑相应的过渡措施，如在接缝上设置格栅等。

## 第六节　碎石化的施工质量控制

### 一、设备参数

MHB作为一种施工机械，主要控制的指标是落锤高度和锤迹间距。这两项指标决定了冲击能量大小和分布密度，从而最终决定了破碎后结构层在整个厚度范围内的粒径分布特性以及其力学性质。

根据经验，推荐的试验段施工时的设备参数如表5-9。

初步选定的设备控制参数范围　　表 5-9

| 项目名称 | 原水泥混凝土下卧层强度状况 | | | | | |
|---|---|---|---|---|---|---|
| | 强度较高 | | 强度一般 | | 强度较低 | |
| 水泥强度等级 | 32.5 | 42.5 | 32.5 | 42.5 | 32.5 | 42.5 |
| 下落高度（m） | 1.2 | 1.2 | 1.1 | 1.1 | 1.0 | 1.0 |
| 锤迹间距（cm） | 8~12 | 6~10 | 8~12 | 6~10 | 8~12 | 6~10 |

在碎石化处理过程中，如果水泥混凝土板块下的基层或土基强度较高时可能造成碎石化困难，应提前对其强度作出预估，并做好技术处理的预案。土质较好情况下的挖方，应属于下卧层强度较高类，土质一般的挖方和填方属于一般强度类，而路基填料土质较差或含水量可能相对较高的情况属于下卧层强度较低类。如果原水泥混凝土路面状况差异较大，具体施工设备运行参数需根据试验段数据结果进行调整。

## 二、粒径范围

水泥混凝土板块的厚度一般在 20~26cm 之间，破碎后顶面粒径较小，下部粒径较大。碎石化后粒径太小会使强度降低很多，这时虽能减少反射裂缝的可能，但也带来了原板块强度的浪费，因此碎石化后颗粒粒径不宜过细；而较大也不利于反射裂缝的消除，因此要对粒径范围作出一定限制。路面碎石化后的粒径是控制未来加铺结构不出现早期反射裂缝的关键参数，作为控制碎石化工艺的关键指标，应满足表 5-10 要求。

碎石化后粒径控制范围　　表 5-10

| 厚度范围 | 板块顶面上 | 上部 1/2 厚度 | 下部 1/2 厚度 |
|---|---|---|---|
| 粒径范围（cm） | <7.5 | <22.5 | <37.5 |

## 三、顶面的当量回弹模量

水泥混凝土路面碎石化后顶面的当量回弹模量是新加铺结构设计方法进行设计的基本参数之一。根据试验段测试结果，对于直接加铺沥青混凝土的路面结构，回弹模量平均值宜控制在 150～500MPa 之间。

## 四、回弹弯沉

碎石化后回弹弯沉与回弹模量之间存在着联系，在将碎石化后板块及其下结构层视为同种材料构成的情况下，可以参照路面补强公式得到：

$$E_z = \frac{1000pD}{l_0}m_1m_2 \tag{5-3}$$

式中　$p$——弯沉测定车的轮胎压力；

$D$——与弯沉测定车双圆轮迹面积相等的承载板直径；

$l_0$——原路面计算弯沉；

$m_1$——用标准轴载汽车在原路面上测得的弯沉值与用承载板在相同压强条件下所测得的回弹变形值之比，即轮板比，一般取 1.1；

$m_2$——原路面当量回弹模量扩大系数。

以上公式中当量回弹模量和计算弯沉成反比关系，在用标准测试方法测试的情况下，式中其他参数取值一定，所以计算弯沉的变异性应与当量回弹模量的变异性相同。但因弯沉测试点尺寸较小，受局部情况差异影响很大，路面碎石化后顶层的颗粒较为松散，粒径又存在一定随机性，所以实测数据往往偏差很大。因此回弹弯沉只能作为参考指标，其平均值对应的回弹模量可与实测回弹模量进行对照。

## 五、施工质量标准及检测频率

为满足直接加铺面层的技术要求，保障加铺层施工质量，根据课题研究和试验路的测试，结合路面设计的规范要求，提出MHB碎石化施工质量标准及检测频率如表5-11。

MHB碎石化施工质量检验指标与测试频度　　表5-11

| 项次 | 检查内容 | 标准 | 保证率 | 检查方法和频率 |
|---|---|---|---|---|
| 1 | 顶面粒径 | <7.5cm | 75% | 直尺，20m一处 |
| 2 | 上部粒径 | <22.5cm | 75% | 直尺，试验段50m一处；正常施工不均匀时抽检5% |
| 3 | 下部粒径 | <37.5cm | 75% | 直尺，试验段50m一处；正常施工不均匀时抽检5% |
| 4 | 顶面当量回弹模量 | 120~500MPa | 75% | 承载板，试验段50m一处；正常施工不均匀时抽检5% |
| 5 | 平整度 | <2cm | 75% | 3m直尺，200m两处 |
| 6 | 纵断高程 | ±2cm | 75% | 水准仪，200m两处 |
| 7 | 横坡 | ±0.5% | 75% | 水准仪，200m两处 |

碎石化层作为基层直接加铺沥青路面，目前我国技术规范中没有相应规定，只能在参考我国现行技术标准《公路路面基层施工技术规范》（JTJ 034－2000）和原技术标准JTJ 034－93的基础上，结合试验路的实际情况提出，具体实施中可以灵活掌握。但是，必须指出：如果碎石化层的表面平整度与规定要求差异较大，可能会影响沥青路面的平整度，影响路面使用效果。在铺筑沥青路面前，必须进行处理。处理措施主要是：

（1）可根据平整度情况合理选择沥青混合料的型号；

（2）填充级配碎石找平、碾压后洒布热沥青或乳化沥青再进行压实。

## 第七节　碎石化的技术应用

### 一、工程调查状况

京沪高速泰化段于2002、2003年分段进行大修，采用了MHB碎石化工艺，该段长度共计27km，为了解工程路段原来的基本情况，选取其中代表性路段1.5km进行调查的基本病害情况摘要如下：

（1）出现的主要病害为各种类型的裂缝和断板，以及部分表面缺陷；

（2）所调查路段总的断板率为21.2%，其中行车道的破坏情况尤为严重，断板率达到了40.1%，路面破损状况相当严重，见图5-17；

（3）南幅路面的破损状况比北幅严重得多，K18+500～K20+500段（南幅）的断板率为K21+300～K22+600（北幅）的两倍以上；

（4）试验段破坏类型主要为各种类型的裂缝、断板以及局部的沉陷、唧泥，发生结构性损坏的板较多，路面亟待改造；

（5）根据《公路养护技术规范》（JTJ 073－96）中3.4.10养护对策规定，坏板率在15%～50%之间，必须安排大中修进行处治。因此，试验段必须进行加铺改造；

（6）通过DCP测试，如图5-18，原路路基CBR平均值为22.1%，符合碎石化的条件。

图 5-17　碎石化前路面病害调查

图 5-18　原路面 FWD 弯沉测试

## 二、经济性分析

为便于对水泥混凝土路面大修方案进行经济性分析，分别选取采用压浆稳固后直接加铺 15cm 沥青混凝土路面、冲击压实后加铺 32cm 水泥稳定碎石基层再加铺 15cm 沥青混凝土路面，与碎石化后直接加铺 18cm 沥青混凝土路面三种方案进行经济比较分析。为便于对水泥混凝土路面大修进行经济分析，选取长度为 1000m，宽度按照 10m 计算，面积共计 $10000m^2$。各工序单价见表 5-12，PCC 修补后直接加铺 HMA，碎石化后直接加铺 HMA 和冲击压实后做基层再加铺 HMA 的费用见表 5-13、表 5-14 和表 5-15。

**各工序单价**　　　　**表 5-12**

| | | | |
|---|---|---|---|
| PCC 修补 | 120 元/$m^2$ | 锯缝密封 | 15 元/延米 |
| 破裂压稳 | 7 元/$m^2$ | HMA 下面层（1cm） | 7 元/延米 |
| 碎石化 | 16 元/$m^2$ | HMA 中层（1cm） | 8 元/延米 |
| 压浆稳定 | 10 元/$m^2$ | HMA 表层（1cm） | 9 元/延米 |
| 32cm 水泥稳定碎石基层 | 38 元/$m^2$ | 冲击压实 | 9 元/$m^2$ |

PCC修补后直接加铺HMA的费用（每公里） 表5-13

| 内　　容 | 面积 | 单价（元/$m^2$） | 总价（元） |
| --- | --- | --- | --- |
| 修补5%的PCC路面 | 500$m^2$ | 120元/$m^2$ | 60000 |
| 95%的压浆稳定 | 9500$m^2$ | 10元/$m^2$ | 95000 |
| 横缝锯缝密封 | 3000延米 | 15元/延米 | 45000 |
| 加铺6cmHMA下面层费用 | 10000$m^2$ | 42元/$m^2$ | 420000 |
| 加铺5cmHMA中面层费用 | 10000$m^2$ | 40元/$m^2$ | 400000 |
| 加铺4cmHMA表面层费用 | 10000$m^2$ | 36元/$m^2$ | 360000 |
| 合计 | 1380000 | | |

碎石化后直接加铺HMA所需费用（每公里） 表5-14

| 内　　容 | 面积 | 单价（元/$m^2$） | 总价（元） |
| --- | --- | --- | --- |
| 碎石化 | 10000$m^2$ | 16元/$m^2$ | 160000 |
| 加铺8cmHMA下面层费用 | 10000$m^2$ | 56元/$m^2$ | 560000 |
| 加铺5cmHMA中面层费用 | 10000$m^2$ | 40元/$m^2$ | 400000 |
| 加铺4cmHMA表面层费用 | 10000$m^2$ | 36元/$m^2$ | 360000 |
| 合计 | 1480000 | | |

冲击压实后做基层再加铺HMA所需费用（每公里）

表5-15

| 内　　容 | 面积 | 单价（元/$m^2$） | 总价（元） |
| --- | --- | --- | --- |
| 冲击压实 | 10000$m^2$ | 9元/$m^2$ | 90000 |
| 32cm水泥稳定碎石基层 | 10000$m^2$ | 38元/$m^2$ | 380000 |
| 加铺6cmHMA下面层费用 | 10000$m^2$ | 42元/$m^2$ | 420000 |
| 加铺5cmHMA中面层费用 | 10000$m^2$ | 40元/$m^2$ | 400000 |
| 加铺4cmHMA表面层费用 | 10000$m^2$ | 36元/$m^2$ | 360000 |
| 合计 | 1650000 | | |

修补面积每增加5%，综合计算第一、二项费用，将以55000元为总额升高。

在使用以上加铺方案的情况下：

修补10% PCC路面直接加铺HMA面层1435000元

修补15% PCC路面直接加铺HMA面层1490000元

修补20% PCC路面直接加铺HMA面层1545000元

修补25% PCC路面直接加铺HMA面层1600000元

本路段基本符合碎石化条件，需要更换的破碎板数量不大，可忽略不计。

通过分析说明：20%的路面需要修补，是采用修补和碎石化技术的平衡点。

该工程所调查路段总的断板率为21.2%，其中行车道的破坏情况尤为严重，断板率达到了40.1%，需要修补的面积超过20%，选用碎石化方案较为经济，方案可行。

## 三、沥青加铺层设计

设计采用MHB进行碎石化，交通量为重交通等级。碎石化后的路面设计计算过程如下：

以泰化路碎石化工程为例，按两阶段设计方法过程如下：

交通量：当量轴载日交通量的平均值为16507.7次，设计年限为15年，设计年限内交通量的平均年增长率取5%，车道系数为0.45。

$$N_e = \frac{[(1+\gamma)^t - 1] \times 365}{\gamma} N_1 \eta$$

$$= \frac{[(1+0.05)^5 - 1] \times 365}{0.05} \times 16507.7 \times 0.45 = 1.5 \times 10^7 \text{次}$$

$$l_d = 600 N_e^{-0.2} A_c \cdot A_s \cdot A_b$$

$$= 600 \times (1.5 \times 10^7)^{-0.2} \times 1.0 \times 1.0 \times 1.6 = 35(0.01\text{mm})$$

水泥强度等级：42.5，可预计施工后顶面当量回弹模量为中值200MPa，其公路等级为高速公路，按可靠度设计标准，其变异水平等级应为“低”，且目标可靠度为95%，相应可靠度系数查表，可取中值1.26。施工控制应按0.25的变异系数控制回弹模量的变化范围。根据可靠度折减后的顶面当量回弹模量：200/1.26=159MPa。

根据推荐结构，交通量属重交通$T_4$等级，当量回弹模量属$S_2$等级，相应的路面结构为：4cmAC-13+6cmAC-16+8cmAC-20+12cmLSPM-30。沥青层总厚度为18cm，大于最小厚度要求。第一阶段设计结束。

现场施工时，实际的当量回弹模量平均值为179MPa，标准差为20.7，根据公式：

$$E_t = \bar{E}_t - \gamma_r c_v = 179 - 20.7 \times 1.26 = 153\text{MPa}$$

这个实测回弹模量代表值与预测的159MPa相差在10MPa以内，不再进行调整。

最终可采用结构为：4cmAC-13+6cmAC-16+8cmAC-20+12cmLSPM-30。设计结果要大于按规范方法直接设计的结果，其原因是推荐结构是按$T_4$等级最大交通量和$S_2$等级最小回弹模量进行设计。也可按实际交通量和回弹模量，用相关软件计算。

## 四、碎石化施工

1. 交通管制

按照养护安全作业规程要求进行交通管制，交通管制设施按图5-19所示摆放，另外按200m的间距安排专职人员进行管理。

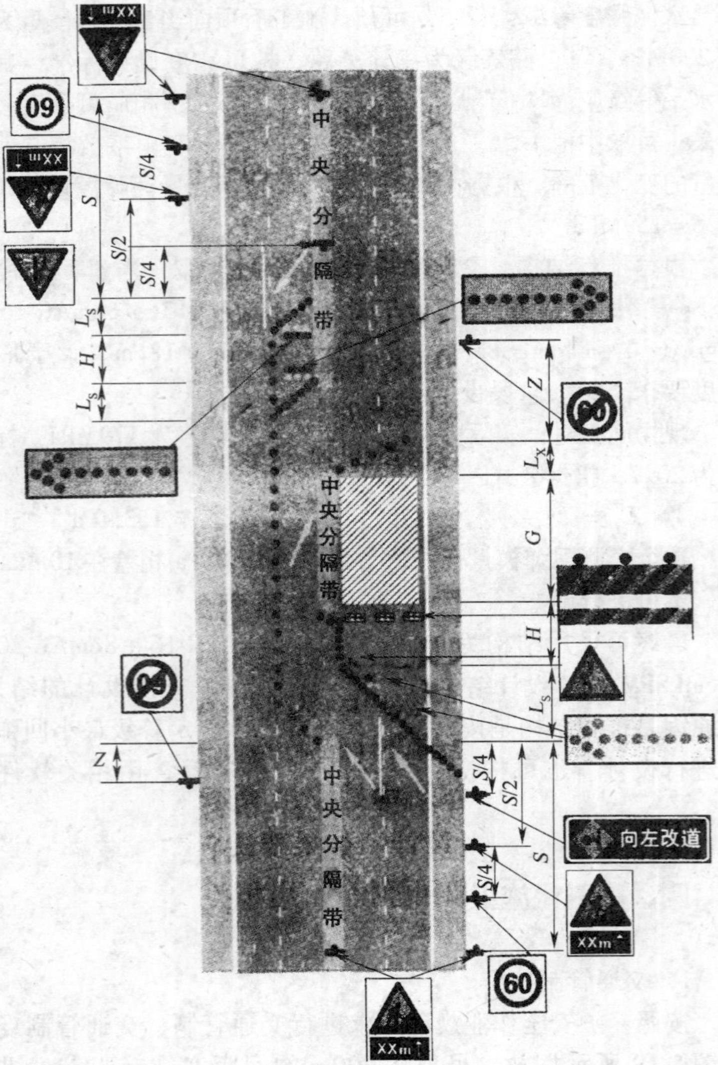


图 5-19　碎石化施工交通管制布置图

2．地下结构物的调查与标记

按要求对地下结构物和管网进行详细调查并做出针对性的标记，确保地下结构物和管网不受施工破坏。

3．软弱路段调查与修复

破碎前，对于路基和基层失稳路段要进行调查和换填处理。

4．清除沥青贴补材料

施工前，为确保破碎质量，应清除原路路面存在的沥青贴补材料。

5．修复排水系统

施工前，应修复原有排水系统，排除原路因水带来的各种隐患，同时将原路土路肩换填为碎石路肩，加强路肩的排水性能，如图 5-20 所示。

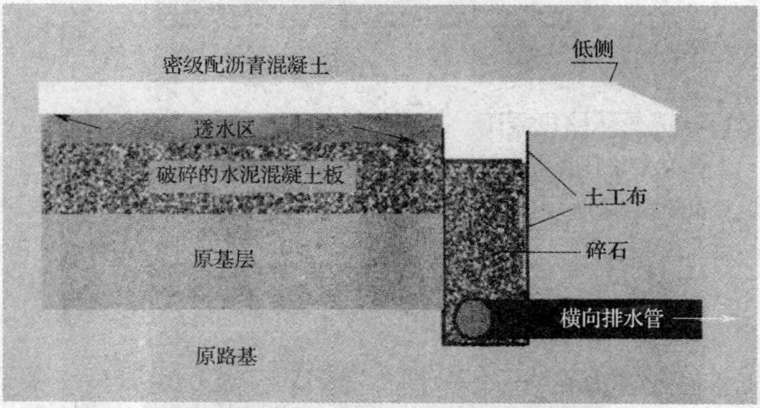


图 5-20　修复后的路面排水系统

6．MHB 破碎施工

先按落锤高度 1m，行进速度 80m/h 的设置进行试破碎。如果此时表面破碎不明显，则适当增加落锤高度直至表面混凝土能够破碎，然后适当调整行进速度，使表面破碎成 10 ~ 20cm 的混凝土块。如果调整后的落锤高度和行进速度能够均匀地将路面破碎，即可作为大规模施工时的参考指标。

7. Z 型压路机碾压

在破碎完成后，使用 Z 型压路机振动压实 1 ~ 2 遍，使表面混凝土块尺寸达到 3 ~ 5cm，如图 5-21 所示。

图 5-21　Z 型压路机压实效果

8. 光轮压路机碾压

使用光轮压路机振动压实 1 ~ 2 遍，使表面混凝土块均匀密实，如图 5-22 所示。

图 5-22　光轮压路机压实效果

9．洒布透层油，撒布石屑并压实

光轮压路机碾压完成后，马上洒布透层乳化沥青，将表层混凝土块板结，透层乳化沥青破乳后撒布适量5～10mm的石屑并用光轮压路机静压1遍，稳定表面并为面层施工提供较为平整的工作面，如图5-23和图5-24所示。

图5-23 洒布透层油

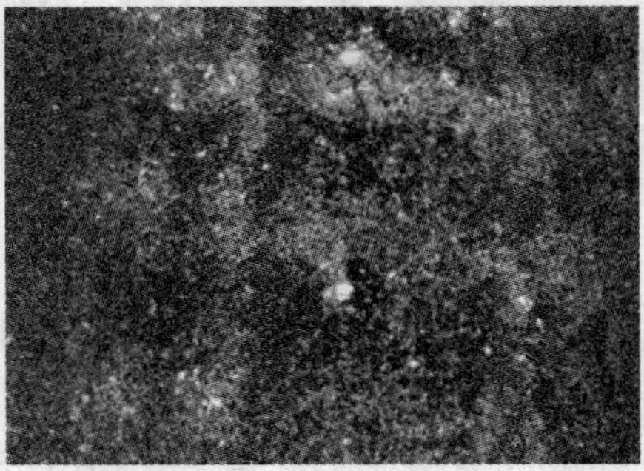

图5-24 撒布石屑后压实效果

10．沥青面层施工

沥青混凝土路面施工按照规范施工即可，如图5-25和图5-26所示。

图 5-25　沥青面层摊铺

图 5-26　沥青面层摊铺后的路面

## 五、碎石化技术应用效果

京沪高速泰化段于 2002 ~ 2003 年采用 MHB 碎石化技术进行了大修，该段长度约 27km。从使用的效果看，除了局部出现部分坑槽以外，路面平整密实，整体强度较好，没有出现松散、开裂等病害，路面使用质量均比较理想。少量坑槽的出现，主要与个别位置排水处理不到位、沥青混合料质量欠佳、车辆漏油等因素有关，与碎石化本身没有直接关系。

# 第六章　冲击压路机破碎水泥混凝土路面再生

## 第一节　概　　述

### 一、概述

公路基本建设一般经历3个阶段：新建阶段、新建与养护并重阶段、养护与改建阶段。从我国公路发展及路网分布状况分析来看，我国部分省份地区已进入到了新建与养护并重阶段，对于较发达的地区，已进入了以养护、改建为重点的阶段。由于近年来交通量的大幅度增长和超重轴载的破坏作用，暴露了以往水泥混凝土路面设计施工中的一些薄弱环节，许多地区的水泥混凝土路面破损严重，都需要进行养护、维修和改建。

依据路面状况，水泥混凝土路面养护可分为日常养护、局部修复、路面功能恢复改善性加铺和路面改建加铺、加宽等多种类别。在路面加铺改造中，对于水泥混凝土路面非结构性病害，最常用的方法之一就是沥青罩面；对于土基、基层等结构性病害，传统的方法是把旧混凝土板打碎，挖掉如图6-1和图6-2所示，处理基层、土基后再加铺。

对于沥青罩面，如不事先对水泥混凝土路面进行处理，混凝土板的裂缝、缩缝、纵缝等就会很快出现在沥青混凝土铺面层上，如何防治反射裂缝始终是困扰公路养护部门的一个难题。传统的打碎、挖除等方法，存在费工费时、妨碍交通、施工效率低、旧路基病害难以根治、施工速度和效果难以适应大面积的工程要求、扔弃的破碎旧水泥混凝土板对环境造成污染等问题。因此，寻求新的修复方法，减少反射裂缝，更快更好地破碎大面积水泥混凝土面板，尽量减少扔弃破碎旧水泥板对环境的污染，提高路面改建质量，已成为我国目前大面积旧水泥混凝土路面改建工作中重点研究的问题。近年来，采用冲击压路机进行旧水泥混凝土路面冲击碾压破碎的改建技术，其良好的实用性和明显的经济效益引起了公路养护部门的关注。

图 6-1　传统水泥路面破碎方法

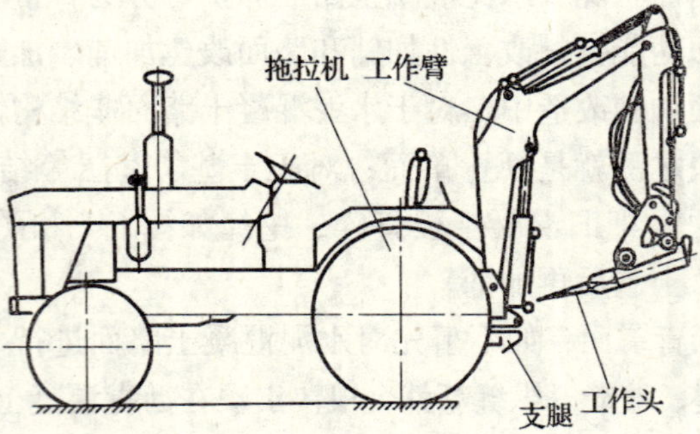


图 6-2　水泥路面开凿机

冲击碾压施工采用的冲击压路机是一种具有高冲击能量的压实机械。它改进传统的拖式光轮压路机的圆形钢轮为三角形或正方形，当机器行走时，冲击压路机以1.5～2.2次/s的低频率连续周期性的高振幅撞击力直接冲击破碎混凝土板面如图6-3所示。冲击路面产生的强烈冲击波还可以向板下基层和土基传播，对旧路基进行补充压实。

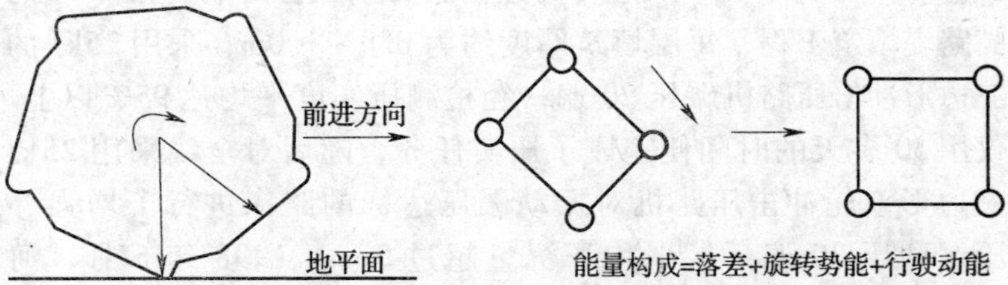


图6-3 冲击碾压的工作原理

通过这样的冲击碾压破碎施工，不仅能有效发挥旧板的残余承载能力，使混凝土碎块形成块状料嵌挤结构，形成高强度的路面底基层，大大减少和缓解原路面板反射裂缝，而且还能消除旧路基的病害，最终为后续路面加铺层提供一个均匀稳定的支承体系。不仅修复质量高，而且在修复大面积破损旧水泥混凝土路面时，具有修复质量高，施工速度快，工程成本低，影响交通时间短，环境污染少，既可进行冲击碾压破碎，也可打裂压稳，经济效益明显等优点。因此，在短短几年时间，在福建、广东、山东、安徽、浙江、江苏、黑龙江等众多省份均有采用冲击碾压技术进行旧水泥混凝土路面改建的工程项目。

## 二、冲击碾压改建旧水泥混凝土路面技术应用现状

冲击碾压技术是指采用冲击压路机对路面进行冲击碾压和压

实，主要作用是提高被压对象的密实度与破碎度。冲压效果与土质状况、冲击压路机的型号、行驶速度有关。

冲击碾压技术于20世纪80年代在国外开始投入生产使用，首先应用于土石压实，我国于1995年由南非引进。南非蓝派公司1995年完成香港新机场的场道建设后，于1996年将冲击压路机引入内地，先后在云南、黑龙江、河北唐山等地进行冲击碾压试验。1998年3月，八达岭高速公路二期工程中有一段34m的高路堤填筑工程，每层填筑厚度约为0.8～1.0m，采用25kJ的三边形冲击压路机碾压20遍，经检测压实度平均达95%以上。仅用50多天的时间便完成了压实任务，随后对全线采用25kJ三边形双轮冲击压路机对振动碾压达标的路床进行了增强补压，冲压20遍后，平均下沉量超过5cm。1998年5月，河北宣化至大同高速公路应用冲击碾压技术处理湿陷性黄土地基，通车后的情况表明，处理措施是成功的。2000年以后，这项技术开始应用于旧路改建及水泥混凝土路面的破碎再生应用领域。

冲击碾压技术的主要特点有：

1. 低频高振幅

冲击压路机动力特征与传统振动式压路机的高频低振幅相反，约每秒2击，落距约10～20cm，属于低频高振幅。冲击能量可达15～30kJ，冲击荷载达2500～3500kN。压实轮以每秒2次左右的频率冲击地面产生低频大振幅冲击波向地下深层传播，具有地震波的传播特性。该机将冲击碾压能量，压实轮转动惯性所具有的能量以及压实轮水平运动所具有的动能得以有机结合，对地面产生动能与势能的联合冲击作用，起到强夯与振击的双重作用效果。

2. 冲击能量大，影响深度深

以25kJ三边形双轮冲击压路机为例，其双轮静重12t，行驶最佳速度为 12km/h，对地面产生集中冲击力 2000～2500kN，相当于 1111～1543kPa，产生强烈的冲击波，向下具有地震波的传播特性。据国家海洋局第二海洋研究所在杭金衢高速公路的宕渣、砂砾路基上经 25kJ 三边形双轮冲击压路机以 12km/h 速度冲碾 30 遍后，实测深度 0.8m、1.5m、2.0m、2.5m 的平均垂直动土压力分别为 1366kPa、306kPa、272kPa、138kPa。产生的冲击功能达到超重型击实功，可使地下深层土体的密实度不断累积增加，达到重型标准 90% 以上的压实度。有些土石材料性状有效压实厚度达 1.0～1.5m，比现有振动压实机械有更好的压实功效，使被冲压的土石填料更接近于弹性状态，显示出克服土石路基隐患的技术优势。图 6-4 为冲击碾压路基的原理示意图。

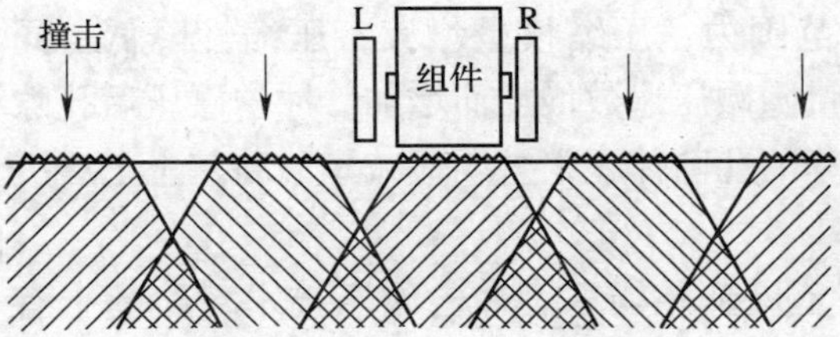


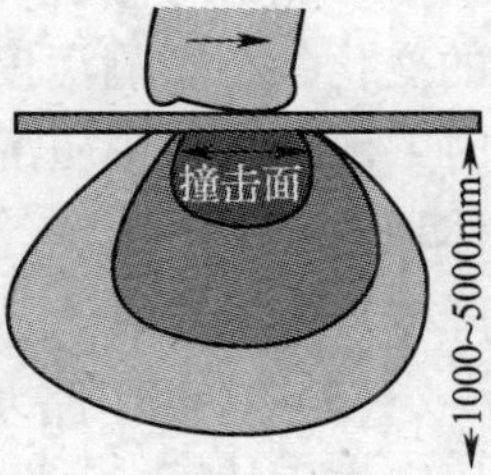


图 6-4　冲击碾压的冲击影响深度

3. 冲击压实路基效果好，施工速度快

（1）提高了路基压实度。各种类型的路基，经过冲击碾压足够遍数，在不同深度范围内，压实度均有不同程度的提高。冲击碾压后，压实度可达 96% 以上。

（2）增强了路基土的水稳性。经碾压后，土工试验表明，在影响深度内湿陷性大幅度降低，饱和前后压缩性指标减小，压实如图 6-5 所示。

图 6-5　冲击碾压湿陷性黄土路基

（3）提高了路基整体强度。根据土工试验结果，大部分碾压路段路基回弹模量增大，弯沉值减小，说明冲击碾压后路基土强度及承载能力提高，弯沉变形得到改善。

（4）减小了路基土工后沉降变形。观察碾压前后压缩模量的变化，在影响深度范围内，压缩模量增大，压缩性降低。同时，碾压过程中压沉量随碾压遍数增加而增加。冲击碾压后孔隙体积与最大干密度计算的孔隙体积之差明显减小，路基土工后沉降变形得到改善。

（5）查明了路基土局部软弱区。冲击碾压技术对路基土有压实作用的同时，也具有查明原有路基饱水软弱带分布位置的检验作用，在施工过程中可随时发现，从而进行挖换填土压实，及时处理，保证了路基压实质量及整体均匀性。

（6）公路升级改建需要加宽修建新路基，使用冲击碾压技术能较好地解决新老路结合引起的变形裂缝问题。通常在加宽路基与坡脚外 1.0m 地基范围内进行冲击碾压加固处理，如属于特殊土地基，可采用相关技术措施与冲击碾压结合进行加固处理。当新加宽路基分层压实到路床后，对新老路结合部与新路床进行了冲击碾压检验性补压后，再根据完成路基的具体状况，必要时可在新老路基结合部路床内加铺土工格栅，较好地避免产生因新老路结合所引发的沉降变形裂缝。

4. 破碎路面施工速度快，工程成本低

当改建旧路时，必须提高路基质量，满足新路等级的压实标准，通常的做法是开挖路面与路床、路堤，重新回填分层压实，以达到规定的压实度。对沥青或水泥路面需要破碎、翻挖与清除。采用冲击碾压技术不必开挖路面与路基，可以直接在原路面上用冲击压路机进行冲碾施工，使路基达到质量要求，旧路面能得到利用。应用这种新工艺能节约筑路材料，有利于环境保护，保证工程质量，加快改建公路进度。广东、河南、浙江、福建、安徽等地用五边形、四边形冲击压路机进行水泥混凝土路面改建的冲击碾压试验与施工实践表明，技术效果良好。

## 第二节　冲击压路机及其工作特性

### 一、冲击压路机

1935 年世界上第一台冲击式压路机问世，1940 年被工程施工部门认可，冲击压路机 1995 年引入我国，主要有冲击式压路机、冲击式压实机、冲击碾压机、冲击碾、冲击夯、旋转夯、滚动冲击碾压机等。冲击式压路机不同于传统的静碾压路机、振动压路机和打夯机的压实原理，它是集这三种压实功能于一身的压实设备。冲击压路机与传统压路机相比，最大特点是其非圆形的冲击轮外形，为了行驶的平稳和最低的能量消耗，其外形主要为三、四、五边的正多边形，如图 6-6、图 6-7。冲击轮有一个或两个，分别称为单或双轮冲击压路机。牵引方式有自行式和拖式。

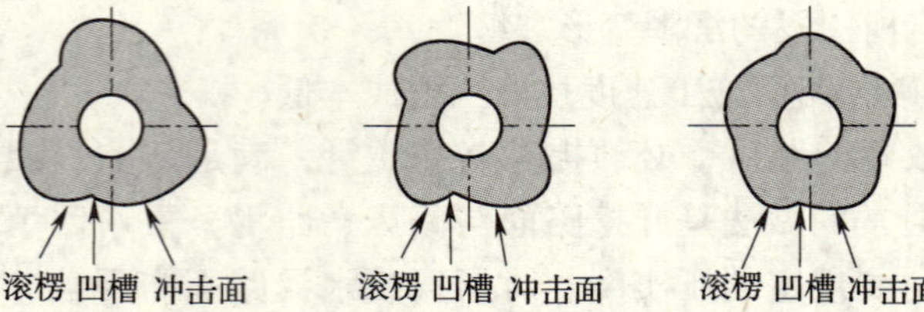


图 6-6　冲击压路机压实轮形状

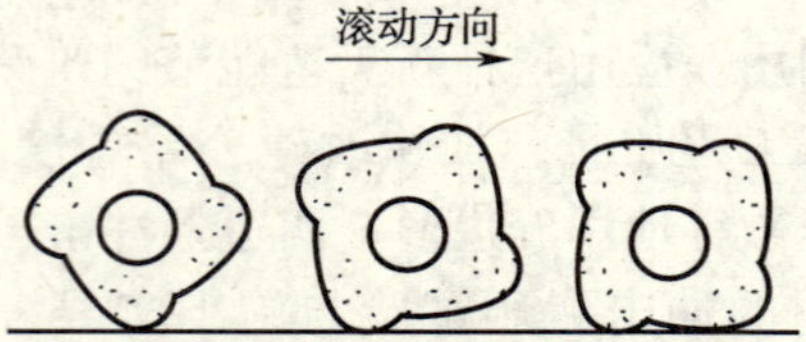


(*a*) 四楞形冲击式压路机压实轮滚动图示

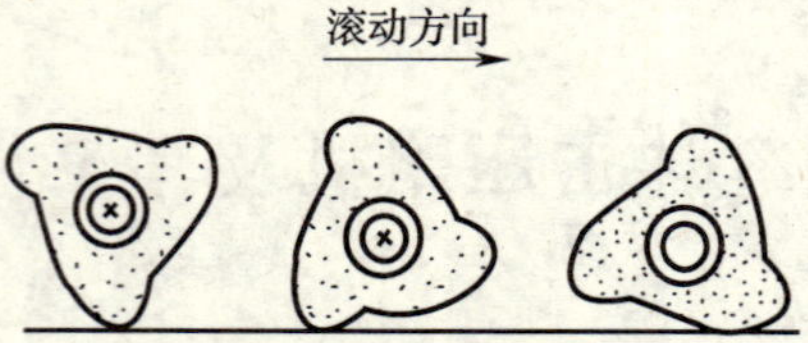


(*b*) 三楞形冲击式压路机压实轮滚动图示

图 6-7　冲击压路机压实轮行驶滚动冲击

目前国内使用的冲击压路机多为牵引式机型，整机包括冲击压路机和牵引车。其优点是牵引车可以一机多用，购置费用低；不足之处是机组长，需要的转向场地大，在半幅路面施工时不太方便。自行式冲击压路机只有两个驱动轮，行走底盘与压实轮机架铰接成一体，整机长度变短，转向半径变小，所需转向路段长大大减小，这样就可以使遗留的未压实路段减小。自行式冲击压路机将压实轮升起离开地面，可以后退行驶，为不便转向的短路段和窄路施工都带来了很大的便利。

冲击压路机大多具有三边形冲击轮。对于非三边形冲击轮，将其多边的数目放在基本型号前加以识别，例如：20kJ 五边形冲击轮的“冲击压路机”表示为5YCT20，30kJ四边形冲击轮的“冲击压路机”表示为4YCT30。

20世纪90年代，国内一些单位开始研究冲击式压路机，1998年形成样机。随后，厦工、郑工、山推、徐工等陆续研发出具有自主知识产权的冲击式压路机系列产品，并开始将国产冲击式压路机投向市场销售和组织施工队伍进行冲击压实施工。到2004年5月，国内施工中批量应用并取得效果及国外在华施工和销售的冲击压路机共有300多台。1997年美国IRT公司通过代理在国内销售四边形单冲击轮冲击压路机。2001年澳大利亚博能公司通过其在华总代理邦乐商贸有限公司在中国地区总代理销售其冲击压路机。冲击式压路机综合了传统的夯实机和振动压路机的优点，克服了夯实机动作连续性差和振动压路机行走速度慢，压实层薄的缺陷，具有应用范围广、生产效率高等优点，一经出现就展现出广阔的应用前景。

## 二、冲击压路机的基本构造

冲击式压路机主要依靠碾压滚轮巨大的惯性冲击来进行压实，主要由异形碾压轮、车架、缓冲机构、牵引机构、举升机构和行走机构组成，如图6-8是一种三边形冲击式压路机结构简图。图6-9所示的是一种四边形冲击式压路机的结构简图。

国内外的冲击式压路机结构大体相同，主要由冲击轮总成、车架、摇杆、摆架、轮轴及液压系统组成如图6-8和图6-9所示。冲击轮是该机的主要工作部件，由耐磨、耐冲击材料焊接而成，冲击碾压面是由2类3条弧线组成的曲面。两个冲击轮由轴头连接，摇杆、摆架为一套连杆运动机构，固定在车架上，缓冲冲击并牵引工作机架上的轮轴总成是在压路机非工作状态下，由液压系统顶升冲击轮离开地面进行转场或短途运输用。

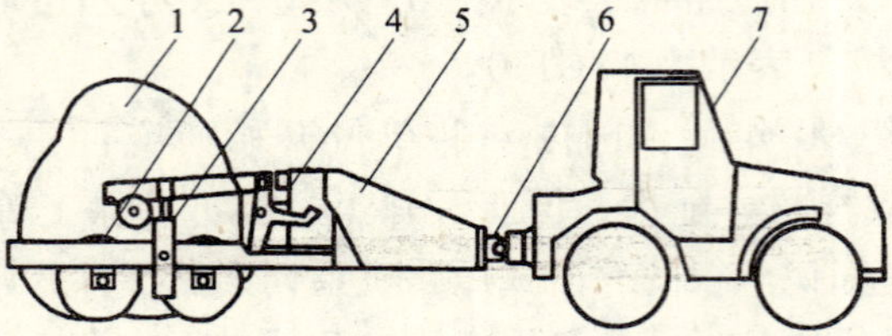


图 6-8　三边形冲击压路机结构简图

1—压实轮；2—行走机构；3—举升机构；4—缓冲机构；

5—机身；6—牵引机构；7—牵引车

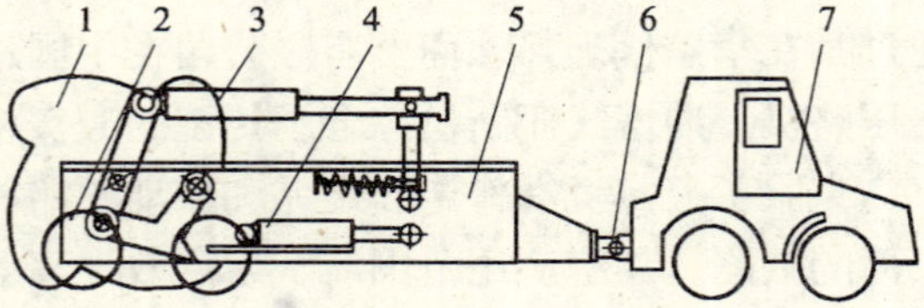


图 6-9　四边形冲击压路机结构简图

1—压实轮；2—行走机构；3—缓冲机构；4—举升机构；

5—车架；6—牵引机构；7—牵引车

（1）牵引车：冲击式压路机一般采用牵引式，依靠牵引车提供牵引动力。牵引车一方面带动机架前进使得破碎轮前进，另一方面提供机构液压系统的动力。

（2）牵引装置：牵引装置主要由牵引板、十字接头、销轴、牵引轴和法兰盘组成。在作业过程，由于路面不平、坡度以及转弯的需要，车架与牵引车之间必须有一定的柔性。一般采用类似于万向节的装置，它可以保证牵引车之间所需的俯仰、转弯、侧倾三个自由度。同时为了缓解两者之间的振动与冲击，牵引装置还安装了橡胶垫。

（3）车架：车架是整个冲击式压路机所有零部件连接安装的基础。主要由钢板拼焊而成，前端通过牵引装置与牵引机相连，后部安装有压实轮和行走轮及缓冲机构与其铰接。车架的结构型式一般有两种，一种是整体框架型，另一种为U型。

（4）压实轮：非圆碾通常采用三边形、四边形、五边形。压实轮的个数因车架的结构形式而定。车架是整体式，则采用双压实轮，分别布置于车架的两侧，两个轮子通过压实轮轮轴相连。车架为U型，那么只需要单压实轮，压实轮布置于车架的中间，通过压实轮轮轴与车架相连。压实轮一般由厚钢板拼焊而成，其内部是空心的，并采用若干加强钢筋加固，如果需要可以添加填充物加大其结构质量。

（5）举升机构和行走机构：冲击式压路机工作时，压实轮依靠与地面的摩擦力在地面上滚动，而当它需要做短途转移和更换施工场地时，就需要举升机构和行走机构。举升机构主要通过举升液压缸的伸张作用，使压实轮脱离地面，这时压实轮的重量全部由车架上的行走机构（主要由四个橡胶轮胎组成）支承，在牵引车的拖动下实现场地转移。举升液压缸安装形式有水平和垂直两种形式。举升液压缸一端与机架铰接，另一端为无铰接自由端，或者与缓冲机构中杆件铰接。

冲击式压路机中三楞和五楞形冲击式压路机的压实轮均为2个，其2个压实轮置于拖架及行走轮胎的两侧。四楞形冲击式压路机的压实轮为1个，其压实轮置于拖架中间而行走轮胎则在拖架的两侧。在有效压实宽度相同的情况下，压实轮置于拖架中间的冲击式压路机的稳定性和灵活性均优于设置在拖架两侧的冲击式压路机。

目前冲击式压路机均为拖式结构，国外牵引机均采用美国凯斯、迪尔、卡特彼勒或意大利纽荷兰大功率拖拉机驱动。采用拖拉机牵引的优点：一是拖拉机为机械转动，其承受冲击能力优于装载机，因为冲击式压路机对装载机的液力变矩器影响很大；二是拖拉机的附着力和牵引性能大于装载机。由于国内尚没有大功率的拖拉机，目前均采用50型装载机或坦克驱动。冲击式压路机的最佳工作速度为12km/h。即压实轮每秒冲击2次，最大压实能力为3000ms/h。表6-1列出了国外冲击式压路机的主要技术参数。

**国外冲击式压路机主要技术参数　　表6-1**

| 生产厂家 | 博能 BH1300 | 兰派克 | 兰派克 | 兰派克 |
|---|---|---|---|---|
| 冲击能量（kJ） | 50 | 25 | 15 | 10 |
| 压实轮形状 | 四楞 | 三楞 | 五楞 | 五楞 |
| 压实轮数量 | 1 | 2 | 1 | 1 |
| 压实轮宽度（mm） | 1300 | 900 | 900/1000 | 800/1000 |
| 操作宽度 往返/单程（m） | 2.6/1.3 | 3.6/1.8+空隙 | 3.6~4.0/1.8~2.0+空隙 | 3.2~4.0/1.8~2.0+空隙 |
| 有效区域宽度 往返/单程（m） | 4.6/2.3 | 4.0/1.8+空隙 | 4.0~4.4/1.8~2.0+空隙 | 3.5~4.4/1.8~2.0+空隙 |
| 工作负荷（kN） | 138 | 135 | 125 | 82/92 |
| 工作速度（km/h） | 12 | 11~15 | 9~11 | 9~11 |
| 运行速度（km/h） | 35 | 35 | 35 | 35 |
| 标定深度（m） | 1.0 | 1.5 | 0.7 | 0.5 |
| 填方深度（m） | 2.5 | 2.5 | 1.5 | |
| 冲击重量（t） | 1轮0.8 | 2轮5.5 | 2轮5.25 | 2轮3.4 |

续表

| 生产厂家 | 博能 BH1300 | 兰派克 | 兰派克 | 兰派克 |
|---|---|---|---|---|
| 冲击次数(min) | 120 | 80～110 | 90～130 | 90～130 |
| 额定静线荷载(kg/cm) | 61 | 60 | 58/52 | 32/34 |

以下简单介绍几种常见机型：

1．厦工三明 5YCT20/4YCT30 冲击式压路机

5YCT20 冲击压路机是三明公司在成功开发生产 3YCT25 冲击式压路机的基础上开发的新产品，如图 6-10 所示。图 6-11 为该厂生产的 4YCT30 冲击式压路机。

图 6-10　5YCT20 冲击式压路机

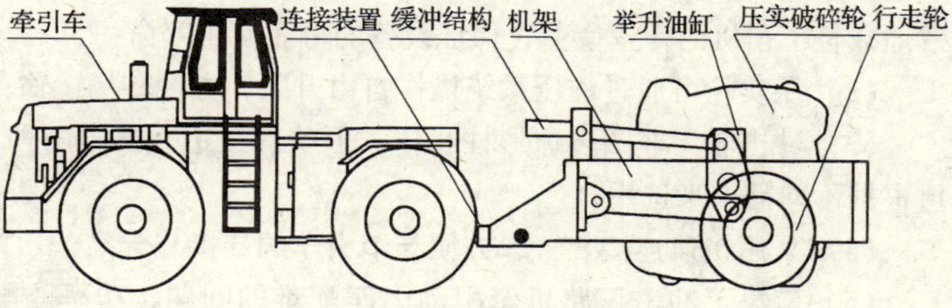


图 6-11　4YCT30 冲击破碎压实机

2. 郑州郑工机械集团有限责任公司 YT 系列

连续式冲击碾压技术于20世纪90年代中期进入我国，先后应用于香港和内地十几个省市的公路、机场、工业厂房等基础设施的地基施工，取得了良好的效果。与此同时，国内一些企业也积极开展国际合作，引进此项先进技术，开始了对连续式冲击碾压技术的研究。郑州郑工机械集团有限责任公司是较早进行该项技术研究的国内企业之一，目前开发出的 YT 系列冲击式压实机已经投放市场。郑工 5YT20 冲击压路机如图 6-12 所示。

图 6-12　郑工 5YT20 冲击压路机

YT 系列产品的冲击轮和整机宽度设计合理，工作轮迹的组合与我国高等级公路路幅相适应，较好地解决了技术上的难题，具有以下特点：

（1）通过气液系统、橡胶元件、弹簧等多级缓冲减振，有效地减轻了司机的作业疲劳，保证设备的可靠使用寿命；

（2）压实轮可通过液压系统操作自由升降，方便转场运输；

（3）冲击轮为非圆多边形柱状体，形状有三边、五边两种，可根据不同需求来选用；

（4）采用快速连接装置，方便与牵引车的挂接与分离；

（5）解决了冲击压路机牵引动力匹配难的问题，功率匹配合理、性能稳定；

（6）牵引车减振效果好，舒适性较高，转弯半径小，噪声低。

3. 美国 IMPACTOR 冲击破碎压实机

美国冲击破碎压实机如图 6-13 所示，它具有强大的冲击碾压能力，美国工程兵已于 1987 年对冲击破碎压实机和振动式压路机在非黏性和低黏性土壤进行对比试验，结果表明冲击破碎压实机每分钟的压实能力相当于普通振动压路机的 5.7 倍。该技术在美国已被广泛使用，是一项很成熟的工艺。

图 6-13　IMPACTOR2000 冲击压路机

4. 南非蓝派公司的五边形压实机

南非蓝派公司（Landpac Ground Engineering Ltd.）在连续式冲击碾压研究领域处于国际领先地位。它是一家专门从事连续式冲击碾压技术研究与应用的公司，经过不断的改进与完善，又发展出高能量连续式和间断式，压实轮形状为三边、四边、五边和六边形的实体、空体及可填充式等十几个品种。

图 6-14 是南非蓝派（LAND - PAC）公司研制的 15kJ 五边形压实机，该机标定势能 15kJ，进行冲压破碎时，产生的冲击力为 3000kN。机重 23t，每轮重 6t，功率 250kW，冲压时速 9 ~ 12km/h，轮宽 90cm，轮隙 118cm。这种压筑路机械，主要是用于公路、机场、水利土石坝等大型基础设施建设的岩土压实作业，也用于冲击破碎压实水泥混凝土路面的修复。

图 6-14　南非蓝派 15kJ 五边形压路机

## 第三节　冲击破碎的工作机理

2002 年，国内技术人员结合新型冲击碾压技术在旧水泥混凝土路面修复工程的应用，采用三维有限元方法研究了冲击碾压过程中旧路面结合及土基的受力、变形特征，分析了冲击碾压荷载位于路面板不同位置时对板体破裂及土基受压效果的影响，探讨了冲击碾压荷载在板下路基中的传递规律及作用深度问题等。东南大学刘荣对“冲击白 + 白”和“冲击白 + 黑”路面施工方法，测定其表面弯沉，推算出“计算回弹模量”，分析研究了冲击破碎后的弯沉和回弹模量的关系，以用于实测弯沉确定实际地基模量等，进一步通过有限元方法对冲击碾压混凝土路面的破碎尺度进行了研究，研究认为破碎板块弯沉和内力用厚板和薄板理论计算结果很接近，且碾压后的旧水泥混凝土路面，直接作为加铺水泥混凝土或沥青混凝土路面的上基层，必要时可加找平层或过渡层。

2006 年，科研技术人员对四楞、五楞冲击压路机冲击碾压旧水泥混凝土路面的拟静力学工作机理、不同行走路线、不同机型、不同冲击能量、不同路基刚度下冲击压路机冲击碾压旧水泥混凝土路面的动力学工作机理进行了数值研究。研究拟静力和动力作用情况下路基路面的受力和破碎性状及动力情况下路基中波的传播性状。

## 一、冲击能量

冲击压路机所具有的动力来自于三部分：① 冲击轮重心位置提升所蓄的势能；② 冲击轮转动的动能；③ 冲击轮在滚动过程中克服土体变形所做的功。由这些动力产生的冲击力和冲击能量则是衡量压实能力的两个主要参数，也是压实机结构设计计算和施工选型的重要依据。

1. 冲击势能

冲击能量的大小与碾轮的质量、质心的高度、牵引的速度、非圆形轮廓的边数和土质等参数有关。但冲击轮的势能是基本的，可表征的，且容易测量和确定的，因此各公司产品参数可保持一致，故通常采用冲击轮的势能来区分冲击压路机的型号。冲击压路机冲击轮静止时的冲击势能亦称静态能量。目前，双轮三边形冲击压路机基本型号的能量为25kJ，如图6-15所示。五边形为15kJ，指的就是冲击压路机的冲击轮的内外半径之差与其冲击轮本身质量之积，即静态能量。

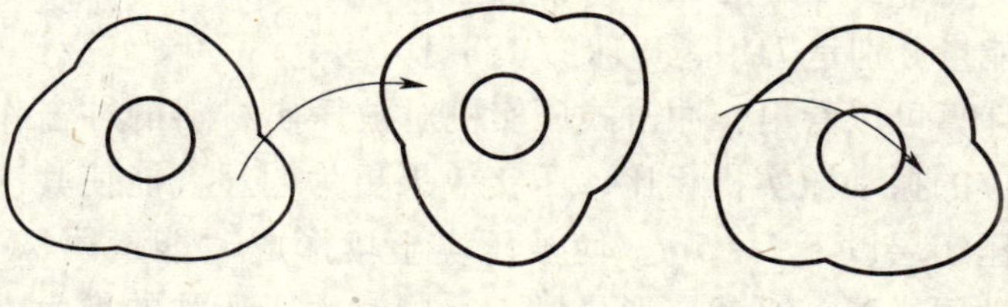

图6-15　三边形冲击轮行驶滚动

静态能量（$N_1$）计算公式为：

$$N_1 = M \times g(R - r) \tag{6-1}$$

式中 $M$——冲击轮质量，1000kg；

$g$——重力加速度，$m/s^2$；

$R$——冲击轮外接圆半径，m；

$r$——冲击轮内接圆半径，m。

现有冲击压路机冲击轮的质量范围在6000～13000kg之间，计算静态能量范围在12～30kJ之间。

2. 冲击能量

工作状态的冲击压路机的冲击能量由三部分组成。除了静态能量，总冲击能量还应包括平动能量和转动惯性能量。总能量$N$的表达式为：

$$N = N_1 + 1/2Mv^2 + 1/2Jw^2 \tag{6-2}$$

式中 $v$——冲击轮水平速度，m/s；

$M$——冲击轮质量，1000kg；

$J$——转动惯量，$1000kg \cdot m^2$；

$w$——角速度，rad/s。

考虑更多因素的算法还有，考虑除去由于地面的塑性变形而损失一部分能量的算法，由于这一能量值有时和前面两项相比很小，可以略去。

根据部分厂家冲击轮的有关数据按式（6-2）计算得：YCT25型冲击压路机在牵引水平速度为8m/h、12km/h、15km/h时总能量分别是71kJ、131kJ，188kJ。

计算可以看出，冲击式压实机对被压实材料的冲击作用与同吨位的振动压实机相比，压实效果更为明显，能使其冲击波深入压实层以下3～5m，使被压实土壤形成“能量团”，使土壤弹性层增厚，受载变形量增大，同时由于压强的增大，使得路基的承载力增加，为高速重载路基提供了可靠、便捷的施工方法。

## 二、冲击力

实际工作中冲击压路机的冲击力是比较难计算的，它与冲击轮接地时的加速度、与地表接触时间、压实体的弹塑性等多种复杂参数密切相关。计算方法有冲量定理法和转动惯量法。

1. 冲量定理法

冲击压路机的冲击力与冲击轮接地时的加速度、与地表接触的时间、土壤的弹塑性等多种参数密切相关。确定其冲击力应保证在同一种工况下，这样才可能有较稳定的数值，才可能有对比试验的再现性。

实际工作中压实轮对地面所产生的冲击力是与压实轮转动的线速度有关系的。这个线速度是由牵引车的牵引速度决定的，牵引车由柴油机通过液力变矩器、动力换挡变速箱拖动压实轮行驶，行驶速度一般为 12～15km/h。若按牵引行驶速度 12km/h 计算，压实轮公称外径为 2m，由此计算出压实轮线速度即冲击的速度为 3.34m/s。冲击的作用时间与被冲击材料的物理力学性质有关，为了计算方便，取冲击的作用时间 0.01s，可按冲量定理计算冲击力 $N$：

$$N = (mv_0 - mv)/t = 4 \times 10^6\text{N} = 4000\text{kN} \tag{6-3}$$

式中 $v_0$——冲击初速度，m/s；

$v$——冲击末速度，m/s，此处为 0；

$t$——冲击作用时间，s。

一般 25kJ 冲击压路机，作业行驶速度为 12km/h，当与已压实地面冲击作用时间为 0.02s 时，根据冲量定理计算，其冲击力约为 2000kN。目前国家标准所提出的超重型振动压路机的激振力上限为 450kN，超重型拖式振动压路机的激振力上限为

1000kN。可以看到，冲击压路机的冲击力远大于一般的重型压路机。

2. 转动惯量法

采用转动惯量法计算时，需作以下假设：

（1）冲击轮水平方向为恒速度，大小与牵引车的速度相同；

（2）冲击轮冲击地面时绕 $A$ 点旋转，能量完全被土壤吸收，无反弹现象，即旋转角速度由最大变为零；质心垂直方向的分速度冲击后由最大变为零。

以三边形冲击压路机为例，冲击轮的横截面如图6-16，它对称地分配在压实机的两侧。冲击轮由三瓣相同的曲线组成，$\omega$ 方向旋转一周，完成三个循环过程。

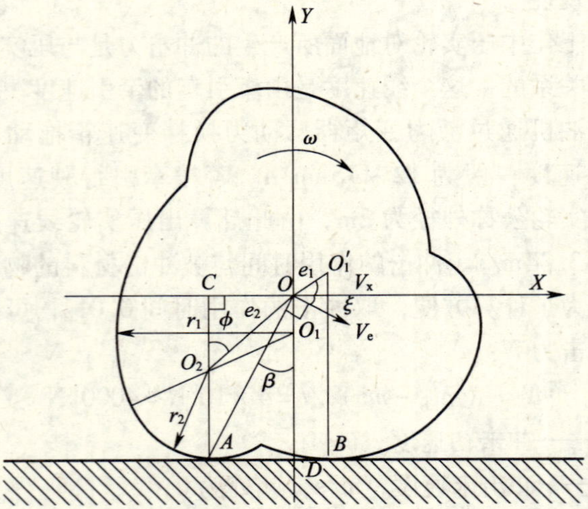


图6-16　冲击轮的横截面

$A$、$B$ 为冲击轮与地面的接触点，$O$ 为整个冲击轮的中心；$O_2$、$r_2$ 为小圆弧的中心和半径。$O_1$ 为接地点 $B$ 所在圆弧段大圆的形心位置，$OO_1$ 和 $OO'_1$ 长度相等，$O'_1$ 为半径为 $r_1$ 的大圆弧的形心距质心的距离，即偏心距 $e_1$；$O_2$ 为半径为 $r_2$ 的小圆弧的形心距质心的距离，即偏心距 $e_2$；$\phi$ 为冲击轮下落阶段的转角，$\xi$ 为质心的速度方向和水平方向的夹角，根据冲量定理知：

$$M(t) \times \Delta t = J_A \times \omega_2 - J_A \omega_1 \tag{6-4}$$

式中 $M(t)$——冲击轮绕 $A$ 点的总转矩，N·m；

$\Delta t$——冲击作用时间，s；

$J_A$——冲击轮绕 $A$ 点的转动惯量，kg·m$^2$；

$\omega_2$——冲击作用前质心绕 $A$ 点的角速度，rad/s；

$\omega_1$——冲击作用后质心绕 $A$ 点的角速度，rad/s。

由式（6 -4）得：

$$M(t) = \frac{J_A\omega_2 - J_A\omega_1}{\Delta t} \tag{6-5}$$

那么，两个冲击轮的冲击力为：

$$F(t) = \frac{M(t)}{AB} = \frac{J_A\omega_2 - J_A\omega_1}{AB\Delta t} \tag{6-6}$$

$AB$ 为冲击轮支点 $A$ 与冲击作用点 $B$ 间的距离，即作用力臂。

$$J_A = 0.25M \cdot l^2 \tag{6-7}$$

$\Delta t$ 为作用时间。

确定压实机冲击时间是很关键的问题，它不仅与压实机冲击物材料的种类有关，而且与其含水量、密实度有关。对最佳含水量的土，有文献给出夯击参数时间见表 6-2。

**不同土壤的夯击时间** **表 6-2**

| 土壤状态 | 夯击时间（s） | |
|---|---|---|
| | 亚砂土 | 黏土 |
| 松土 | 0.016 | 0.023 |
| 实土 | 0.008 | 0.01 |

求瞬时角速度 $\omega_2$ 及瞬时半径 $OA$。根据瞬心原理，$A$ 点为冲击瞬时的接地点 $V_A=0$，只要求出瞬时速度 $V_e$，瞬时角速度 $\omega_2$ 便可求出。已知冲击轮 $X$ 向速度为 $V_X=3.3\text{m/s}$；大圆弧半径为 $r_1$，小圆弧半径为 $r_2$；偏心距为 $e_1$、$e_2$ 及转角 $\xi$。

$$V_e = V_X/\cos\xi \tag{6-8}$$

$$w_2 = V_e/OA = V_X/OD \tag{6-9}$$

$$OD = e_2\cos\phi + r_2 \tag{6-10}$$

$$AB = e_2\sin\phi + e_1\cos\beta \tag{6-11}$$

式中的角度由冲击轮的结构参数决定。

将参数 $OD$ 代入式（6-9），将参数 $AB$ 及式（6-9）代入式（6-6）可得：

$$F(t) = \frac{J_A\cdot\omega_2}{\Delta t\cdot AB} = \frac{J_A\cdot V_X}{OD\cdot AB\cdot\Delta t} \tag{6-12}$$

以某厂生产的 YT16 型冲击碾压机为例，将黏土的两种土壤状态（松土、实土）的夯击时间代入（6-12）式得：

（1）冲击黏性松土时

$\sum F(t)=76625.2/\Delta t=76625.2/0.023=3.332\times10^6\text{N}$

（2）冲击黏性实土时

$\sum F(t)=76625.2/\Delta t=76625.2/0.01=7.663\times10^6\text{N}$

## 三、影响深度

在目前冲击压路机产品介绍里一般都注明影响深度为 1～5m，但无据可查。对于强夯机夯实土基，在工程实践中由美国人 Menard 提出过一个影响深度经验公式：

$$H = \sqrt{mgh/10} \tag{6-13}$$

式中　$H$——影响深度，m；

$m$——夯锤质量，1000kg；

$h$——落锤高度，m。

在《港口工程技术规范》中，根据国内实际施工情况并考虑土壤参数的影响因素，对（6-13）式进行了修正，可得下式：

$$H = \alpha \sqrt{mgh} \tag{6-14}$$

式中　$H$——加固深度，m；

$\alpha$——加固系数，一般湿陷性黄土取 0.34 ~ 0.5，高填方土取 0.6 ~ 0.8，砂性土和杂土取 0.45 ~ 0.6。

根据（6-14）式，计算当 YCT25 型冲击压路机行驶速度为 12km/h，在湿陷性黄土作业时，其加固深度在 3.89m。以上是套用强夯公式来计算的。由于强夯的作用能量在 1200kJ/m$^2$ 以上，比冲击压路机作用能量大一个数量级，因而所推算的结果仅供参考。在河北宣大高速公路和浙江嘉兴路段进行冲击碾压检测时，分别得到了影响深度在 4m 以上、2.5m 以上的检测结果。冲击压路机的冲击力在 2000kN 左右，介于现有超重吨位拖式振动压路机（YZTY25）最大激振力（600kN）和强夯机夯击力（10000kN 以上）之间，其施工性能和破碎旧混凝土路面的效果已被人们认可。

我国公路施工部门目前用冲击式压路机在道路工程的路基碾压、路基补压、分层碾压、检测碾压等施工中通过几年的实践已积累了一些经验。如北京八达岭高速公路的填方压实，广东 205 线和广州环城高速公路的路基补压，312 线凤嵋公路的黄土路堑填方碾压和补压，黑龙江哈双高速公路、宣大高速公路和湖北京珠高速公路的部分路基碾压补压以及检测碾压。有相关文献提出冲击压路机的参考压实范围如下：挖填土 2.5m；一般填土 2.0m；砂料 1.0m；黏性土层 0.7m；煤矸石 0.5m；铝矾土黏土，泥沙 0.3m。

## 四、冲击碾压遍数与压实能力

冲击碾压遍数是指冲击轮通过工作面的次数。冲击碾压遍数的计算方式可借鉴《公路冲击碾压应用技术指南》中的定义："冲击碾压采用来回错轮的方式，轮迹之间不重叠，由于轮隙宽度大于轮宽，错轮时横向上留有26cm的空隙，纵向上由于冲击碾压时落点的面积有限（与工作面的刚度有关），也不可能压到每个点，但冲击压力呈（$45° - \phi/2$）的角度扩散，表层下面的压实效果相互交叉重叠。对于表层部分经数十遍错轮冲压之后已均匀，这在众多工程中已得到验证。我国的冲击压路机型号多，技术参数有所不同，整机定型、数量较多的是双轮冲击压路机，两冲击轮之间的外部宽度为296cm，轮宽90cm，轮隙宽度116cm。因此该型冲击压路机冲压1次的计算压实宽度为2m，经错一个轮宽冲压1个来回后，计算冲压宽度4m，按此方法计算，整个场地全部压完1次为碾压一遍。对于单轮冲击压路机则可按轮宽计算，全部场地通过一次为一遍。目前对于冲击碾压的合理方式尚有不同的理解，如有人认为冲击碾压时冲击轮横向应重叠1/4或1/2等，按此方式全部场地通过一次算一遍。如图6-17所示为横向重叠1/2的情况，按此方式排列冲击碾压，则会在横向上出现1遍、2遍、3遍、4遍等不同的冲压区域，造成整个场地冲压极不均匀。采用错轮而不重叠轮迹的冲压方法是合理科学的，沿着固定的线路行驶也是最经济有效的。对于纵向排列，每遍应错1/6周长，每次冲击工作面波峰，有利于冲击点的满布、均匀，增强冲压整体效果。

冲击压路机的压实能力按下式计算：

$$Q_d = W \times L \times S \times P(m^3/h) \tag{6-15}$$

式中 $W$——冲击宽度，m；

$L$——铺层厚度，m；

$S$——工作速度，km/h；

$P$——往返次数。

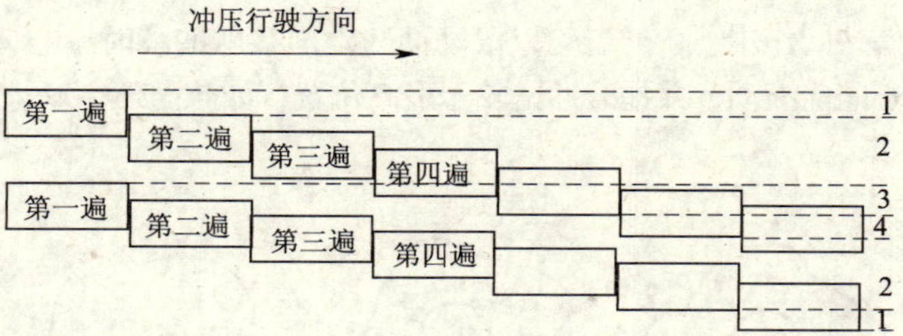


图 6-17　冲击碾压遍数顺序

## 五、冲击压路机的工作特性

传统的压实机械，如打夯机的作用体是较大的圆形锤和方块锤，是通过圆形锤上下运动，对被压实工作面的压实是不连续和不均匀的，其夯实深度和影响深度均大于振动压路机但效率较低。常见的传统静碾压路机和振动压路机的压实钢轮都是圆柱形的，冲击压实原理是在动力的驱动下连续地在被压实的工作面上进行滚动，靠自重或振动使被压实的工作面得以压实，其压实深度和压实影响深度均较小，一般在 0.2～0.5m 之间。

冲击式压路机随着多边形边数的增加，碾压轮节距减小，即滚动面和凹槽长度减小，冲击面圆弧半径增大，相应地压实面增大。冲击面更加平直，被压实面趋于平整，自然冲击面压实强度相应减小。以四边形冲击轮为例，如图 6-18 所示，冲击轮的一个工作面的轮廓是由滚动面的圆弧、冲击面的圈弧和一段凹槽组成。冲击轮在牵引力 $F$ 的作用下向前滚动，当滚动面圆弧与地面的接触点 $A$ 与重心 $O$ 处在同一条铅垂线上时，冲击轮升至最高位置，越过此点后，

重力相对于接地点 $A$ 产生使碾压轮下落的冲击力矩。在这一力矩的作用下冲击轮冲击地面，此时冲击力矩达到最大。随着后冲击轮的冲击面和前方土壤产生强烈的搓揉作用，使土壤产生很大的阻力 $R$ 和支反力 $N$。在牵引力 $F$、阻力 $R$、重力 $W$ 和地面支反力 $N$ 所形成的力偶共同作用下，冲击轮以滚动面与地面接触的瞬时中心 $A$ 为滚动轴心向前滚动，并提升冲击轮至最高位置，如此循环往复运动。

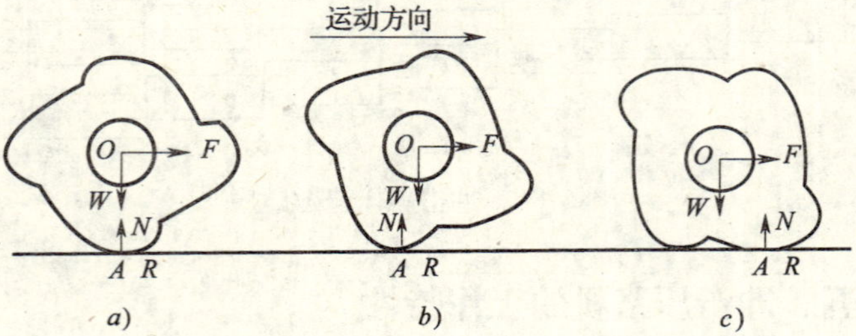


图 6-18　非圆冲击轮压实工作原理

冲击式压路机向前滚动时压实轮的冲击面由上向下落下，此时势能转换成动能，在触地的瞬间，阻尼连接弹簧使强大的冲击波加速冲击地面，促使压实的材料产生自由振动，并且与 AASHO 实验相似，周期性地对地面释放冲击能量，从而表现出以下主要性能特点：

（1）压实力大。是同吨位静碾的 10 倍，是同吨位振动压路机的 3 ~4 倍。以不同速度（10 ~15km/h）运动时，其对地面的冲击力近似可转换为 1800 ~5000kN。

（2）影响深度大。该机工作时，连续冲击地面，产生强烈的冲击波，具有地震波的传播特性，低频高幅，对地表深层作用较强的冲击能量。随着碾压中基础密实度的提高，其影响深度也逐渐增大，垂直影响深度可达 1m 以上，水平影响距离可达 5 ~10m。

（3）铺层厚度大。该机可在原基础上进行压实，不必开挖移土，也可分层压实和补强压实。由于其影响深度大，铺层厚度可达0.4～1.0m。

（4）压实效率高。其工作速度为10～15km/h，压实产量分别可达1500～1850$m^3$/h，而传统压实机械工作速度为3～5km/h，压实产量约为250$m^3$/h（与同吨位比较）。

（5）含水量范围要求低。经检测表明，冲击压路机可压实填料含水量为最佳含水量±5%范围的基础，大大减少了工地的加水量并能压干过湿的地基。

（6）具有检测性。工作时，强大的冲击力作用于地面，较易发现未被压实、基础下有空洞及“橡皮”路面，对施工质量进行检查控制。

冲击式压路机可广泛应用于基础压实和老路面破坏，对原土压实、分层压实、补强压实、检测压实、冲击破坏等，如公路、铁路、机场、水坝的土石方基础压实；废料、粉煤灰、煤场和废物堆置场地的压实；岩土块、黏土、膨胀土、湿陷性黄土的压实；冲击碾压排水固结，加速软土地基稳定；破坏或压实旧的路面，加快旧路改造工程进度等。

## 第四节　旧路状况调查与路面性能评价

水泥混凝土路面的使用性能在使用过程中会随行车荷载和环境因素的作用而逐渐衰变。特别是近些年来由于交通量剧增，汽车轴载日益重型化以及设计、施工等方面的原因，造成了面板损坏、路面使用品质下降，导致很多旧水泥混凝土路面行车舒适性差，车速难以提高。对于这些路面需要采取修复措施以恢复或提高其使用性能。在旧混凝土面层上铺设加铺层，是一项可在较长时期内恢复或提高路面使用性能的经济、有效的修复技术措施，也是目前对旧水泥混凝土路面进行改造的主要方式。

冲击碾压技术是将水泥混凝土路面冲击破碎，在其上加铺水泥混凝土路面或者沥青路面，在使用该技术前，先要对旧路面结构损坏状况进行调查和评定，确定加铺层方案、旧路面结构参数的确定以及加铺层厚度的计算。

## 一、旧路路面状况调查

通过对路况进行调查和评定，分析该水泥混凝土路面的路况是否达到改建的标准，路况条件适不适合冲击碾压改建。为了确定旧水泥混凝土路面对预期交通荷载的承载能力，并分析确定其剩余使用寿命，必须对旧水泥混凝土路面进行技术调查和测定，以评定其路面结构性能，以便确定需采取修复措施的路段和方案，制订养护政策和编制养护计划，并为加铺层设计提供依据和数据。旧路路面状况调查包括下述6方面内容：

（1）路面修建和养护技术资料的调查和收集，包括路面结构层组合（类型和厚度）、材料组成、接缝构造、路肩类型和结构层组合、路基和路面排水设施、养护历史（维修频率和措施）等；

（2）路面损坏状况调查，以了解路面损坏的类型、轻重程度和范围；

（3）混凝土面层的厚度和强度以及其他结构层厚度和组成材料性质的测定；

（4）进行弯沉测定，以评定和评价路面的结构性能；

（5）交通量和轴载调查，以了解路面的受载历史（已承受的标准轴载累计作用次数）并预估今后的趋势和交通要求；

（6）环境（温度和湿度状况）影响分析。

应对旧路周围的构造物进行普查，并对这些构筑物的施工安全性进行评估。调查区域包括冲压区内和离冲压区 30m 之内的桥涵、地下管线、民居、挡墙、临时用房、工棚等，特别对于建筑物、构造物墙体已有开裂、挡墙外鼓等异常情况的地方应重点评估。评判道路状态和沿线构筑物的状态。

## 二、路面结构性能评定

1. 路面损坏状况评定

(1) 路面平整度

路面平整度反映路面服务特性。本试验路段采用连续式平整度仪对路面平整度进行了测试评价，以了解旧路路面状况。路面平整度以该区间测定结果的标准差表示，按式（6-16）计算：

$$\sigma_{\mathrm{i}} = \sqrt{\frac{\sum(\bar{d} - d_{\mathrm{i}})}{n-1}} \tag{6-16}$$

式中　$\sigma_{\mathrm{i}}$——各计算区间的平整度计算值，mm；

$d_{\mathrm{i}}$——以 100m 为一个计算区间，每隔一定距离（自动采集间距为 10cm，人工采集间距为 1.5m）采集的路面凹凸偏差位移值，mm；

$n$——计算区间用于计算标准差的测试数据个数；

$\bar{d}$——采集的路面凹凸偏差位移值的平均值。

(2) 路面破损状况调查

路面破损状况（完整性）以病害类型、轻重程度和出现的范围或密度为三项属性表征。各种病害的定义、轻重程度分级、各种病害和轻重程度出现的范围或密度，以调查路段（或子路段）内出现该种病害和轻重程度等级的混凝土板块数占该路段（或子路段）板块总数的百分率计。同一块板内存在多种病害或轻重程度等级时，以最显著的种类或最重的程度计入系数。

混凝土路面的损坏主要有以下 4 种类型：

1）断裂类——纵向、横向、斜向、角隅和交叉裂缝；

2）接缝损坏类——唧泥、错台、接缝碎裂、拱起、填缝料损坏等；

3）变形类——沉陷、胀起等；

4）材料或表层损坏类——活性集料反应病害、集料冻融裂纹、网裂和起皮、磨损和露骨等。

其中，对混凝土路面结构性能和行车舒适性影响最大的是断裂类损坏和接缝错台两种，它们是决策加铺层结构形式及其厚度设计的主要因素。因此，加铺层设计中以断板率和平均错台量两项指标来表征旧混凝土路面的损坏状况。

断板调查采用目测法进行，记录调查路段内不同轻重等级的各种断板板块数，并以断板块数占调查路段总板块数的百分率表示断板率（$DBL$），即：

$$DBL = \left(\sum_{i=1}^{n}\sum_{j=1}^{m_i} DB_{ij}W'_{ij}\right)/BS \tag{6-17}$$

式中 $DB_{ij}$——i 种类裂缝病害 j 种轻重程度的板块数；

$W'_{ij}$——i 种类裂缝病害 j 种轻重程度的修正系数，按表 6-3确定；

$BS$——评定路段内的板块总数。

**计算断板率的权系数 $W'_{ij}$** **表 6-3**

| 裂缝类型 | 交叉裂缝 | | | 角隅裂缝 | | | 纵、横、斜向裂缝 | | |
|---|---|---|---|---|---|---|---|---|---|
| 轻重程度 | 轻 | 中 | 重 | 轻 | 中 | 重 | 轻 | 中 | 重 |
| 权系数 $W'_{ij}$ | 0.60 | 1.00 | 1.50 | 0.20 | 0.70 | 1.00 | 0.20 | 0.60 | 1.00 |

错台调查宜采用错台仪量测接缝两侧板边的高程差，量测点的位置在错台严重车道右侧边缘内 300mm 处，以调查路段内各条接缝高程差的平均值表示该路段的平均错台量。设备条件不具备时，亦可采用角尺进行量测，但精度难以保证。

依据调查路段内断板率和平均错台量，可以评定路面损坏状况的轻重程度等级，供决策养护和改建措施时参考。路面损坏状况评级标准见表6-4。

**路面损坏状况分级标准**　　　　**表6-4**

| 等级 | 优良 | 中 | 次 | 差 |
|---|---|---|---|---|
| 断板率（%） | ≤5 | 6～10 | 11～20 | >20 |
| 平均错台量（mm） | ≤5 | 6～10 | 11～15 | >15 |

对于断板率较低的高速公路和一级公路，应采用断板率和平均错台量两项评定指标。对于断板率较高的其他等级公路，当错台病害对行车安全和行驶质量的影响并非主要因素时，可仅采用断板率作为评定指标。

2. 接缝传荷能力与板底脱空状况评定

路面表面在荷载作用下的弯沉量和弯沉曲线，反映了路面结构的结构特性。由于弯沉测定是一项无破坏试验，对路面结构的损害小，检测工作简便易行且测点数量多，因而被广泛用于路面结构性能的评定，用以反算路面各结构层的模量参数，评定接缝的传荷能力，检查板底的脱空情况，并进而对路面结构的承载能力作出评价。

（1）接缝传荷能力评定

接缝是混凝土路面结构的最薄弱部位，混凝土路面的绝大多数损坏都发生在接缝附近。对于加铺层设计而言，旧面层接缝（或裂缝）处的弯沉量和弯沉差值是引起加铺层出现反射裂缝的主要原因。如美国沥青协会（AI）就以接缝或裂缝处的板边平均弯沉量和弯沉差作为沥青混凝土加铺层设计的控制指标。接缝传荷系数是反映接缝边缘处相邻板传荷能力的指标。

旧混凝土面层板的接缝传荷能力和板底脱空状况采用弯沉测试法调查评定。弯沉测试宜采用落锤式弯沉仪，也可采用梁式弯沉仪，其支点不得落在弯沉盆内。为了避免温度和温度梯度对量测结果的影响，接缝传荷能力的测定应选择在接缝缝隙张开而板角未出现向上翘曲变形的时刻，板角弯沉测定应选择在白天正常温度梯度的时段，而板中弯沉的测定则应选择在出现负温度梯度或正温度梯度很小的夜间至清晨时段进行。测定接缝传荷能力的试验荷载应接近标准轴载的一侧轮载（50kN）。将荷载施加在邻近接缝的路面表面，实测接缝两侧边缘的弯沉值。按下式计算接缝的传荷系数：

$$k_j = \frac{w_u}{w_l} \times 100(\%) \tag{6-18}$$

式中 $k_j$——接缝传荷系数；

$w_u$——未受荷板接缝边缘处的弯沉值；

$w_l$——受荷板接缝边缘处的弯沉值。

依据调查路段内接缝的传荷系数测定结果，可以评定路面接缝的平均传荷能力，可作为选择加铺层结构形式和采取反射裂缝防治措施的参考依据。接缝传荷能力按传荷系数大小划分为优良、中、次、差四个等级，分级标准见表 6-5。

**接缝传荷能力分级标准** **表 6-5**

| 等级 | 优良 | 中 | 次 | 差 |
|---|---|---|---|---|
| 接缝传荷系数 $k_j$（%） | >80 | 56~80 | 31~55 | <31 |

（2）板底脱空检查

由唧泥引起的板底脱空，使板角隅和边缘失去部分支承，在行车荷载作用下将产生较大的弯沉和应力，最终导致加铺层损坏。

板底脱空状况的评定比较复杂，目前国内外还没有一个公认的方法。板底脱空的调查可根据面层板角隅处的多级荷载弯沉测试结果，综合考虑唧泥和错台发展程度以及接缝传荷能力进行判别。即在板角隅处应用 FWD 仪进行多级荷载作用下的弯沉测试，利用测定结果点绘出荷载－弯沉关系曲线。当关系曲线的后延线与坐标线的相截点偏离坐标原点时，板底便可能存在脱空。实际评定时还应结合雨后观察唧泥现象、边缘和角隅处锤击听音等经验方法加以综合判断。

## 三、旧混凝土路面结构参数

进行旧混凝土路面加铺层设计时，需要知道旧路面的各种结构参数，如旧混凝土板的厚度和弯拉强度，旧混凝土的弯拉弹性模量以及旧混凝土路面基层顶面的当量回弹模量等。这些参数可以通过承载板测试、钻孔取样、FWD 等测试手段来取得。

1．混凝土面板的厚度

旧混凝土面层厚度的标准值可根据钻孔芯样的量测高度按式（6-19）计算确定。

$$h_e = \bar{h}_e - 1.04 s_h \tag{6-19}$$

式中 $h_e$——旧混凝土面层量测厚度的标准值（mm）；

$\bar{h}_e$——旧混凝土面层量测厚度的均值（mm）；

$s_h$——旧混凝土面层厚度量测值的标准差（mm）。

2．混凝土面板的弯拉强度

旧混凝土面层弯拉强度的标准值可采用钻孔芯样的劈裂试验结果按式（6-20）和式（6-21）计算确定。

$$f_r = 0.621 f_{sp} + 2.64 \tag{6-20}$$

$$f_{sp} = \bar{f}_{sp} - 1.04 s_{sp} \tag{6-21}$$

式中 $f_r$——旧混凝土弯拉强度标准值（MPa）；

$f_{sp}$——旧混凝土劈裂强度标准值（MPa）；

$\bar{f}_{sp}$——旧混凝土劈裂强度测定值的均值（MPa）；

$s_{sp}$——旧混凝土劈裂强度测定值的标准差（MPa）。

采用超声波和雷达设备量测旧水泥混凝土板的强度和厚度，但由于混凝土面板与基层，特别是贫混凝土和无机结合料稳定类基层材料具有类似的性质，这一非破损测试方法的实际测量精度在混凝土路面工程中还难以得到保证。因此继续推荐使用传统的钻孔取芯测试法量取路面板的厚度，在室内进行劈裂强度的试验。

3. 旧混凝土的弯拉弹性模量

旧混凝土的弯拉弹性模量标准值可按式（6-22）计算确定。

$$E_c = \frac{10^4}{0.0915 + \dfrac{0.9635}{f_r}} \tag{6-22}$$

式中 $E_c$——旧混凝土的弯拉弹性模量标准值（MPa）；

$f_r$——旧混凝土的弯拉强度标准值（MPa）。

4. 旧混凝土路面基层顶面的当量回弹模量

旧混凝土面层下的基层顶面当量回弹模量是加铺层设计的重要参数之一。面层下的基层顶面模量难以直接测到，但是混凝土路表弯沉是路面结构刚度特性的综合反映，可以采用落锤式弯沉仪 FWD（标准荷载 100kN，承载板半径 150mm）来量测板中荷载作用下的弯沉曲线，按弹性地基理论，用下式来反算基层顶面回弹模量。

$$E_t = 100e^{(3.60+24.03\omega_0^{-0.057}-15.63I^{0.222})} \tag{6-23}$$

$$SI = \frac{\omega_0 + \omega_{300} + \omega_{600} + \omega_{900}}{\omega_0} \tag{6-24}$$

式中 $E_t$——基层顶面的当量回弹模量标准值（MPa）；

$SI$——路面结构的荷载扩散系数；

$\omega_0$——荷载中心处的弯沉值（μm）。

$\omega_{300}$，$\omega_{600}$，$\omega_{900}$——距离荷载中心 300mm、600mm 和 900mm 处的弯沉值（μm）。

当采用落锤式弯沉仪的条件受到限制时，可选择在清除断裂混凝土板后的基层顶面进行梁式弯沉量测后反算或根据基层钻芯的材料组成及性能情况依经验确定。

## 四、适用范围

依据评估结果，判断路面是否适宜冲击碾压破碎，确定不宜和需谨慎控制采用冲击碾压的路段。

水泥路面在如下情况下不宜采用冲击碾压：

(1) 路基为软弱土，且不稳定；

(2) 水泥面板已破碎到无法形成要求断裂的尺寸而必须清除重铺；

(3) 路旁有敏感的设备、构筑物，安全距离不够，不能承受冲击引起的振动和噪声影响的路段；

(4) 路的行驶限高不允许加铺新路面；

(5) 冲压面积或工作面达不到要求。

除以上情况，水泥路面达到如下情况可采用冲击碾压。

(1) 水泥混凝土路面破损状况（PCI）属差级时，可将混凝土板破碎，作为底基层（或垫层）使用。

(2) 混凝土面板有严重的D形裂缝。D形裂缝是当某些集料处于饱和状态，经冰冻，膨胀，导致破坏开裂。

(3) 混凝土路面有严重的碱集料反应的情形。碱集料反应中有胶体产生，吸收水分造成膨胀（碱胀），进而开裂而降低混凝土的耐久性。

(4) 受严重冻融破坏的混凝土路面。冻融破坏一般发生在没有加气的混凝土中。如果气孔体积或者气孔间距不适当，混凝土在受冻时会膨胀开裂。这一过程可持续几年，会使混凝土路面破坏严重。

(5) 混凝土路面板有大于10%的修补和严重连续不断的损坏。

(6) 路面失去结构承载力，存在大量的结构性病害。

# 第五节　破碎水泥混凝土路面结构加铺设计

## 一、加铺方案的选择

当调查评定的旧混凝土路面的断板率、平均错台量和接缝传荷能力均处于差级水平，尤其是当旧面层板下出现严重唧泥、脱空或地基沉降时，对旧混凝土路面进行大面积修复后再铺筑加铺层已不是一种经济有效的技术措施。应对旧面层混凝土进行破碎和压实稳定处理，并用做新建路面的底基层或垫层。破碎稳定处理既减少了大面积挖补所产生的废旧混凝土碎块对环境的不利影响，又保留了旧路面一定程度的结构完整性。加铺层应根据使用要求及旧混凝土路面、路基的使用状况，经技术经济比较后选定沥青路面还是水泥混凝土路面的加铺结构。

对于地表或地下排水不良路段，应采取措施改善或增设地表或地下排水设施；对于旧路面结构内部排水不良的路段，增设边缘纵向排水系统，以便将旧混凝土面层－基层－路肩界面处积滞的自由水排离出路面结构，以保证加铺层使用寿命。此外，加铺层的铺筑通常是在边通车、边施工的条件下进行的，设计方案应综合考虑施工期间的交通组织管理、通行车辆对施工质量和施工工期的影响等。

## 二、路面结构设计

对于加铺水泥混凝土路面结构，根据对多条旧水泥混凝土路面采用冲击压实技术处理后加铺层的使用效果看，冲击压实后旧水泥混凝土路面作为底基层或垫层的设计思路是可行的。加铺沥青面层还有待进一步的长期性能观测。

当水泥混凝土路面破损状况非常严重，断板率 DBL 值大于 20%，尤其是 DBL 超过 30% 时，几乎无法利用旧路面的承载能力，在这种情况下，全面加铺且采用带基层的水泥混凝土路面结构方案是可行的、可靠的。冲击压实旧混凝土面板的目的是消除原有水泥混凝土面板由于脱空所产生的额外竖向变形，使面板与基层紧密结合，进而提高水泥混凝土路面基层的当量回弹模量。冲击压实机可以在一定条件下较好地达到这个目的，尤其在旧混凝土路面面板下基层或土基不太稳定或强度不均匀的情况下效果较好。

冲压稳固后，不仅使旧面板碎块的水平位移减少，基本可消除产生反射裂缝的温度应力，同时还需要能使碎块之间形成集料嵌锁，旧板及基础的整体性明显提高，基本可达到下基层的技术要求。可满足加铺路面结构层对下承层承载能力的要求。

《公路水泥混凝土路面设计规范》（JTG D40－2002）规定：旧水泥混凝土路面层损坏状况等级为差时，宜将混凝土板破碎成小于 40cm 的小块，用作新建路面的底基层或垫层，并应按新建水泥混凝土路面或沥青混凝土路面类型进行设计。由此可见，将破裂后的水泥混凝土板定位成底基层或垫层已经达成共识，经过冲击压实处理后的旧水泥混凝土板，不仅可以达到规范所规定的破裂块度，更重要的是与旧基层形成稳固的整体，仍然为新加铺层提供均匀、稳定的支承。

加铺层厚度的确定，可用冲击压实后的回弹模量，结合回弹弯沉值进行设计。规范指出，当基层和垫层同时存在时，可将底基层和垫层换算成具有当量回弹模量和当量厚度的单层，然后再与基层一起计算基层顶面当量回弹模量。将冲击压实后旧路面及其加铺层结构进行等效，参照新建路面计算方法设计加铺层。

以上思路都牵涉到冲击压实后旧水泥混凝土板的回弹模量取值问题，这里涉及到两个概念：

1. 冲压后旧水泥混凝土板顶面回弹模量；

2. 旧水泥混凝土板本身作为垫层材料的当量回弹模量。

这两个模量具有相关性，但在概念上截然不同。冲压后旧水泥混凝土板顶面回弹模量实际上是旧混凝土板和旧基层及下面的路基表现出来的一个综合承载力和刚度；而旧水泥混凝土板本身作为垫层材料的当量回弹模量，是作为单独一层用来设计计算的，他们的关系如图 6-19 所示。

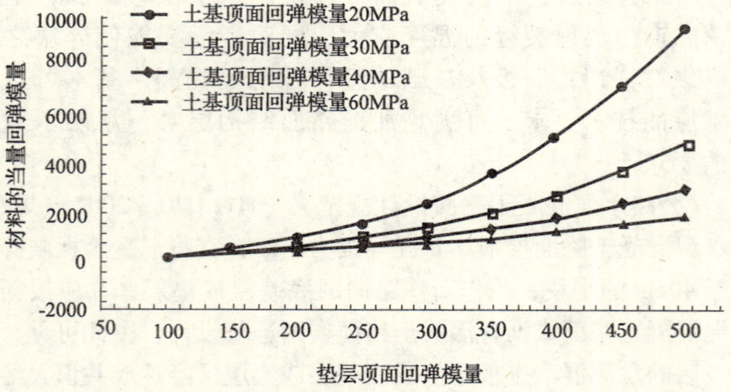


图 6-19　垫层顶面回弹模量与材料的当量回弹模量关系

对于冲击压实破碎路面作垫层对新铺路面结构设计的影响，涉及能否减薄路面厚度及路面破碎质量的控制。结合福建省的典型路面形式如图 6-20 所示，分别按不同的垫层顶面模量，按重交通和特重交通两种情况进行了分析计算：重交通 $9.885\times10^{6}$ 标准轴次；特重交通 $2.259\times10^{7}$ 标准轴次。

水泥混凝土面板

水泥稳定砂砾基层 18cm

填隙碎石 8cm

破碎混凝土板与基层 35cm

土基

图 6-20 典型路面结构

从图 6-21 可以看到，根据规范测算，对于顶面模量为 30MPa 的路基，在相同的轴载次数下，可节约路面厚度 2 ~ 3cm，垫层模量超过 200MPa 后，对于路面结构设计厚度影响不大。

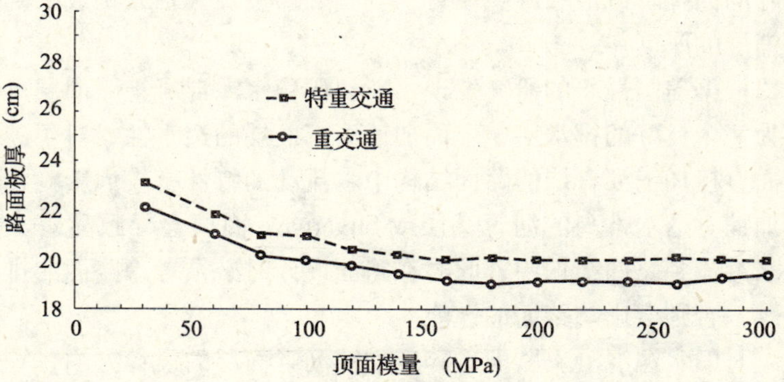


图 6-21 不同垫层顶面模量的路面厚度设计

为保持混凝土路面的良好使用性能，应充分重视混凝土路面的日常养护，主要包括补换填缝料，修补面板裂缝，作好表面排水，保证路面及路肩排水顺畅。当混凝土路面表面状况不良，整体强度不足时，需分别采取沥青铺层及水泥混凝土加铺层措施。当原混凝土路面破碎严重，不适宜铺沥青加铺层或混凝土加铺层时，可将原混凝土板破碎，作底基层。高速公路、一级公路特重交通路段，标高限制路段，收费站处路面面层，混凝土路面加铺层及桥面铺装可采用钢纤维混凝土面层。

对旧水泥混凝土路面冲击破碎后是作为垫层用，通过填隙碎石调平后加铺 15cm 水泥稳定砂砾（碎石）作基层，然后加铺 24cm 的水泥混凝土板，这种结构大大加强了地基刚度，使用效果良好。

## 三、沥青路面加铺层结构设计

对破碎旧水泥混凝土路面上加铺沥青混凝土路面或水泥混凝土路面厚度的确定，目前我国尚未有比较成熟的相关设计规范和方法，一般以取得的经验为借鉴，根据现行相关设计规范，依据实际的回弹弯沉值和回弹模量，实测交通量及其轴载构成来确定加铺层的厚度。

根据美国最新的研究发现，断裂压稳水泥混凝土路面层可以作为一个良好的排水层。上面加铺沥青面层的透水性，对于破裂路面直接加铺沥青层的路面结构中水流动的特性有较大影响，对于加铺有透水性高的沥青基层或 Superpave 面层会导致显著大量的水渗流到路面结构中，此时在路面设计时必须考虑路面的排水问题，否则会影响路面的性能。

对旧水泥混凝土路面破碎后加铺沥青面层的设计方法，一般采用不同的公路等级或交通水平限定最小厚度要求，沥青加铺层的最小厚度是基于道路的服务水平、道路等级以及延缓反射裂缝的发生速率综合确定的。薄的沥青加铺层只能暂时改善行驶性能，对提高混凝土路面结构强度至少需要超过 6cm 的加铺层厚，如果旧水泥混凝土路面的结构强度很低，板体性能已经失去，或已经出现大面积的脱空现象，此时，仅有沥青混凝土加铺层是不能提高路面结构的整体强度的。必须采取措施，提高路面结构的整体强度，然后加铺沥青层。

1．破碎混凝土路面整体强度

加铺沥青面层，一般要求将混凝土面板破碎成小于30cm×30cm的混凝土小块，以保证混凝土板完全与其下的路基接触，防止出现跷跷现象，为了增加破碎混凝土板的整体性，采用较稀的水泥砂浆喷洒在破碎混凝土表面，再用15t的振动压路机进行碾压。实测结果表明，没有喷洒水泥砂浆的整体强度较喷洒水泥砂浆的整体强度要小得多。由于破碎混凝土的透水性较好，在雨季容易使其下的路基泡软，因此设计时必须考虑季节影响因素和一定的保证率。

2. 沥青混凝土加铺层厚度确定

实践表明，根据实际的交通状况及破碎混凝土的特性进行沥青路面结构层厚度设计，并控制反射裂缝。为控制反射裂缝，沥青加铺层必须满足最小设计厚度的要求，既保证路面结构的整体强度，同时采取一定的技术措施，减少或延缓反射裂缝的产生。

由于旧水泥混凝土路面结构的沥青面层厚度要依据经济状况和路面结构的承载能力，面层的厚度宜在6~10cm之间，基层的厚度取决于结构的整体强度。必须通过设计确定，主要根据交通量确定，基层采用路基宽度范围内等厚度结构。设计根据公路沥青混凝土路面设计规范。考虑到路面的排水效果，要求沥青混合料采用密级配类型，空隙率在3%~4%之间，沥青混凝土面层一般做成两层式。

3. 路肩的处理

由于破碎混凝土与硬路肩之间可能出现强度不均匀等问题，必须根据硬路肩的强度进行处理，处理的方法一般为先将硬路肩挖除至水泥板的底面位置，再测定硬路肩的强度，如果硬路肩的弯沉大于120（0.01mm），再下挖30~40cm。硬路肩的底基层结构厚度为20cm水泥稳定粒料，4~5cm碎石排水层，实际厚度由水泥混凝土板的厚度决定，上面覆盖土工布，保证硬路肩的顶面与水泥混凝土的顶面平齐，其上的水泥稳定粒料层要求与行车道同时施工，以保证路面结构强度均匀，减少硬路肩与行车道之间出现强度不均匀的问题。

## 四、水泥混凝土路面加铺层设计

当路面破损比较严重，且有明显的唧泥、板底脱空、错台的情况，旧水泥路面的状况为“差”时，应将旧水泥路面破碎、灌浆、碾压稳定，作为垫层使用，在垫层之上铺筑一层半刚性基层，一般最小厚度不小于15cm，然后再铺筑沥青面层或水泥混凝土加铺层。

目前我国较常用的破碎化改造技术是采用冲击压路机、液压破碎镐或大型落锤式破碎机将旧水泥混凝土板块破碎化改造的技术。冲击碾压破碎技术是用冲击压路机对旧水泥混凝土路面进行冲击破碎压实，将破碎碾压稳固后的旧水泥路面作为垫层，或者加铺半刚性基层后，再加铺沥青面层或水泥混凝土面层的技术。

旧水泥混凝土路面损坏严重，特别是板底脱空比较严重和断板比较多的地段，弯沉值比较大且弯沉大的点比较多的情况下，利用冲击压实技术最为适宜。冲压稳固后，不仅使旧板碎块的水平位移减少，基本可消除产生反射裂缝的温度应力，还能使碎块之间形成集料嵌锁紧密，基本消除板底脱空现象，旧板及基础的整体性明显提高。

旧水泥混凝土路面上的水泥混凝土加铺层可采用普通混凝土或钢纤维混凝土。设计可以按经验法或力学分析法进行。经验法采用补足厚度缺额的概念，利用由试验验证结果建立的经验厚度关系式。力学分析法则以弹性地基板或者弹性层状体系理论解为基础，利用钻孔和弯沉测定得到的结构参数进行分析，并按混凝土路面的设计标准（疲劳断裂）确定所需厚度。

1. 经验法

长期以来流传较广的加铺层设计经验方法，是美国陆军工程师部队（COE）为机场道面加铺层制定的设计法。这个方法采用补足厚度（也即结构承载力）缺额的概念。按现有地基的承载能力（基层顶面综合反应模量），计算确定满足未来交通要求所需的面层厚度，而旧面层厚度与此厚度的差值便为所需补充的加铺层厚度。旧面层的厚度按面层的结构损坏情况给予不同程度的折减。加铺层与旧面层之间的结合状况对加铺层厚的影响，则利用通过试验路强化试验得到的验证关系予以确定。

按上述概念建立的水泥混凝土加铺层厚度设计公式采用下述形式：

$$h_{ov}^{n} = h_{d}^{n} - c_{r}h_{ex}^{n} \tag{6-25}$$

式中　$h_{ov}$——所需的加铺层设计厚度，cm；

$h_{d}$——按现有地基承载能力和未来交通要求，由新建混凝土路面设计方法确定的单层混凝土面层所需厚度，cm；

$h_{ex}$——旧混凝土面层厚度，cm；

$n$——随加铺层与旧面层结合状况而异的指数，对于结合式加铺层，$n=1.0$；对于部分结合式加铺层，$n=1.4$；对于分离式加铺层，$n=2$；

$c_{r}$——旧面层结构损坏状况指数。结构状况良好，无荷载引起的结构裂缝或有少量次要裂缝时，$c_{r}=1.0$；出现荷载引起的初始裂缝，但无进展性裂缝或者接缝或裂缝错台时，$c_{r}=0.75$；结构状况差，出现荷载引起的进展性裂缝，并伴有碎裂或者接缝或裂缝错台时，$c_{r}=0.35$。

结合式加铺层仅在旧面层结构状况良好，也即$c_{r}=1.0$的情况下才能选用，并且加铺层的厚度不大，也即旧面层的承载能力不需提高很多。部分结合式加铺层的应用较结合式加铺层广，它适用于旧面层的结构损坏状况指数 $c_r$ 在 0.75 ~ 1.0 的范围内，因为 $c_r$ 低于 0.75 时有可能使加铺层出现反射裂缝。旧面层的结构不符合上述要求时，可以通过采用修复措施使之满足后，仍采用结合式或部分结合式。分离式加铺层通常应用于结构损坏指数 $c_r$ 在 0.75 ~ 0.35 范围内的旧面层。

2. 力学法

我国现行规范方法将旧水泥混凝土路面上加铺新水泥混凝土结构层作为弹性地基上的双层板进行荷载应力和温度应力计算，控制加铺层或旧面层的综合疲劳应力不超过板的抗弯拉强度为设计标准。

（1）双层板荷载应力分析

双层板混凝土临界荷位仍为板的纵向边缘中部。标准轴载 $P_s$ 在临界荷位处产生的上层和下层混凝土板荷载疲劳应力 $\sigma_{pr1}$ 和 $\sigma_{pr2}$。对于结合式双层板仅需计算下层板的荷载疲劳应力 $\sigma_{pr2}$。其中，应力折减系数、荷载疲劳应力系数和综合系数的确定方法，与单层混凝土板完全相同。

标准轴载 $P_s$ 在临界荷位处产生的分离式双层板上层和下层混凝土板荷载应力或者结合式双层板下层板的荷载应力，按下式确定：

$$\sigma_{ps1} = 0.077 l_g^{0.60} \frac{E_{c1} h_{01}}{12 D_g} \tag{6-26}$$

$$\sigma_{ps2} = 0.077 l_g^{0.60} \frac{E_{c2}(0.5 h_{02} + k_u h_x)}{6 D_g} \tag{6-27}$$

式中 $\sigma_{ps1}$、$\sigma_{ps2}$——双层混凝土板上层和下层的荷载应力，MPa；

$E_{c1}$、$E_{c2}$——双层混凝土板上层和下层的弯拉弹性模量，MPa；

$h_{01}$、$h_{02}$——双层混凝土板上层和下层的厚度，cm；

$k_u$——层间结合系数，分离式时，$k_u=0$；结合式时，$k_u=1$；

$h_x$——下层板中面至结合式双层板中面的距离，m，可按下式确定：

$$h_x=\frac{E_{c1}h_{01}(h_{01}+h_{02})}{2(E_{c1}h_{01}+E_{c2}h_{02})} \tag{6-28}$$

$D_g$——双层板的截面总刚度，MN · m，可按下式确定：

$$D_g=\frac{E_{c1}h_{01}^3}{12}+\frac{E_{c2}h_{02}^3}{12}+\frac{E_{c1}h_{01}E_{c2}h_{02}(h_{01}+h_{02})^2}{4(E_{c1}h_{01}+E_{c2}h_{02})}k_u \tag{6-29}$$

$l_g$——双层板的相对刚度半径，m，按下式确定：

$$l_g=1.23\left(\frac{D_g}{E_t}\right)^{1/3} \tag{6-30}$$

（2）双层板温度应力分析

双层板混凝土上层和下层的温度疲劳应力 $\sigma_{tr1}$ 和 $\sigma_{tr2}$ 按对应公式计算。

由于分离式双层板的上层厚度和隔离层厚度之和一般大于14cm，传到下层板内的温度梯度较小，相应温度翘曲应力也就很小，因而可不必考虑下层板的温度疲劳应力 $\sigma_{tr2}$ 。分离式双层板上层板的最大温度应力可按下式计算确定：

$$\sigma_{tm1}=\frac{\alpha_c E_{c1}h_{01}T_g}{2}\xi_1 B_x \tag{6-31}$$

$$\xi_1=C_x^{0.32-0.81\ln\left(\frac{h_{01}E_{c1}}{h_{02}E_{c2}}+2.5\frac{h_{01}}{h_{02}}\right)} \tag{6-32}$$

式中 $C_x$——上层板的温度翘曲应力系数，根据 $L/l_g$ 查水泥混凝土路面设计资料确定；

$B_x$——上层板的温度应力系数，根据 $C_x$ 和 $h_{01}$ 查水泥混凝土路面设计资料确定；

$l_g$——双层板的相对刚度半径，m。

结合式双层板上层，在轴载作用下于临界荷位时处于受压状态，在正温度梯度（板顶温度大于板底温度）作用下也处于受压状态，而负温度梯度作用下产生的温度应力较小，因而可不必考虑上层板的温度翘曲应力。结合式双层板下层板的最大温度翘曲应力可按下式计算确定：

$$\sigma_{tm2} = \frac{\alpha_c E_{c2}(h_{01} + h_{02}) T_g}{2} \xi_3 B_x \tag{6-33}$$

$$\xi_3 = 1.77 - 0.27\ln\left(\frac{E_{c1}h_{01}}{E_{c2}h_{02}} + 18\frac{E_{c1}}{E_{c2}} - 2\frac{h_{01}}{h_{02}}\right) \tag{6-34}$$

式中 $C_x$——下层板的温度翘曲应力系数，根据 $L/l_g$ 查水泥混凝土路面设计资料确定；

$B_x$——下层板的温度应力系数，根据 $C_x$ 和（$h_{01}+h_{02}$）查水泥混凝土路面设计资料确定；

$\xi_3$——下层板的温度应力修正系数。

（3）加铺层厚度设计方法

我国2002年版设计规范采用弹性地基上等刚度单层板理论设计结合式和分离式加铺层。具体设计过程及步骤为：

1）调查现有混凝土面层的结构损坏状况，选择加铺层型式，确定对结构损坏的处理措施；

2）钻取芯样，测定旧面层的厚度和劈裂强度，由经验公式确定弯拉强度和混凝土弯拉模量；

3）在旧面层上进行弯沉（FWD）测定，并根据弯沉值反算基层顶面的当量回弹模量值；

4）拟定加铺层厚度，计算荷载疲劳应力和温度疲劳应力；

5）分层叠加荷载疲劳应力和温度疲劳应力；分离式加铺层的加铺层和旧面层的综合应力，结合式加铺层的旧面层的综合应力应满足式 $\gamma_r(\sigma_{pr} + \sigma_{tr}) \leq f_r$ 的要求，据此确定加铺层所需的厚度。

## 第六节　冲击碾压旧水泥混凝土路面的施工工艺

冲击碾压改建的设计与施工应根据具体的地质条件、公路等级、工期要求、地形地貌等因素进行综合考虑。采用冲击碾压破碎技术前应考虑对居民、建筑物等周围环境可能带来的影响。

### 一、施工前的准备

施工前应收集并熟悉有关施工图、工程地质报告、土工试验报告和地下管线、构造物等资料。准备夜间施工时，现场必须有符合操作要求的照明设备，施工场地要设置路灯，对于需要保护的结构物、施工中的小型桥涵、两侧穿越路基的管线等临时工程应设置围栏，悬挂红灯警示标志。对于高路堤的碾压则应在离路堤边缘1.5m的位置设置反光警示标志。

当施工场地的长度满足要求而宽度小于转弯直径（自行式冲击压路机的转弯直径为8m，胶轮牵引式的转弯直径为12m，履带式牵引车的转弯直径为16m）时，应在施工场地的两端设置必要的转弯场地，转弯场地的宽度应大于各种冲击压路机的转弯直径，能保证压路机的转向调头，转弯场地应根据实际情况设于道路的一侧。

对于冲击碾压范围内的出入口应有醒目的安全标记，禁止无关车辆与闲杂人员的出入。对于旧路改建情况，对于全幅冲压施工的路段宜进行交通管制，交通管制期间宜分段封闭施工，分段开放交通，在封闭处应有明显的交通指示标志，并有专人负责指挥交通。对于半幅施工路段，宜半幅封闭施工，半幅通车，在交通线路调整前应做好明显的交通导向标志，并应及时通过媒体通知司机，以便合理安排行走路线。

若施工场地宽度大于冲击压路机转弯直径的两倍，则宜按对称原则以道路中心线为界将场地划分成两半，划分不同的压实道线，对于旧水泥路面的改建往往分车道冲击碾压。

冲击碾压施工过程中必须有施工、监理人员现场专人负责记录压实遍数、压实桩号、碾压宽度、行驶速度、构造物观察、工作时间等施工过程，记录资料备案。

## 二、冲击压路机机型的选用

冲击碾压改建旧水泥混凝土路面工程不宜采用接地面积大的三边形冲击压路机，可使用四边形和五边形的冲击压路机，冲击能量一致的情况下，宜优先采用四边形冲击压路机。破碎时应优先选用冲击轮带凸块或凸出肋条的冲击压路机。冲击压路机的正常碾压行驶速度应在 10～12km/h 左右，在同等条件下应优先选用能量大的自行式冲击压路机和由胶轮拖头牵引的冲击压路机，尤其是在单块施工场地面积较小的情况下不宜采用履带式牵引车作为拖头。

## 三、铺筑试验路段

冲击碾压正式施工前应结合工程实际情况，完成必要的试验段工程。在施工中不断总结完善施工工艺、检测方法与质量管理措施，确保工程质量。

1. 试验目的

试验路的目的是结合冲击压路机的具体用途、土质情况和施工机械设备，确定合理的机械组合、施工工艺、检测方法与质量管理标准。通过试验应明确以下技术指标。

（1）合理的碾压遍数与破碎尺度；

（2）最佳的机械组合、施工工艺、行走路线；

（3）合理可行的检测手段、控制指标与质量管理措施；

（4）区分明确路基填挖方不同支承条件对以上各项指标的影响。

2. 试验的内容

试验内容与检测参数可参考表6-6，碎石尺寸与反射裂缝和结构强度关系见图6-22。

**试验路的试验内容与检测参数表**　　　**表6-6**

| 用途<br>压实遍数及测试参数 | 水泥混凝土路面冲碾 | 用途<br>压实遍数及测试参数 | 水泥混凝土路面冲碾 |
|---|---|---|---|
| 碾压遍数 | 至少25遍 | 表面破碎状况 | ★ |
| 沉降量 | ★ | 弯沉 | ★ |
| 压实度 | △ | 模量 | ★ |
| 含水量 | △ | 平整度 | △ |
| 土的物理力学参数 | △ | 取芯裂缝深度走向观察 | ★ |

注：★——表示为必做项目；△——为选做项目。

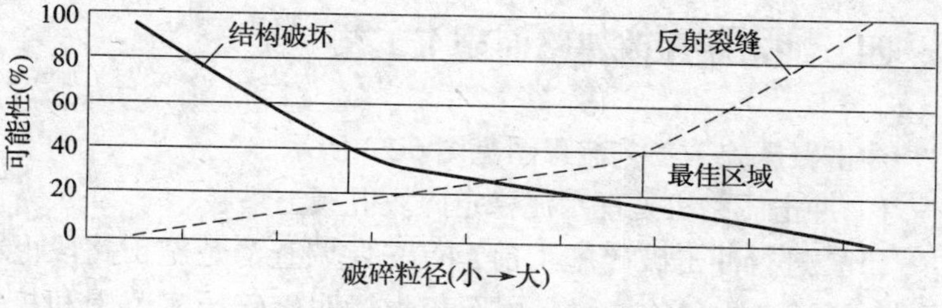


图6-22　碎石尺寸与反射裂缝和结构强度关系

（1）破碎状况，分别在冲碾0遍、5遍、10遍时测试其尺寸，10遍之后应每隔2遍测试一次破碎状况，破碎状况的测试可通过照相、目测和尺量后人工描绘破碎示意图。

（2）弯沉，每个车道弯沉的测点数不少于20个。

（3）沉降量，所有要求进行沉降量检测的应包括冲碾前及至少每冲压5遍后（如第5遍、第10遍、……第25遍……）的标高，对于水泥路面的冲碾，第10遍之后，每隔2遍应测一次沉降量，检测样本数不少于20个，明确区分填挖方路段。

（4）模量，模量的检测可采用FWD、贝克曼梁等进行。

（5）弯沉、模量开始和终压时各检测一次。

（6）土的物理力学参数根据土质的类型与工程要求确定，具体检测项目与数量可根据地质情况与工程需求确定。测点位置与样本数可与压实度相同，或根据实际要求确定。

（7）对于各个参数的试验结果的分析应围绕试验的目的进行。各个检测参数应及时进行整理分析，整理汇总成图表。

（8）撰写试验总结报告：

1）试验全过程情况；

2）提出实效性、适用性及经济性分析，必要时应与振动压路机作技术经济对比分析；

3）提出科研、设计与施工的结论性意见与建议。

## 四、冲击碾压改建路面施工工艺

冲击碾压施工工艺流程图见图6-23所示。

1．冲击压路机处理水泥稳定碎块混凝土垫层

（1）进行冲击破碎施工前，首先要调查清楚施工路段上的涵洞、通道、桥台的位置，用石灰水标明破碎压实范围和控制点，检测人员做好一切准备工作。

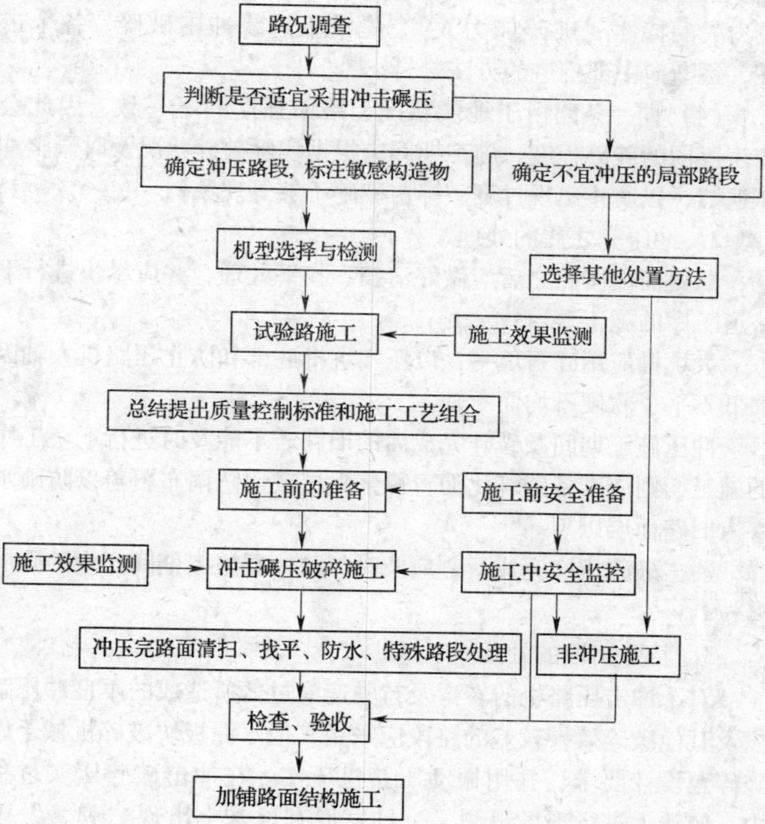


图 6-23　冲击碾压施工流程

（2）压实机械行驶时速度一般为 9 ~ 12km/h，转弯半径为 8m，冲压遍数根据沉降量和混凝土块的破碎状况来确定。

（3）对于一般路基，首先沿对板破碎有利的中部线路施工将有利于提高破碎效率（破碎面积大），当路面板被充分破碎后，再视情况沿路面板边缘行驶，并根据破碎情况改变冲压机的起步位置。当路基冲击破碎较困难的时候，可利用板边路线弯拉应力大的特性（破碎能力大），先沿板边缘冲击破碎，各个击破，逐渐向中部推进的方法进行。

（4）同一条路由于地质状况、路面强度的不一致，因此会产生不同的破碎程度，施工期间应根据实际破碎状况及时调整冲压遍数，以防止出现过度破碎与破碎不够等现象。

2. 冲压完之后的处理

旧路面冲碾完之后应做好清扫、找平处理，并应尽快进行下一道工序的施工。

大坑槽应用碎石填平，以压实坑槽底部和防止压路机大轴因高低不平、软硬不均而断轴。

冲压施工期间及破碎完成后的旧路若不能及时进行下一工序的施工，则应准备铺乳化沥青稀浆封层或用防雨布覆盖以防雨水渗入旧路面层以下。

冲击破碎压实完成后，应及时扫除冲碾施工期间产生的碎屑颗粒。

3. 特殊路段的处理

对于冲击压路机的转弯及行驶速度过低所造成的不良冲压路段及其他破碎效果较差的路段应采用其他水泥板块破碎机械予以破碎至设计要求，并用振动压路机压实。在冲击破碎压实过程中，应派人进行现场观测，一旦发现有地基土出现“弹簧”现象，则应将相关“弹簧”土予以挖除，换填碎石、砂砾等，用传统压路机具分层压实至路面高度后再用冲击压路机冲压。

## 五、施工注意事项

对于冲压施工场地周围的构造物（包括冲压区内和离冲压区30m之内的桥涵、地下管线、民居、挡墙、临时用房、工棚等），在压实期间应派人进行观察，发现墙体开裂、挡墙外鼓等异常情况应立即停止施工，并向监理单位、业主报告，在调查分析其原因后应采取措施保护构造物，如增大保护区的范围、低速通过、支起冲击轮等。

施工前应查明周围的构造物，并以醒目标记予以标识，对于危险建筑物应事先调查，加大保护范围，施工前应查明冲压范围内的地下管线及附近各种构造物，并应根据构筑物的类型采取相应的保护措施，安全距离如表 6-7 所示。

**冲击碾压水平安全距离** **表 6-7**

<table>
<tr><th colspan="2">构造物类型</th><th>冲击碾压水平安全距离</th><th colspan="2">构造物类型</th><th>冲击碾压水平安全距离</th></tr>
<tr><td rowspan="3">涵洞</td><td>覆土高度（H）<br>$H>4m$</td><td>可直接冲压</td><td colspan="2" rowspan="3">导线点、水平点、电线杆</td><td rowspan="3">10m</td></tr>
<tr><td>覆土高度（$H$）<br>$3m<H<4m$</td><td>≥2.5m</td></tr>
<tr><td>覆土高度（$H$）<br>$H<3m$</td><td>2.5～3.5m</td></tr>
<tr><td colspan="2" rowspan="2">U 形桥台和涵洞通道</td><td rowspan="2">距桥台翼墙端或涵洞通道 5m</td><td rowspan="2">地下管线</td><td>横向距离</td><td>3m</td></tr>
<tr><td>水平距离</td><td>8m</td></tr>
<tr><td colspan="2">其余类型桥台</td><td>10m</td><td colspan="2">互通式立交桥梁</td><td>10m</td></tr>
<tr><td colspan="2" rowspan="2">重力式挡墙</td><td rowspan="2">距墙背内侧横向 2.5m</td><td rowspan="2">建筑物</td><td>结构安全</td><td>15m</td></tr>
<tr><td>考虑人的影响</td><td>20m</td></tr>
</table>

对于不符合上述安全距离但又需施工的可采取以下两种措施：① 开挖宽 0.5m 深 1.5m 左右的隔振沟进行隔振；② 降低冲击压路机的行驶速度，增加冲压遍数。

在进行现场振动监测试验，考虑冲压振动对周围构筑物的安全影响时，以径向加速度小于 0.1g，垂直加速度小于 0.2g 或振动速度小于1cm/s为控制指标。如果考虑人的感受，指标将更加严格，可取振动速度5mm/s为控制指标。

在施工期间，必须派专人进行观测，一旦发现异常情况如房屋、桥涵开裂，挡墙开裂外鼓等应停止冲击，并报有关部门，做出相应的调整，如：挖隔振沟，降低行驶速度，抬起冲击轮通过等；施工范围内不得有闲杂人员与物品。

当周围建筑物较多且离施工场地较近，附近有地下管线及其他需保护的构筑物、对振动敏感的设备应慎重采用冲击碾压技术。施工过程中应合理安排施工时间，减少噪声对环境的影响。注意及时清扫路面冲击破碎形成的石屑，以免扎破路上行驶重车的轮胎，影响安全和正常的施工。

## 第七节　冲击破碎水泥混凝土路面的施工质量控制

### 一、施工质量控制

1995年初，南非共和国蓝派公司首次将冲击技术应用于香港新机场场道地基压实并获得成功之后，于1999年1月在北京经济技术开发区建立了蓝派冲击压实技术开发（北京）有限公司。根据中国不同地域的地质特征，先后与交通部公路科学研究所、重庆市公路工程质量检测中心、河南省道路检测工程技术研究中心及施工单位质检部门合作，分别对水准仪标尺检测沉降量法、环刀法、灌砂法、表面波、贝克曼梁、承载板、动态圆锥贯入仪（DCP）和落锤式弯沉仪（FWD）等检测方法进行评估，先后应用于北京八达岭高速公路二期工程、宣大高速公路、福泉高速公路、陕西铜黄一级公路、京珠高速公路湘耒段和广韶段、广东电湛高速公路、四川隆纳和达渝高速公路等公路路基工程的冲击碾压，引起中国岩土工程界的广泛关注。

主要监测的项目有沉降观测、裂缝观测、弯沉检测、回弹模量检测、路基压实度、承载力变化检测、环境振动监测等。大部分均对随冲击遍数的裂缝开裂特征、沉降规律、弯沉等进行了监测，通过试验建立沉降与压实度的关系、回弹模量取值、环境振动规律、相应改建加铺结构形式等内容确定施工质量控制方法，分析评价施工效果和经济效益。

山东省交通工程监理咨询公司通过反复试验总结和摸索，最后确定了最优冲压遍数及裂缝检查控制方法。安徽省高速公路总公司采用冲压前后板块破碎状态、沉降量、原土路基含水量、压实度变化、原混凝土板破碎前后弯沉变化、静力触探仪测量冲压前后承载力变化情况和冲压影响深度等指标进行质量控制，为设计和施工提供了基础数据。华南理工大学交通学院采用下列方法进行质量控制：① 冲压相关遍数后的裂缝和破裂观察；② 沉降的观测；③ 冲压前后对混凝土板取芯观察；④ 土基的相关测试：含水量、压实度测试、土的液塑限测试等。

以上现场试验给冲击碾压改建工程提供了实践资料和参考依据，为冲击碾压改建水泥混凝土路面的施工质量控制和评价提供了指导作用。

## 二、《公路冲击碾压应用技术指南》

为了正确引导冲击碾压技术，提高公路工程质量，交通部下达了《公路冲击碾压应用技术指南》的编制任务，由交通部公路科学研究院承担。课题组比较完整地分析了国内外相关的研究成果，充分了解冲击碾压技术在国内外的应用状况与发展水平，

2002年12月完成了《公路冲击碾压应用技术指南》（以下简称《指南》）征求意见稿，2006年3月在人民交通出版社正式出版。《指南》包括以下8章内容：① 总则；② 术语、符号；③ 一般要求；④ 铺筑试验段；⑤ 施工准备；⑥ 新建道路冲击碾压；⑦ 旧路改建冲击碾压；⑧ 施工质量管理。

《指南》在总结分析已有研究成果与工程经验的基础上编制而成，基本反映了目前我国冲击碾压技术在公路工程中的应用水平，提出了许多比较合理的指标。但考虑到冲击碾压技术在我国的应用时间较短，应用领域也在不断扩大，而且我国各地的土质状况与自然条件差异较大，因此《指南》中试验路铺筑方面的资料占了较大的篇幅，对冲击碾压的质量检测与管理进行了原则规定，推荐各地宜根据实际情况制定具体的质量控制标准。

## 三、质量控制标准

采用冲击碾压技术修复混凝土路面的质量目标是消除旧路基结构性病害，破碎并稳固混凝土面板，使其破碎板块紧密嵌锁，与压实后的原路面基层，形成稳固厚实的底基层，有效减少和缓解反射裂缝，获得足够的均匀性。由于各地具体路况不同，可结合当地试验路的监测情况，拟定适合本地区的质量控制标准和回弹模量设计指标，可根据具体情况选用弯沉、回弹模量、压实度、触探监测作为选用参考评价手段。

首先应对未冲压前混凝土板块损坏情况进行现场实测和记录，粒径每冲压5遍检测一次。最终破碎的网状碎块采用以上指标。碎块并非一般意义上的明显碎块，而是裂缝（纹）贯穿块与块之间并形成集料嵌锁的结构。可采用少量水湿润路面，辅助观察。

对于冲碾25遍后仍达不到规定要求的，或不能贯穿打裂板块、同时表面混凝土又出现粉碎剥落现象时，应停止冲碾，分析冲击压路机的冲击能量，机型是否合适，并考虑采用在钢轮上焊接钢筋和凸块等增加压强等辅助方法。

沉降量与冲击遍数是紧密相关的。沉降量用不同冲压遍数后测得的路面高程之差计算得出。在路面上布设沉降量高程检测点，如试验路规定，检测方法和频率为：先对原路面高程检测一次，以后每冲压5遍停机检测一次沉降量。在实际操作中考虑试验段完工后提出冲压遍数暂定20遍以及检测耗时较长等因素，故经监理工程师同意后，第5遍可以不测，待第10遍完成后检测沉降量，以后再每增加5遍检测一次。若从经济方面考虑，如果第15遍与第10遍沉降量差值仍较大（>1cm），可以到20遍再检测一次，反之若第15遍与第10遍沉降量较小（0.5~1.0cm），可在第15遍后每2遍检测一次沉降量。但最终以两次检测沉降量差值小于5mm为收敛指标，即可停止冲压。

对于沉降过大（超过10~15cm）的路段，应该对路基进行针对性处理。对于弯沉过大、回弹模量过小的路段需挖除面板碎块，进行地基处理。在沉降达到设计要求后，应对板的破碎状况进行检查，若破碎状况达不到要求，在征得监理工程师同意后可以继续冲压，每2遍检测一次粒径，直到满足要求为止。对于冲碾25遍后仍达不到规定要求的，应停止冲碾，分析具体原因采用对应措施，如地基处理等。一般应检查下列指标：

1. 控制指标一般有粒径、遍数、最后五遍的沉降差、顶面弯沉或回弹模量等。以粒径、沉降差来提出碾压遍数的居多。冲击破碎的冲压遍数取决于原混凝土板质量、破损状况、路基填土高度、边界条件、冲压顺序、速度、路基路面结构类型及相关含水量。

2. 弯沉、顶面回弹模量作为控制指标问题

弯沉与回弹模量、破碎粒径、地基刚度之间均有相关性，由于破裂稳固后旧水泥混凝土路面呈现不均匀性及无法形成各

向同性的板体结构特点，对其进行弯沉测试时无法形成理想的弯沉盆，故不能沿用传统公式简单地采用弯沉法测试和评价这种旧路面的承载能力和获取回弹模量值。实践表明，冲击碾压处理后的旧水泥混凝土路面，往往破裂严重，板块整体性基本丧失，形成顶层为破裂块度大小不等的水泥混凝土板，下层为差异性很大的旧基层或土基，不符合现行路面设计理论中对弯沉的检测作出的如路面各层由均质的、各向同性的弹性材料组成的基本假设，路面破碎松散程度（不稳定程度）导致弯沉检测数据离散性很大。

3. 破碎尺度、沉降作为控制标准

同弯沉、回弹模量相比，粒径破碎尺度、路面沉降的检测和监测则直观很多，而且破碎粒径和沉降状况能一定程度反映地基的最终承载力和压实度情况。因此，采用破碎尺度和沉降作为控制标准，通过试验路确定相应的碾压遍数，是一个现场实用的方法。这也是目前国内大部分工程实践主要采用这几个指标作为施工质量控制标准的重要原因之一。

由于破碎粒径、路基冲压后的沉降特征与原混凝土板质量、破损状况、路基填土高度、边界条件、冲压顺序、速度、路基路面结构类型及相关含水量有着密切联系。特别是路基刚度对粒径大小、板块破碎机理、沉降特征有显著影响，而且重要的是粒径大小、板块之间弯沉差等对于加铺路面结构（特别对于加铺沥青面层）长期性能的影响，目前还缺乏了解，因此也不能简单的定义绝对的指标。质量控制标准可采用破碎尺度、沉降、碾压遍数这几个指标，如表6-8所示。

**质量控制标准参考表　　表6-8**

| 控制指标 | 粒径、遍数、最后2遍的沉降差 |
|---|---|
| 参考指标 | 顶面弯沉、回弹模量、路基压实度 |

对于路基欠压实造成的路面结构性病害的路段，应以零沉降作为控制标准，通过试验获取一定的粒径要求（无试验时推荐30～40cm粒径，或横向对应的裂缝条数控制）给出碾压遍数，综合参考压实度测试和回弹模量测试最终确定施工质量控制标准。

对于非结构性病害路段，应以压实破碎尺度为准。保留路面结构强度，延长道路使用寿命。推荐填方路段破碎尺度为40～50cm，支承条件好的挖方对应60～70cm（对应200MPa）。刚性过大的路段也要加强破碎，减小竖直或水平位移，使之受力更加合理。

对于打裂压稳后直接铺筑沥青面层的路面，应首先普查是否存在路基病害问题，以破裂尺度为控制标准，破裂尺度以消除反射裂缝为准。

由于各地具体路况不同，可结合当地试验路的监测情况，拟定适合本地区的质量控制标准和回弹模量设计指标，可根据具体情况选用弯沉、回弹模量、压实度、触探监测作为选用参考评价手段，如表6-9所示。

**质量控制标准参考表**　　**表6-9**

| 控制指标 | | 标　准 |
|---|---|---|
| 粒径 | 存在结构性病害路段 | 填方路段和一般土质挖方路段控制粒径全幅60%以上小于30cm，最大粒径小于60cm |
| | | 石质挖方路段：全幅60%以上小于60cm控制粒径，最大粒径小于100cm |
| | 非结构性病害路段 | 填方路段和一般土质挖方路段控制粒径全幅60%以上小于40cm，最大粒径小于60cm |
| | | 石质挖方路段：全幅60%以上小于80cm控制粒径，最大粒径小于120cm |
| 沉降 | | 最后2次冲击碾压总沉降差小于5mm |

续表

| 控制指标 | 标　准 |
| --- | --- |
| 遍数 | 最多不超过 25 遍 |
| 旧路基压实度（0～50cm） | 95%，每 2000$m^2$ 检测两个点，小于 2000$m^2$ 按 2000$m^2$ 计算 |
| 弯沉 | 垫层要求回弹模量反算弯沉代表值，40cm 粒径以下可用标准轮载下匀质体公式近似计算，即<br>$$L=\frac{qD(1-\mu_0^2)}{E_0}\times 0.712$$<br>式中 $D$——是一个轮印的直径；$Q$——是轮（胎）印接地压强 |
| 模量 | 100～300MPa 之间或以上 |
| 取芯裂缝深度走向观察 | 贯穿路面板全厚 |
| 破碎板块之间位移差 | 小于 1.5cm |
| 冲击压路机机型 | 由冲击轮外形尺寸、重量计算静态势能（>25kJ），并开工前检测一次 |

注：针对破碎旧路面＋基层＋水泥混凝土路面（沥青面层）结构。

以上指标中，粒径、顶面弯沉、回弹模量、压实度，既要考虑大小，也要有变异性要求，保证足够的均匀性，均匀性对于保障路面长期结构性能在某种程度比保留残余强度更重要。

## 四、动力影响与安全标准

冲击压路机是一种冲击型振源，当落锤夯击地基土时必然会产生强大的冲击波，从夯击点沿着地表面向四周传开，由于相邻两击的夯击时间间隔较短，造成地面振动强度比较大，对周围环境会产生有害影响。因此要对冲击碾压技术施工引起地基振动的潜在危害性进行评价，了解和掌握冲击碾压振动的影响范围以及冲击碾压振动随距离的衰减规律。通常采用简单的理论分析和现场监测相结合的方法来解决冲击碾压振动的防护问题。

安徽205线天长段冲击碾压施工期间曾采用振动波垂直测量仪进行过相关波速的检测，当冲击压路机于一侧的超车道上冲压时，在另外半幅的超车道、行车道和硬路肩上的波速PPV（mm/s）值分别为29、18、20（中央开槽）和55、33（中央不开槽）。对于砖房，只要保证15m以上的距离则认为是安全的，但可感觉到振动。对土坯房，安全间距应大于30m。对于设置隔振带或有河沟等对隔振有明显效果的情况，经试验确认不会造成影响，可适当减小安全距离。空军工程大学工程学院刘晓曦对冲击压实对路堤下涵洞受力影响进行了试验研究。分析认为涵顶回填高度超过3m后，冲压对涵顶产生的残余土压力较小。

2006年3月交通部公路科学研究院主编出版的《公路冲击碾压应用技术指南》（以下简称《指南》）亦对构造物的保护提出了要求。《指南》条文中根据工程经验和国内一些工程实践，同时也参考有关冲击碾压影响深度的研究成果，给出了冲击碾压水平安全距离，如表6-10。

**冲击碾压水平安全距离**　　　　表6-10

| 构造物类型 | 冲击碾压水平安全距离（m） | 构造物类型 | 冲击碾压水平安全距离（m） |
|---|---|---|---|
| U形桥台和涵洞通道 | 距桥台翼墙端或涵洞通道5 | 导线点、水平点、电线杆 | 10 |
| 其余类型桥台 | 10 | 地下管线 | 5 |

续表

| 构造物类型 | 冲击碾压水平安全距离（m） | 构造物类型 | 冲击碾压水平安全距离（m） |
|---|---|---|---|
| 重力式挡墙 | 距墙背内侧 2 | 互通式立交桥梁 | 10 |
| 扶壁（悬臂）式挡墙 | 距扶（立）壁内侧 2.5 | 建筑物 | 30 |

正常使用的构造物，顶部以上填土高度大于 2.5m 或填石高度大于 3.0m，土工格栅等合成材料竖向填土厚度大于 1.5m，可直接进行冲击压实。对于不符合上述安全距离但又需进行施工的可采取以下两种措施：1. 开挖宽 0.5m、深 1.5m 左右的隔振沟进行隔振；2. 降低冲击压路机的行驶速度，增加冲压遍数。

## 第八节　冲击破碎旧水泥混凝土路面应用

福建省 316 国道福州段 K35 + 000 ~ K35 + 400 处对旧水泥混凝土板采用冲击碾压技术施工，并进行现场施工监测和检测。检测内容包括：冲压前后路面沉降变化、冲压过程中路面裂缝发展状况、冲压后的路面裂缝发展及分布、冲压前后旧混凝土路面弯沉变化、冲压后旧混凝土路面回弹模量检测、冲压对周围环境的振动影响、冲击碾压影响深度监测等。

### 一、施工机械

该路段采用美国 IMPACTOR2000，如图 6-24 所示，冲击压实机进行旧水泥混凝土路面维修处理，该机冲击轮高度 1.6m，宽度 1.316m，机械总长 5.842m，总宽 2.565m，机械总重 12.7t，冲击轮重 8.6t；每秒钟最高冲击次数 2 次；行走速度 11 ~ 13km/h，其中低速用于破坏，高速用于压实；压实功率 30000J。冲击压路机冲击轮几何尺寸如图 6-25 所示。

图 6-24　IMPACTOR2000 冲击压路机

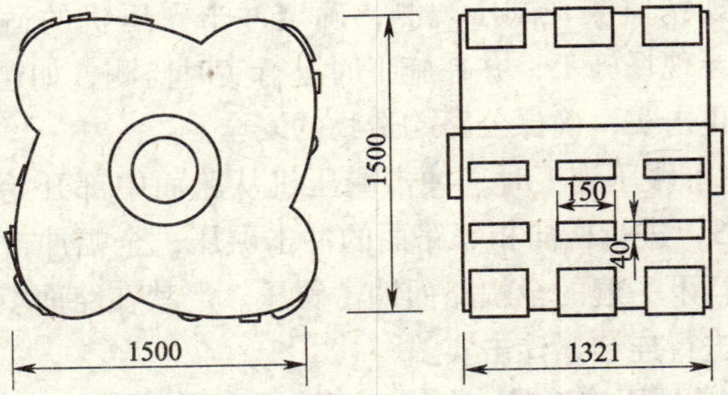


图 6-25　IMPACTOR2000 冲击压路机冲击轮尺寸

## 二、施工工艺

试验路冲击压实施工时，冲击压实机先从路面两侧边部开始击实，连续击实破碎，然后错轮，进行横向相邻路面的冲击压实，逐渐覆盖路面中部。根据沿线路况变化，不同路段采取不同施工控制标准。

对于全填全挖路段，冲击碾压质量控制采用冲击遍数和破碎平均粒径双控指标，冲击遍数平均控制在13遍。平均破碎范围粒径30~40cm，冲击碾压机正常行驶速度10~11km/h。破碎粒径不宜过小，应以板块稳固为主。对于半填半挖路段，填方部分（设挡墙部分）控制标准同上，挖方部分的质量控制以消除路面板错台、脱空为主，不以粒径大小为控制标准，最低碾压遍数可酌情降至6遍，且冲击碾压机行驶速度宜降至7~8km/h。

1. 在冲击碾压前，必须先对冲击碾压敏感的构造物，诸如高挡土墙、半填半挖填方部分、光缆埋设处、路边民宅、涵洞进行现场勘察，确定相应施工工艺，并在相应构造物处，用醒目标识标注、立旗、派人旁站。施工前在重要易损构筑物旁，应首先派人进行现场监测、试压观测，确定冲击碾压机的适宜行驶速度，以指导现场施工，并在施工时进行实时监测，如遇异常情况应及时停止击实，确保公路构造物的安全。

2. 冲击碾压施工时，冲击碾压机从路面中部开始击实，然后错轮1/3，进行横向相邻路面的冲击碾压，全幅冲击碾压一遍后，再进行下一遍的全幅路面冲击碾压。严禁在路面填方处某一断面范围进行连续累计击实。

3. 冲击碾压施工时，在施工两端设置施工提醒标志，并有专人维护交通，以防冲击碾压机逆向行驶时，与路面车辆发生交通事故。

4. 基于对冲击碾压机的性能分析来看，冲击荷载可以达到2500~3500kN，远大于边坡稳定的设计荷载。因此，对于公路有高挡墙和半填半挖路段的填方段，慎重采用冲击碾压工艺，建议采用施工荷载小的方法施工。

## 三、施工防护措施

由于冲压施工过程中会产生巨大冲击波，会对沿线设施有一定影响，施工前应制定相应的防护措施。

1. 沿线桥涵防护

为了避免冲击波对沿线桥涵的影响，采取距离控制。对于桥梁，距桥梁台背不小于5m。对于管涵，涵顶填土高度不小于2m，涵顶不能直接冲压，冲压边界距涵边缘不小于2m。对于桥涵、通道，涵顶填土高度小于3m，涵顶不能直接冲压，冲压边界应至涵边不小于3m。

2. 沿线民房及设施防护

为了防止冲压对以上设施产生影响，冲压前必须对沿线民房等设施进行调查，对有可能造成损坏的必须采取加固或避让措施，原则上对于10m范围内的民房、砖瓦平房应进行避让。可设置隔振沟，即在公路路肩外侧挖1m以上深的沟，以阻断振动波的侧向传播。

3. 沿线管线设施防护

冲击碾压过程中，在接近光缆3m范围内，禁止击实。

4. 沿线防护工程防护

沿线的防护工程受冲击破碎影响最大，如大部分的边沟向外产生侧向位移，路基和挡土墙也存在侧向位移、甚至崩塌的现象。故在施工段内的标识构造物处，司机在该位置操作时应把冲击机进度放缓至7km/h以下，或提升滚筒，避免破坏。

5. 施工管理时应注意以下事项

（1）为了防止冲压过程中下雨，使路基进水，影响压实效果，需准备好防雨布。冲压过程中如下雨应立即停止作业并做好作业区遮盖工作，防止雨水渗入路床等。

（2）做好冲压区域的安全管理工作，应设有专职安全员负责冲压区域内的安全管理，冲压区域内严禁车辆出入。

（3）必须严格控制在标示的作业区内施工，不得有错压、漏压。在冲压过程中应派人对沿线构造物进行观察，防止构造物出现异常破坏现象。冲压结束后后续施工应立即跟上，并加铺水泥稳定碎石基层。

（4）对未冲压前路面损坏情况进行现场实测和记录，之后每冲压 3 遍全线巡查一次。破碎的网状碎块应控制在 30 ~ 40cm 之间。该碎块并非一般意义的明显碎块，而是裂缝（纹）贯穿块与块之间并形成集料嵌锁的结构，从而保全原路面所具有的大部分结构强度。

## 四、路面沉降监测

为监测冲击压实施工过程中路面沉降随冲压遍数的变化规律，在试验路段左右幅每隔 25m 设置一个沉降观测点，累计 34 个，观测点布置如图 6-26 所示。明确区分路基填挖方的不同，以观察因填挖方不同引起的路基支承条件对路面沉降和破碎尺度的影响，挖方为石质路基。试验时进行冲击破碎压实前后沉降观测，得到旧水泥路面前后标高的变化情况，沉降曲线与碾压遍数关系曲线如图 6-27 所示。

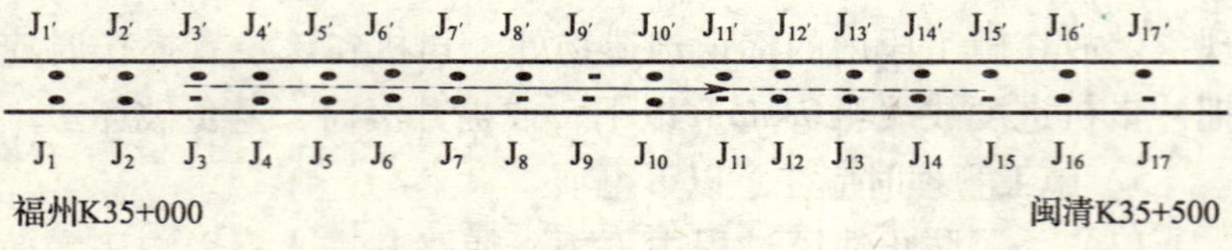


图 6-26 沉降观测点分布图

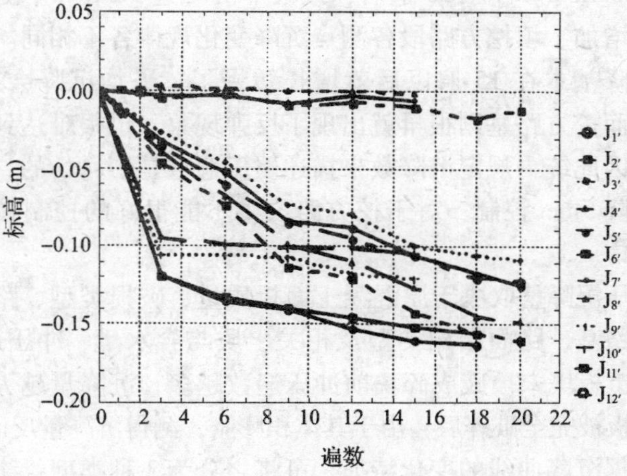


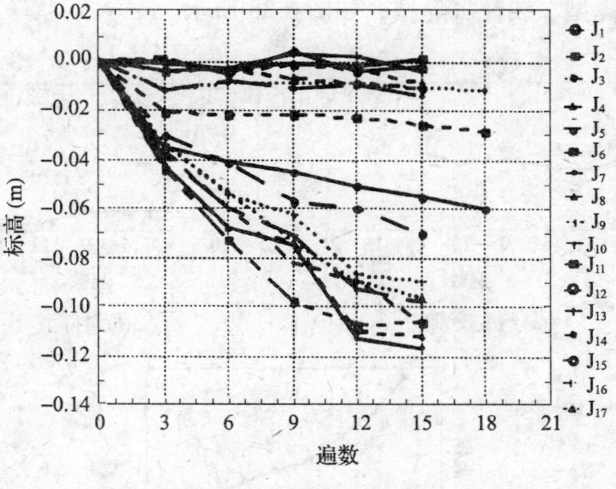


图 6-27　沿线观测点沉降变化曲线

监测结果发现，不同的路基支承条件，路面沉降随碾压遍数呈现出具有明显不同特点的变化规律，如图 6-27 所示。总的来看，冲压 15 遍后，全线平均下沉 6.2cm，最大下沉 14.2cm，最小下沉 0.2cm。冲压 20 遍后，最大下沉可达 16.3cm。随着击实遍数的增加，填挖方路段各测点沉降变化规律各不相同。填土路堤的沉降基本在 15 遍以后就增长缓慢了，平均沉降会在 10cm 以内，而挖方路基则很早就出现了反弹现象，也很难达到预定的尺寸。因此统一规定沉降数来描述碾压遍数是不科学的，按冲压最终沉降 5mm 控制，对于挖方路段则不能很好的控制粒径，应综合考虑。

冲压沉降量取决于原混凝土面板质量、破损类型、路基填土高度、路基、路面结构类型及相关土质与含水量、冲压遍数等。在混凝土板块未被破成碎块前冲压遍数越多，沉降量越大。但当混凝土板被完全破碎后，由于其体积膨胀，测得沉降量反而减小。

根据沉降曲线的变化特征，可将之分为 3 种类型：缓变反弹型、陡降型、线性沉降型，如图 6-28 所示。

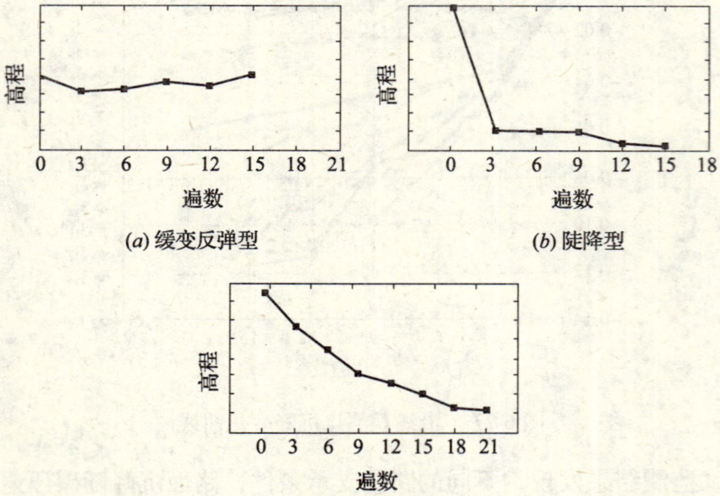


(a) 缓变反弹型　　(b) 陡降型

(c) 线性沉降型

图 6-28　沿线观测点沉降变化曲线分类

第一种特征的曲线对应的测点大部分位于挖方路段，由于路基层为石质路基，压实性状良好，在反复冲压过程中很难产生大的沉降，又由于压实机械冲击路面产生的应力波往返反射，反而使已被碾碎的路面层松动，由此导致少许反弹。

第二种特征的曲线对应的测点大部分位于填方路段，原路堤欠压实或存在病害。在冲压前几遍时，由于混凝土路面的完整性还比较好，起到应力扩散作用，使初期沉降不大，但随着混凝土路面板被打裂，扩散作用减弱，从而使沉降骤增，产生突变陡降。随着冲压遍数的进一步增加，沉降变化趋于缓和。

第三种特征的曲线对应的测点大部分位于原来路堤压实正常的路段，介于前两种情况之间。随着击实遍数的增加，路堤密实度逐渐增加，沉降与遍数近似呈线性关系。

在冲击碾压施工控制中，施工单位往往以零沉降作为质量控制标准。冲击碾压作用机理不同于振动压实，作用模式与重型击实作用模式相似，试验研究表明冲击碾压功往往大于重型击实功，采用冲击碾压破碎压实路面，会进一步补充压实路基，检验欠压实的路基，改善路面质量。然而对于破碎后作为垫层的石质挖方路基，沉降变化规律往往呈缓变反弹型。冲击3遍以后路基就基本不沉降，再锤击往往将原有压实的块状体敲松动，应考虑以消除反射裂缝的破碎块径尺度作为击实遍数控制标准。

从路面的病害特征来看，可分为结构性病害和非结构性病害两种。分析认为对于结构性病害应以零沉降作为控制标准；而对于非结构性病害路段，在控制沉降的同时，还应考虑保留一定的压实破碎尺度，以保证破碎路面留有一定的结构强度，延长新建道路使用寿命。

## 五、路面破碎监测

裂缝的发展是衡量冲击碾压效果的重要指标之一。旧水泥混凝土面板经过冲击压路机钢轮冲压后，裂缝是否贯穿板身、裂缝的宽度、裂缝是否张开、板块间是否保持嵌锁作用等，将直接影响所处理旧板的承载能力。通过试验观察分析路面裂缝随碾压遍数增加的发展情况，裂缝发展与碾压遍数关系如图6-29所示。

填方路段三遍板面裂缝

填方路段六遍板面裂缝

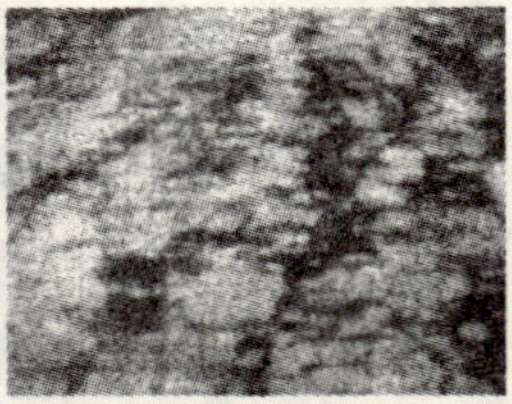
填方路段十八遍板面裂缝

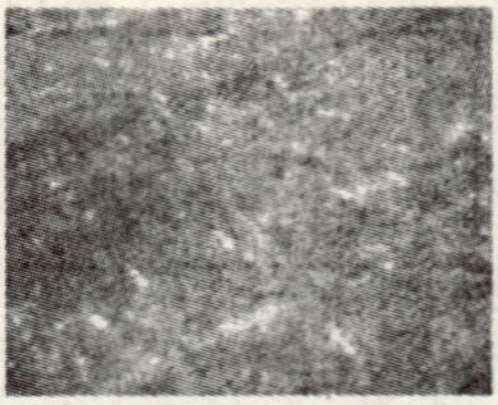
挖方路段三遍板面裂缝

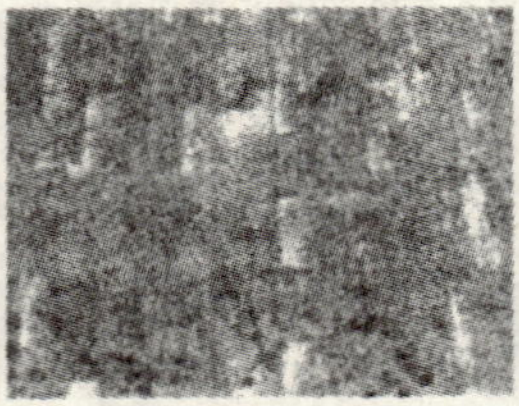
挖方路段六遍板面裂缝

挖方路段十八遍板面裂缝

图6-29　裂缝发展与碾压遍数关系

1. 路面板裂缝与碾压遍数的关系

由试验检测观察可以看到，在挖方路段，冲压第1~3遍后几乎不出现裂缝或仅出现微小裂缝。冲压6遍后，均出现能被肉眼看见的间距40~80cm的纵向裂缝，且每块板有1~2条贯穿板长。随着冲压遍数的增加，逐渐出现横向和斜向裂缝，进而形成网状裂缝。当冲压至 18 遍时，原板块间仍未出现明显错台，表明挖方路段基础支承性状良好。

对于填方路段板块，冲压第 1~3 遍后就出现明显裂缝，且有个别大的纵向裂缝贯穿板块。冲压 6 遍后，纵向贯穿裂缝增至 3~4 条，且有横向斜向裂缝发展。随着冲压遍数的增加，裂缝进一步发展，逐渐形成网状，网块尺寸为 40~70cm。原板块间有错台，说明道路基础薄弱或欠压实，因而冲压后表现出明显的纵向及横向裂缝，并较早形成网状破裂。当冲压至 18 遍后，原错台加剧，并出现严重破裂，局部压碎。网块尺寸减小到 30~60cm。现场观测分析发现，填方路段面板破裂经历三个阶段：

(1) 纹裂阶段

此阶段一般在冲压 1~3 遍后。对于填方路段 1 遍，而挖方路段需要 2~3 遍甚至 4 遍。旧板表面看只出现尚未张开的微弱裂纹，或在局部仅有一条细小的裂缝。

(2) 破裂阶段

此阶段一般在冲压 4~12 遍后。对于填方路段 4~6 遍，而挖方路段需要 4~10 遍直至 12 遍。旧板出现纵横交错的张开型裂缝，宽度一般不超过 2mm，裂缝贯穿旧板厚，破裂板间处于相互嵌锁状态，破裂板块度一般为 40~70cm。

(3) 破碎阶段

此阶段一般在冲压 9~15 遍后。对于填方路段 7~10 遍，而挖方路段需要 10~15 遍直至 18 遍或更多。旧板破裂网形成，尺寸在 30~60cm，局部被打碎，并嵌入旧土基或基层形成土石混合体。

2. 裂缝在板内的分布情况

采用了取芯和开挖路面横断面的方法进行细致调查，了解板内裂缝的发展与分布情况。通过对不同代表点取芯，经对芯样观察分析可以发现：

（1）破裂形式和开裂到预定的尺寸所需的遍数，取决于原混凝土板质量、破损状况、路基填土高度、边界条件、冲压顺序、速度、路基路面结构类型及相关含水量。

（2）旧路完好板要破碎到规定尺寸一般需要15～20遍；原混凝土板块已出现1～2条纵向或横向裂纹这种类型的板块，和原混凝土面板已破碎或有明显裂缝、局部沉陷、板块错台等的板，较完整板容易破碎，需要10～15遍。

（3）为减少冲压遍数，提高破碎效率，冲压机除沿路线直行外，再辅以“S”型行走，会尽早使面板形成网状破裂，提高冲压效率。

（4）旧水泥混凝土路面板的裂缝是由下往上发展的，表面有裂缝交叉段路面板裂缝并不一定贯穿整个板厚，裂缝发展曲折复杂、纵横交错。

（5）在填方路段，冲压所形成的裂缝一般都不是竖直向，而是与竖直方向成一定的角度产生的斜向裂缝，或形成相互交错的裂缝，如图6-30所示。从填方破碎裂缝走向来看，斜向裂缝使混凝土之间形成一种锯齿状的接触面，有利于消除混凝土板块竖向位移，而板块之间形成的嵌锁或咬合作用则对发挥旧板的残余承载能力有利。

3. 裂缝分布特征及评价方法

当前评价冲击碾压破碎旧混凝土路面的程度标准主要以破碎后板块的直径为准，由于板块在被破碎过程中，往往先形成2～3条纵向裂缝，然后产生横缝纵横交错，纵向和横向尺寸往往相差很大。现场统计发现，路面板裂缝分布特征与路基支承强度相关，同样的破碎遍数，填方路段破坏尺寸相对集中，大部分集中在30～50cm；而在挖方路段，同样的冲压遍数，板块尺度分布相对分散，变异性大，尺寸范围在 20 ~ 120cm 之间。而在填方路段裂缝发展普遍明显，通常纵向裂缝较横向及斜向裂缝更为显著，裂缝宽度在 2 ~ 12mm 之间。在路基支承状况好的挖方路段，裂缝发展没有填方路段明显，且纵向裂缝优势不明显，纵横斜向裂缝相差不多，大约都在 1 ~ 3mm，且裂缝不易察觉。

图 6-30　填方路段冲压后裂缝分布

## 六、路面破碎弯沉检测

回弹弯沉值是国内外普遍采用的一种表示路基路面刚度的指标。回弹弯沉值越大，承载能力越小，反之则承载力越大。在路表测试的回弹弯沉值可以反映路基、路面的综合承载能力。国内很多冲击碾压破碎旧混凝土路面试验中进行了弯沉检测。本试验路段亦采用贝克曼梁法对冲击碾压前后的路面进行了弯沉检测，检测数据如表 6-11 和表 6-12 所示。现场检测数据表明，冲击碾压前后，填方路段的弯沉明显大于挖方路段，经过冲击碾压后，弯沉值有很大幅度的增加，增加幅值在 20 ~ 40（0.01mm），填挖方增长倍数均达到 3.5 倍。为了使原路面作为新加铺路面的结构层之一，要保留一定的残余承载力，旧路面板不宜过于破碎。

填方路段路面弯沉现场检测数据对比（0.01mm） 表6-11

| 工况 | 样本数 | 均值 | 最小值 | 最大值 | 标准差 |
|---|---|---|---|---|---|
| 冲压前 | 33 | 13.69697 | 0.00000 | 36.0000 | 9.70014 |
| 冲压后 | 39 | 60.07692 | 26.00000 | 111.000 | 22.00285 |

挖方路段路面弯沉现场检测数据对比（0.01mm）表6-12

| 工况 | 样本数 | 均值 | 最小值 | 最大值 | 标准差 |
|---|---|---|---|---|---|
| 冲压前 | 14 | 9.14286 | 0.000000 | 20.00000 | 6.03652 |
| 冲压后 | 52 | 40.13462 | 8.000000 | 80.00000 | 18.91885 |

美国研究发现，旧混凝土面板冲击碾压破碎后的弯沉值明显增大，如表6-13所示。从表6-11看出旧混凝土面板断裂后所测弯沉值增大倍数。

旧混凝土面板断裂后所测弯沉值增大倍数 表6-13

| 板尺寸（m） | 弯沉增大倍数 | 板尺寸（m） | 弯沉增大倍数 |
|---|---|---|---|
| 0.15~0.3 | 9.93 | 0.75~0.9 | 2.54 |
| 0.45~0.6 | 3.01 | — | — |

由于破裂稳固后旧混凝土路面呈现不均匀性且无法形成各向同性的板体结构特点，因此对其进行弯沉测试时无法形成理想的弯沉盆。综合比较统计数据可以看到，弯沉和回弹模量数据离散性很大，弯沉和回弹模量的测值与旧路基状况和板的破碎粒径密切相关，破碎状态越小，弯沉越大。

## 七、路面破碎回弹模量检测

基层的回弹模量是公路设计中一个必不可少的参数，我国

《公路水泥混凝土路面设计规范》（JTG D40－2002）已给出了不同的自然区划和土质的回弹模量值的推荐值。冲击碾压后的混凝土路面板作为底基层或基层，其回弹模量是否满足规范中的要求，本试验路段采用承载板测试方法，获得冲击碾压破裂稳固后的旧水泥混凝土路面的回弹模量，并对旧板残余承载能力进行评估，为新结构层设计提供计算依据。承载板试验是一种测试路基土承载能力的方法，该试验通过调节反力梁下千斤顶的压力，将不同大小的荷载施加到刚性承载板上，承载板下土基的变形则由梁式弯沉仪读出。试验中通过逐级加载、卸载的方式，测出每级荷载下相应的土基回弹变形值，经过计算求得土基回弹模量。具体试验方法见《公路路基路面现场测试规程》（JTG E60－2008）。图6-31为回弹模量现场检测情况。

图6-31　回弹模量现场检测

通过对具有代表性路段的63组回弹模量进行检测，采集到丰富的数据，如图6-32。对原始数据进行数理统计，结果见表6-14。

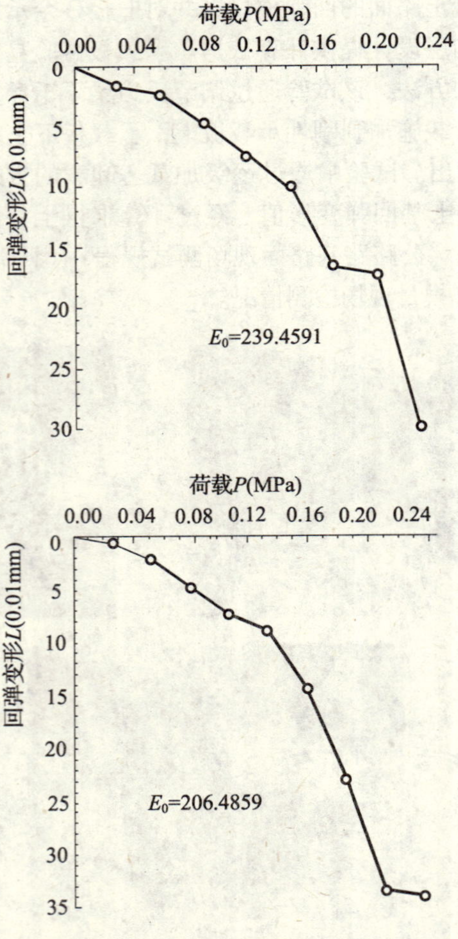


图6-32 回弹模量实测曲线

回弹模量处理后统计表　　　表 6-14

| 项目名称 | 个数 | 均值 | 几何均值 | 中值 | 最小值 | 最大值 | 10% | 90% | 标准差 |
|---|---|---|---|---|---|---|---|---|---|
| 回弹模量（MPa） | 63 | 182.76 | 168.96 | 158.77 | 89.52 | 593.33 | 109.85 | 268.64 | 84.91 |

由表6-14可以看出，顶面回弹模量均值为182.76MPa，几何均值为168.96MPa，离散性很大，方差达84.91。顶面回弹模量在100～300MPa区间的比例占到了93.7%。填挖方路段路面回弹模量形成了两个值段，填方路段顶面回弹模量集中于90～185MPa区间，挖方路段顶面回弹模量集中于190～300MPa区间。

按照《公路水泥混凝土路面设计规范》（JTG D40－2002）中附录F所列垫层和基层材料回弹模量经验参考值范围的规定，中粗砂的回弹模量为80～100MPa，级配砾石（垫层）的回弹模量为200～250MPa。可见，冲压后旧水泥混凝土板顶的回弹模量值范围基本满足新路面垫层的要求。

旧混凝土板顶面的回弹模量测定值从一定程度上可反映旧板下基层的强度，为探寻旧混凝土板顶与板底土基（或旧基层）回弹模量的相关关系，在工程中选取了一系列测点（测点位于挖方或台口式路基段，旧基础较好）进行承载板试验，并在方便的测点挖除表面的旧混凝土，在旧基层顶面进行了承载板试验，冲压后旧混凝土顶面的回弹模量（双侧置信水平，保证率为95%，下同）范围为871.31～1875.43MPa；冲压后旧混凝土板下基础的回弹模量范围为65.28～127.48MPa。这个回弹模量范围可以满足路床材料应达到的要求，为新加铺路面结构层提供了稳固的支承体系。数据分析显示，若旧混凝土板表面的回弹模量较大时，旧基层顶面的模量一般也相对较大；而旧混凝土板表面的回弹模量较小时，其旧基层顶面的模量值亦相应呈现较小值。冲压后旧混凝土板顶面回弹模量的测定值从一定程度上可以反映旧板下基层的强度。

## 八、路面回弹模量与冲击破碎效果的关系

由于填方、挖方路段条件不同，经过一定遍数冲击碾压处理旧水泥混凝土路面后的效果一般可以分成 3 种类型：

（1）纹裂稳固。旧板表面出现纵横向细微裂纹，尚未张开，裂纹间距约 1～2m，多处于挖方路段；

（2）破裂稳固。旧板出现纵横交错的张开型裂缝，宽度一般不超过 2mm，裂缝贯穿旧板厚，破裂板间处于相互嵌锁状态，破裂板块度一般在 30～50cm 之间，此种情况填方路段、挖方路段均有出现；

（3）旧板破碎。旧板被打碎，碎块 10～15cm，并嵌入旧土基或基层形成土石（混凝土）混合体，此种情形多出现于填方路段。

按照 3 种类型，从承载板测试回弹模量试验结果发现纹裂稳固类顶面回弹模量范围为 470～560MPa。破裂稳固类顶面回弹模量范围为 190～300MPa。旧板破碎类顶面回弹模量范围为 90～185MPa。随着破碎程度的加剧，顶面回弹模量值相应的减小，表明冲压后旧混凝土表面的承载能力与表观破裂块度有着密切的关系。同时表明在采用冲击碾压处理旧混凝土路面时，仅把沉降和破碎程度作为施工指标是不合适的。

冲击碾压遍数多少和原路面混凝土板强度有关，当混凝土板强度差，在同样的压实遍数作用下，破裂的裂缝明显，裂缝宽；混凝土板强度好，则混凝土板出现的裂缝不明显。高填方路基或原路基密实度欠佳的路段沉降量较大，低填方路段沉降量较小。

# 第九节　冲击破碎加铺沥青路面工程应用

## 一、旧水泥混凝土路面状况

320 国道嘉兴段贯穿嘉兴市，自 1990 年改建成 12m 宽的水泥混凝土路面（板厚 22cm）后，1995 年又在此基础上两侧各拼宽 2 ×1.5（m）的水泥混凝土路面（板厚 20cm）作为行车道及 2 ×1.5（m）的绿化带、低于行车道 0 ~0.5m 的沥青表处辅车道和 2 ×0.5（m）的土路肩，路基宽度为 26m 的加宽二级公路。从调查情况看出，有的路段混凝土面板的破损率高达 70%，一般的破板率在 20% 以上，有的混凝土面板曾换过 3 ~4 次，尤其是两侧拼宽的 1.5m 厚 20cm 的混凝土板，不堪重车轮压。

## 二、改建技术方案的选定

项目改建技术方案选定的原则是除有特殊要求路段外尽量减少挖板数量，缩短施工周期，不增加过多费用。决定采用“冲击压实、钻孔灌浆、清缝灌缝”等技术，同时从 3 个方面考虑加铺层的防反措施，即改善沥青罩面性能、设置中间夹层及增设结构补强层，具体加铺技术方案分为以下三类。

A 类板块处理路段，在板块处理后的路面上加 25cm 水泥稳定碎石、6cmAC－16I 型沥青混凝土及 4cmAC－13I 型沥青混凝土。

B 类板块处理路段，在板块处理后的路面上加 25cm 水泥稳定碎石、6cmAC－16I 型沥青混凝土及 4cmAC－13I 型沥青混凝土。

C 类板块处理路段，在板块处理后的路面上加铺 3cmAC－10I 型沥青混凝土整平层，在其上铺设玻纤网，然后加铺 6cmAC－16I 型沥青混凝土及 4cmAC－13I 型沥青混凝土。

除上述三类加铺技术方案外，对于有标高控制要求与两侧各市场、桥头、交叉道等的连接路段，在不得已的情况下采用了挖板处理。板块挖除并处理后加铺不小于 25cm 水泥稳定碎石、6cmAC－16I 型沥青混凝土及 4cmAC－13I 型沥青混凝土。

## 三、旧水泥混凝土板块处理方式

1. 类型划分

A 型：弯沉值大于 25（1/100mm）的点较多，并且该路段断板及脱空板较多。处理方法：采用冲击压实法使板块产生裂缝后互相紧密嵌挤，处理后的弯沉值要求小于 150。

B 型：弯沉值大多在 25（1/100mm）以下。处理方法：先清除板缝内杂物后灌缝，对于脱空板进行钻孔灌浆处理，处理后的弯沉值要求小于 20。对于个别断板、断角和碎裂的水泥混凝土块采用挖除原板，清除旧基层顶面浮渣，重新浇筑 C30 混凝土新板的施工方法进行处理。

C 型：弯沉值大多在 16（1/100mm）以下。处理方法：同 B 型。但处理后应使弯沉小于 14（1/100mm）。板间弯沉差小于 6（1/100mm）。

A 型段混凝土板块冲裂采用蓝派冲击压实机。从路外边缘往路中心依次冲裂压实 15～21 遍后，使水泥混凝土板块产生明显的纵、横向间距控制在约 0.6m 的不规则裂纹为度，使混凝土板裂而不碎，一般的沉降量为 1cm 左右。通过对选取有代表性的冲击裂缝压实后的路段实测弯沉代表值，可以看出，均在 100（1/100mm）以下，小于设计值 153（1/100mm）。

2．挖板处理

旧水泥混凝土板挖除清基后，在原基层上进行弯沉测定，由于经多次改扩建，原路基及基层材料、结构强度很不均匀，采用区段法计算出弯沉代表值小于150的区段，按设计标高加铺基层。对于弯沉代表值大于150的区段，针对旧基层的不同状况分别采用如下方法进行处理。

（1）对于原基层明显松散、厚度严重不足、表层“弹簧”，但路基较稳定的，采用增设15cm厚低含量水泥稳定碎石底基层，再加铺25cm厚水泥稳定碎石及面层。

（2）对于原基层质量较好，但路基强度不足的，采用混石渣稳定法，再加铺25cm厚水泥稳定碎石；当路基明显不稳定，并呈积水状态或有旧沥青面层的，采用15cm厚碎石或清宕渣隔水层后，增设15cm厚低含量水泥稳定碎石底基层，再加铺25cm厚水泥稳定碎石及面层。

（3）对于有标高控制要求的桥头路段，设置15～37cm厚水泥稳定碎石及面层。

（4）工程上下面层均采用SBS改性沥青。对局部出现的破碎或大裂隙处可采用灌水泥浆的办法处理。对大于控制弯沉值的旧基层，认真分析原因，进行不良地基处理，使新基层顶面弯沉施工控制值符合要求，以保证路面的弯沉值。

通过采用上述的技术措施，经路面检测评定，全部达到设计要求。经过通车后的几年观察，未发生反射裂缝、不均匀沉降等异常情况。

## 第十节　打裂压稳旧水泥混凝土路面再生

2003年国内翻译出版的《美国高速公路施工规范及其应用

手册》中，将打裂压稳技术定义为“在摊铺沥青面层之前，将现有的普通硅酸盐水泥混凝土路面敲裂，然后碾压这些破裂的混凝土直到固定时为止”。对于扩散性裂缝的深度要超过25mm，在打裂作业时严禁将路面和基层震碎。打裂压稳通常用于消除沥青面层的反射裂缝。水泥混凝土路面打裂压稳处理后，裂缝间距为30~150cm，这就可以将板块水平方向上位移的积累减小到沥青面层可以承受的程度，从而消除反射裂缝的产生。打裂可以在板块中形成紧密的裂纹，从而以部分结构性的损失来换取传荷能力的增强；另一方面，压稳则消除板下的脱空，恢复了基层对水泥混凝土板块的支承作用。打裂压稳技术已经成功地用于改造结构完好，仅存在功能性破坏的普通水泥混凝土路面。

国外还有一种称为“断裂压稳”的技术，实际该技术与打裂压稳类似，不同点在于此项技术用于钢筋混凝土路面。断裂压稳的裂缝间距为15~60cm。该技术要求破坏混凝土和钢筋之间的联结，从而减小工作缝和裂缝之间的差异性位移到最低限度。由于要破坏混凝土和钢筋之间的联结，断裂压稳要求比打裂压稳有更高的破碎功。同时，在沥青面层设计时也应考虑到这种破坏造成的结构性的损失。如果路面破损情况较严重，路面破碎后不能保持板块的完整性，则应考虑采用碎石化或直接移除板块。

现场碎石化处理的出现比上述两种方法晚。美国沥青学会将碎石化定义为“一种将波特兰水泥混凝土路面破碎成为小碎块的加工过程”。这些碎块的粒径范围从砂粒的尺寸到20cm左右的尺寸。细颗粒集中在路面上部，粗颗粒集中在路面下部。这一技术的特点是在现场将损害程度较大的旧水泥路面板块（加筋的和无筋的）在现场破碎，形成“高强粒料基层”，然后碾压，再进行沥青混凝土加铺面，这样可以根除反射裂缝。实际上，可以看到冲击碾压改建技术具有我国工程实践的自身特点，与打裂压稳、碎石化技术在设计和施工上均有区别。

## 一、打裂压稳技术

打裂压稳技术产生于20世纪80年代，主要应用区域包括美国和英国等西方发达国家。英国最早研究和开发该项技术的机构是运输试验研究中心，英国公路工程技术规范第1卷第716册，详细规定了水泥路面打裂压稳技术改造的施工方法和设备要求。美国运输研究委员会在20世纪80年代末，发表了数篇打裂压稳的专业论文，各州也制定了相关的施工规程。

打裂压稳技术已经成功地用于改造结构完好，仅存在功能性破坏的普通水泥混凝土路面。打裂可以在板块中形成紧密的裂纹，从而以部分结构性的损失来换取传荷能力的增强；另一方面，压稳则消除板下的脱空，恢复了基层对水泥混凝土板块的支承作用。其主要目的是利用旧水泥混凝土做基层，减少施工时清除旧路面的作业量，由于对旧水泥混凝土路面碴块的“再生利用”，因而可以减少维修时间、降低成本、保护环境。

在实际施工作业中，美国采用“打裂缝落板式破碎机”（或称铡裂机）来打裂旧混凝土路面，如图6-33所示。落板式破碎机的破碎宽度是1500～1800mm，板质量5500～6000kg。根据具体情况每次的打裂间隔为450～750mm。压稳采用质量32000～45000kg的轮胎式压路机，轮胎接地压力控制在700kPa，碾压5遍。表6-15为目前国内已经引进的美国8600型混凝土路面打裂缝机技术参数。

**8600型混凝土路面打裂缝机技术参数　　表6-15**

| 型号 | 8600 | 型号 | 8600 |
|---|---|---|---|
| 发动机 | DentzBF6L913（160HP） | 工作行驶速度（m/min） | 0～26.4 |
| 传动系 | 静液压驱动 | 运输行驶速度（km/h） | 0～8 |

续表

| 型号 | 8600 | 型号 | 8600 |
|---|---|---|---|
| 锤头行程高度 | 0~2.7 可调 | 整机长×宽×高（m） | 5.49×2.54×3.73 |
| 工作频率 | 35 次/min | 整机质量（kg） | 16875 |

图 6-33　落板式裂缝破碎机

理论上的分析研究和实际施工情况都表明，冲击压路机的打裂—压稳施工，与“打裂缝落板式破碎机”和常规压路机联合作业施工的效果近似。从技术理论上讲，打裂—压稳可以延缓水泥路面反射裂缝的产生，并可以充分利用原有路面基础的强度，沥青混凝土面层的铺层厚度可以减少，一般在 100mm 左右。这种工艺降低了重修道路的工程成本。据国外报道，由于被打裂的板块尺寸和裂纹深度控制不一致，该工艺还不能完全实现消除反射裂缝。

## 二、施工工艺

打裂压稳方法的施工顺序和相应的质量控制方法如下：

（1）铡裂前洒少量的水以协助检查铡压前后裂缝的纹理

变化；

（2）用铡裂机铡出横向裂纹，测量横向裂缝的间距和纵横裂缝的纹理；

（3）从裂缝处混凝土取芯，检查裂缝的深度和宽度；

（4）用压路机碾压铡裂的混凝土，记录碾压前后裂缝纹理的变化情况和碾压次数；

（5）用落锤式弯沉仪（FWD）测量铡压后混凝土的弯沉，计算开裂混凝土层的弹性模量。正式实施打裂压稳前必须先在试验路段调校铡裂机的各项参数，并测量铡裂混凝土的各项技术指标。

1. 铡裂

铡裂机必须能对水泥混凝土路面产生可变的冲击荷载，并在路面铡出所需要的横向裂缝。旧水泥混凝土路面的抗压强度与铡裂缝的间距须满足规范要求。铡裂机必须一次打出裂缝，而且对路表面不会产生其他损坏，也不会产生多条裂缝，更不会对下层或相邻的结构层产生破坏。

英国规范规定，铡裂机产生的横向裂缝必须垂直于路表面，宽度小于0.5mm，且贯穿混凝土板深。铡裂横向缝的间距一般为1~2m，因振动而产生的纵向裂缝长度必须小于横向缝的间距。如果铡裂机铡头的宽度小于混凝土板宽，则必须在该板块的对齐位置加铡一次。

2. 取芯

英国规范规定，铡裂后每300m²路面必须至少取芯1次，取芯的位置应选择在铡裂混凝土板的裂缝处，以观察裂缝是否垂直于路表面，是否贯通混凝土板深。铡裂的施工进度不能超过合格取芯孔往前100m，抽取新孔后再继续往前施工。取芯孔必须用类似的材料填压，而且每次压实的厚度应小于50mm。

3. 压实

压实的目的主要是进一步消除反射裂缝的影响，并且保持足够的基层强度。铡裂的混凝土路面可以用多轮轮胎压路机碾压。英国规范规定，胶轮压路机应至少碾压6次，压路机的自重必须大于12t，且各轮的重量应均匀分布，相邻轮的叠压距离要大于40mm。压路机轮胎的内压力应能提供规定的地面接触压力（最小值为550kPa）。碾压前必须记录裂缝的纹理，碾压完成后再比较纹理的变化。

4. 铡压试验

铡压试验的主要目的是在试验段调试设备的各项参数，确定铡裂缝的间距和碾压的次数。英国规范规定，试验段的面积宜介于250～420$m^2$之间，且应选择至少4块相邻的混凝土板。铡裂试验完成后应至少取芯5次，且每块混凝土板应取芯1次。试验段铡裂前和铡裂后还必须用落锤式弯沉仪量测弯沉。如果水泥混凝土面层或基层的强度或其他物理性能不满足设计要求，则须调整铡压设备的参数。

5. 铡压施工

铡裂试验的各项技术指标验收合格后才能进行打裂压稳施工。铡裂施工须按铡压试验确定的间距进行，碾压次数也须采用铡压试验确定的次数。施工过程中承建商应随时检查裂缝的纹理并做好施工记录。每块板的裂缝纹理（包括表面损坏、纵缝长度等）、横缝间距、碾压次数等都必须满足设计要求。英国规范规定，如果连续4块板的纹理变化与试验段记录的资料相差较大，则必须调整铡压机的参数，并重新进行铡压试验。

打裂压稳施工完成后，应在开裂的混凝土表面洒上沥青透层，然后铺一层沥青/橡胶薄“隔离层”，最后再铺沥青面层。

## 三、工程实例

英国Abatech国际有限公司对M11高速公路实施了打裂压

稳技术改造。通过取芯和地面透视雷达测量，该路段面层为厚300mm的水泥混凝土，基层为厚100mm的稳定类碎石，土基的CBR值介于2%～3%。该路段水泥混凝土的平均弹性模量为23578MPa，第15位（按百分比计算）弹性模量为17451MPa。根据以往的经验，水泥路面的强度在打裂压稳后损失约50%。假设安全系数为2，则铡压后的混凝土弹性模量约为4000MPa。

该路段原计划将旧水泥混凝土路面挖除后，加铺1065mm厚的柔性路面，见表6-16。Abatech建议采用强度为4000MPa的铡裂混凝土作为基层，并建议沥青加铺层的厚度为150mm，见表6-17。各结构层的材料力学性能见表6-18。由此可见，采用打裂压稳方法处理水泥路面可大量节省工程成本。

**M11原设计路面结构**　　表6-16

| 材　料 | 厚度（mm） |
|---|---|
| SBS沥青表层 | 30 |
| HMB35沥青面层 | 50 |
| HMB35沥青基层 | 235 |
| 碎石底基层 | 150 |
| 垫层 | 600 |

**M11铡压改造的路面结构**　　表6-17

| 材料 | 厚度（mm） |
|---|---|
| SBS沥青表层 | 30 |
| DBM50沥青面层 | 120 |
| 铡压后的混凝土基层 | 300 |

**M11 材料力学性能** **表 6-18**

| 材料 | 弹性模量（MPa） | 泊松比 | 材料 | 弹性模量（MPa） | 泊松比 |
|---|---|---|---|---|---|
| SBS | 2000 | 0.35 | HMB35 | 7000 | 0.35 |
| DBM50 | 5600 | 0.35 | | | |

美国佛罗里达州 1993 年前后在 I -10 公路实施了 7 次打裂压稳水泥混凝土路面改造。这些路段的原水泥混凝土路面结构见表 6-19，改造后的路面结构见表 6-20。佛罗里达州有关部门 2000 年调查了 14 段已完成的打裂压稳施工路段，各路段的服务年限均超过 7 年。调查结果表明：

**I -10 原路面结构** **表 6-19**

| 材料 | 厚度（mm） |
|---|---|
| 水泥混凝土面层 | 230 |
| 水泥混凝土基层 | 300 |

**I -10 铡压改造的路面结构** **表 6-20**

| 材料 | 厚度（mm） | 材料 | 厚度（mm） |
|---|---|---|---|
| 沥青表层 | 20 | 铡压混凝土基层 | 230 |
| 再生沥青面层 | 100 | 水泥稳定基层 | 300 |
| 沥青/橡胶隔离层 | 15 | | |

1）各路段的平整度均达良好以上；

2）绝大多数路段的最大车辙深度小于 6mm；

3）大部分路段没有出现明显的裂缝，2 条路段在第 5 年后裂缝开始增多；

4）为了减少反射裂缝，这些路段都在混凝土与沥青之间加铺了沥青/橡胶薄层，效果良好。

打裂压稳技术的主要缺点是路面高程要提高，而且一般要在混凝土和沥青层之间加铺沥青/橡胶隔离层。对于破坏程度不大的水泥混凝土路面，为了节省资金，可以考虑采用打裂压稳并加铺沥青路面的方法改造，沥青层的厚度可选用100~175mm。

## 第十一节 旧混凝土路面破碎再生技术对比

由以上介绍可以看到，打裂压稳、碎石化技术这两项旧水泥混凝土路面改造技术原理与冲击碾压破碎是不同的，以下分别从技术原理、施工功效、加铺路面结构等方面对其进行对比。

### 一、技术原理对比

打裂和压稳是把旧的水泥混凝土板打成微裂的小块，打裂的缝宽只是很小的裂缝，因此也叫“发裂”，将旧水泥板打成发裂后，接着就压实，铺一层沥青混凝土整平层，然后喷上沥青粘接层，再加铺土工布，最后才铺沥青混凝土面层。

冲击碾压改建工艺与打裂-压稳工艺的不同点不仅在于打裂后的旧水泥混凝土路面裂纹深度要增加，打裂的旧路面的板块要小，而且冲击碾压还具有冲击能量大影响深度深，对旧路基和基层还具有补充压实的作用等特点。冲击碾压设备破碎后水泥混凝土路面出现竖向贯穿板厚的裂缝，相当于将水泥板破碎成多个小的水泥岩块。

碎石化改造技术原理则是通过对水泥混凝土路面进行均匀地冲击、破碎、压实，在损失一部分结构强度和整体性的情况下，把水泥混凝土路面在温度、湿度变化和荷载作用下的位移降低到沥青混凝土面层可以允许的范围内，从而彻底解决反射裂缝。碎石化技术提供了一个非常柔性的基层结构，避免旧的混凝土板块边角沉降和板块裂缝对面层的应力影响，这样就最大限度地减少了涉及覆层材料（新铺混凝土或沥青道路面层）的反射裂缝和其他破坏，同时在一定程度上改善了路面性能指标；碎石化破碎后颗粒粒径在不同深度处是不同的，上部板块破碎成粒径更小的颗粒，而下面部分粒径则较大，破碎后形成的裂纹不是竖向贯穿，这样水泥混凝土板块碎裂后除表面局部厚度范围（小于 2cm）外在其原位形成了裂而不碎的嵌挤效果。

冲击碾压与 MHB 碎石化技术工作设备的破碎基本方法都是通过重力冲击起作用但作用方式不同，相对而言，冲击碾压设备的作用间距较长，碎石化设备的破碎作用点分布均匀而密集。实际施工中，冲击碾压设备需在水泥混凝土路面行驶多次，以达到对其进行均匀冲击的效果，而 MHB 类设备则是一次破碎完成。冲击碾压改建工艺与碎石化技术工艺的最大不同点在于被打裂的旧路面碴块仍然保持混凝土路面板块的结构性强度。冲击碾压改建冲击能量大还能对路基进行补充压实，具有消除旧路面结构性病害的特点。

## 二、施工功效对比

从施工的工效对比来看，冲击碾压改建施工时其冲压机的拖拉速度为 7 ~ 12km/h，而要使板块达到破碎要求，需要来回冲压 15 ~ 20 遍，破碎速度为 200 ~ 300m/h。冲压结束后再用轮胎压路机进行压实。打裂压稳施工所用门式冲击锤冲压，冲压 1 次即可完成破碎，故破碎效率比较高，其破碎速度约为 400 ~ 500m/h。多锤头破碎机的破碎速度为 150 ~ 300m/h。上述 3 种破碎处理方法，在破碎后或用轮胎压路机进行压实，或用 Z 字形压路机进行压实。

要完成全部施工，对于冲击碾压破碎，由于需要在破碎后上面先加铺 20 ~ 25cm 厚的半刚性基层，则整个施工周期比较长。采用多锤头破碎技术，则可以直接加铺沥青面层，因而整个施工周期较短，湖州 104 国道埭溪路段 2km “白改黑” 试验路段施工，前后仅花了 10 天时间，故工效高、速度快，社会效益也高。

从施工对周围环境的影响来看，采用多锤头碎石化技术，由于施工速度快时间短，对交通和周围居民的干扰影响小。因直接加铺 2 ~ 15cm 沥青面层，路面标高增加不多，对沿线的排水影响较小，这在经过居民区时显得非常重要。同时由于其锤头质量仅 650kg，锤击时产生的振动不大，对沿线的民房等建筑物没有影响。打裂压稳机械施工时，机械的冲击锤质量达 5t，因而对地面的冲击力很大，影响沿线民房等建筑物。采用冲击压稳施工时，多边形压路机要来回冲击压实 15 ~ 20 次，不仅持续时间长，而且冲击力又大，对沿线建筑物有较大影响，故要求建筑物要有一定的安全距离。

采用冲击碾压破碎要加铺 15 ~ 25cm 半刚性基层，再加上面层，故标高抬高达 40cm 左右，影响原地面排水系统。相比之下，采用多锤头施工对道路周边环境的影响小，因此特别适合通过城镇道路的混凝土路面改造。

## 三、施工费用对比

由于受建设资金的限制，旧混凝土路面 “白改黑” 改造的费用，往往是影响选择板块处理技术方法的主要因素。

上述几种板块破碎处理方法，因所消耗的功能不同，以及受市场因素的影响，目前所需的费用有较大的差别。

如果以单位面积计算，冲击压稳机械作业，其费用约为5~8元/$m^2$。

打裂压稳机械作业，其费用约为12元/$m^2$。

多锤头破碎作业的费用为14~18元/$m^2$，与其他两种机械作业费用相比约多出6~8元/$m^2$。

加铺半刚性基层的费用平均每1cm厚度约7元/$m^2$，加铺20~25cm厚半刚性基层则需费用20~25元/$m^2$。

加铺沥青面层的费用，平均每1cm厚度约7元/$m^2$。

采用多锤头碎石化技术，沥青面层厚度比其他两种方法厚约3~5cm，相应增加费用21~35元/$m^2$。

根据以上估算，碎石化技术与其他破碎技术相比较，“白改黑”的费用约多出6~15元/$m^2$，平均增加10元/$m^2$。若改造9m宽的二级公路，每公里则要多支出费用9万元。

多锤头碎石化技术虽然所需费用较高，但具有防治反射效果好，施工速度快，工效高，对环境影响小等优点，特别在居民聚居区，相比冲击压实影响范围小，更显适用性。因而应根据工程的具体情况加以选择。

## 四、加铺路面结构的效果评价

目前我国在对路面破碎化改造后，针对不同的破碎化工艺，一般有以下几种加铺路面结构方式：

1）打裂压稳+20~25cm半刚性基层+10~13cm沥青面层；

2）打裂压稳+10~13cm沥青面层；

3）冲击破碎压稳+15~25cm半刚性基层+24~26cm水泥混凝土面层；

4）冲击破碎压稳+20~25cm半刚性基层+10~13cm沥青面层；

5）碎石化 + 大于 15cm 的沥青面层。

有些地方在采用“白改黑”面层时，为防止半刚性基层可能出现反射裂缝，还在半刚性基层上加铺自粘式土工玻纤格栅。对于碎石化处理技术，按照美国介绍则无须加铺基层，而可以直接加铺沥青面层，但沥青层的厚度至少应在 15cm 以上，否则可能会出现强度不够而引起面层破坏。

在使用加铺水泥路面结构时，冲击碾压过后的旧水泥混凝土面板只能用作底基层或垫层。福建省近几年在工程实践中对旧水泥混凝土路面冲击破碎后是作为垫层用，通过填隙碎石调平后加铺 15cm 水泥稳定砂砾（碎石）作基层，然后加铺 24cm 的水泥混凝土板。大大加强了地基刚度，使用效果良好。

在目前我国采用不同的破碎化改造工艺，加铺不同路面结构时，无论加铺半刚性基层或者直接加铺沥青面层，根据路面力学强度计算确定加铺层厚度的理论研究还不足，而主要还是依据现有经验确定的，所定加铺层厚度缺乏理论依据。但从各个地区反映的路面使用效果来看，各地路面使用情况良好。

但客观地讲，不能基于以上国内路面结构加铺后几年的结果就下定论。实际上还需要经过长期使用性能的观察才能说明问题。美国在碎石化处理开发之前，就有了断裂压稳（break and seat，B/S）和打裂压稳（crack and seat，C/S）两种将混凝土路面板块人为分割成较小板块的施工方法。这两种方法是基于将板块变小，使板块移动所产生的应力足够变小，不足以造成加铺沥青面层产生裂缝。但是实际的效果并不理想。

而碎石化技术是考虑把这种板块移动破坏彻底消除，使其作为一种基层材料，将整个旧有板块变成更加稳定的路面底基层，从而达到彻底根除反射裂纹的目的。但目前美国各州的设计指导或规范仍在不断修订完善中。各州的规范也不尽相同。例如破碎后碎块尺寸，威斯康星州交通厅要求破碎后的水泥路面板块粒径是上层大约 5cm，中层 7.5cm，底层不超过 22.5cm。堪萨斯州要求至少 80% 碎块尺寸小于 30cm，小于 15cm 的碎块应少于 5%，不可以有任何单一的碎块尺寸大于 38cm。

美国全国迄今为止已有一多半的州作了总共大约 200 个碎石化处理的项目。目前仍在不断研究和总结经验中。例如爱荷华州政府就建立了为期三年的到 2004 年 9 月结束的碎石化研究项目。美国也有因为工程前期评估不足，不当地使用了这一技术，或因加铺层设计不当或施工不当而造成的问题。例如密歇根州对所作的碎石化处理项目进行了评估总结。有大约 47% ~67% 的 5 年新的碎石化处理沥青加铺层路面需要维修，有大约 67% ~87% 的 5 年新的混凝土加铺层需要维修。

因此，可以看到随着破碎化改建技术在我国的进一步推广，还需要进一步加强研究和效果观察，达到质量和经济的最优化。

# 第七章　乳化沥青冷再生

冷再生是目前一种常用道路再生方法，与其他传统的施工方法相比，总投资一般可节省 40% ~50%。根据我国现有的施工技术和设备水平，乳化沥青冷再生混合料适合作为高等级路面的柔性基层或低等级道路的面层。在高等级公路的大修改造中，一般会产生大量的沥青路面回收料。这些回收料在公路沿线进行现场冷再生或者工厂冷再生后，可以作为新路面结构的基层加以利用。另外，由于我国的广大农村道路等级比较低，很多县乡道路还是砂石路面，乳化沥青冷再生材料可以应用在这些低等级道路上作为面层。和传统的热拌混合料一样，乳化沥青冷再生混合料也必须进行合理的设计，以确保可靠的使用性能。美国各州公路局通过室内研究和铺筑试验路，开发了各自的冷再生混合料设计方法，虽然方法不尽相同，但一般包括现场采样进行材料评价，确定回收料组成以及老化沥青和集料的性能，是否添加新集料，然后选择再生剂和确定最佳粘结料用量，评价混合料的力学性能和路用性能。

## 第一节　乳化沥青冷再生材料性能评价

### 一、沥青路面回收料评价

回收料材料评价主要包括回收料的取样和测试。从旧路钻取有代表性的样品，对回收料的性能进行测试，确定回收料性能对再生路面性能的影响，从而选择合适的新沥青粘结剂和确定是否有必要加入新集料。

1. 现场取样

对于不同路段，应针对不同横断面和不同材料组成的路段分别取代表性的试样。也可从外观检查、施工和养护记录选取代表性的试样，对于同一个路段也要随机采样。有研究认为至少要取5～6个芯样，有学者建议每1km至少取5个芯样。通常采取钻芯取样方式，芯样的厚度都应作记录，而且芯样截取深度应与再生深度相同，然后使用颚式破碎机将其破碎成级配回收料，以便进行评价和混合料设计。

2. 回收料组成

铣刨的回收料进行粗细料级配分析。在冷再生混合料设计中对回收料的级配有不同的观点，一般学者研究将回收料颗粒作为“黑色碎石”或集料来对待，混合料设计中，乳化沥青完全包裹回收料。而另有学者认为冷再生回收料的老化沥青不能像热再生施工那样得到充分地再生恢复，但随着沥青和再生剂的相互融合和温度与交通荷载的共同作用，使得部分老化沥青得以恢复，回收料中的集料应该被视为分散存在的石料，即冷再生混合料设计的级配应主要考虑回收料的集料级配。在具体项目中，冷再生混合料的级配组成，不但与回收料的破碎程度和沥青的老化程度有关系，也与乳化沥青的类型和再生剂的性质有关。因此，美国沥青再生协会颁布的再生手册中，建议设计者在考虑回收料中的集料级配的同时，也应该考虑回收料的级配曲线，从而综合提高再生混合料的早期和长期路用性能。

国内外学者研究表明，路面中的集料经受车辆荷载和气候环境作用多年以后，其各项性能也会发生变化，影响到沥青混合料的各项性能指标。路面回收料在服务年限内存在着逐渐细化的现象。道路强度随着时间的增加和疲劳次数的增多而降低，矿物材料也逐渐变小，细粒含量增大，表面积和活动性相应增大，有机粘结料发生聚合作用，从而失去了原有的性能。粘结料成分变少，混合料变硬，变脆。材料强度和质量性能的降低不可避免地引起路面强度特性在使用期限内的降低。矿物材料性能的变化，不仅要在评定路面强度时予以考虑，而且在路面补强和老料再生时也要考虑。

路面基层中的碎石和砾石材料在施工过程中就已开始磨小了，尤其是碾压之后，有15% ~25%的碎石粒径减少5mm，随着使用时间的增长，石料继续被磨损，不同规格的碎石料在碾压和使用几年之后的磨损情况如表7-1所示。石料磨小的速度可以用形成微粒（小于70微米）的含量来表示，且每年可增加0.3% ~3%。

**路面材料在碾压和使用年限后的性质　　表7-1**

| 材料 | 确定成分时间 | 5%粒料含量 | | | |
|---|---|---|---|---|---|
| | | 大于50mm | 50 ~5mm | 5 ~0.070mm | 小于0.070mm |
| 石灰岩碎石 | 路面摊铺时 | 100 | — | — | — |
| | 碾压之后 | 21.3 | 63.1 | 13.3 | 2.3 |
| | 四年之后 | 7.0 | 59.0 | 29.0 | 5.0 |
| | 路面摊铺时 | 100 | — | — | — |
| | 碾压之后 | 15 ~20 | 28 ~63 | 15 ~22 | 2.5 |
| | 三年之后 | 10 ~15 | 54 ~60 | 22 ~30 | 2.5 ~5.0 |
| 砂岩碎石 | 路面摊铺时 | 100 | — | — | — |
| | 碾压之后 | 50 | 45.4 | 4.5 | 0.1 |
| | 二年之后 | 37.3 | 49.5 | 12.7 | 0.5 |
| 硬质碎石 | 碾压之后 | 16.4 | 64.6 | 17.7 | 1.3 |
| | 三年之后 | 15.2 | 4.6 | 18.5 | 1.4 |

从表 7-1 中可以看出，在道路碾压和使用中由于磨损的影响，石料成分的变化是显著的。强度不高的石灰岩碎石经过 50 年的使用后，约有一半变成粉末。在公路改建过程中，如果硬质的砾石和碎石材料保持完好，可将其用在修筑专用线和主要道路的岔道上，或用于加固路肩及基层的下一层内。为了保证新路面的质量，在改建时应事先对老的砾石料和碎石料进行改善处治，否则不得将其用于新路面之内。

大量的现场取样证明，集料的细化包括沥青路面在使用过程中的逐渐细化和铣刨过程造成的强制细化。对于高等级沥青路面面层而言，沥青混合料多为骨架密实结构，粗集料主要承受外部应力的作用，集料的破碎以粗集料为主，细集料则起填充作用。细集料进一步细化成粉料的现象并不明显。沥青路面的铣刨操作将会导致集料的再次细化，而且这一细化的程度和规律对于路面再生的配合比控制影响很大。表 7-2 对铣刨料和路面旧料的筛分结果进行了对比。

**路面铣刨料和原路面旧料级配对比　　表 7-2**

| 筛孔（mm） | 26.5 | 19 | 16 | 13.2 | 9.5 | 4.75 | 2.36 | 1.18 | 0.6 | 0.3 | 0.15 | 0.075 |
|---|---|---|---|---|---|---|---|---|---|---|---|---|
| 铣刨料 | 100 | 100 | 100 | 99.83 | 97.96 | 86.88 | 66.72 | 46.05 | 31.08 | 21.81 | 15.86 | 11.68 |
| 路面旧料 | 100 | 98.73 | 91.21 | 83.72 | 70.11 | 50.67 | 39.03 | 28.37 | 19.88 | 13.85 | 9.61 | 7.04 |

从表 7-2 中可以看出，铣刨后的集料级配与旧料的级配有很大的差别。铣刨料的各档通过率都大于原路面的旧料，这就充分说明铣刨过程不仅将粗集料细化成细集料，而且也使细集料进一步细化，最终的粉料量也有一定的增加。

在冷再生混合料设计中，对铣刨后集料的再次细化现象予以充分重视，如果只是对通过路面取样得到的旧路面回收料进行施工设计，将会导致设计和施工级配状况存在较大偏差，对路面的使用性能产生非常不利的影响。

回收料中的老化沥青含量可以通过沥青路面定量抽提的方法来确定。对于原先使用含有溶剂的稀释沥青或乳化沥青的稳定回收料，如果需要测试残留沥青含量，一般要在抽提前将试样在120℃下加热3h，将稀释沥青或乳化沥青中的溶剂蒸发掉。抽提得到的集料要进行级配分析。对于不需做进一步测试的老化沥青，可以利用燃烧法来确定回收料（不含有稀释沥青）的沥青含量和集料级配。

老化沥青可以从回收料中提取。老化沥青应至少测试25℃针入度与60℃绝对黏度，也可测试SHRP粘结料指标，车辙因子$G^*/\sin\delta$等。通过指标的测试有助于选择合适的冷再生粘结料。

## 二、新集料和合成级配的选择

新集料可以用来满足再生料级配的要求或是完善结构上的不足。对于重交通道路的某些结构层，多数情况下都要加入一定量的细集料或粗集料改善再生料的级配。例如在低等级道路改造升级时，回收料中可能包括河砂或圆形砾石，需要加入新集料使级配变粗，同时改善集料的棱角性和集料形状。加入新集料后，可以改善再生料的性能如稳定性、耐久性及和易性等，从而改善道路的结构性能，提高交通荷载。对于高等级路面铣刨后用于低等级道路时，回收料的集料级配也可能出现“退化现象”，需要在回收料中补充新集料。

目前，美国、加拿大、德国和法国等西方国家很多公司或公路部门依据多年的施工经验和室内试验结果，建立了自己的冷再生混合料级配设计指南和级配范围。表7-3给出了美国沥青协会

(AI) 冷再生混合料级配设计的范围。为了满足级配范围，多数情况下要加入一定量的新料来调整回收料的级配。级配调整要结合 RAP 的筛分结果和再生路面结构层的要求，以便确定选用哪种级配。回收料最大粒径的可选择范围比较宽，从 19mm 到 75mm 都可以采用。而在美国普遍采用的最大粒径是 31.75mm 和 37.5mm。

**AI 推荐的冷再生混合料集料级配** **表 7-3**

| 粒径（mm） | 质量通过率（%） | | | | | | |
|---|---|---|---|---|---|---|---|
| | 开级配 | | | 密级配 | | | |
| | A | B | C | D | E | F | G |
| 37.5 | 100 | | | 100 | | | |
| 25.0 | 95 ~ 100 | 100 | | 80 ~ 100 | | | |
| 19.0 | | 90 ~ 100 | | | | | |
| 12.5 | 25 ~ 60 | | 100 | | 100 | 100 | 100 |
| 9.5 | | 20 ~ 55 | 85 ~ 100 | | | | |
| 4.75 | 0 ~ 10 | 0 ~ 10 | | 25 ~ 85 | 75 ~ 100 | 75 ~ 100 | 75 ~ 100 |
| 2.36 | 0 ~ 5 | 0 ~ 5 | | | | | |
| 1.18 | | | 0 ~ 5 | | | | |
| 0.6 | | | | | | | |
| 0.3 | | | | | | | |
| 0.15 | | | | | | 15 ~ 30 | 15 ~ 65 |
| 0.075 | 0 ~ 2 | 0 ~ 2 | 0 ~ 2 | 3 ~ 15 | 0 ~ 12 | 5 ~ 12 | 12 ~ 20 |

注：集料级配计算包括回收料和新料。

另外，美国沥青再生协会（ARRA）和 ASTM 都对冷再生混合料的级配做了规定，见表 7-4 和表 7-5。ASTM 推荐的冷再生混合料集料级配与热再生集料级配是相同的。

**ARRA 冷再生混合料集料级配　　表 7-4**

| 粒径（mm） | 质量通过率（%） | | | |
|---|---|---|---|---|
| | 密　级　配 | | | |
| | A | B | C | D |
| 37.5 | 100 | | | |
| 25.0 | 90 ~ 100 | 100 | | |
| 19.0 | | 90 ~ 100 | 100 | |
| 12.5 | 60 ~ 80 | | 90 ~ 100 | 100 |
| 9.5 | | 60 ~ 80 | | 90 ~ 100 |
| 4.75 | 25 ~ 60 | 35 ~ 65 | 45 ~ 75 | 60 ~ 80 |
| 2.36 | 15 ~ 45 | 20 ~ 50 | 25 ~ 55 | 35 ~ 65 |
| 1.18 | | | | |
| 0.6 | | | | |
| 0.3 | 3 ~ 20 | 3 ~ 21 | 6 ~ 25 | 6 ~ 25 |
| 0.15 | | | | |
| 0.075 | 1 ~ 7 | 2 ~ 8 | 2 ~ 9 | 2 ~ 10 |

**ASTM 的冷再生混合料集料级配　　表 7-5**

| 粒径（mm） | 质量通过率（%） | | | | | | |
|---|---|---|---|---|---|---|---|
| | D1 | D2 | D3 | D4 | D5 | D6 | D7 |
| 63 | 100 | | | | | | |
| 50 | 90 ~ 100 | 100 | | | | | |
| 37.5 | | 90 ~ 100 | 100 | | | | |
| 25.0 | 60 ~ 80 | | 90 ~ 100 | 100 | | | |
| 19.0 | | 56 ~ 80 | | 90 ~ 100 | 100 | | |
| 12.5 | 35 ~ 65 | | 56 ~ 80 | | 90 ~ 100 | 100 | |
| 9.5 | | | | 56 ~ 80 | | 90 ~ 100 | 100 |
| 4.75 | 17 ~ 47 | 23 ~ 53 | 29 ~ 59 | 35 ~ 65 | 44 ~ 74 | 55 ~ 85 | 80 ~ 100 |
| 2.36 | 10 ~ 36 | 15 ~ 41 | 19 ~ 45 | 23 ~ 49 | 28 ~ 58 | 32 ~ 67 | 65 ~ 100 |
| 1.18 | | | | | | | 40 ~ 80 |
| 0.6 | | | | | | | 25 ~ 65 |
| 0.3 | 3 ~ 15 | 4 ~ 16 | 5 ~ 17 | 5 ~ 19 | 5 ~ 21 | 7 ~ 23 | 7 ~ 40 |
| 0.15 | | | | | | | 3 ~ 20 |
| 0.075 | 0 ~ 5 | 0 ~ 6 | 1 ~ 7 | 2 ~ 8 | 2 ~ 10 | 2 ~ 10 | 2 ~ 10 |

## 三、乳化沥青的选择

乳化沥青是由微小沥青颗粒悬浮在水介质中的乳状液。1906年沙得·范·韦斯特鲁姆首次在专利中提出使用沥青和水的均匀混合物来铺筑沥青路面。从此，乳化沥青开始蓬勃发展，有广泛的道路建筑应用。乳化沥青既可以用作喷洒型的粘层油或透层油，也可以和石料拌合成为稀浆封层或冷再生混合料。乳化沥青的组成通常包括沥青、水、乳化剂、稳定剂、无机酸和改性剂等。

在乳化沥青中，乳化剂均匀地分布在沥青颗粒表面，使得沥青颗粒无法相互靠近，从而形成稳定的悬浮乳液。乳化剂是生产乳化沥青的核心要素，决定了乳化沥青的类型、性质和路用性能等。乳化剂按照其在乳化沥青颗粒表面产生电荷的种类分为阳离子、阴离子、非离子和两性乳化剂；按照破乳速度分为快裂型、中裂型和慢裂型。

乳化沥青一般都是在专用的胶体磨上生产的。胶体磨的类型和配置会显著影响乳化沥青生产的质量，胶体磨结构如图 7-1 所示。预热的沥青和乳化剂皂液通过胶体磨的间隙时，沥青被高速运转的转子迅速研磨成微米级的小颗粒。此时，乳化剂迅速包裹沥青的表面形成稳定的乳化沥青。胶体磨的功率和磨间隙是生产时的两个重要指标，决定了乳化沥青的乳化效果和生产能力。

乳化沥青的生产设备可以分为两种：间歇式和连续式，如图 7-2 和图 7-3 所示。间歇式乳化沥青生产设备具有操作简单、生产稳定等优点。我国现阶段的乳化沥青生产设备以间歇式为主。但是间歇式设备需要人工配制乳化剂皂液，每一批皂液都要仔细检查，因此，间歇式设备适合产量较小的乳化沥青厂。连续式乳化沥青设备使乳化剂、水、酸和改性剂等在皂液管道中充分混合，再和沥青一同进入胶体磨进行乳化。连续式设备通过监控电

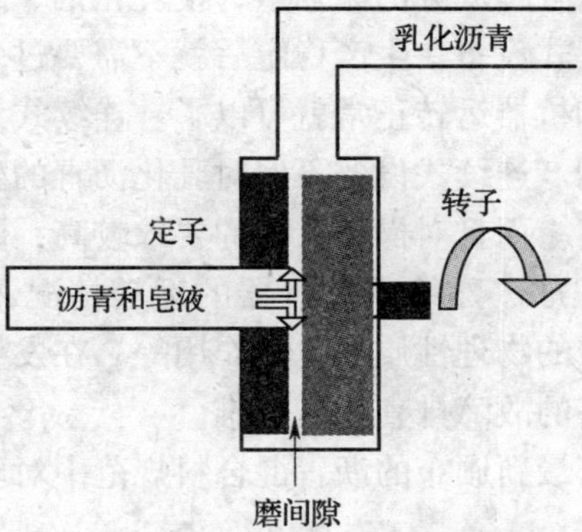


图 7-1　乳化沥青胶体磨结构图

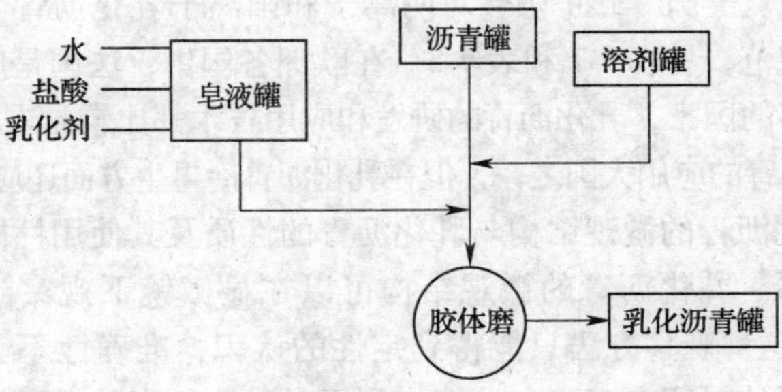


图 7-2　间歇式乳化沥青设备生产流程

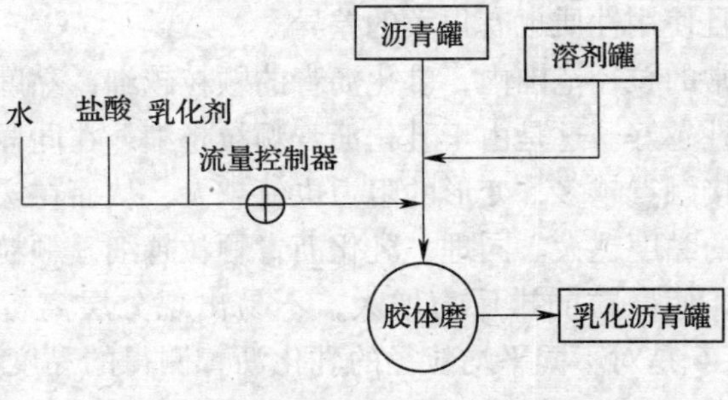


图 7-3　连续式乳化沥青设备生产流程

子回路实时调节各种成分的添加量，使乳化剂、酸等计量准确无误。因此，连续式设备在生产稳定后就不需要过多的调整，只要保证原料充足和机器运转正常就可以了。连续式设备通常被大型乳化沥青厂采用。连续式设备不但对乳化沥青的生产量较大，材料的稳定性也高。而且对操作人员的要求较高，既要全面理解乳化沥青的生产程序、熟练掌握机器的运转情况，又要懂得乳化剂、改性剂和酸的物理性质和化学作用等。在发生生产故障的时候，连续式设备的故障排查比较困难。

我国交通部最新颁布的沥青混合料规范中对乳化沥青的技术要求，见表7-6。

美国在乳化沥青冷再生的研发、生产和应用方面都居于世界领先地位。美国ASTM协会对阴离子和阳离子乳化沥青分别颁布了技术规范，见表7-7和表7-8。在欧洲各国中，法国是应用乳化沥青最多的国家，乳化沥青的研发和应用技术都比较先进。德国也是乳化沥青的应用大国之一，但在乳化沥青冷再生方面还应用较少。

乳化沥青的微观结构与乳化沥青的性质及其使用性能有着密切的关系。乳化沥青的微观结构可以在显微镜下观察到，如图7-4。但这种观察方法只能得到定性的认识，准确性不够，而且需要大量的时间来观察和计算。利用对乳化沥青的微观结构进行观察会发现，不同的乳化机和不同的生产条件会生产出不同的乳化沥青，且使用性质也有很大的差异。

在正常的粒径范围内，乳化沥青的颗粒越细，黏度越大，其储存稳定性越好。这是由于乳化沥青颗粒越细，在同样面积上颗粒之间的接触点越多，变形的阻力也就越大，从而在宏观表现为乳化沥青的黏度越大。同理，乳化沥青颗粒越细，颗粒之间的接触点越多，使微粒的排斥力增大，不易出现分层离析现象。图7-5和图7-6是对不同平均粒径的乳化沥青测得的黏度和储存1d的稳定性。

**道路用乳化沥青技术要求(JTJ F40－2004)** **表 7-6**

| 试验项目 | 单位 | 品种和代号 | | | | | | | | | |
|---|---|---|---|---|---|---|---|---|---|---|---|
| | | 阳离子 | | | | 阴离子 | | | | 非离子 | |
| | | PC－1 | PC－2 | PC－3 | BC－1 | PA－1 | PA－2 | PA－3 | BA－2 | PN－2 | BN－1 |
| 使用方式 | | 喷洒用 | | | 拌合用 | 喷洒用 | | | 拌合用 | 喷洒用 | 拌合用 |
| 破乳速度 | | 快裂 | 慢裂 | 快裂或中裂 | 慢裂或中裂 | 快裂 | 慢裂 | 快裂或中裂 | 慢裂或中裂 | 慢裂 | 慢裂 |
| 粒子电荷 | | 阳离子 | | | | 阴离子 | | | | 非离子 | |
| 筛上残留物,不大于(1.18mm) | % | 0.1 | | | | 0.1 | | | | 0.1 | |
| 恩格拉黏度①,E25 | | 2~10 | 1~6 | 1~6 | 2~30 | 2~10 | 1~6 | 1~6 | 2~30 | 1~6 | 2~30 |
| 道路标准黏度,$C_{25.3}$ | S | 10~25 | 8~20 | 8~20 | 10~60 | 10~25 | 8~20 | 8~20 | 10~60 | 8~20 | 10~60 |
| 粗集料裹覆性,裹覆面积不小于 | | 2/3 | | | — | 2/3 | | | — | 2/3 | — |
| 与粗细集料拌合试验 | | — | | | 均匀 | — | | | 均匀 | — | — |

续表

| 试验项目 | 单位 | 品种和代号 | | | | | | | | | |
|---|---|---|---|---|---|---|---|---|---|---|---|
| | | 阳离子 | | | | 阴离子 | | | | 非离子 | |
| | | PC－1 | PC－2 | PC－3 | BC－1 | PA－1 | PA－2 | PA－3 | BA－2 | PN－2 | BN－1 |
| 水泥拌合试验的筛上剩余,不大于 | % | — | | | | — | | | | — | 3 |
| 1d 储存稳定性,不大于 | % | 1 | | | | 1 | | | | 1 | |
| 5d 储存稳定性,不大于 | % | 5 | | | | 5 | | | | 5 | |
| 蒸发残留物性质② | | | | | | | | | | | |
| 残留物含量,不小于 | % | 50 | 50 | 50 | 55 | 50 | 50 | 50 | 55 | 50 | 55 |
| 溶解度,不小于 | % | 97.5 | | | | 97.5 | | | | 97.5 | |
| 针入度,25℃,5s | 0.1mm | 50～200 | 50～300 | 45～150 | | 50～200 | 50～300 | 45～150 | | 50～300 | 60～300 |
| 15℃延度,不小于 | cm | 40 | | | | 40 | | | | 40 | |

注:① 在国外赛波特黏度 $V_S$ 是使用较多的黏度指标,它可以由已知的恩格拉黏度按照以下公式计算: $V_S = E_V \times 3.571$

② 蒸发残留物的获取方法比较简单易行,但是试验的可重复性不强。在美国 ASTM 试验规范中,以蒸馏残留物的测试作为最终试验的结果。蒸馏残留物获取方法参见 ASTMD24444－00 的 11 节。

美国 ASTM 阴离子乳化沥青技术规范（D 977－98） 表 7-7

| 测试指标 | 快裂－1 | 快裂－2 | 中裂－1 | 中裂－2 | 中裂－2h | 慢裂慢凝－1 | 慢裂慢凝－1h | 慢裂快凝 |
|---|---|---|---|---|---|---|---|---|
| 乳化沥青测试[①] | | | | | | | | |
| 25℃赛伯特黏度(s) | 2～100 | – | 20～100 | >100 | >100 | 20～100 | 20～100 | 20～100 |
| 50℃赛伯特黏度(s) | — | 75～400 | — | — | — | — | — | — |
| 24h 储存稳定性[②](%) | <1.0 | <1.0 | <1.0 | <1.0 | <1.0 | <1.0 | <1.0 | <1.0 |
| 破乳速度(%) | >60 | >60 | — | — | — | — | — | — |
| 石料裹覆 | — | — | 良好 | 良好 | 良好 | — | — | — |
| 水泥拌合试验(%) | — | — | — | — | — | <2.0 | <2.0 | — |
| 筛上剩余量[③](%) | <0.10 | <0.10 | <0.10 | <0.10 | <0.10 | <0.10 | <0.10 | <0.10 |
| 蒸馏残留物(%) | >55 | >63 | >55 | >65 | >65 | >57 | >57 | >57 |
| 残留物测试 | | | | | | | | |
| 25℃针入度 | 100～200 | 100～200 | 100～200 | 100～200 | 40～90 | 100～200 | 40～90 | 40～90 |
| 25℃延度(cm) | >40 | >40 | >40 | >40 | >40 | >40 | >40 | >40 |
| 三氯乙烯溶解度(%) | >97.5 | >97.5 | >97.5 | >97.5 | >97.5 | >97.5 | >97.5 | >97.5 |

注：① 需要测试的乳化沥青应该在生产取样 14d 内完成全部测试。经过冰冻过的乳化沥青不使用本技术规范。

② 美国规范中将 5d 储存稳定性要求删除，是因为很多乳化沥青虽然无法通过 5d 储存稳定性的要求，但是应用效果却符合工程实际要求。

③ 美国的筛上剩余量试验使用 0.85mm 筛孔的过滤筛，比我国现行规范要求的筛孔要小。

**美国 ASTM 阳离子乳化沥青技术规范（D2397－98）　表 7-8**

| 测试指标 | 快裂－1 | 快裂－2 | 中裂－2 | 中裂－2h | 慢裂慢凝－1 | 慢裂慢凝－1h | 慢裂快凝 |
|---|---|---|---|---|---|---|---|
| 乳化沥青测试 | | | | | | | |
| 25℃赛伯特黏度(s) | — | — | — | 20～100 | 20～100 | 20～100 | — |
| 50℃赛伯特黏度(s) | 20～100 | 100～400 | 50～450 | 50～450 | — | — | — |
| 24h 储存稳定性(%) | <1.0 | <1.0 | <1.0 | <1.0 | <1.0 | <1.0 | <1.0 |
| 破乳速度(%) | >40 | >40 | — | — | — | — | — |
| 石料裹覆 | — | — | 良好 | 良好 | — | — | — |
| 电荷试验 | + | + | + | + | + | + | + |
| 水泥拌合试验(%) | — | — | — | — | <2.0 | <2.0 | — |
| 筛上剩余量(%) | <0.10 | <0.10 | <0.10 | <0.10 | <0.10 | <0.10 | <0.10 |
| 蒸馏残留物(%) | >60 | >65 | >65 | >65 | >57 | >57 | >57 |
| 溶剂体积比(%) | <3.0 | <3.0 | <12.0 | <12.0 | — | — | — |
| 残留物测试 | | | | | | | |
| 25℃针入度 | 100～250 | 100～250 | 100～250 | 40～90 | 100～250 | 40～90 | 40～90 |
| 25℃延度(cm) | >40 | >40 | >40 | >40 | >40 | >40 | >40 |
| 三氯乙烯溶解度(%) | >97.5 | >97.5 | >97.5 | >97.5 | >97.5 | >97.5 | >97.5 |

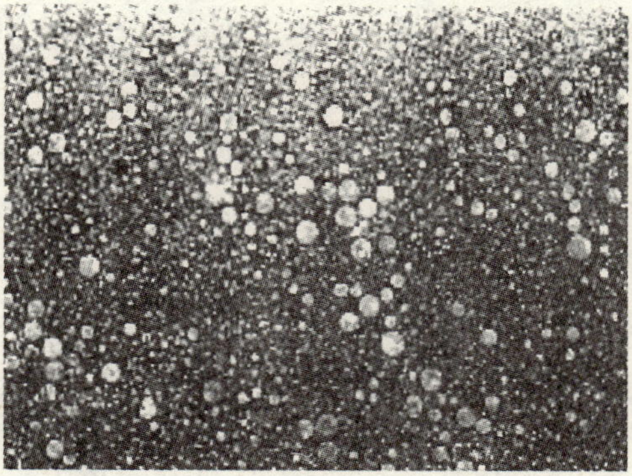

图 7-4 典型乳化沥青微观结构

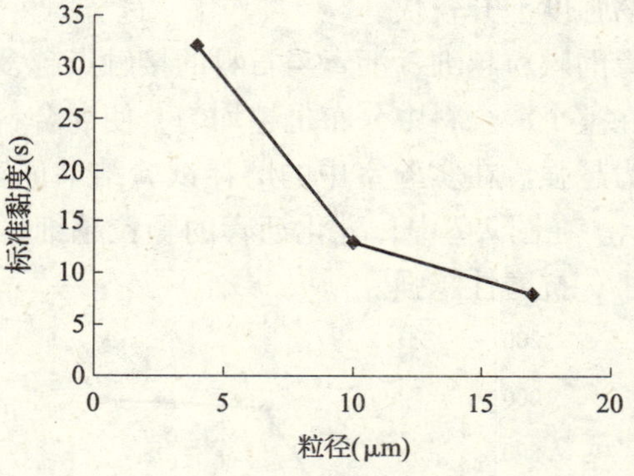


图 7-5 粒径与黏度关系曲线

在乳化沥青中，乳化剂分别分布在沥青颗粒表面（固定态）和水溶液中（自由）。在乳化剂和石料拌合的过程中，自由态的乳化剂先和石料反应，然后再与乳化剂作用，引起沥青颗粒和石料的相互吸引，沥青颗粒粘覆在石料上产生破乳。因而，自由态的乳化剂越多，反应的时间就会越长，反之亦然。

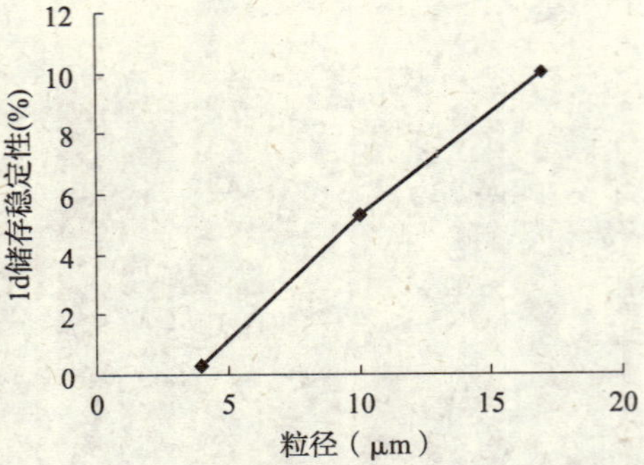


图 7-6　粒径与储存稳定性关系曲线

在相同的乳化剂用量条件下，乳化沥青的平均粒径越小，沥青的比表面积越大，在沥青颗粒的表面上固定态的乳化剂分子就越多，自由态分子越少。这样会使拌合时间减少，破乳速度变快，混合料的强度上升较快。

乳化沥青的颗粒越细，沥青与石料的接触点越多，对石料的裹覆越好，在整个混合料中分布也越均匀，使混合料抗水损害和抗磨耗的能力越强。在实验室中的磨耗试验结果证实了这一点，如图 7-7 所示。在图 7-7 中，乳化沥青的颗粒越细，其混合料的磨耗值就越小，抗磨性越强。

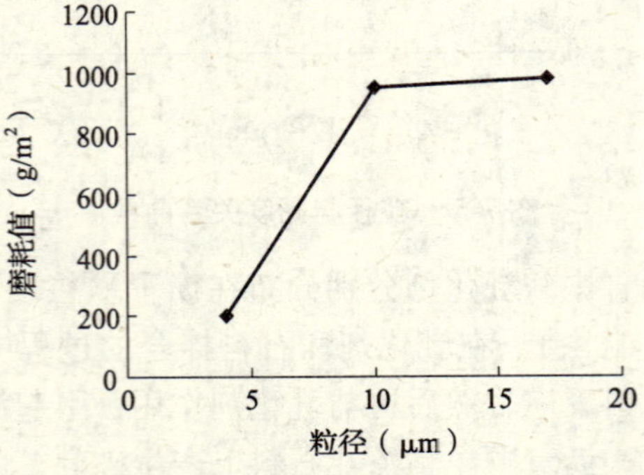


图 7-7　乳化沥青粒径与混合料磨耗值的关系

在冷再生混合料中，通常根据不同石料的性质采用阳离子或阴离子乳化沥青。慢裂乳化沥青具有最大的拌合能力，通常用于稳定密级配或细料含量较高的集料。慢裂乳化沥青黏度都比较低，并可以通过外加水进一步降低其黏度。然而，开级配或粗级配的集料适合用中裂乳液拌合。由于这些乳液接触集料时并不立刻破乳，因此采用乳液稳定拌合的混合料能够保持较长时间的和易性。同时由于中裂沥青乳液在极端气温条件下对集料仍有较好的裹覆和沥青保持能力，所以这类乳化沥青可用来低温稳定粗级配集料。具体乳化沥青的类型选择可以参考表 7-9。

**乳化沥青类型和等级的选择　　　　表 7-9**

| 冷再生类型 | | AASHTO M 140 ASTM D977（阴离子） | | | | | AASHTO M 208 ASTM D2397（阳离子） | | | |
|---|---|---|---|---|---|---|---|---|---|---|
| | | MS－2，HFMS－2 | MS－2h，HFMS－2h | HFMS－2s | SS－1 | SS－1h | CMS－2 | CMS－2h | CSS－1 | CSS－1h |
| 厂拌 | 开级配 | √ | √ | | | | √ | √ | | |
| | 密级配 | | | √ | √ | √ | | | √ | √ |
| | 砂 | | | √ | √ | √ | | | √ | √ |
| 就地 | 开级配 | √ | √ | | | | √ | √ | | |
| | 密级配 | | | √ | √ | √ | | | √ | √ |
| | 砂 | | | √ | √ | √ | | | √ | √ |
| | 砂土 | | | √ | √ | √ | | | √ | √ |

美国和欧洲也使用改性乳化沥青来减小温度裂缝，增强抗车辙能力和改善早期强度。改性乳化沥青通常应用在寒冷地区，而且以 SBR 改性为主。SBR 改性乳化沥青的路用性能得到广泛的认可，尤其是 SBR 能够促进混合料的早期强度增长。在西方国家很少使用 SBS 改性乳化沥青进行冷再生施工，主要是因为 SBS

乳化沥青的颗粒较粗，破乳速度慢，早期强度差，而且沥青还原的性质不够理想造成的。

## 四、再生剂的选择

乳液再生剂是一种常用的乳化沥青冷再生添加剂，通常是阳离子乳化液。大量研究表明理想的再生剂应具有以下特性：①较好的拌合和裹覆作用；② 避免使用溶剂，因此不必在空气中长期养护；③ 应能迅速凝结，以便尽早开放交通。

在施工前，通常将再生剂乳液与乳化沥青按照设计比例充分混合均匀，同时添加到拌合楼或拌合机中。再生剂乳液的选择应视回收料的沥青性质、乳化沥青的添加量和胶结料的目标黏度等因素而定。乳化沥青冷再生的混合料反应过程极为复杂，影响因素既有各种材料的物理性质，也有施工条件、交通量组成和气候条件等。应根据冷再生混合料施工和使用中的力学性质来决定再生剂的类型和添加量。

美国 Golden Bear 和意大利的 Iterchemica 两家公司的再生剂产品在中国国内冷再生工程中都有应用。同时，国内已经有多家厂商和科研机构开发出了各种再生剂乳液，如江苏和辽宁都有厂商提供再生剂产品。各地采用的技术参数有所差别，这里简单介绍美国 Golden Bear 产品的主要技术参数如表 7-10 和表 7-11 所示。表中技术指标和测试方法可以作为选择再生剂的参考。

**美国 Golden Bear 再生剂的指标要求　　　表 7-10**

| 试验项目 | 试验目的 | 试验方法 | 指标要求 |
|---|---|---|---|
| 60℃黏度（cst） | 用于老化沥青再生黏度计算 | D－2170 | 1000～4000 |
| 克里夫兰开口闪点（℃） | 实用安全性 | D－92 | ＞232 |

续表

| 试验项目 | 试验目的 | 试验方法 | 指标要求 |
| --- | --- | --- | --- |
| 挥发性 | | | |
| IBP（%） | 避免氧化和挥发变质 | D-1160 | >163 |
| 2%挥发（%） | | D-1160 | >204 |
| 5%挥发（%） | | D-1160 | >221 |
| 旋转薄膜烘箱质量损失 | 高温稳定性测试 | D-2872 | <2.0 |
| 饱和酚含量（%） | 与老化沥青的相容性 | D-2007 | <28 |
| 沥青质含量（%） | 与老化沥青的相容性 | D-2006-70 | <7.0 |
| 化学成分比 | 再生后沥青的耐久性 | D-2006-70 | 0.6~1.0 |
| 旋转薄膜烘箱 | | D-2872 | <2.5 |
| 比重 | 使用时的物理性质 | D-70 | 0.98~1.02 |

**美国 Golden Bear 再生剂乳液指标要求　　表 7-11**

| 试验项目 | 测试方法 | 指标要求 |
| --- | --- | --- |
| 25℃黏度（SFS） | ASTM D244 | 15~85 |
| 泵送稳定性① | | 通过 |
| 筛上剩余量（%） | ASTM 13244 | <0.1 |
| 水泥拌合试验（%） | ASTM D244 | <2.0 |
| 电荷性质 | ASTM D244 | 正电荷 |
| 固化物含量（%） | ASTM D244 | >60 |

注：① 泵送稳定性试验方法是将 450mL 的乳化沥青倒入 1L 烧杯，使用实验室小齿轮泵循环乳化沥青 10min。如果 10min 后静止的乳液没有出现分层的现象，说明此乳化沥青泵送稳定性通过测试。

# 第二节　乳化沥青再生混合料设计方法

## 一、乳化沥青混合料强度形成机理

在常温条件下储存时，乳化沥青是具有良好流动性的液态悬浮混合物，即乳化沥青的颗粒在重力和表面电荷的排斥力共同作用下悬浮在水中。在沥青颗粒互相碰撞的过程中，会出现少量的颗粒接触团聚的现象，这种团聚现象不会影响乳化沥青的质量和使用效果。这时的乳化沥青处于图 7-8 的第一阶段。

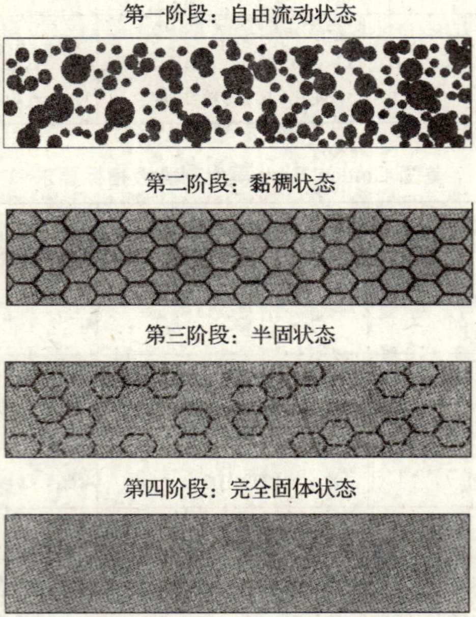


图 7-8　冷再生乳化沥青破乳成型的四个阶段

乳化沥青与石料（或回收料）拌合时，由于乳化沥青颗粒表面的电荷与石料表面的电荷发生了中和反应，沥青颗粒相互靠近粘结。此时的沥青颗粒间存在着水分，沥青颗粒的电荷没有完全消失，还没有牢固地结合成具有强度的沥青膜。这就是石料（包括回收料）和乳化沥青刚刚拌合成冷再生混合料时的状态，如图 7-8 所示的第二阶段。这种状态存在的时间长短与集料的性质、乳化沥青的类型和破乳速度有关。采用慢裂慢凝的乳化沥青时，这一状态可能会保持几天时间。设计者可以通过调节乳化沥青的配方来调节这一过程的长短。在实际施工中，如果摊铺冷再生混合料后半小时内就下雨了，对沥青颗粒的粘结成型非常不利，而且混合料表面的部分沥青颗粒会被雨水冲走。

经过压路机的碾压，在水分完全蒸发和沥青颗粒电荷完全中和后，沥青颗粒进一步结合，部分沥青已经完全连接成沥青膜，冷再生混合料的强度已经达到开放交通的要求，但是没有达到最大强度如图 7-8 所示的第三阶段。

经过一段时间的交通碾压和高温作用，沥青的颗粒会进一步结合，形成完全固态的坚实沥青膜，混合料强度达到了最大值，混合料结构也变得相当的稳定，这是第四阶段。

乳化沥青成型的过程分为上述四个阶段，在实际施工中，这四个阶段无法明确分开。

## 二、乳化沥青冷再生试验

目前，在欧洲的法国和西班牙、非洲的南非、北美的美国和加拿大都在积极的研究和推广冷再生技术，特别是乳化沥青冷再生技术，取得了丰硕的成果。由于各个国家的经济和自然条件不同，技术发展也有所不同，因此各国乳化沥青冷再生的技术标准和施工方法都不尽相同。在冷再生设计过程中，设计者主要考虑的参数有混合料的工作性、沥青的裹覆性和混合料的力学强度等。

在乳化沥青冷再生设计中，最佳液体用量（OTLC）是一个非常重要的参数。在热拌沥青混合料设计方法中是不会涉及最佳液体用量这个概念的。通常认为，最佳液体用量是乳化沥青提供的含水量，集料的含水量和外加水用量之和。最佳液体用量会影响混合料拌合时的稠度和裹覆程度，也会影响混合料的最终强度和耐久性。在混合料压实的过程中，要对最佳液体用量进行适当的调整，以获得最佳的压实效果。

图 7-9 为乳化沥青冷再生的室内设计程序，具体操作程序如下：

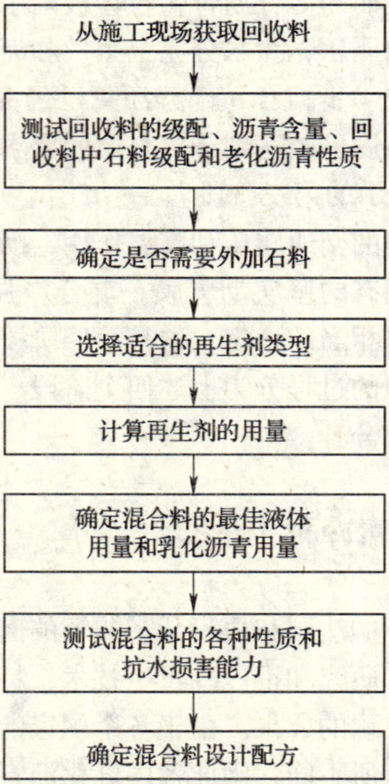


图 7-9　乳化沥青冷再生混合料设计流程

（1）回收料沥青含量、性质测试和回收集料级配分析。

（2）先将烘干的回收料各档筛余按照级配要求掺配，在25℃的条件下恒温1h。如果必要，可以掺配一定量的外加集料，以达到集料级配的要求。

（3）以不同的乳化沥青用量和不同的用水量进行拌合试验。根据混合料的稠度和粒料的裹覆程度确定混合料的最佳液体用量（OTLC）。有时，可根据实际情况作相对微调。

（4）确定乳化沥青的不同添加量，一般相邻乳化沥青用量相差0.5%。相对应的用水量也同时确定，任何一种乳化沥青用量应成型3个以上的试件。

（5）取规定重量的回收料（和外加新集料）加入拌合容器中，搅拌均匀。

（6）按照设计用水量添加外加水，搅拌均匀。

（7）按照乳化沥青用量添加乳化沥青，搅拌直至乳化沥青分布均匀，裹覆达到80%以上。在拌合结束后存在少量的花白料是允许的，通常乳化沥青在拌合过程中刚刚开始破乳，在储存和碾压的过程中还会使混合料进一步裹覆。在拌合混合料100%裹覆的情况下，设计者要特别注意压实试件时是否出现大量液体流出现象，以及试件压实密度的测试比较。

（8）根据设计施工方案，确定混合料的预养护时间，一般选择2h常温养护，或者是设计时间内的密闭保存，有些冷再生混合料可以堆放半个月左右再进行摊铺施工。实验室乳化沥青冷再生混合料的储存条件如图7-10所示。

（9）将预养护的混合料倒入压实模具中压实成型。对于Superpave旋转压实仪可以选择600MPa压强，倾斜角度1.25°，旋转压实次数30次；对于马歇尔击实仪可以选择双面击实50次。

（10）成型后脱模养生。对于Superpave旋转压实仪压制的混合料试件，可以在成型后立即脱模。由于此时的混合料强度还

图 7-10　冷再生混合料密闭储存

很低，取放试件时要注意避免边角的破损。马歇尔试件应在试模中养生，直至测试前取出。

（11）测试不同养生期的试件的马歇尔稳定度、间接抗拉强度等指标。

（12）测试混合料的抗水损害能力。

（13）测试混合料的磨耗损失值。

（14）确定最佳乳化沥青用量等设计参数。在确定最佳乳化沥青用量时，有些国家根据混合料试件的最大相对密度来确定最佳乳化沥青用量（密度法），也有的根据规定空隙率范围内试件强度最大值来决定最佳乳化沥青用量（强度法）。后一种设计方法应用得较多，而且比较容易在室内试验中实施。

由于乳化沥青冷再生混合料的强度形成要经过一个过程，各个阶段的强度增长速度差异很大，因此，养护试件在关键时间点的强度是非常重要的设计指标。经过美国科研机构的研究，普遍认为乳化沥青冷再生的试验试件养生条件可以分为以下 4 种：

1. 将试件放在 25℃ 的鼓风烘箱中养生 4h，这种养生条件相当于施工现场路面养生 1d 的效果；

2. 将试件置于 25℃ 的鼓风烘箱中养生 24h，这种养生条件模拟了现场路面养生 4 ~ 7d 后的情况；

3. 脱模后，将试件置于 60℃ 的鼓风烘箱中养生 24h，这种养生条件相当于路面摊铺一个月以后的情况；

4. 脱模后，将试件置于 60℃ 的鼓风烘箱中养生 48h，这种养生条件相当于路面达到最终强度时的情况。

在多雨潮湿地区，乳化沥青冷再生比其他冷再生方法更加适合，这是由于在潮湿的条件下，乳化沥青再生混合料的强度下降较小，抵抗水损害的效果较好。

表 7-12 为北美乳化沥青冷再生设计指标的要求。

**北美乳化沥青冷再生设计指标要求　　表 7-12**

| 国家和地区 | 美国爱荷华州 | 美国堪萨斯州 | 美国密苏里州 | 加拿大 |
|---|---|---|---|---|
| 乳化沥青类型 | CSS－1，CMS－2 | CSS | CSS | CSS，CMS |
| 40℃或 25℃马歇尔稳定度（kN），不小于 | — | 5.5 | 5.5 | 4.6 |
| 空隙率（%） | 9 ~ 14 | 不要求 | 不要求 | — |
| 工地压实度要求（%） | 92 ~ 94 | 不要求 | 不要求 | — |
| 冻融劈裂试验，T－283 | 要求② | TSR > 70%③ | TSR > 70% | —④ |
| 磨耗试验① | — | 要求 | 要求 | — |
| 低温抗裂试验 | — | 试验 TP 9－96 | 试验 TP 9－96 | — |

注：① 尽管欧洲和美国的磨耗试验方法不尽相同，但是都作为沥青路面冷再生设计中一项重要试验。具体的试验方法请见后面介绍。

② 有些国家或地区规定某些试验必须进行，试验结果要求填写在报告中，但是，并没有规定具体的指标要求。

③ 冻融劈裂试验要求试件的饱水率在 55% ~ 75% 之间。

④ 加拿大对抗水损害试验没有提出要求，但是提出了摊铺前混合料含水量最大值的要求。

## 三、混合料空隙率

通常情况下，乳化沥青冷再生混合料的空隙率比热再生沥青混合料的要大，美国 AASHTO 提出的设计方法要求的混合料空隙率是 9% ~14%。但不能简单地认为乳化沥青冷再生混合料的空隙率较大，雨水或毛细水很容易透过再生混合料层而影响其他相邻的结构层。乳化沥青冷再生混合料的空隙分布与热再生沥青混合料有很大的差异。

Colas 公司的研究发现，由于乳化沥青中的微小沥青颗粒是悬浮在分散介质中的，乳化沥青颗粒与石料粘结的过程中（即前述的乳化沥青破乳第二阶段和第三阶段）会先形成微观蜂窝状结构，然后沥青逐渐结合为一体。因此，这种混合料的空隙数量特别多，而体积却是微米级的。Colas 公司通过电子自动扫描系统对两种混合料的内部空隙进行了分析和对比得出，热再生沥青混合料的空隙大量集中在 $10^{-4}\sim10^{-3}mm^3$ 之间，而乳化沥青冷再生混合料的空隙集中在 $10^{-5}mm^3$ 以下。热再生混合料单位体积内的空隙数量有 330 个，而冷再生的单位体积空隙数量为 7200 个，这种特殊的空隙分布特点使得冷再生混合料的透水性比相同空隙率的热再生沥青混合料低，而且，沥青膜分布比较均匀，混合料的抗压回弹模量也较低。因此，冷再生混合料对半刚性基层的干缩裂缝具有一定的防治作用。由于冷再生混合料的空隙率较大，在室内设计和检测中建议采用蜡封法测试空隙率。

在施工现场碾压后，冷再生混合料的实际空隙率比热拌沥青混合料也大。如果冷再生的空隙率过大，会造成混合料的强度较低，抗水损害的能力差。如果空隙率过小，也会存在很多不利的影响，如冬季的低温抗裂性较差。由于回收料的强度低于石料，在碾压过度的时候，有时会出现碎裂的现象，从而使混合料的强度降低。因此，采用中等吨位的压路机压实，选择最佳的压实时间是非常重要的。冷再生的最低施工温度应在10℃以上。

## 四、马歇尔稳定度

马歇尔稳定度是路面混合料设计中最基础和最常用的设计指标。马歇尔稳定度试验是对标准击实的试件在规定的温度和速度等条件下受压，测试沥青混合料的稳定度和流值等指标所进行的试验。标准马歇尔稳定度试验主要用于沥青混合料的配合比设计及沥青路面施工质量检验。在我国现行的沥青混合料设计规范中规定了混合料的马歇尔稳定度测试温度为60℃。在冷再生混合料基层设计中，美国设计者将25℃马歇尔稳定度作为混合料强度指标。但是，25℃马歇尔稳定度的指标要求还没有比较统一的规定，应用的范例还比较少，因此使用时必须谨慎。图7-11为冷再生混合料室内马歇尔试验设备图。

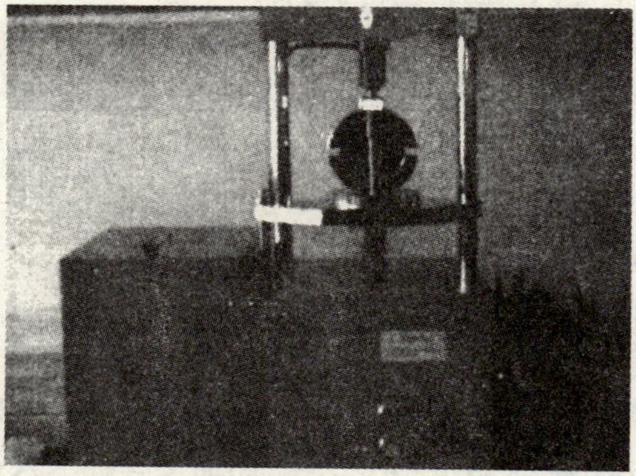

图7-11　冷再生混合料室内马歇尔试验

## 五、混合料磨耗试验

混合料磨耗试验，又称飞散试验，用以评价规定沥青用量和交通荷载作用下，路面表面集料脱落而散失的程度，以混合料试件散落材料质量的百分率表示。磨耗试验可以用来检验冷再生沥青混合料的最小沥青用量。

冷再生混合料磨耗试验仪是在美国 Hobart A－120 型搅拌机的基础上改装而成，如图 7-12 所示，磨耗试验的具体试验步骤如下：

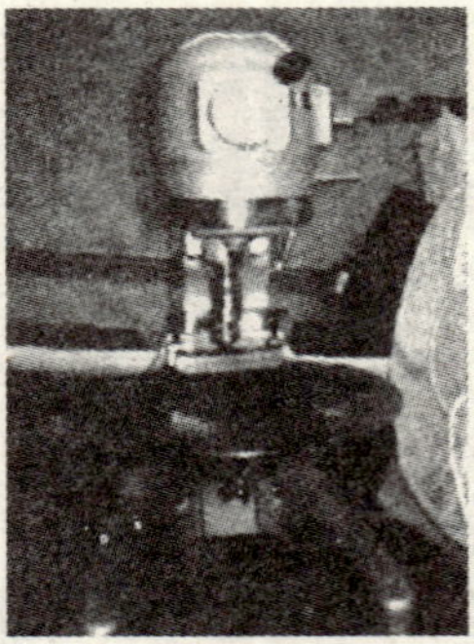

图 7-12　乳化沥青冷再生混合料磨耗试验仪

1. 在拌合容器中倒入 2700g 回收混合料（包括新添加的集料、水泥和矿粉）；

2. 添加设计配方规定的水，充分搅拌 30～60s；

3. 加入乳化沥青和其他混合添加剂（如再生剂等），充分搅拌均匀；

4. 将混合料立即倒入 SHRP D150cm 大试模中，旋转压实 20 次，如果试件的高度没有达到 70mm ±5mm，应该依据现有试件高度重新计算混合料的用量，使压实试件高度达到 70mm ±5mm；

5. 将试件压出并在 20℃ ±3℃的条件下养生 4h；

6. 称量试件的重量（$W_1$）；

7. 将试件放在磨耗仪上试验 15min；

8. 去除松散粒料后，称量试件的重量（$W_2$）；

9. 磨耗损失为 $100\times(W_1-W_2)/W_1$。

磨耗试验的损失值应小于 2%，路面工程技术人员认为这样的混合料结构层才可以承受车轮等荷载的碾压和磨损。如果现场回收料无法获得而采用实验室回收料，磨耗试验的回收料级配应选择中粗级配。中粗级配的级配范围如表7-13所示。

**磨耗试验中粗级配的级配范围　　表7-13**

| 筛孔尺寸（mm） | 31.5 | 25 | 19 | 4.75 | 0.6 | 0.075 |
|---|---|---|---|---|---|---|
| 通过率（%） | 100 | 100 | 85~96 | 4~55 | 4~14 | 0.5~3.0 |

## 六、抗水损害试验

冷再生沥青混合料抵抗水损害的能力是路面材料最重要的指标之一。沥青混合料冻融劈裂试验是一种反映混合料抗水损害性能的测试方法。冻融劈裂试验是在规定的条件下对沥青混合料进行冻融循环，测定混合料试件在受到水损害前后劈裂破坏的强度比。试验温度通常采用25℃，加载速率为50mm/min。在成型试件时，马歇尔击实仪的击实次数为双面各50次；Superpave旋转压实仪的旋转次数以达到试件7%空隙率为准。在试件饱水的过程中，国内的现行规范规定在98.3~98.7kPa真空条件下保持15min，然后打开阀门，恢复常压。美国规范要求试件的饱水率都达到55%~80%之间。如果没有达到要求，应调整抽真空的时间和真空度来达到要求的饱水率。沥青混合料试件的饱水率计算公式为：

$$S_w = 100(m_f - m_a)/m_a \tag{7-1}$$

式中　$S_w$——试件的饱水率，%；

$m_a$——干燥试件在空气中的质量，g；

$m_f$——真空饱水后试件在空气中的表干质量，g。

试件饱水后，放入-18±1℃的冰箱中保持16±1h，从冰箱中取出的试件立即放入60±5℃的恒温水浴中养护24h。然后再将所有的试件在25±0.5℃的恒温水槽中保温2h以上。最后，分别对试件进行劈裂试验，如图7-13所示。

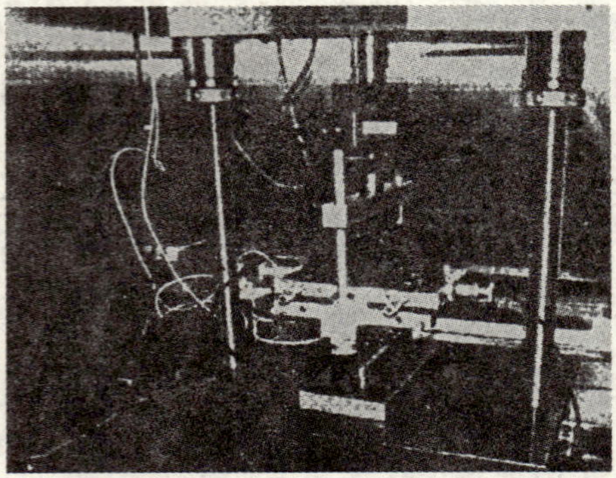

图 7-13　冻融劈裂试验

由于冷再生沥青混合料在低等级路面上作为主要承重层，在高等级路面上作为基层或下面层，因此国外对冷再生沥青混合料的冻融劈裂指标要求比面层混合料略低些。通常，在选择适合的乳化沥青类型后，冻融劈裂的结果都会比较理想，这一特点是乳化沥青中乳化剂的化学成分所决定的。对于中裂乳化沥青，由于存在部分添加剂的辅助作用而且乳化沥青的破乳速度较快，通常情况下冻融劈裂试验结果较好。慢裂慢凝的乳化沥青破乳速度较慢，沥青膜的形成也较慢，但是，由于沥青表面乳化剂的电荷与集料或回收料表面的电荷互相吸引，因而，沥青对集料的裹覆良好，冻融劈裂试验结果通常也会令人满意。

对于冷再生基层的抗水损害性能也可采用 25℃浸水残留稳定度来表示，即试件在 25℃的水中浸泡 24h 前后的马歇尔稳定度比。

在乳化沥青冷再生的设计中，还应考虑其他力学性能指标，例如：混合料的抗压强度、混合料的弯拉回弹模量等。虽然这些指标还没有被广泛采用，在有些国家的规范要求中没有被列出，但这些指标可以反映冷再生混合料的一些重要路用性能，在有条件的情况下应予以重视。在设计过程中，应根据以上测试结果和当地或邻近地区的工程经验综合确定适合的乳化沥青配方、再生剂的类型和用量、乳化沥青的用量和总用水量等参数。

## 第三节 乳化沥青冷再生路面工程实例

某南方多雨地区快速主干路经过十年的运营，路面破损已经很严重。由于这条公路附近的采石场只能提供有限的优质石料，建设方决定充分利用原有路面的铣刨回收料，采用乳化沥青冷再生技术进行基层的施工，利用当地石料生产面层沥青混合料。

### 一、路面结构设计

在路面结构设计之前，收集公路的交通量资料，分类折算成标准轴载交通量。在交通调查过程中，充分考虑公路超载的情况和相应的影响，交通量折算的标准轴载总数为$4.0\times10^{7}$次，柔性基层路面设计弯沉值为0.292mm。

经过专家研究决定采用4.0cm的细粒式沥青混凝土，8.0cm的中粒式沥青混凝土。结构层如图7-14所示。各结构层的设计指标测试结果如表7-14所示。根据路面设计弯沉值0.292mm和弹性层状理论微分解析方程的解，计算得出路面冷再生沥青混合料的厚度为35cm。验算冷再生沥青混合料的底部弯拉应力也满足要求。

| | |
|---|---|
| 细粒式沥青混凝土 | 4.0cm |
| 中粒式沥青混凝土 | 8.0cm |
| 冷再生沥青混合料 | 35cm |

土基

图7-14 路面结构图

路面结构层材料设计参数 表 7-14

| 材料名称 | 20℃抗压回弹模量（MPa） | 15℃抗压回弹模量（MPa） | 15℃劈裂强度（MPa） | 容许拉应力（MPa） |
|---|---|---|---|---|
| 细粒式沥青混凝土 | 1600 | 2200 | 1.3 | 0.27 |
| 中粒式沥青混凝土 | 1500 | 2100 | 1.2 | 0.25 |
| 冷再生沥青混合料 | 1000 | 1200 | 0.6 | 0.18 |
| 土基 | 60.0 | 60.0 | — | — |

## 二、冷再生混合料设计

首先，对回收料中的集料级配和沥青含量进行分析测试。回收料和回收料中集料的级配测试结果如表 7-15 所示。考虑到实际施工条件和经济成本比较，本项目冷再生混合料使用 100% 回收料，应用燃烧法测得的回收料沥青含量为 4.6%。

回收料集料级配 表 7-15

| 筛孔（mm） | 回收料中集料通过率（%） | 回收料通过率（%） |
|---|---|---|
| 25 | 100.0 | 100.0 |
| 19 | 95.0 | 93.5 |
| 12.5 | 81.4 | 75.1 |
| 9.5 | 79.5 | 63.8 |
| 4.75 | 60.4 | 40.4 |
| 2.36 | 45.5 | 30.9 |
| 1.18 | 35.2 | 15.5 |

续表

| 筛孔（mm） | 回收料中集料通过率（%） | 回收料通过率（%） |
|---|---|---|
| 0.6 | 28.8 | 9.4 |
| 0.3 | 22.0 | 5.5 |
| 0.15 | 14.9 | 3.9 |
| 0.075 | 11.4 | 2.7 |

本项目的乳化沥青配方是根据回收料的性质和施工条件来确定的，乳化沥青中的添加剂选用美国美德维实伟克公司生产的乳化剂 INDULIN W－5 和进口稳定剂，分析沥青的老化程度后，沥青型号选择中国石化茂名 90 号。乳化沥青配方见表 7-16。

**冷再生乳化沥青配方　　表 7-16**

| 乳化沥青组分 | 百分数（%） | 乳化沥青组分 | 百分数（%） |
|---|---|---|---|
| 乳化剂 INDULIN W-5 | 1.60 | 浓盐酸 | 至 pH = 2.0 |
| 稳定剂 | 0.20 | 沥青 | 60 |
| 水 | 38.20 | | |

实验室生产后，乳化沥青在温度为 60℃ 的条件下存放 12h 左右，然后冷却到常温使用，这个主要是模拟乳化沥青在工厂生产时的状态。实验室生产乳化沥青的粒径分布值为：平均粒径 5.89μm，90% 通过粒径为 9.24μm。

通过初始拌合，确定了回收料基本裹覆条件下的最佳总液体含量和乳化沥青的用量范围。然后，用不同的乳化沥青用量拌合 3 个平行的松散混合料，将其放在 60℃ 烘箱里加热至恒重。最后，测定混合料的最大理论密度 $G_{mm}$。本项目对 3%，4% 和 5% 的乳化沥青用量分别进行了测试，分别得到 $G_{mm,3\%} = 2.503$，$G_{mm,4\%} = 2.480$ 和 $G_{mm,5\%} = 2.458$。

根据冷再生混合料的应用层位和气候条件等因素确定了实验

室混合料设计的试验方法和试验参数。测试试件是在 Superpave 旋转压实仪上压制成型的，旋转压实次数为 30 次，压头表面压强 600kPa，压头倾角为 1.25°，试件压实成型直径为 100mm。试件压实后的空隙率如图 7-15 所示。美国和欧洲都普遍认为，9% ~14% 是适宜的乳化沥青再生的空隙率。因此，3% ~5% 的乳化沥青含量是比较合适的，具体乳化沥青含量的选择还要根据马歇尔稳定度、冻融劈裂试验和磨耗试验的结果确定。

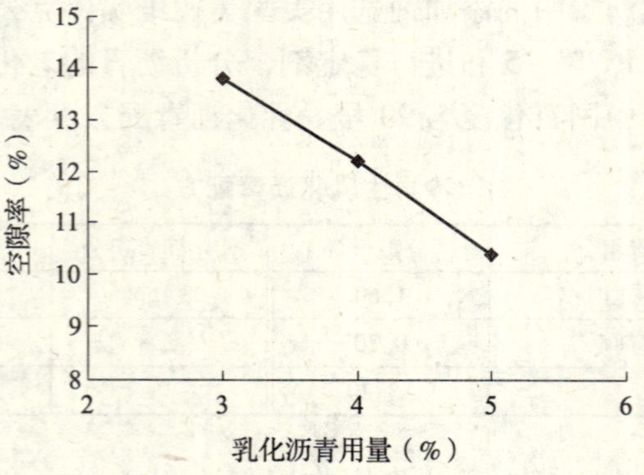


图 7-15　冷再生混合料试件空隙率关系曲线

在成型试件的过程中，需要注意混合料的用水量是否过多。因为，在旋转压实仪中试件通过反复揉搓压实，会有部分水浸湿纸垫片。如果挤压出的水分较多，应该考虑减少总液体含量和外加水的用量。压实过程中会出现回收料压裂的现象，从而导致相同乳化沥青用量的混合料强度出现偏差。因此，在混合料压实时和强度测试之前，必须仔细观察试件的表面，尽量剔除存在回收料压裂的试件。

通过不同乳化沥青含量的马歇尔稳定度和冻融劈裂试验，可以进一步验证最佳乳化沥青含量。马歇尔稳定度测试前，试件在

40℃水中浸泡 1h。冻融劈裂试验采用部颁标准 T 0729 - 2000 的测试方法进行。具体测试结果见表 7-17 和表 7-18。

冷再生混合料马歇尔稳定度测试结果　　表 7-17

| 试件编号 | 1~1 | 1~2 | 1~3 | 2~1 | 2~2 | 2~3 | 3~1 | 3~2 | 3~3 |
|---|---|---|---|---|---|---|---|---|---|
| 乳化沥青用量（%） | 3.0 | 3.0 | 3.0 | 4.0 | 4.0 | 4.0 | 5.0 | 5.0 | 5.0 |
| 用水量（%） | 2.5 | 2.5 | 2.5 | 2.0 | 2.0 | 2.0 | 1.0 | 1.0 | 1.0 |
| 养生温度（℃） | 60 | 60 | 60 | 60 | 60 | 60 | 60 | 60 | 60 |
| 养生时间（h） | 48 | 48 | 48 | 48 | 48 | 48 | 48 | 48 | 48 |
| 试件高度（mm） | 62.8 | 63.9 | 63.2 | 64.7 | 64.2 | 64.0 | 63.3 | 62.5 | 62.5 |
| 测试稳定度（kN） | 4.10 | 4.43 | 4.36 | 6.30 | 6.18 | 5.69 | 6.88 | 6.52 | 6.65 |
| 修正系数 | 1.011 | 0.994 | 1.005 | 0.981 | 0.989 | 0.992 | 1.003 | 1.016 | 1.016 |
| 修正后稳定度（kN） | 4.15 | 4.40 | 4.38 | 6.18 | 6.11 | 5.64 | 6.90 | 6.62 | 6.76 |

混合料各项性能测试结果汇总　　表 7-18

| 乳化沥青指标 | 第一组 | 第二组 | 第三组 | 设计要求 |
|---|---|---|---|---|
| 乳化沥青用量（%） | 3.0 | 4.0 | 5.0 | |
| 用水量（%） | 2.5 | 2.0 | 1.0 | |
| 空隙率（%） | 13.4 | 12.1 | 10.5 | 9~14 |
| 40℃马歇尔稳定度（kN） | 4.31 | 5.98 | 6.76 | >5.5 |
| 冻融劈裂抗拉强度比（%） | 73.0 | 85.5 | 88.9 | >70 |

冷再生混合料的磨耗试验主要是用来测试冷再生面层经过车辆荷载作用后的抗磨损情况。针对不同乳化沥青含量测试了混合料磨耗损失，磨耗试验的具体试验结果如表 7-19 和图 7-16 所示。

不同乳化沥青用量下的磨耗试验结果　　表 7-19

| 乳液用量（%） | 3.0 | 3.5 | 4.0 | 4.5 | 5.0 |
|---|---|---|---|---|---|
| 磨耗损失（%） | 5.2 | 3.7 | 2.5 | 2.0 | 1.9 |

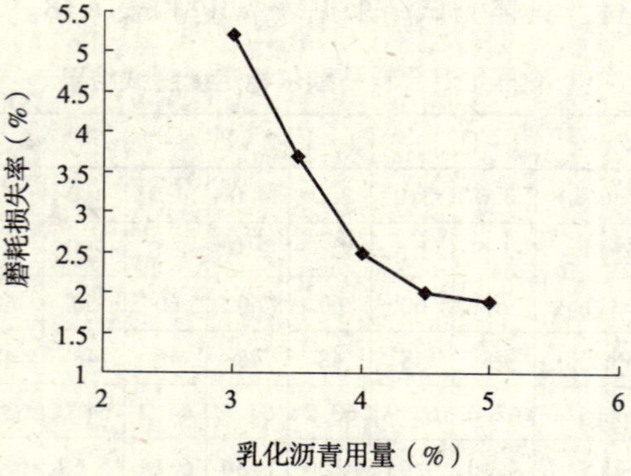


图 7-16　冷再生混合料不同沥青用量的磨耗试验结果

通过以上试验结果对比和经验判断，专家组最后确定的设计结果为：采用慢裂慢凝乳化沥青，乳化沥青用量为 5.0%，外加水用量为 1.0%，不添加再生剂。

## 三、施工资料

本次施工采用自动化程度较高的就地冷再生设备，其他辅助施工设备包括：胶轮压路机和钢轮压路机两组、铣刨机和摊铺机等。

施工方首先铣刨旧路面至施工设计高程。然后，由冷再生机将回收料筛分和再混合后，在再生机中将回收料与乳化沥青、外加水等充分拌合。拌合均匀的混合料输送到沥青混合料摊铺机中，平顺缓慢地摊铺在路基上。先由钢轮压路机在松软的混合料上进行初压实，然后，根据施工的要求由轮胎压路机压实，最后可以用钢轮压路机压平结构层表面。在路面上形成大工作面后，可以按照施工顺序同时进行各个步骤的操作。

## 四、施工注意事项

在施工过程中，冷再生混合料有很多不同于热拌混合料的特性，因而施工单位在缺少施工经验和相关技术储备的条件下必须仔细监控施工过程每一个环节，避免因个别施工步骤的失误导致整个工程的工期延误。在施工中应特别注意以下几点：

1. 回收料的含水量较低时，可以在设计外加水的用量中扣除这部分含水量。但在多雨季节或潮湿地区，会出现回收料含水量大于设计外加水量的情况，应先停止拌合摊铺施工，等到混合料的含水量降低以后再继续施工。为了尽快减少回收料的含水量，可以采取加高回收料堆的高度，减少料堆的接地面积，在可能的条件下挖简易排水沟等措施。

2. 混合料在拌合过程中，应该严格控制用水量、乳化沥青的用量和添加剂的添加量。同时，对气候条件和材料的状态都要及时监测。例如，在低温条件下可以顺利拌合的混合料，在气温快速升高的条件下就可能出现拌合问题或摊铺问题。如果在回收料中掺杂了部分基层材料，也会对拌合与摊铺操作带来困难。

3. 压实冷再生混合料时，路面会出现少量的水迹，这是由于乳化沥青破乳产生的水和外加水都会由混合料空隙到达结构层表面，这是比较正常的现象。混合料压实过程中，碾压主动轮附近的混合料不应该出现过大的变形，否则，应该选择较小吨位的压路机压实为宜。

图 7-17 所示为拌合均匀的冷再生混合料，图 7-18 为摊铺机正在摊铺冷再生混合料，图 7-19 为碾压过的冷再生路面。

图 7-17　拌合均匀的冷再生混合料

图 7-18　摊铺机正在摊铺冷再生混合料

图 7-19　碾压过的冷再生路面

# 第八章　泡沫沥青冷再生

## 第一节　沥青的发泡原理与性能评价

在高温沥青中加入少量水，沥青就会产生微细的泡沫，使沥青膨胀。此时沥青的物理性质会暂时发生变化，黏度显著降低，便于与冷湿粒料拌合均匀，不像乳化沥青那样要经过额外的乳化加工，也不像热拌料那样加热至高温而耗费许多能源，使用方便且效益较高，这种状态下的沥青即称为泡沫沥青。泡沫沥青并不是一种新的沥青粘结料，而是一种新技术应用所带来的产物。泡沫沥青冷再生技术的关键就是要使沥青产生较好的发泡效果，从而更好地发挥作用。

### 一、沥青发泡原理

沥青发泡的基本过程，如图8-1所示。当冷水滴（环境温度）与高温沥青（140℃以上）接触时，热沥青与小水滴表面发生热量（能量）交换，使水滴加热至100℃，同时沥青冷却；沥青传递的热量超过了蒸汽潜热，导致体积膨胀，产生蒸汽。膨胀腔里的蒸汽泡在一定压力下压入沥青的连续相；随着溶

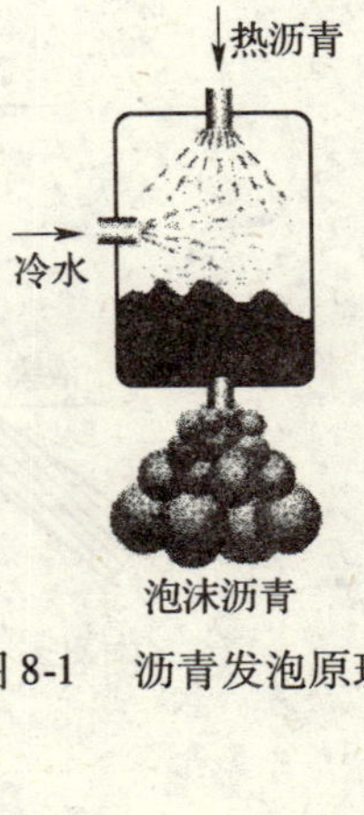

图 8-1　沥青发泡原理

有大量蒸汽泡的沥青从喷嘴喷出，压缩蒸汽膨胀使略微变凉的沥青形成薄膜状，依靠薄膜的表面张力将气泡完全包裹；在膨胀过程中，沥青膜产生的表面张力抵抗蒸汽压力直到一种平衡状态，由于沥青与水的低导热性，这种平衡一般能够维持数秒；发泡过程中产生的大量气泡以一种亚稳定态的形式存在，泡沫容易破灭。

发泡过程中导致泡沫破灭的因素很多，一种解释为随着沥青胶团在常温下冷却，气泡中的蒸汽冷凝而导致气泡破灭，发泡水会存留在沥青中形成所谓的水饱和沥青；另一种解释为泡沫具有近乎稳定的蜂窝状结构的气室，气室两边的膜即为泡沫液膜。在三个或多个气泡聚集的地方，液膜被弯曲，并凹向气室的一方，形成普来特边界，如图 8-2 所示。由于在普来特交界处有较大的曲率半径，根据拉普拉斯方程，在气相与液相之间就会产生压力差，它随液体表面张力增加而增大，随气泡曲率半径增大而减小，因此在普来特交界处的液压要比附近曲率小的地方小，就使得液体由小曲率处向普来特交界处流动，这种排液作用会使液膜逐渐变薄，当液膜达到临界厚度时（5 ~ 10nm），膜就会破裂。

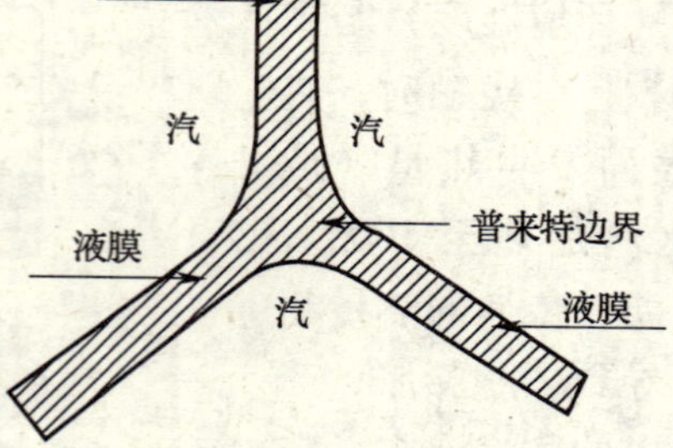


图 8-2　多个气泡相遇的普来特交界

## 二、沥青发泡特性的评价指标

1. 膨胀率与半衰期

目前主要采用膨胀率（发泡体积倍数）和半衰期两个指标评价沥青的发泡效果。

膨胀率是指在沥青发泡状态下测量的最大体积与未发泡状态下的体积之比。由于沥青在喷射过程中先前喷出的泡沫沥青体积已经开始衰减，因此测量的最大发泡体积要小于实际的最大值。为了使泡沫沥青与翻腾的集料充分接触，形成良好的裹覆作用，膨胀率越大，拌制的泡沫混合料质量越好。

半衰期是指泡沫沥青最大体积缩小到该体积一半所用的时间。它描述了沥青泡沫的稳定性，半衰期越长，泡沫越不容易衰减，可以与集料有较长时间的接触与拌合，以提高泡沫沥青混合料的质量。

2. 发泡指数

泡沫沥青在喷射时会持续几秒时间，在测量沥青发泡的最大体积时，由于泡沫已经衰减，使得测量的最大体积（膨胀率）要小于实际的最大体积。对不同沥青发泡特性有不同的影响，利用一定温度和用水量下泡沫沥青体积的衰减曲线计算发泡指数，简称 FI 方法，FI 定义为衰减曲线下最小发泡倍数以上区域的面积，FI 值较大说明泡沫沥青在可拌合的黏度范围内具有较高的能量，发泡效果较好。这种评价方法比较合理地反映了沥青的发泡过程，而且能够克服使用膨胀率和半衰期两个指标评价沥青发泡特性时带来的困难，但是实际应用较为复杂，不易操作，目前应用不多。

3. 影响发泡指标的因素

（1）加水量

增加注入沥青的发泡水用量可以有效增加产生泡沫的体积，使得膨胀率增大。而单个泡沫体积的增大减小了周围沥青薄膜的厚度，使得泡沫不稳定，半衰期减小。因此，膨胀率和半衰期与发泡用水量成相反关系，如图8-3所示。

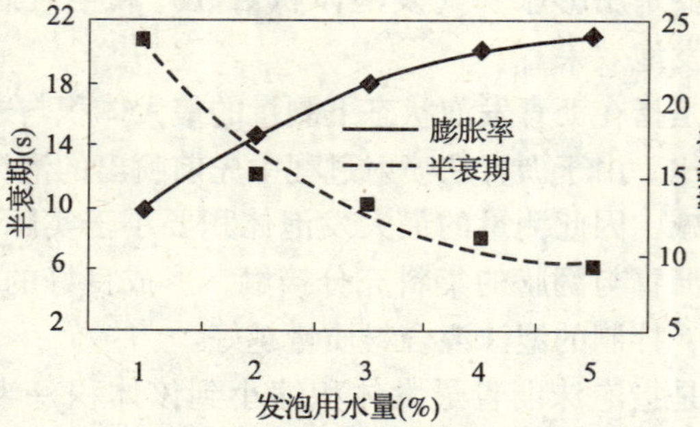


图8-3　一定温度下沥青发泡特性曲线

（2）沥青类型

由于沥青的组成不同，其发泡效果也不同，通常使用针入度在80～150（单位为0.1mm）的沥青用于发泡，使用较硬的沥青会产生较差质量的泡沫，导致沥青分散效果变差，因此考虑实际应用的原因，通常应避免使用。

（3）沥青的温度

沥青的黏度与其温度成反比关系。当温度增加时，黏度减小。理论上，较低的黏度，在发泡过程中当水改变状态时就会形成较大的泡沫，这个过程需要从沥青吸收热量，因此要获得满意的发泡效果，沥青发泡前的温度应当超过140℃。

（4）沥青和水压力

沥青和水通过小直径的通口注入发泡室。增加输送管道的压力可以使流经这些通口的液体分散（成雾状），从而改善泡沫的均匀性。

（5）添加剂

通常通过添加消极的消泡剂和积极的发泡剂来改善使用过程的性能，消泡剂通常在炼制过程中使用，发泡剂辅助发泡，多数的发泡剂在沥青加热至使用温度之前加入。

通过改变发泡温度和用水量测试泡沫沥青的膨胀率与半衰期的变化关系，找到最佳的发泡效果，在这种状态下拌制泡沫沥青混合料。而通常情况下膨胀率与半衰期两者不可能都达到最优。一般认为最好的发泡性能是出现在膨胀率和稳定性都较好之时。目前对于发泡性能尚无明确的数值标准，无论取高膨胀比还是较长的半衰期，均不如二者都适当时的效果好。

## 第二节　泡沫沥青混合料的物理力学性能

泡沫沥青稳定材料作为一种新型的道路建筑材料，泡沫沥青混合料的物理力学性能物理指标包括混合料的密度、空隙率等，力学指标包括劈裂强度和模量、抗压强度和模量以及动态模量等。泡沫沥青混合料的物理力学性能与养护方式存在一定的关系，因此要考虑泡沫沥青混合料拌合用水量与养护方式对物理性能的影响。

### 一、泡沫沥青混合料物理性能

1. 泡沫沥青混合料密度

根据表干法试验结果来看，泡沫沥青混合料在沥青用量较低时，吸水率较大可达5%～7%，随着沥青用量的增大吸水率逐渐变小。由于泡沫沥青混合料吸水率较大，一般需要较长的浸水时间，通常在15～20min。测试结果表明，蜡封法测定的结果要略大于表干法，但两者相差不超过0.7%。因此测定泡沫沥青混合料密度时，可以采用表干法代替蜡封法。

泡沫沥青混合料试件的毛体积密度随着用油量的增大而逐渐减小，不存在峰值的情形，且沥青用量的增大造成密度降低的程度要大于沥青增加提高压实度的水平。一般说来，该密度值水平要略小于热拌沥青混合料的密度（2.4~2.5g/cm³），这可能是由于泡沫沥青混合料不如热拌料容易压实，同时由于泡沫沥青混合料中含有一定量的水分，当水分蒸发后，造成内部产生空隙，从而使得密度降低所致。

2. 泡沫沥青混合料空隙率

根据蜡封法测定的密度，使用计算最大理论密度的方法来计算马歇尔试件的空隙率。同一级配的混合料空隙率变化幅度太小，从而使得每种级配的空隙率变化趋势均不明显。分析原因，可能是由于击实时泡沫沥青混合料中含有4%~5%的水，养生结束后水分的蒸发导致较大的空隙率，再加之混合料中沥青含量较低，易造成试件空隙率对沥青含量变化不敏感。同时不同级配之间空隙率有一定差异，级配偏细的混合料一般需要较多的用水量，水分蒸发会留下较大的空隙，但从结果来看，级配偏细的混合料具有较小的空隙率，而级配越粗导致空隙率越大，因此级配仍是影响空隙率的最主要因素。而泡沫沥青用量和拌合用水量是影响空隙率的次要因素，它们对空隙率的影响不明显。

## 二、泡沫沥青混合料的力学性能

1. 劈裂强度和模量

（1）劈裂强度

构成公路路面各结构层的材料，一般都具有较高的抗压强度，而抗拉抗剪强度较弱。这在颗粒材料中或结合料粘结力较低的结构中尤为突出。控制路面材料极限破坏状态的往往不是抗压强度，可能出现的强度破坏通常为：

1）因剪应力过大而在材料层内部出现某一滑动面的滑移或相对变形；

2）因拉应力或弯拉应力过大而引起的断裂。

从试验结果看出，对于泡沫沥青稳定新集料，不同泡沫沥青用量下标准的间接抗拉强度（ITS 值）存在峰值，在最高强度情形下泡沫沥青存在一个最佳用量；强度水平低于热拌沥青混凝土典型的强度值（0.6~1.5MPa），如果作为高等级道路面层其强度可能是不够的，但是作为垫层或下面层材料，能够满足我国现行《公路沥青路面设计规范》有关材料设计参数的要求，如表8-1 所示。同时根据国外的经验，泡沫沥青混合料适合于用作低交通量道路的面层和高等级道路的下面层或基层。

**沥青路面设计规范提供的材料设计参数　　表 8-1**

| 材料名称 | 沥青针入度（0.1mm）/配合比 | 15℃劈裂强度（MPa） |
|---|---|---|
| 细粒式密级配沥青混凝土 | ≤90 | 1.2~1.6 |
| 中粒式密级配沥青混凝土 | ≤90 | 0.8~1.2 |
| 中粒式开级配沥青混凝土 | ≤90 | 0.6~1.0 |
| 粗粒式密级配沥青混凝土 | ≤90 | 0.6~1.0 |
| 二灰砂砾 | 7:13:80 | 0.6~0.8 |
| 二灰碎石 | 8:17:75 | 0.5~0.8 |
| 水泥砂砾 | 5%~6% | 0.4~0.6 |
| 水泥碎石 | 5%~6% | 0.4~0.6 |

对比不同级配泡沫沥青混合料的强度结果，级配对泡沫沥青混合料的强度有很大影响，2.36mm 以下材料的通过率对混合料强度的形成具有重要影响，而超过这一粒径的通过率对材料强度影响不明显，发现水泥用量对泡沫沥青混合料强度没有显著影响。一般来讲，材料中的抗拉强度主要由结合料的粘结力提供。

对于泡沫沥青混合料，粘结力主要由沥青与其中细集料形成的高黏度“玛瑺脂”所提供，细集料越多，形成的“玛瑺脂”就越多，材料的粘结力也就越大，材料的抗拉强度也就越高。

在15℃下，泡沫沥青混合料强度对沥青含量变化不敏感，级配较好的泡沫沥青混合料，劈裂强度完全可以达到甚至超过半刚性材料的强度。因此，泡沫沥青混合料可以完全取代现有半刚性材料，但增加水泥、石灰或二灰的用量以达到更高的强度，易造成材料的脆性增加，使得材料在早期就出现干缩或者温缩裂缝。对于泡沫沥青混合料由于级配设计的不同，会造成材料在强度上有很大的差异，因此应根据具体路面设计对强度的要求，选择合适的级配。

（2）劈裂模量

劈裂模量即间接拉伸模量，可以采用10cm×10cm的圆柱体试件或马歇尔试件，试验时将试件横卧施加径向荷载，在试件内部产生水平拉应力，直至试件破坏，试件破坏时的劈裂模量按式（8-1）计算。

$$S_T = \frac{F_T(0.27+\mu)}{hX_T} \tag{8-1}$$

式中 $F_T$——试验荷载的最大值，N；

$\mu$——泊松比；

$h$——试件高，mm；

$X_T$——试件破坏时的水平变形。当试验仅测定垂直方向变形 $Y_T$ 时，水平变形可由式 $X_T = Y_T \times (0.135 + 0.5\mu)/(1.794 - 0.314\mu)$ 计算。

试验时采用MTS测试泡沫沥青混合料试件的劈裂强度，根据泡沫沥青混合料劈裂试验的荷载变形曲线得出每一试件的最大荷载，典型曲线如图8-4所示，同时可依据规范T 0716－93得出试件的垂直总变形，经计算得到每一试件的劈裂模量。

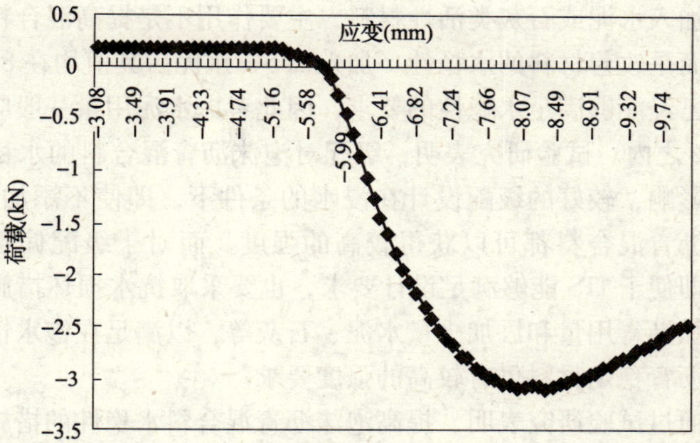


图 8-4　泡沫沥青混合料劈裂试验的荷载 - 变形典型曲线

对于普通热拌沥青混合料，一般认为当沥青用量增加时混合料的劲度模量增高，随着沥青含量的进一步增加，混合料的劲度反而下降，沥青用量存在一个最佳值。与热拌沥青混合料不同，泡沫沥青混合料随着沥青用量的增加其模量成下降趋势，随沥青用量的增加材料的可塑性增大，劲度模量降低。一般来说，强度越大，模量也越高。这是由于不同材料间级配不同所造成的，级配较好的泡沫沥青混合料一般具有较高的强度和模量，且温度越低模量值就越高。泡沫沥青混合料的 25℃ 干试件的劈裂模量值范围为 80 ~ 350MPa，15℃ 干试件劈裂模量值范围为 130 ~ 440MPa，具体取值要考虑泡沫沥青的级配和沥青用量。

2. 泡沫沥青混合料水稳性

将养生好的试件在 25 ±1℃ 温度下浸水 24h，然后取出试件，擦干表面，进行测试，测试试件湿 ITS 的目的在于评价泡沫沥青混合料的水稳性。

泡沫沥青混合料的强度特性对湿度状态有较强的依赖性，这是由于它的低沥青含量和高孔隙率。Castedo Franco 等人研究发现，加入水泥或石灰类活性材料，主要作用不是提高混合料的强度，而是改善材料的水稳性。加入1.5%水泥后其值均在85%以上，已经能够满足水稳性的要求，因此考虑水泥用量一般应控制在2%之内。试验研究表明，级配对泡沫沥青混合料的水稳性有显著影响，较好的级配设计在浸水的条件下，即使不添加水泥，泡沫沥青混合料都可以获得较高的强度。而对于级配偏粗的材料，即使干ITS能够满足设计要求，也要采取抗水损坏措施，适当增加沥青用量和添加少量水泥、石灰等，以满足在饱水情形下泡沫沥青稳定材料仍有较高的强度要求。

通过试验研究表明，提高泡沫沥青混合料水稳性的措施有：

（1）改善混合料的级配，级配不好（通常偏粗）是导致混合料水稳性差的重要原因；

（2）添加一定用量的水泥类填料，是改善混合料水稳性最为有效的方法；

（3）适当增加沥青用量。对于抗水稳性能要求较高的路段，一般建议采用设计沥青用量的上限。

3. 抗压参数

抗压参数包括抗压强度和抗压模量。目前我国沥青路面主要采用抗压模量和劈裂强度作为基层设计参数，为了给路面设计提供参考依据，对泡沫沥青混合料的抗压模量和抗压强度进行了试验。

（1）抗压强度

将拌制好的泡沫沥青混合料采用静压法成型100mm×100mm圆柱体试件。成型完毕后立即脱模并送至40℃通风烘箱养生72h。养生完成后，在20℃恒温水浴中保温3h，按沥青混合料单轴压缩试验的方法测试抗压强度，加载速度为5mm/min。试验结果表明，随着泡沫沥青用量的增加，抗压强度在一定泡沫沥青用量下存在一个峰值，可选择该强度下的沥青用量作为设计值。但在整个沥青用量范围内强度值变化幅度小，可以认为泡沫沥青混合料的抗压强度对泡沫沥青用量没有像间接抗拉强度（ITS）那样敏感，也不像半刚性材料抗压强度随粘结料用量变化那样明显。因此采用抗压强度有一定的局限性，沥青用量不易确定。同时抗压强度的测试方法相对比较繁琐，而采用劈裂强度相对简单。

对于泡沫沥青混合料，偏细的级配可以形成较多的沥青玛瑅脂，使得材料具有较强的粘结性能，从而增加强度。泡沫沥青混合料的抗压强度要明显小于热拌沥青混合料，略小于半刚性材料的强度，但可以采取合理的设计，使泡沫沥青混合料达到基层材料的抗压强度要求。试验表明劈裂强度主要受细集料（尤其是2.36mm以下部分）影响，而对于抗压强度，粗集料形成的骨架结构对材料的抗压强度有较大影响。且泡沫沥青混合料的无侧限抗压强度值通常在1.8～5.4MPa之间。

（2）抗压回弹模量

在室外有整体材料上的承载板测定方法，足尺路面结构的分层承载板测定法等。室内试验采用圆柱体试件，在试件顶面施加垂直荷载。室内方法的关键在于测量荷载作用下变形的方法，主要有顶面法、标距法、夹具法、电测法等。不同的测试方法得到的回弹模量相差很大，以电测法测得的模量最大，而顶面法最小。对于路面材料的回弹模量，一般认为在野外整体材料上用承载板法测得的回弹模量为标准。因此，泡沫沥青稳定基层材料的回弹模量试验方法采用顶面法。表8-2列出了我国规定的回弹模量试验方法的比较。

传统的沥青混合料静态抗压回弹模量的测试加载方式为：预压$0.1P \sim 0.2P$（$P$为试件破坏荷载），然后以$0.1P \sim 0.7P$七级分别加载，绘制$P_i - \Delta l_i$曲线，修正原点，取$0.5P$时的模量作为设计参数。为了和设计规范保持一致，仍然采用这种方法进行试验，试验过程采用20℃作为泡沫沥青混合料的回弹模量测试温度，试验研究表明，回弹模量随泡沫沥青用量的增加而逐渐减小，沥青用量的增加使得材料柔性性质增加，材料的劲度降低。

不同回弹模量的试验方法　　表 8-2

| 试验方法 | 试验目的 | 试验尺寸 | 试验温度 | 预　压 | 加载速率 | 稳压时间 | 卸载时间 |
|---|---|---|---|---|---|---|---|
| JTJ 014 增补方法 | 沥青混合料抗压回弹模量 | $\phi$10cm × 10cm | 15℃，20℃ | 0.2P 加载卸载预压两次 | 2 mm/min | 0 | 30s |
| JTJ 057 T0808 | 无机结合料回弹模量 | $\phi$10cm × 10cm 或 $\phi$15cm × 15cm | — | 最大荷载一半预压两次，每次 1min | | 1min | 30s |
| JTJ 051 T0136 | 土基回弹模量 | $\phi$15.2cm × 12cm | — | 0.05 ~ 0.2MPa，1.2 次 | | 1min | 1min |
| JTJ 052 T0713 | 沥青混合料抗压回弹模量 | $\phi$10cm × 10cm | 15℃，20℃ | 0.2P 预压 1min | 2 mm/min | 0 | 30s |

表 8-3 给出了不同级配泡沫沥青混合料（沥青用量取 3% ~ 4%）、热拌沥青混合料及半刚性材料的回弹模量范围。与热拌沥青混合料和半刚性材料相比，泡沫沥青混合料的抗压模量要偏小。与热拌沥青混合料相比，由于泡沫沥青混合料中沥青不裹覆粗集料，粗集料靠中间的沥青“玛琋脂”粘结在一起，造成其板体性没有热拌混合料强，造成模量值偏低。半刚性材料由于添加水泥等粘结料，一般都具有较高的模量。

不同路面材料抗压模量比较　　　　表 8-3

| 材料名称 | 沥青针入度（0.1mm）/配合比 | 20℃抗压模量（MPa） |
|---|---|---|
| 细粒式密级配沥青混凝土 | ≤90 | 1200～1600 |
| 中粒式开级配沥青混凝土 | ≤90 | 1600～2000 |
| 中粒式密级配沥青混凝土 | ≤90 | 1200～1600 |
| 粗粒式密级配沥青混凝土 | ≤90 | 1200～1600 |
| 二灰砂砾 | 7∶13∶80 | 1300～1700 |
| 二灰碎石 | 8∶17∶75 | 1300～1700 |
| 水泥砂砾 | 5%～6% | 1300～1700 |
| 水泥碎石 | 5%～6% | 1300～1700 |
| 级配 1（1.5% 水泥） | 2%～3% | 1100～1250 |
| 级配 2（1.5% 水泥） | 2%～3% | 800～1000 |

4. 动态劈裂回弹模量

劈裂参数是表征材料动态性能的指标之一，是路面设计中不可缺少的重要参数。我国《公路沥青路面设计规范》（JTJ 014－97），对高速公路、一、二级公路的沥青混凝土路面层和半刚性基层、底基层确定层底拉应力指标时规定，所用材料抗拉强度采用劈裂强度。国外有些设计方法，如美国的 AASHTO 路面设计指南规定采用 ASTM D 4123“沥青混合料回弹模量间接拉伸试验的标准方法”测定的回弹模量作为设计参数。

2003 年新西兰 Mofresh F. Saleh 按照澳大利亚规范 AS 2891.12.1－1995 重复间接拉伸的方法，对泡沫沥青混合料进行了动态性能测试。仪器为气动的材料试验机（MATRA）。该仪器可以加载三角波或半正弦波，上升时间为 0.025～0.1s，精度为 ±0.005s。上升时间被定义为荷载从 10% 最大荷载上升到 90% 最大荷载的时间。该仪器备有温度控制室，可以将温度控制在 ±0.5℃，试验在可恢复水平应变 50±20$\mu\varepsilon$ 范围内进行，并通过式（8-2）来估计需要达到此范围的峰值荷载：

$$P_e = \frac{E \times D \times \varepsilon \times h_c}{(\mu + 0.27) \times 10^6} \tag{8-2}$$

式中 $P_e$——预估的极限荷载，N；

$E$——试件的预估回弹模量，MPa；

$D$——圆柱体试件的平均直径，mm；

$h_c$——试件的平均高度，mm；

$\varepsilon$——可恢复的水平微应变，με；

$\mu$——泊松比。

在规定的可恢复水平应变 50±20με 范围内，对试件施加 5 个荷载波进行预处理，然后再施加 5 个荷载波，记录下可恢复的水平变形。计算最后 5 个波形产生的回弹模量的平均值作为该试件的回弹模量值。

（1）试验方法

常用的仪器有：诺丁汉试验仪，MATRA 试验仪和 MTS 试验仪。试件尺寸为标准的马歇尔试件，试件个数 4～5 个。试件是按照前文叙述方法成型和养生好的试件。

将养生好的试件置于 MTS 机环境箱中，在温度 15±0.5℃下保温 6h。

试验在一个频率下进行，加载频率为 1Hz，其中荷载持续时间 0.1s，荷载间歇时间 0.9s，荷载波形为半正弦波。为使试验过程中能产生足够的弹性变形，同时也为了便于和同类成果进行比较，15℃时取最大荷载为拉伸强度的 25% 进行反算并在试验中进行适当调整，以满足弹性变形的要求。荷载作用时间为 42s。采集最后 5 个波形的荷载及变形曲线，记录并计算可恢复垂直变形、动态回弹模量。

每组使用 3 个试件，每个试件测两次回弹模量。第一次测试后，将试件放回温控箱保温 10min，再把试件旋转 90°，进行第二次测试。

泡沫沥青混合料的动态劈裂回弹模量按式（8-3）计算：

$$E_{sp} = \frac{P_T}{h \times X_T}(0.27 + 1.0\mu) \tag{8-3}$$

式中　$E_{sp}$——动态劈裂回弹模量，MPa；

$P_T$——重复荷载，N；

$h$——试件直径，mm；

$X_T$——瞬时可恢复水平变形，mm，按式（8-4）计算：

$$X_T = \frac{Y_T \times (0.135 + 0.5\mu)}{1.794 - 0.0314\mu} \tag{8-4}$$

式中　$Y_T$——可恢复垂直变形，mm；

$\mu$——泊松比，试验温度为15℃时，取0.27。

（2）试验结果

试验通过MTS配备的电脑自动控制，对荷载和变形数据进行采集，采样的速率高达1ms/次，能够获得完整连续的记录曲线。试验中所测得的典型荷载曲线和变形曲线如图8-5和图8-6所示。

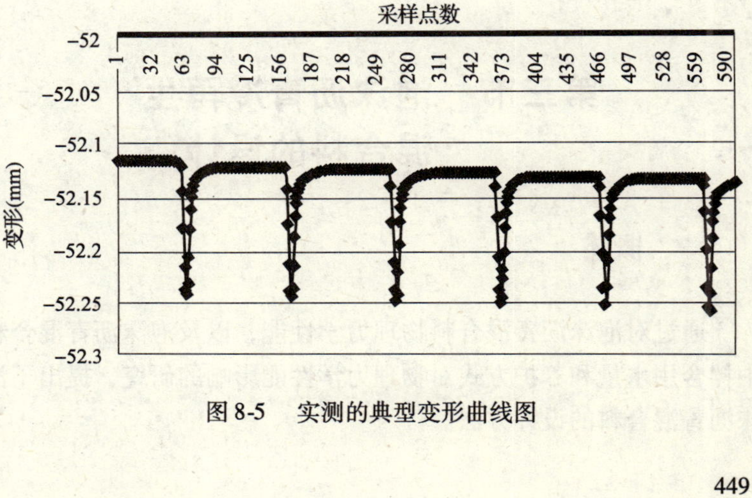


图8-5　实测的典型变形曲线图

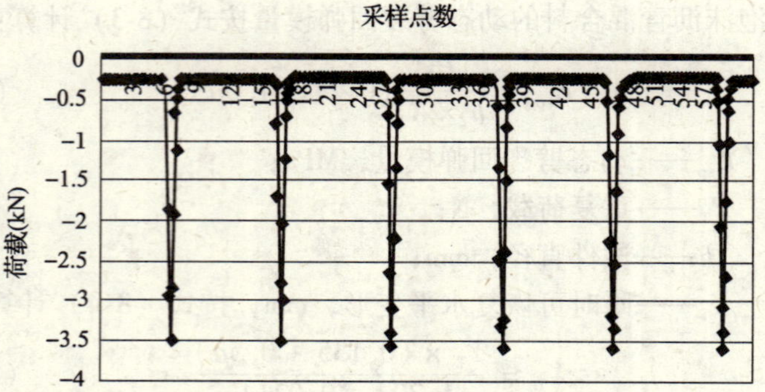


图 8-6 实测的典型荷载曲线图

从图 8-5 和图 8-6 变形和荷载的时程曲线可见，在循环荷载加载周期，泡沫沥青混合料试件的变形响应同步发生，随动荷载线性增长；而在卸荷周期，试件变形响应略有滞后，在 1 个应力循环的间歇期内，试件的变形不能完全恢复，这表明泡沫沥青混合料与热拌沥青混合料一样属于黏弹性体，在瞬时动荷载作用下也存在一定黏性。

# 第三节 泡沫沥青冷再生混合料的设计

## 一、概述

通过对泡沫沥青混合料物理力学性能，以及泡沫沥青混合料中拌合用水量和养护方式对物理力学性能影响的研究，提出了泡沫沥青混合料的设计方法。

## 二、材料与混合料设计

1. 取样

为了给实验室混合料设计提供准确、可靠的试验样品，应该依据路面再生的方式，例如是选择就地再生还是厂拌再生，以及路面结构设计要求，采取具有代表性的试样，进行混合料的实验室设计。对于就地再生施工，应该根据路面结构设计的再生深度，采用就地再生机进行现场取样。根据嘉兴等地就地再生试验段的经验，本手册建议取样槽的长度在 2 ~ 4m，取料槽的深度为再生深度要求的深度，宽度为再生机的铣刨宽度。取样时，从取样槽中部取样，并且注意均匀取料，防止离析，如图 8-7 所示。对于厂拌再生施工，根据太旧高速、上海和浙江等地厂拌再生试验段的经验，如果是提取破碎后的铣刨料，则只需在破碎的料堆中均匀提取试样即可。对于未破碎的料堆，则应该选取相对均匀的料堆，然后使用铁锹在取料位置拌合均匀，然后提取需要数量的铣刨料。如果在道路大修前的路况调查阶段，能够开挖测试坑进行有关调查和试验，同时提取材料进行实验室配合比设计应是最好的办法。

图 8-7　使用就地再生机进行现场取样

2．试样的分析

（1）铣刨材料的自然含水量

将所取样品材料放进50℃通风烘箱中烘干48h至恒重，计算其自然含水量，作为现场施工和实验室击实试验的参考数据。

（2）铣刨材料筛分试验

采用四分法从铣刨料中取4kg左右的筛分样品。将准备筛分的两种样品放入50℃通风烘箱中，烘干至恒重，然后密封冷却至室温，随后进行筛分试验。

（3）铣刨材料的砂当量与塑性指数试验

砂当量指标可以有效地反映细集料的含土率，是评价集料洁净程度的有效方法。同时为了检验铣刨材料的塑性指数，按照《公路工程集料试验规程》（JTG E42－2005）中规定的方法进行砂当量和塑性指数试验。

根据材料塑性指数的试验结果，参考表8-4选择活性填料的种类。

**活性填料的选择　　　表8-4**

| 塑性指数 | <10 | 10～16 | >16 |
|---|---|---|---|
| 活性填料 | 水泥（1%～1.5%） | 石灰（1.5%～2.5%） | 消石灰预处理后再稳定 |

（4）铣刨材料的密度

依据交通部行业标准《公路工程集料试验规程》（JTG E42－2005）分别采用网篮法和容量瓶法测定粗集料的毛体积密度和细集料的表观密度。对于RAP料，则分成0～5mm和大于5mm两档分别加以测定。

3．级配设计

根据材料的筛分结果，按照尽量贴近Mobil级配曲线中值并控制0.075mm通过率不低于5%的原则。同时将泡沫沥青混合料级配曲线范围与 AC－25 矿料级配范围比较，如图 8-8 所示，可见泡沫沥青混合料的级配要偏细，细料的含量要求较高，尤其 4.75mm 以下各筛孔的通过率要求很高，比密级配沥青混凝土混合料矿料级配还要偏细。

由于铣刨材料中细集料往往偏少，因此常常需要向铣刨料中添加一定量的细集料。细集料的添加比例，可以根据细集料的级配，选取不同的比例，例如添加 10%、20% 和 30%，然后分别测试不同添加量材料在不同沥青含量下的物理力学性能，从而确定细集料的添加量。同时为了寻求每组材料力学指标随沥青含量的变化情况，可对每组级配喷入不同沥青含量的泡沫沥青，泡沫沥青的参考用量可参考表 8-5 加以确定。

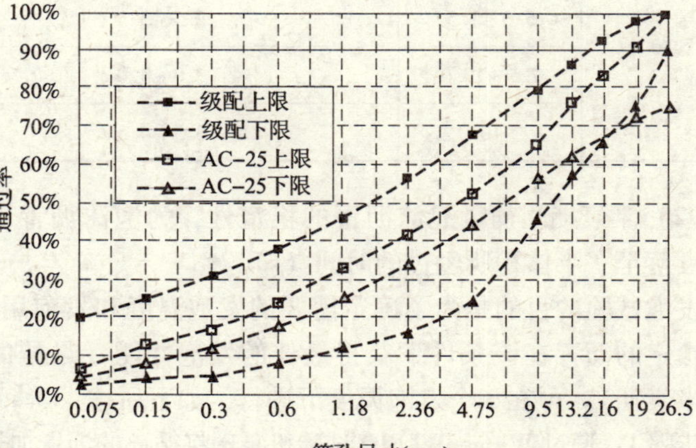


图 8-8 泡沫沥青混合料的级配范围与 AC 级配范围的比较

4. 沥青

在选用沥青拌制泡沫沥青混合料之前，需要对该种沥青进行发泡试验。

每种沥青的发泡特性可表征为：

(1) 膨胀率。衡量泡沫沥青黏度，为沥青发泡的最大体积与原始体积的比值。

人造棉料关键筛孔通过率下典型泡沫沥青用量　　表 8-5

| 筛孔通过率（%） | | 泡沫沥青添加量（干集料质量百分比,%） |
|---|---|---|
| 4.75mm | 0.075mm | |
| <50 | 3.0~5.0 | 2.0~2.5 |
| | 5.0~7.5 | 2.0~3.0 |
| | 7.5~10.0 | 2.5~3.5 |
| | >10.0 | 3.0~4.0 |
| >50 | 3.0~5.0 | 2.0~3.0 |
| | 5.0~7.5 | 2.5~3.5 |
| | 7.5~10.0 | 3.0~4.0 |
| | >10.0 | 3.5~4.5 |

(2) 半衰期。衡量泡沫沥青的稳定性，为泡沫沥青从最大体积衰落至一半体积所经过的时间（s）。

发泡试验的目的是为了确定需要的发泡温度和发泡用水量，以使给定的沥青在该条件下获得最佳的发泡性能（最佳的膨胀率与半衰期）。可在 3 个发泡温度下进行，如下所述：

步骤 1：通过 WirtgenWLBIO 试验机泵送将循环的沥青加热至需要的温度（通常从 140℃开始），并在开始试验前至少维持 5min。

步骤 2：标定沥青的喷射流量，并设置计时器，使每次沥青的喷射量为 500g。

步骤 3：设定水流量控制计，达到需要的加入量（通常从沥青质量的 2% 开始）。

步骤 4：将泡沫沥青喷射至预热（±75℃）的钢桶里，并在喷射结束后，迅速按下秒表。

步骤5：使用WirtgenWLBIO配备的标尺（用275mm直径钢桶和500g沥青标定过）测量桶内泡沫沥青的最大高度，并作为最大体积记录。

步骤6：使用秒表测量泡沫衰落至最大体积一半所持续的时间，并作为泡沫沥青的半衰期记录。

步骤7：重复三次，或直至得到相似的读数。

步骤8：至少在3个不同加水量下，重复步骤3～7，通常为沥青量的2%、3%和4%。

步骤9：在相同的坐标轴下（如图8-5所示的例子）绘制不同加水量下膨胀率与半衰期的关系图。

重复以上步骤1～9，可对其他发泡温度进行检验。

首先确定每一发泡温度下的最佳发泡用水量，可采取图8-9所示的方法确定沥青的最佳发泡条件，然后比较在该发泡用水量下，不同发泡温度下的发泡效果，最终确定最佳发泡条件。

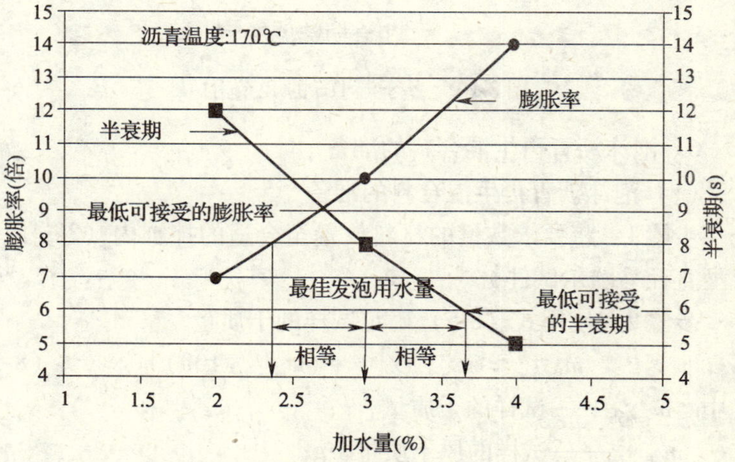


图8-9 确定最佳发泡用水量的方法

5. 拌合用水

考虑到泡沫沥青混合料抗水损坏性能的要求，因此应根据材料的级配、当时的气温等条件，按照图 8-10 的推荐范围，选取拌合用水。

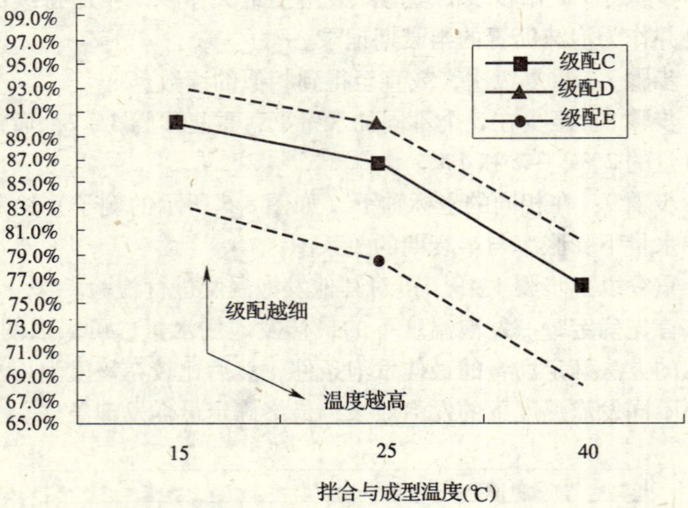


图 8-10　基于湿 ITS 的 $R_m$ 范围

6. 泡沫沥青再生混合料的准备

（1）泡沫沥青再生混合料的准备

步骤 1：将要求数量的材料放置至合适的拌缸内（8kg 用于成型直径马歇尔试件）。

步骤 2：使用式（8-5）确定试样的干质量

$$m_{sample} = m_{air-dry}/[1 + (w_{air-dry}/100)] \tag{8-5}$$

式中　$m_{sample}$——试样的干质量，g；

$m_{air-dry}$——试样的风干质量，g；

$w_{air-dry}$——风干试样的含水率，质量%。

步骤3：使用式（8-6）确定活性填料（石灰或水泥）的百分比。

$$m_{cement} = (C_{add}/100) \times m_{sample} \tag{8-6}$$

式中 $m_{cement}$——水泥或石灰的用量，g；

$C_{add}$——水泥或石灰的百分比，质量%；

$m_{sample}$——试样的干质量，g。

步骤4：依据经验公式（8-7）计算确定最佳拌合用水量，然后使用公式（8-8）确定试样中所需的加水质量。

$$w_{add} = 1 + (0.5w_{OMC} - w_{air-dry}) \tag{8-7}$$

$$m_{water} = (w_{add}/100) \times (m_{sample} + m_{cement}) \tag{8-8}$$

式中 $w_{add}$——需要加入试样中的含水量，质量%；

$w_{OMC}$——最佳含水量，质量%；

$w_{air-dry}$——风干试样的含水量，质量%；

$m_{water}$——试样的加水质量，g；

$m_{sample}$——试样干重，g；

$m_{cement}$——需要加入的石灰或水泥质量，g。

步骤5：将试样材料、活性填料、水在拌缸内一起拌合至均匀。

步骤6：使用公式（8-9）确定泡沫沥青的用量

$$m_{bitumen} = (B_{add}/100) \times (m_{sample} + m_{cement}) \tag{8-9}$$

式中 $m_{bitumen}$——需要加入的泡沫沥青质量，g；

$B_{add}$——泡沫沥青含量，质量%；

$m_{sample}$——试样干重，g；

$m_{cement}$——需要加入的石灰或水泥质量，g。

步骤7：使用公式（8-10）确定WirtgenWLBIO试验机上计时器时间的设定

$$T = factor \times (m_{bitumen} + Q_{bitumen}) \tag{8-10}$$

式中 $m_{bitumen}$——需要添加的泡沫沥青质量，g；

$T$——WLBIO 试验机上计时器设定的时间，s；

$Q_{bitumen}$——WLBIO 试验机上的沥青流量，g/s；

*factor*——在拌缸内损失沥青的补偿系数，根据经验，对于 Hobart 拌合机，该系数取 1.25。

步骤 8：将机械式拌合机与发泡设备对接在一起，以便泡沫沥青可直接喷入拌锅中。

步骤 9：开启搅拌机，在向拌锅内喷射泡沫沥青之前至少拌合 100s，并在喷射泡沫沥青后持续拌合 30s。

步骤 10：使用公式（8-11）确定需要加入的水量，以使试样达到最佳含水量。

$$m_{plus} = (w_{OMC} - w_{sample})/100 \times (m_{sample} + m_{cement}) \quad (8\text{-}11)$$

式中 $m_{plus}$——试样中需要加入的水量，g；

$w_{OMC}$——试样的最佳含水量，质量%；

$w_{sample}$——准备好试样的含水量，质量%；

$m_{sample}$——试样干重，g；

$m_{cement}$——需要加入的石灰或水泥质量，g。

步骤 11：添加额外的水并拌合均匀。

步骤 12：将拌制好的泡沫沥青稳定材料转移至容器内，并立即将容器密封，以防水分损失。为了尽可能减少水分的损失，应立即成型马歇尔试件。

重复以上步骤，并制作至少 4 种不同泡沫沥青含量的试件。

说明：拌合后观察试样，确保拌锅周围没有堆积拌合材料。如果出现这种情况，则降低用水量重新拌合试样。观察材料是否容易拌合，始终处于疏松的状态。如果拌合结束后，发现有任何粉料的存在，则应添加少量水，重新拌合，直至达到没有粉料存在的疏松状态。

（2）成型马歇尔试件

步骤 1：清洁试模、套筒、底座和击实锤底面。注意：击实设备不需加热，但应在室温下保存。

步骤2：称量足够材料，使试件击实高度控制在63.5mm±1.5mm（通常为1150g），用插刀沿周边插捣15次，中间10次，使材料表面成凸圆弧面。

步骤3：用击实锤击实混合料75次，必须保证击实锤自由落下。

步骤4：脱去径套，将试模反转过来，对另一面同样击实75次。

步骤5：击实后，取下底座，将试件在试模内放置24h，以便在脱模前形成足够的强度。

7．控制指标的确定

路面基层在行车荷载的反复作用下，主要承受竖向压应力及水平拉应力作用，如图8-11。混合料中集料的骨架支撑作用基本能满足其实际需要。有关实践表明，泡沫沥青混合料基层材料往往是由于基层底部抗拉强度（或粘结强度）不足而开裂。试验证明，沥青混合料和各种半刚性基层材料的劈裂强度与弯拉强度具有一定的相关关系，而劈裂试验比梁的弯拉试验简单、方便，且更接近路面结构受力状态，考虑到泡沫沥青作为柔性基层材料，其特性与沥青混合料有一定的相似性，因此采用间接抗拉强度（ITS）作为混合料设计的控制指标。

（1）指标的测定

标准的间接抗拉强度（*ITS*）试验需要测试试件在干燥和浸水两种条件下的*ITS*值。在试验过程中，试件的垂直变形速率恒为50mm/min，通过测量试件的最大破坏荷载以确定*ITS*值。步骤如下：

1）在测试之前，将养生好的试件在室温下放置一夜；

2）在十字对称的四个方向量测每个试件的高度并计算其高度平均值；

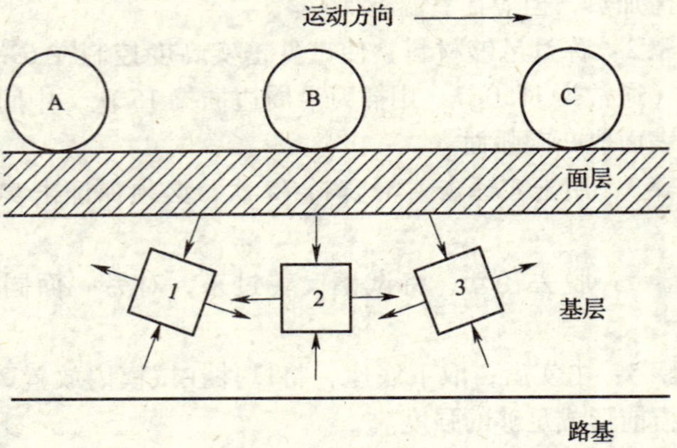


图 8-11　路面结构中基层的受力示意图

3）量测每个试件的直径；

4）在测试之前，将试件置于 25 ± 1℃ 的恒温空气浴中至少 1h，但不超过 2h；从恒温空气浴中取出试件，将其放到加载装置上；

5）将试件安放稳定，使上下压条在试件的垂直端面上居中、平行，将转换板放置在上压条上并使整套装置与下面压头居中对齐；

6）以 50mm/min 的速度向试件施加荷载，直至最大荷载，加载过程中不能有振动，记录荷载 *P*（kN），准确到 0.1kN。

（2）浸水 *ITS* 的测定

测定浸水试件的 *ITS* 值，在测试前要采取以下措施：

1）将养生过的试件放入真空干燥器中并将其浸入 25 ± 1℃ 的水中；

2）使真空干燥器的真空度达到 50mmHg，维持 60min ± 1min。若没有真空干燥器，则在 25 ± 1℃ 温度下浸水 24h。

（3）*ITS* 值的计算

利用以下公式计算各试件的 *ITS* 值，准确到 1kPa。

$$ITS = \frac{2 \times P}{\pi \times h \times d} \tag{8-12}$$

式中　*ITS*——间接抗拉强度，kPa；

*P*——最大荷载，kN；

*h*——试件的平均高度，m；

*d*——试件的直径，m。

对于某一含量沥青，*ITS* 的残留比 *TSR* 定义如下：

$$TSR = \frac{ITS_{wet}}{ITS_{dry}} \tag{8-13}$$

式中　$ITS_{wet}$——浸水养护试件的 *ITS* 值；

$ITS_{dry}$——干养护试件的 *ITS* 值。

8．设计沥青用量的确定

在同一坐标轴上绘制所有试件（干燥和浸水）的 *ITS* – 沥青含量（加入的沥青）关系曲线。选取浸水试件的最大 *ITS* 所对应的沥青含量作为沥青含量的设计值，用于泡沫沥青混合料的设计。根据各沥青用量下的试验结果，选择 $ITS_{wet}$ 和 *TSR* 均较大的沥青用量作为最佳的泡沫沥青用量。

## 三、泡沫沥青冷再生混合料的性能检测

初步的设计级配组成确定以后，对其进行各项力学性能试验，包括马歇尔稳定度试验、车辙试验、无侧限抗压强度试验及抗压回弹模量试验。目前国内对泡沫沥青混合料的研究尚处于初级阶段，对其各项力学性能还未形成明确的技术标准。对于未能、不能满足设计要求的性能，可以通过调整泡沫沥青再生材料的级配和沥青用量等方法重新设计。

1．无侧限抗压强度（*UCS*）试验

标准无侧限抗压强度（*UCS*）试验是在平衡含水量条件下进行的。认为这种条件能够代表道路的实际湿度状况。对127mm高，150mm直径的试件施加140kPa/s（153kN/min）的恒定荷载，并通过测定试件破坏时的最终荷载确定*UCS*，方法如下：

步骤1：将试件放在两加载压头之间，并将其置于加载盘的中央。

步骤2：对试件施加加载速率为140kPa/s的荷载，直至荷载达到最大值。

记录下最大荷载*P*（kN），精确到0.1kN。

步骤3：试验结束后，立即将试件打碎并取出约1000g材料，以确定试件的含水量（$w_{weak}$）。

步骤4：使用公式（8-14）计算各试件的*UCS*，精确到1kPa。

$$UCS = (4 \times P)/(\pi \times d^2) \times 10000 \qquad (8\text{-}14)$$

式中 *UCS*——无侧限抗压强度，kPa；

*P*——破坏时的最大荷载，kN；

*d*——试件的直径，cm。

或者依据《公路工程无机结合料稳定材料试验规程》(JTJ 057－94）中T 0805－94规定的方法进行试件成型与强度试验。其中养生方法为：将每个试件放置在密封的塑料袋（容积至少为试件体积的两倍）中，然后置于40℃的烘箱中，进一步养生48h。养生结束后，将试件从烘箱中取出，并去掉塑料袋，同时确保试件不能沾上塑料袋的水分，最后冷却至试验温度。

2. 车辙试验

车辙试验试件密度取重型击实试验确定的最大密度，成型车辙板后按照本章上述养生方法完成养生后，依据规范规定的沥青混合料车辙试验方法进行。

# 第四节 泡沫沥青冷再生混合料的基本性能

## 一、疲劳性能

对于沥青稳定材料，较好的抗疲劳性是其优于半刚性材料的主要原因。疲劳的试验方法很多，概括起来可分为试件、试板、试槽和路面现场实测等四大类。试件疲劳试验又可分为旋转法、扭转法、简支三点（或四点）弯曲法、悬臂梁弯曲法、弹性基础梁弯曲法、直接拉伸法、间接拉伸法、三轴压力法和剪切法等。试件疲劳试验法又分为脉冲压头式、轮胎加压式、动轮轮迹式和动板轮迹式等。

路面结构疲劳试验又分为直线试槽和环道式两类。环道路面试验的结构又可按室内和室外条件分为单轮胎或双轮胎加荷及单臂、双臂或六臂等。

1. 沥青用量对疲劳性能的影响

通常认为沥青材料具有很好的韧性，在混合料中的含量会对材料的疲劳性能产生影响。依据配合比设计方法得到的最佳泡沫沥青用量，是基于材料获得最佳水稳性的考虑，在该沥青用量下，泡沫沥青是否仍具有较好的抗疲劳特性。

当泡沫沥青用量从2%增加到3%时，劈裂强度和两个应力比下对应的疲劳次数都有显著提高；当泡沫沥青用量从3%增加至4%时，劈裂强度和1个应力比下对应的疲劳次数都有提高，但幅度不明显，同时意外的是0.5应力比下的疲劳次数反而有所降低。

从泡沫沥青稳定材料的机理分析，在拌合时泡沫沥青一般只能裹覆一定粒径的细集料（裹覆的最大粒径与集料的温度有关），从这种意义上讲，这种细集料的含量也就决定了泡沫沥青的用量，太少的沥青会使得多余的细料无法裹覆，混合料的性能表现为强度和抗疲劳性能不足；然而过多的沥青会使得沥青与细料组成的胶浆黏度变低，沥青起到了润滑剂的作用，也使得混合料的强度与疲劳性能降低。因此试验结果也进一步说明，选择合适的沥青用量可以改善混合料的疲劳性能。

根据试验研究，湿试件的最佳泡沫沥青用量为3.61%，干试件的最佳泡沫沥青用量为3.15%，根据疲劳试验结果来看，泡沫沥青用量在3%～4%的混合料具有较好的抗疲劳性能，因此根据间接抗拉强度（*ITS*）测试决定最佳沥青用量的设计方法，能够比较准确的反映材料的最佳抗疲劳性能。

2. 水泥对疲劳性能的影响

根据泡沫沥青混合料的研究，认为未加入活性填料的泡沫沥青混合料对水有较强的敏感性，因此一般情况下都要向混合料中添加一定的活性填料，常用的有水泥和消石灰等。但是添加一定量的活性填料会使得材料变脆，所以必须依据材料的疲劳性能来选择填料的用量范围，这样既能满足水稳性的要求，又不使材料的脆性显著增加。

对于泡沫沥青稳定材料，多于2%的水泥会增加材料的脆性，从而削弱材料的抗疲劳性能，一般认为加入不多于2%的水泥不会对泡沫沥青混合料的疲劳性能造成显著影响。根据本试验的结果，还可以做出以下推论，即如果材料的级配偏细（例如级配B比级配A偏细），那么在不增加沥青用量的前提下（泡沫沥青用量均为3%），可以适当增加水泥的用量，在获得足够的强度和水稳性的同时不会明显影响材料的疲劳性能。

3. 不同级配混合料的疲劳性能

泡沫沥青可以稳定的材料范围很宽，但一般也要满足一定的级配范围。同时由于结构层的差异和再生深度的不同，会使得用于冷再生混合料的级配富于变化。试验研究表明，泡沫沥青冷再生混合料在不同级配材料的疲劳寿命存在较大差异，但是对应力的敏感程度基本相当，发现泡沫沥青混合料的疲劳性能与热拌沥青混合料疲劳性能已经基本相当。虽然泡沫沥青混合料的强度不如热拌沥青混合料，但作为基层材料在满足路面结构组合设计的条件下，对于小于极限荷载下的抗疲劳性能方面泡沫沥青混合料优势较为明显。

对于取一定值的应力，泡沫沥青冷再生混合料的劈裂强度不如沥青混合料。在相同应力比条件下，泡沫沥青冷再生混合料的疲劳次数可以达到粗粒式沥青混合料的水平。基于此，可以认为因为泡沫沥青冷再生材料的强度低于沥青混合料，所以只有在小应力状态下泡沫沥青混合料的疲劳性能才能发挥出来。

增加材料中细料的含量（尤其增加 0.075mm 的通过率）可以明显增强材料的抗疲劳性能和降低应力敏感性。但实际工地中要获得相当细度的级配并非易事，尤其对于仅含有沥青混凝土铣刨料的材料，一般都要添加相当多的细料，而且细料要具有足够的细度。如果加入大量的矿粉，同时还要增加沥青用量，就显得很不经济。而向再生料中加入少量的矿粉或者新料是最为常用的做法，这样虽然抗疲劳效果有所下降，但是可以显著地节约成本。

4. 压实度对疲劳性能的影响

随着压实功的增加，疲劳寿命相应的增加，并且对应力的敏感程度也增加，表现为指数的增加。而且对于低于 95% 的压实度会造成混合料抗疲劳性能的显著降低，因此一般要通过限制压实度的要求来满足疲劳性能，同时对于泡沫沥青冷再生混合料可以允许少量的过压。

## 二、储存性能

泡沫沥青混合料的可储存特性将对其应用、生产与施工有着重要影响。主要表现在施工工艺上，泡沫沥青混合料可储存，可以延长材料的摊铺与压实时间，使得现场施工比较宽裕；使其在一定时间内生产足够的成品料，而无需立即使用，大大拓展材料的应用场合，例如道路日常养护和频繁的养护和维修作业等。早在 1983 年，Van Wokl 等在文献中指出泡沫沥青混合料可以储存 2 个月。2003 年澳大利亚稳定工业协会出版的有关泡沫沥青技术规范中，也指出未添加活性填料的泡沫沥青混合料可以储存后使用，但储存时间不应超过 28d。

储存稳定性是指在一定的养生条件下（特指混合料在未制成试件时的养生条件）混合料试件的强度和刚度等性能的变化，以及这些指标变化幅度的大小。一般认为泡沫沥青含量较高的混合料，其较好的粘结性使其性能储存稳定性较好。短期密封储存可以对混合料强度和刚度有略微贡献。但是对于含有水泥等活性填料的混合料，则恰恰相反，任何延迟成型时间均会造成强度和模量的不利影响。在一般情形下，级配偏细的泡沫沥青混合料，其性能具有相对较好的储存稳定性。泡沫沥青混合料可以进行不密封储存，比较干燥的泡沫沥青混合料，只要能够保证足够的重新拌合与压实用水，其力学性能仍能得以维持。

## 第五节　拌合用水量对泡沫沥青混合料的性能影响

### 一、拌合用水的作用

与热拌沥青混合料、半刚性材料及土的压实相比，泡沫沥青混合料要获得最佳的压实显得比较复杂。这是因为泡沫沥青混合料里用了两种润滑剂：沥青和水。虽然沥青在喷射时黏度是很低的，但是当其与集料接触后，与细集料裹覆并形成黏度较大的“玛琋脂”，“玛琋脂”的润滑作用还不能使得材料获得最佳压实，而必须加入一定的水，在水和“玛琋脂”的复合作用下才能获得最佳的压实。水在拌合及压实时主要有以下几个作用：

1. 促进集料结团的分解；

2. 在拌合过程中有利于沥青的扩散；

3. 在集料间充当润滑剂。

然而，过多的水将会影响压实效果及混合料的强度。因此在拌合及压实过程中必须确定一个合适的用水量。

## 二、最佳拌合水量

1. 最佳拌合水量确定方法

关于泡沫沥青混合料最佳拌合用水量的确定方法，国外进行了许多研究。

（1）美孚石油公司的研究表明，混合料的最佳拌合水量处于集料的“疏松点”。“疏松点”是指在此含水量下，集料具有最大松散度体积。研究认为拌合用水量应在 Mod AASHTO 最佳拌合水含量的 70% ~80% 范围内。对于较细的材料，因疏松点太低而不能保证充分的拌合和压实。

（2）通过对不同级配泡沫沥青混合料在不同拌合水量下的研究发现，对于每一种级配混合料，存在一个最佳拌合水量，在最佳拌合水量下混合料的马歇尔稳定度最大，且最佳拌合水含量应为修正 AASHTO 最佳含水量的 65% ~85%。

（3）Castedo Franco 和 Wood 在泡沫沥青混合料中引入了总液体含量，考虑到除水外还有粘结剂的润滑作用，当混合料达到最大压实度时，实际的拌合水含量就要相应减少。并认为当总流质（水 + 沥青）含量大约等于 *OMC* 时，可以达到最佳压实度。

（4）Skar 和 Manke 利用统计的方法，从不同级配混合料中得出了最佳拌合用水量的计算公式：

$$MMC = 8.92 + 1.48\,OMC + 0.4PF - 0.39BC \tag{8-15}$$

式中 *MMC*——最佳拌合用水量，%；

*OMC*——对于修正的 AASHTO 最佳含水量，%；

*PF*——集料的细料百分率，%；

*BC*——沥青含量，%。

（5）考虑泡沫沥青和水两种润滑剂的作用，维特根公司依据经验找到了不同最佳含水量下集料最佳拌合水减少量的关系，如图 8-12 所示。为了达到最佳的拌合目的，可根据公式（8-16）计算需要加入集料中的含水量（%），然后根据公式（8-17）计算要加入的水的质量。

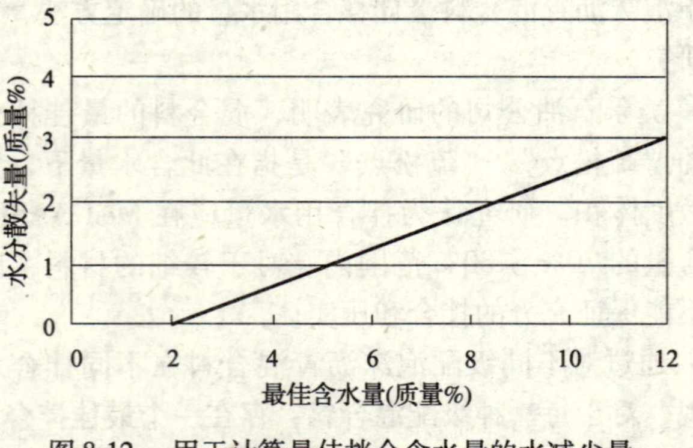


图 8-12 用于计算最佳拌合含水量的水减少量

$$w_{\text{add}} = w_{\text{omc}} - w_{\text{moist}} - w_{\text{reduce}} \tag{8-16}$$

$$m_{\text{water}} = \frac{w_{\text{add}}}{100} \times (m_{\text{sample}} + m_{\text{cement}}) \tag{8-17}$$

式中 $w_{\text{add}}$——需要加入集料中的含水量，%；

$w_{omc}$——最佳含水量,%；

$w_{moist}$——集料中的含水量,%；

$w_{reduce}$——水分的减少量，其值取$0.3 \times w_{omc} - 0.6$,%；

$m_{water}$——需加入水的质量，g；

$m_{sample}$——集料的干质量，g；

$m_{cement}$——需加入水泥的质量，g。

2．最佳拌合水量试验

考虑到泡沫沥青混合料的强度形成原理与普通热拌沥青材料存在差异，强度受级配、拌合与压实温度及拌合水量的影响。而上述三种因素在以强度为最终检验指标的前提下可能又互相产生影响，需要通过试验研究进行优化。

（1）不同级配材料的最佳拌合用水量

在常温25℃下对3种代表级配C、D和E选取30%，50%，70%，90%，110%和130%以及采用Wirtgen经验公式计算的拌合用水量共7种拌合用水量，每种材料的泡沫沥青用量均取3%进行试验。试验结果如表8-6所示。

**3种级配材料在不同拌合用水量下的物理力学指标　表8-6**

| 级配 | 沥青用量（%） | 拌合用水量（%） | 实测拌合用水量（%） | 密度（$g/cm^3$） | 空隙率（%） | 干 *ITS*（kPa） | 湿 *ITS*（kPa） | 强度残留比（%） |
|---|---|---|---|---|---|---|---|---|
| C | 3.0 | 30.0 | 30.0 | 2.105 | 11.3 | 255.7 | 122.1 | 47.7 |
| | | 50.0 | 50.0 | 2.145 | 9.6 | 415.2 | 223.3 | 53.8 |
| | | 70.0 | 70.0 | 2.167 | 8.7 | 512.3 | 327.4 | 63.9 |
| | | 79.4 | 79.4 | 2.181 | 8.1 | 550.6 | 401.2 | 72.9 |
| | | 90.0 | 88.3 | 2.192 | 7.6 | 497.2 | 398.9 | 80.2 |
| | | 110.0 | 105.6 | 2.179 | 8.2 | 466.3 | 334.2 | 71.7 |
| | | 130.0 | 117.8 | 2.165 | 8.8 | 402.1 | 283.3 | 70.5 |

续表

| 级配 | 沥青用量（%） | 拌合用水量（%） | 实测拌合用水量（%） | 密度（$g/cm^3$） | 空隙率（%） | 干 *ITS*（kPa） | 湿 *ITS*（kPa） | 强度残留比（%） |
|---|---|---|---|---|---|---|---|---|
| | | 30.0 | 30 | 2.168 | 9.8 | 235.5 | 105.3 | 44.7 |
| | | 50.0 | 50 | 2.197 | 8.6 | 456.5 | 237.1 | 52.0 |
| | | 70.0 | 70 | 2.225 | 7.4 | 614.5 | 485.4 | 79.0 |
| D | 3.0 | 78.4 | 780.4 | 2.240 | 6.8 | 650.3 | 549.3 | 84.5 |
| | | 90.0 | 88.1 | 2.230 | 7.2 | 606.1 | 523.1 | 86.3 |
| | | 110.0 | 107.8 | 2.218 | 7.7 | 529.1 | 439.1 | 83.0 |
| | | 130.0 | 123.5 | 2.198 | 8.5 | 487.2 | 358.1 | 73.5 |
| | | 30.0 | 30.0 | 2.038 | 13.6 | 179.2 | — | — |
| | | 50.0 | 50.0 | 2.067 | 12.4 | 278.3 | 97.3 | 35.0 |
| | | 70.0 | 70.0 | 2.087 | 11.5 | 324.5 | 112.7 | 34.7 |
| E | 3.0 | 80.8 | 80.8 | 2.102 | 10.9 | 364.3 | 132.2 | 36.3 |
| | | 90.0 | 86.4 | 2.091 | 11.4 | 350.1 | 118.2 | 33.7 |
| | | 110.0 | 100.5 | 2.087 | 11.5 | 298.3 | 107.2 | 36.0 |
| | | 130.0 | 114.3 | 2.076 | 12.0 | 203.5 | 76.3 | 37.5 |

根据试验过程，当拌合用水量较小时，泡沫沥青在混合料中不能均匀分散，会出现大小不等的条形沥青团，而且在30%时最多，沥青分散很不均匀，将混合料抓在手中感觉缺乏粘结力，同时手掌上会被大块的沥青团粘住。这说明材料中缺乏必要的水分，泡沫沥青无法和细集料裹覆。缺乏水分和沥青的不均匀分

散，使得混合料无法有效地压实，从而造成密度小，空隙率很大，干、湿 *ITS* 及强度残留比都很低。

当拌合用水量增加至70%时，泡沫沥青结团的现象有所改善，已经不能明显发现这些聚集的沥青团。这说明随着用水量的增加，泡沫沥青可以裹覆更多的细集料，其分散程度得到改善，压实效果变好，密度增加，空隙率变小，干湿 *ITS* 和强度残留比都得到增加。

当拌合用水量继续增加至80%左右时，泡沫沥青已经在混合料中得到充分的分散，用肉眼可以观测到泡沫沥青裹覆细集料形成的粒状“玛琋脂”，用手将混合料抓成一团后，混合料具有一定的粘结力而不能立即塌落下来。这时密度进一步增大，空隙率继续降低，干湿 *ITS* 和残留强度比也有所提高。

拌合用水量接近或超过最佳含水量时，可以发现混合料中出现自由水，泡沫沥青在混合料中得到充分的分散，用肉眼可以观测到泡沫沥青裹覆细集料形成的粒状“玛琋脂”，用手将混合料抓成一团后，混合料具有一定的粘结力而不能立即塌落下来，但手中会沾上较多的自由水。混合料可以得到很好的击实，但是测试的密度已经有所降低，空隙率变大，干湿 *ITS* 和残留强度比也有所降低。

分析认为，在不同拌合用水量下，三种级配的泡沫沥青冷再生混合料出现了十分类似的规律，即在拌合水量低于70%时，泡沫沥青不能有效分散，伴有不同程度的“沥青”团出现，此时泡沫沥青混合料的物理力学特性最差，表现为密度最小，空隙率最大，强度低和水稳性差。在80%拌合用水量时，泡沫沥青得到了充分分散，沥青结团现象消失，材料的物理力学性能最佳，表现为密度最大，空隙率最小，强度最高和水稳性最好。在超过90%拌合用水量时，泡沫沥青仍能得到充分分散，没有沥青结团现象，材料的物理力学性能有所降低，表现为密度减小，空隙率增大，强度降低和水稳性变差。因此，对于泡沫沥青稳定各类材料，足够的拌合用水量是影响和决定材料最终性能的关键因素，但是过多的水也会对材料性能不利，一般要通过合理的方法确定最佳的拌合用水量。

（2）不同拌合与击实温度下材料的最佳拌合用水量

由于沥青是感温性材料，在不同拌合和击实温度下泡沫沥青混合料中形成的沥青“玛琋脂”也会表现为一定的感温性。泡沫沥青混合料中的水和“玛琋脂”是两个互相作用的“润滑剂”，“玛琋脂”的感温性对拌合用水产生一定的影响。

为了探求这种影响作用，对级配 C 在 15℃、25℃和 40℃3 种温度下，对 30%，50%，70%，90%，110% 和 130% 以及采用 Wirtgen 经验公式计算的拌合用水量共 7 种拌合用水量的混合料物理力学性能进行了试验研究。每种材料的泡沫沥青用量均取 3%。同时由于要对材料的温度进行控制，所以在试验时要采取特别的处理，并采取以下措施，将配好的集料用袋子密封并分别在 15℃、25℃的水浴和 40℃的烘箱中存放 6h，拌合时将材料取出，并立即在拌锅里拌合，拌合完毕后，仍将材料密封送至水浴或烘箱中储存直至试件击实结束。

击实试验结束后，在室温 15℃左右下不脱模养生 24h，然后脱模并在 40℃通风烘箱养生 72h，试件养生结束后，一组试件密封后放入 25℃水浴 5h 后测试干 *ITS*；另一组试件在采用水中重法测试密度后，浸入 25℃水浴中湿养生 24h 后测试湿 *ITS*。表 8-7给出了这些材料的试验结果，其中包括密度、空隙率、干湿 *ITS* 和强度残留比。由于含水量较高时（高于最佳含水量的 90%），在击实试验过程中会出现部分水分从试模中溢出，因此对这些含水量高的试件测试了其实际含水量。

不同温度下和不同拌合用水量
泡沫沥青混合料的物理力学指标 表 8-7

| 温度（℃） | 拌合用水量（%） | 实测拌合用水量（%） | 密度（g/cm³） | 空隙率（%） | 干 *ITS*（kPa） | 湿 *ITS*（kPa） | 强度残留比（%） |
|---|---|---|---|---|---|---|---|
| 15 | 30.0 | 30.0 | 2.130 | 9.6 | 130.1 | 65.1 | 50.0 |
| | 50.0 | 50.0 | 2.143 | 9.0 | 188.2 | 95.2 | 40.6 |
| | 70.0 | 70.0 | 2.154 | 8.6 | 234.7 | 125.5 | 53.5 |
| | 80.0 | 79.4 | 2.161 | 8.7 | 319.6 | 197.1 | 61.7 |
| | 90.0 | 87.1 | 2.163 | 8.2 | 311.1 | 205.2 | 66.0 |
| | 110.0 | 104.5 | 2.158 | 8.4 | 257.6 | 177.3 | 68.9 |
| | 130.0 | 120.2 | 2.149 | 8.8 | 251.1 | 129.6 | 51.6 |
| 25 | 30.0 | 30.0 | 2.105 | 11.3 | 255.7 | 122.1 | 47.7 |
| | 50.0 | 50.0 | 2.145 | 9.6 | 415.2 | 223.3 | 53.8 |
| | 70.0 | 70.0 | 2.167 | 8.7 | 512.3 | 327.4 | 63.9 |
| | 80.0 | 78.4 | 2.181 | 8.1 | 550.6 | 401.2 | 72.9 |
| | 90.0 | 88.3 | 2.192 | 7.6 | 497.2 | 398.9 | 80.2 |
| | 110.0 | 105.6 | 2.179 | 8.2 | 466.3 | 334.2 | 71.7 |
| | 130.0 | 117.8 | 2.165 | 8.8 | 402.1 | 283.3 | 70.5 |
| 40 | 30.0 | 30.0 | 2.168 | 9.8 | 465.2 | 334.9 | 72.0 |
| | 50.0 | 50.0 | 2.197 | 8.6 | 589.2 | 434.5 | 73.7 |
| | 70.0 | 70.0 | 2.225 | 7.4 | 668.2 | 532.1 | 79.6 |
| | 80.0 | 78.4 | 2.240 | 6.8 | 699.7 | 575.3 | 82.2 |
| | 90.0 | 86.3 | 2.230 | 7.2 | 622.1 | 508.8 | 81.8 |
| | 110.0 | 100.2 | 2.218 | 7.7 | 582.3 | 431.5 | 74.1 |
| | 130.0 | 119.8 | 2.198 | 8.5 | 494.2 | 352.1 | 71.2 |

通过对表8-7的分析，每一种拌合与压实温度下拌合用水量对泡沫沥青冷再生混合料的物理力学性能都会产生较大的影响，即拌合用水量不足时混合料的密度小、空隙率大，干湿*ITS*和残留强度比都很低；拌合用水量过高也会导致密度降低、空隙率变大，干湿*ITS*和残留强度比都降低；混合料存在一个最佳拌合用水量。同时比较不同温度下混合料的物理力学性质可以发现，在温度低的情形下，混合料的密度小，空隙率也较大，同时强度和残留强度比也较小，而随着温度的增加，密度增大，空隙率减小，强度和残留强度比也随之增大。

试验结果得出，随着拌合及成型温度的升高，最佳拌合用水量占最佳含水量的百分比（$R_m$）呈下降趋势，分析原因是由于沥青是感温性材料，在不同拌合和击实温度下泡沫沥青混合料中形成的沥青“玛琋脂”也会表现为一定的感温性，拌合和击实温度升高会使得“玛琋脂”的黏度降低、流动性增加，对混合料的润滑作用增大，此时要维持最佳拌合与压实效果的总液体含量（包括“沥青玛琋脂”和水）不变，就必须适当降低拌合用水量。由于施工气温会因不同区域和不同季节而有很大不同，所以会导致混合料在拌合与压实温度上有所差异。

(3) 泡沫沥青混合料的最佳拌合用水量范围

从图中可以看出，最佳拌合用水量与材料的级配和拌合、成型温度有一定关系，一般表现为级配越细，$R_m$越大，拌合、成型温度越高，$R_m$越小。而试验选用的级配和拌合、成型温度具有代表性，能够反映出工程实践中的情形。因此在工程应用中可以依据材料的级配、拌合与成型温度，参照图8-13和图8-14中表现的规律，合理选择最佳拌合用水量的范围。

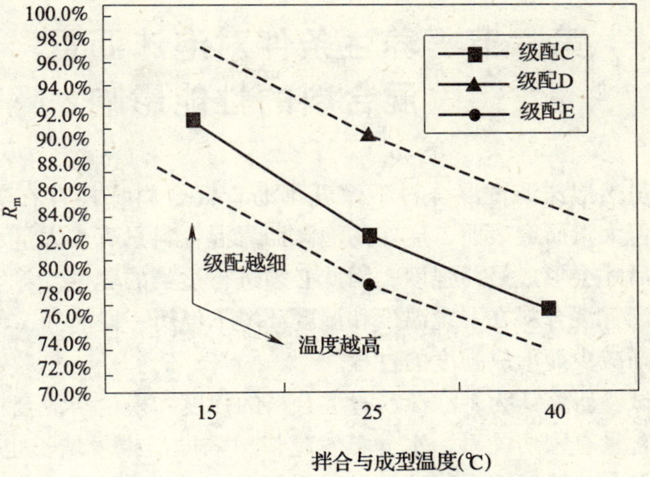


图 8-13　基于干 *ITS* 的 $R_m$ 范围

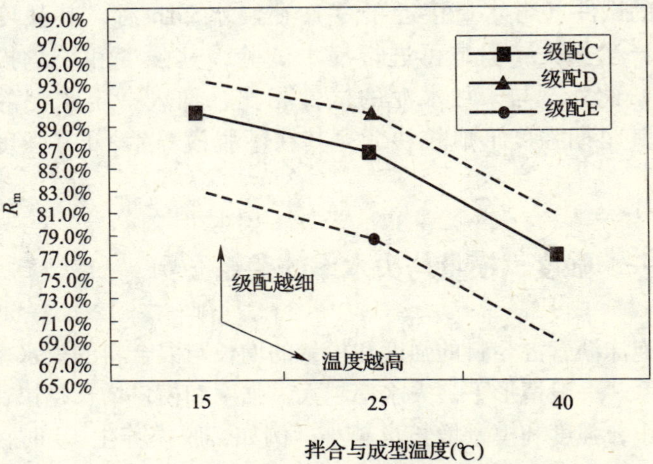


图 8-14　基于湿 *ITS* 的 $R_m$ 范围

# 第六节　养生条件对泡沫沥青混合料的性能影响

虽然泡沫沥青混合料不像乳化沥青混合料那样存在养生问题，但大量研究表明，压实的泡沫沥青混合料只有在大量水分失去之后才会形成最终强度，因此必须进行适当的养生。养生是使泡沫沥青混合料在一定温度和湿度环境下经历一段时间，使其水分逐渐减少而形成强度的过程。

试验研究认为，泡沫沥青混合料的强度和模量与混合料中的水分含量有密切关系，水分蒸发越快，强度与模量增长也越快，一般在水分接近完全蒸发（譬如小于1%）后，强度和模量达到最大值。此后，由于混合料接近最干状态（含水量接近于零），再对试件进行养生，其强度和模量也增加不大。同时，对于养生完成的试件（含水量接近于零）在浸水24h后，其强度和模量会产生损失，但是再进行浸水试验，其强度和模量损失不明显。此外，与未加水泥的试件相比，加入一定水泥的混合料，其早期强度形成较快，尤其在不脱模养生1d其强度增加显著。

## 一、强度、模量与失水率的关系

泡沫沥青混合料的强度和模量的增长与混合料的失水率有密切关系。一般情形下，失水率越大，强度和模量增长越快；失水率越小，强度和模量增长也越小。例如，脱模养生1d时，由于混合料失水率在整个养护期内最大，混合料的强度和模量也增长最为显著。

## 二、强度与含水量的关系

泡沫沥青混合料在含水量较高时其强度和模量都较低；而含水量接近为零时混合料的强度和模量达到最大值。因此，也可以这样认为，泡沫沥青混合料一旦在压实完成结束后，混合料中的水分的存在对材料的强度和模量均不利，只有使混合料的含水量处于尽可能低的水平，才会使其获得最高的强度和模量。

## 三、养生温度的影响

养生温度越高，混合料的失水率越大，强度和模量的增长也越快；养生温度越低，含水量减小越慢，强度和模量增长也越慢，但是在养生 30d 以后，混合料也接近最干状态，其强度也达到最大值。

## 四、水浴养生

过度的降雨或其他因素使得基层有水渗入，使泡沫沥青稳定层长期处于潮湿的环境中。试验中将养生好的试件放入 25℃的水浴中进行浸水试验，浸水 1d 后，混合料能够处于完全饱水的状态，而继续浸水对其强度和模量影响不大，如图 8-15 所示。这可能是由于混合料在静态饱水状态下，水对混合料中沥青胶浆的剥落产生了最大作用。

## 五、建议的养生方法

通过试验研究表明，泡沫沥青混合料在成型后，未经过一定养生时间的情况下，其强度很低，劈裂强度一般小于100kPa，因此需要在未脱模条件下室温养生一段时间，使其产生一定的强度后再进行脱模，否则可能会由于材料粘结力不足而造成对试件的损坏。

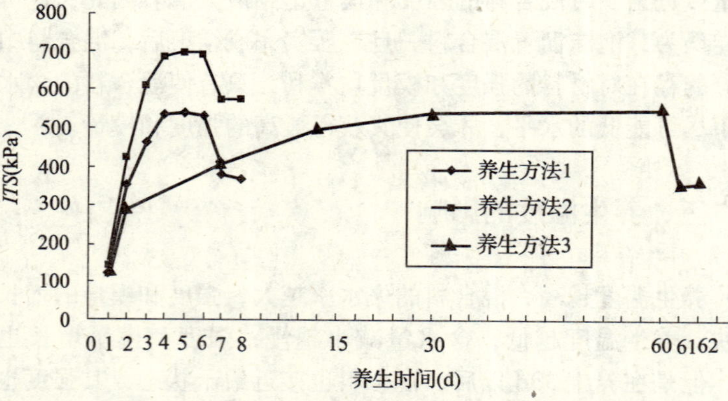


图 8-15　不同养生方法下强度随时间的变化

研究认为泡沫沥青混合料处于最干燥状态，才会获得最大强度和模量，25℃的养生温度最能反应现场的养生条件，但养生时间需要15～30d；而40℃和60℃可以获得较快的养生效果，但是两种方法也得需要3d的时间才能获得终期强度。试件成型后采用24h室温不脱模养生，然后进行72h 40℃的烘箱养生，是目前普遍接受的泡沫沥青混合料养生方法。对于湿试件，100mmHg的真空饱水，显得过于苛刻，试件容易损坏，因此建议50mmHg的真空饱水即可满足要求，同时根据有关研究发现，25℃浸水24h与50mmHg的真空饱水60±1min效果相当。

# 参考文献


［1］中华人民共和国行业标准. 公路水泥混凝土路面养护技术规范（JTJ 073. 1－2001）. 北京：人民交通出版社，2001.

［2］中华人民共和国行业标准. 公路养护技术规范（JTJ 073－96）. 北京：人民交通出版社，1996.

［3］中华人民共和国行业标准. 公路路基路面现场测试规程（JTJ 059－95）. 北京：人民交通出版社，1995.

［4］中华人民共和国行业标准. 公路沥青路面养护技术规范（JTJ 073. 2－2001）. 北京：人民交通出版社，2001.

［5］中华人民共和国行业标准. 公路水泥混凝土路面设计规范（JTG D40－2002）. 北京：人民交通出版社，2003.

［6］中华人民共和国行业标准. 公路沥青路面施工技术规范（JTG F40－2004）. 北京：人民交通出版社，2004.

［7］中华人民共和国行业标准. 公路沥青路面养护技术规范（JTJ 073.2－2002）. 北京：人民交通出版社，2002.

［8］拾方治，马卫民，吕伟民. 沥青路面再生技术手册. 北京：人民交通出版社，2006.

［9］中华人民共和国行业标准. 公路沥青路面再生技术规范（JTG F41－2008）. 北京：人民交通出版社，2008.

［10］胡昌斌. 冲击压路机破碎改建旧水泥混凝土路面技术. 北京：人民交通出版社，2007.

［11］王松根等. 水泥混凝土路面碎石化改造应用技术指南. 北京：人民交通出版社，2007.

［12］刘数华，冷发光. 再生混凝土技术. 北京：中国建材

工业出版社，2007.

［13］黄晓明，江瑞龄等．沥青路面就地热再生施工技术指南．北京：人民交通出版社，2007.

［14］美国沥青再生协会编著，深圳海川工程科技有限公司译．《美国沥青再生指南》．北京：人民交通出版社，2006.

［15］山东省交通厅公路局，东南大学，山东省公路工程总公司．水泥混凝土路面碎石化综合技术研究，2005.

［16］张玉宏．水泥混凝土路面碎石化综合技术研究．东南大学博士论文，2006.

［17］王松根等．水泥混凝土路面碎石化改造技术应用与探讨．北京：公路，2004，5.

［18］张玉宏等．国外水泥混凝土路面碎石化技术简介．北京：公路，2003，9.

［19］李昶等．冲击压实与M佃类设备对水泥混凝土路面破碎效果的对比研究．北京：公路交通科技，2004，11.

［20］张玉宏等．水泥混凝土路面碎石化中设备应用．北京：公路交通科技，2005，3.

［21］张玉宏等．碎石化后沥青加铺层应力对比分析．北京：公路交通科技，2006，3.

［22］王松根等．大碎石沥青混合料柔性基层在路面补强中的应用研究．西安：中国公路学报，2004，3.

［23］程兴新，唐娴．农村公路．北京：人民交通出版社，2006.

［24］Thompson, M. R., et al. HMA Overlay Construction with One Pass/lane – Width with PCCP Rubblizafion. Asphalt Paving Technology, Journal of the Association of Asphalt Paving Technologist. Vol. 66, 1997.

［25］Guidelines for Unbonded Concrete Overlays. TB005P.

Amer - ican Concrete Pavement Association, Skokie. IL, 1990.

[26] American Concrete Pavement Association. Rubblizing of Concrete Pavements: A Discussion of its Use, Technical Informa - tion, Concrete Pavement Engineering and Research. 1998.

[27] John P. Donabue, P. E.. Missouri Guide for Pavement Reha - bilitation, Research Investigation Ri00 - 008, Research, Development and Technology MoDOT. 2002. 11.

[28] 沙庆林. 高速公路沥青路面早期破坏现象及预防. 北京: 人民交通出版社, 2001.

[29] Sohila Bemanian. Cost - effective rehabilitation of Portland cement concrete pavement in Nevada. Thesis (M. S.) University of Nevada Reno. 1997. 1.

[30] WirtgenGroup. Wirtgen Cold Recycling Manual. 2004.

[31] 朱建东. 沥青路面现场热再生工艺在沪宁高速公路的应用. 华东公路, 2003. 12: 7 ~ 10.

[32]] 董平如, 沈国平. 京津塘高速公路沥青混凝土路面就地热再生技术. 公路, 2004. 1: 123 ~ 130.

[33] 侯睿, 李海军, 黄晓明等. 高等级路面旧沥青混合料热再生分析. 中外公路, 2005. 8.

[34] 程兴新, 唐娴. 《公路工程改扩建实用技术》. 北京: 人民交通出版社, 2007.

[35] 师郡, 陈志喜, 帅领. 旧沥青混凝土路面现场冷再生技术及施工工艺研究. 公路, 2004. 10: 167 ~ 170.

[36] 张竹平. 沥青混凝土路面就地热再生工艺及设备. 筑路机械与施工机械, 2003. 4: 20 ~ 22.

[37] 张晋炮. 沥青路面就地再生施工机械. 筑路机械与施工机械, 1997. 3: 9 ~ 13.

[38] Prithvi S. Kandhasl&Raiib B. Mallik. Pavement Recy-

cling Guidelines fol´State and Local Governments. U. S. Department of Transportation. December. 1997.

[39] Transportation Research Laboratory. Design Guide and Specification for Structural Maintenance of Highway Pavements by Cold In-sim Recycling. England. 1999.

[40] Van Wijk, A. & Wood, L. E. Use of Foamed Asphalt in Recycling of an Asphalt Pavement. Transportation Research Record No. 911, Transportation Research Board. Washington, DC, 1983: 96~103.

[41] Y. Kim, Hosin "David" Lee, R. Ceccovilli. Laboratory Evaluation of Engineered CIR Emulsion and Foamed Asphalt Mixtures for Cold-In-Place Recycling of Asphalt Pavements. CD-ROM of TRB 83th Annual Meeting, Washington. D. C., 2004.

[42] Lewis A. J. N. and D. C. Coilings, Cold in Place Recycling: a Relevant Process for Road Rehabilitation and Upgrading. Seventh Conference on Asphah avements for South Africa, Pretoria, South Africa, 1999.

[43] 拾方治，孙大权等. 泡沫沥青混合料物理力学特性的试验研究. 公路，2004. 5: 142~145.

[44] 拾方治，陈宏波等. 泡沫沥青冷再生技术在城市道路维修中的应用. 上海市公路学会，2005年年会论文集.

[45] 李秀君，拾方治等. 泡沫沥青就地冷再生混合料设计方法与工程应用. 公路，2004. 9: 150~155.

[46] 张玉宏等. 旧水泥混凝土路面碎石化后的沥青加铺层设计. 北京：公路交通科技，2005. 4.